AF338611

# HISTOIRE ET GÉNÉALOGIE

## DE LA FAMILLE

### DE

# MAUGIRON

## EN VIENNOIS

### 1257-1767

### par H. de TERREBASSE

*Musée de Saint-Pierre, à Vienne, XVIe s.*

## LYON

### LIBRAIRIE ANCIENNE DE LOUIS BRUN

13, RUE DU PLAT, 13

MDCCCCV

# HISTOIRE ET GÉNÉALOGIE

## DE LA FAMILLE

### DE

# MAUGIRON

## EN VIENNOIS

*Tiré à deux cent vingt-cinq exemplaires*

N° 99


Lyon. — Imprimerie A. Rey, 4, rue Gentil. — 34918

# HISTOIRE ET GÉNÉALOGIE

## DE LA FAMILLE

### DE

# MAUGIRON

## EN VIENNOIS

### 1257 - 1767

### par H. de TERREBASSE

*Musée de Saint-Pierre, à Vienne, XVIe s.*

## LYON

### LIBRAIRIE ANCIENNE DE LOUIS BRUN

13, RUE DU PLAT, 13

MDCCCCV

LA famille de Maugiron, originaire du Viennois, a conquis un renom glorieux dans les rangs de cette noblesse du Dauphiné à laquelle sa vaillance a mérité le titre « d'escarlate de la noblesse de France ». Son origine se perd dans les incertitudes du moyen âge. Suivant certains généalogistes du xviɪᵉ siècle, coutumiers de pareilles fantaisies, cette maison serait venue d'Angleterre où elle aurait suivi Guillaume le Conquérant, avec Eudes de Montgiroul, du Maine, dont l'écu, d'après l'*Armorial du Hérault de Navarre*, 1396, portait d'azur à trois lionceaux de sable, armoiries peu favorables à la déduction d'une suture entre les deux races. Il suffit de transcrire cette légende, pieusement recueillie par les panégyristes, sans y attacher une plus ample importance.

Les documents connus ne permettent pas de poursuivre les aïeux au delà de la seconde moitié du xiɪɪᵉ siècle ; mais en trouvant les Maugiron dûment pourvus des titres de damoiseau, en 1257, et de chanoine du chapitre de Vienne, en 1270, on doit conclure à une lignée et à une noblesse antérieures.

La dénomination Maugiron est peu commune ; on la découvre, une seule fois, dans la *Revision des feux du Viennois*, du 9 octobre 1446, à Moidieu, paroisse dépendant du mandement et de la taillabilité de Beauvoir-de-Marc, avec : « Stephanus Maligironis, I feu ; — Gonetus Maligironis, IIII feux ; — Termetus Maligironis, IIII feux » ; personnages riches, mais soumis à la taille et ne jouissant pas des privilèges de la noblesse attribués, dans les mêmes documents, à leurs voisins et homonymes : les héritiers de noble François de Maugiron, à Beauvoir-de-Marc, 1446-1449 ; noble Henri de Maugiron, à Vaulserre, 1457-1458. Cette similitude de nom est malaisée à interpréter, le lieu dont il aurait pu dériver restant à découvrir, et la consanguinité paraissant improbable.

a

Pourtant, les coutumes accommodantes de l'époque ne s'opposeraient point à l'usage et à la transmission de cette appellation, familièrement appliquée à quelque loyal serviteur de ces nobles soldats. La forme Maligironis pourrait être, tout simplement, l'œuvre d'un scribe et l'interprétation latine, erronée mais facile, de Mageron, nom commun dans le Viennois et porté, vers 1580, par un secrétaire d'Annet de Maugiron. Quoi qu'il en soit, il importait de marquer cette synonymie.

Les premiers Maugiron, signalés dans des actes, gravitaient à Chamboud, à Pinet, à Septême, à Meissiez et jusque dans les fossés du château de Beauvoir-de-Marc, dans l'orbite des puissants seigneurs de la maison de Beauvoir à ranger au nombre des leudes, « nostri fideles, primates et suprimates », venus de Lorraine et de Germanie, au IXe siècle, avec Boson, roi de Vienne et de Bourgogne, parmi lesquels se dérobent les ancêtres des grandes familles dauphinoises devenues plus ou moins indépendantes, après la ruine de ce royaume, à l'exemple des Guigue dauphins et comtes d'Albon. M. E. Pilot de Thorey, dans l'*Inventaire des Sceaux relatifs au Dauphiné*, décrit celui de « Jean de Beauvoir, seigneur de Septême, qui quondam vocabatur Willelmus, équestre et aux armes, gironné de six pièces, 1235 », et un autre, « 1250, sigillum Willelmi de Belver,

Sigillum W. de Belver, 1250.

écartelé et brisé d'un filet en bande », tranchant l'écu de dextre à senestre, suivant l'usage habituel aux cadets. La disposition de ces pièces offre une certaine analogie avec celles de l'écu des Maugiron, dont l'ordonnance et les émaux peuvent figurer une brisure greffée sur la précédente. Cette nouvelle brisure, constituée héraldiquement par des girons d'argent et de sable dénombrés de six pièces, serait une modification de l'écartelé d'or et de gueules des Beauvoir, auquel s'ajoute, parfois, une bordure de sable, et caractériserait un enfant naturel, dont l'auteur appartiendrait à une branche cadette de cette maison. L'idendité du prénom, commun à Guillaume de Beauvoir et à Guillaume de Maugiron, conforme aux traditions de l'ancien lignage, est une présomption favorable à cette conclusion.

Le nom même de Maugiron, ou Maugeron, n'infirme pas certains soupçons de bâtardise. Le mot giron, ou geron, désigne une partie du vêtement s'étendant de la ceinture aux genoux, un pan de robe ou de tunique et, par extension, la partie du corps qu'il recouvre, le côté,

*Ceignent espées au senestre giron...*

(Roman de Garin.)

le sein de la femme, « quia matres gravidæ liberos gerunt in gremio », selon Ducange. Le premier Maugiron, sorti d'un mauvais giron, du côté gauche, a bien pu emprunter ce surnom, devenu nom patronymique, par la suite, à cette circonstance générative, sinon à des qualités physiques ou morales, d'ordre personnel, à l'exemple des Maupertuis, des Malvoisin, des Malastruc ou Malotru, etc. En Dauphiné, dit le jurisconsulte Guy Pape, dans ses *Decisiones*, les bâtards issus d'un père noble, et par lui reconnus, conservent le droit à la noblesse de leur père, dont ils portent le nom et les armes quelque peu modifiées ; s'ils vivent noblement, ils sont tenus pour nobles, ne contribuent pas aux tailles et jouissent de toutes les prérogatives attribuées à la noblesse, comme s'ils étaient légitimes. Les enfants naturels, nés d'une concubine, pouvaient être l'objet des libéralités de leur père et, si celui-ci mourait sans enfants légitimes, sans femme légitime, sans père et intestat, les bâtards héritaient légalement de la sixième partie de ses biens. Mais il n'en était pas de même pour les enfants adultérins, le père ne pouvait rien leur donner, ni leur laisser, leur mère fût-elle libre. Dans quel cas Guillaume de Beauvoir pourrait-il se trouver vis-à-vis de Guillaume de Maugiron ? La donation faite à ce dernier, en 1257, par Pierre Lupi, chanoine du chapitre de Saint-Maurice de Vienne, serait-elle une réparation, par personne interposée, une entorse à la loi, ou simplement une libéralité réellement motivée par une affinité quelconque existant entre les parties dénommées dans l'acte ? Le procès est trop grave pour être jugé, en l'absence de pièces authentiques et probantes, et il ne faut pas insister davantage sur des hypothèses appuyées seulement sur des conjectures, des conformités de mots et les accoutumances de l'époque, quoiqu'il y ait moins de péril de se tromper en leur donnant beaucoup, dit l'historien Chorier, qu'en leur refusant trop.

Les armes portées, de tout temps, par ceux de cette maison, se blasonnent : gironné d'argent et de sable, de six pièces ; le premier giron, sortant du côté dextre de l'écu, est d'argent, le suivant est de sable, et ainsi de suite, en faisant le tour de l'écu. Le giron est une figure triangulaire dont la pointe finit au cœur de l'écu, et dont la répétition constitue le gironné. La science héraldique a emprunté cette pièce honorable à certains détails du vêtement et de la décoration des tentes des guerriers :

*Olivier romas nutz en blizaut geronatz...*
(Roman de Fierabras.)

*Fist Auberis son pavillon drescier...*
*Mult estoit riche ouvert à eschaquier,*
*Sept mil girons iot fait entaillier...*
(Roman d'Auberis.)

A la réserve du gironné de 8 pièces, admis comme type de cet emblème, il faut toujours indiquer le nombre des girons évoluant, d'ordinaire, jusqu'à 16. Cette figure, en dispositions variées, se retrouve fréquemment dans les armoriaux du Dauphiné. « Il ne se rencontre, dit Palliot, aucun autre exemple de ce gironné de 6 pièces que celui de la maison de Maugiron qui fait équivoque avec son nom, ou plutôt sont armes parlantes, parce qu'elles sont mal gironnées, le vrai gironné étant de 8 pièces. » Cette opinion est partagée par les héraldistes du xvii^e siècle et par tous leurs successeurs. « Mais, ajoute la *Généalogie anonyme* des Maugiron, cela n'a pas grande apparence, y ayant plus de vraisemblance à croire que le mal gironné procède de ce qu'au lieu que les gironnés commencent et finissent dans les angles de l'escu, ceux de l'escu de MM. de Maugiron, dans toutes les représentations que l'on en voit (ainsi que dans celles reproduites dans cet ouvrage) naissent et finissent audessous des angles, ce qui rend ces girons fort inégaux. »

« Les supports ou tenants de leurs armes sont un homme et une femme sauvages, l'homme tenant un dard à la main, et la femme une branche de laurier », ou bien encore deux sauvages de carnation tenant chacun une massue (p. 216). Wulson de la Colombière, protestant contre l'abus de ces ornements, déjà grand au xvii^e siècle, dit dans sa *Carte metodique... du blazon*, 1647, « les supports et les tenans n'estoient pas anciennement si communs, comme ils sont à présent, n'y ayant que les princes, les grands seigneurs et les chevaliers plus renommés qui eussent pouvoir d'en mettre à leurs armes ». — « Le cimier est un phénix sur un bûcher que quelques-uns appellent son immortalité. Cimier qu'ils n'ont pas néantmoins tousjours constamment retenu, puisqu'on voit leurs armes représentées avec un bras qui sort du sommet du timbre, armé d'une sphère, avec le mot usquequo. » Suivant le *Traité des Devises héraldiques* de M. de Combles, ils auraient eu aussi pour devise : « infringet solido ». Le phénix est marqué sur le tombeau de Guy de Maugi-

ron, sur le sceau d'Annet, son fils, et sur celui de Jean, de la branche de Lenoncourt, reproduits à leur rang. L'écu est également timbré d'une couronne de
comte, conformément à l'érection de la seigneurie de Montléans en comté,
1569, et entouré du collier de l'ordre de Saint-Michel, selon le droit des titu-
laires; une couronne de marquis le pare quelquefois, au xviiie siècle.

Les belles alliances qui reluisent en la généalogie des Maugiron ne sont
pas un des moindres de leurs avantages. Dès le xive siècle, ils mêlent leur
sang à celui des Chastelard, des Torchefelon, des Virieu, du nombre des plus
illustres familles dauphinoises. Ces mariages, à défaut d'autres restés inconnus, sont un indice probant de l'excellence de leur posture dans le Viennois.
Puis viennent dilater la sève de ce tronc généreux, au xve siècle, les Clermont,
les Poisieu, les Lambert, les la Fontaine, les Lenoncourt; au xvie, les l'Hermite,
les Rabutin, les Lugny, les d'Arces, les la Baume-Suze, les d'Amoncourt, les
Bassompierre; au xviie, les Tournon, les Bérenger-Sassenage, les Montlor,
les Barjac-de-Pierregourde, les Choiseul, les Gournay; au xviiie, les Chalus,
les Veynes, les Rouhault, etc. Mais, comme si elles voulaient badiner avec
l'avenir, les lignées touffues de Louis et de François de Maugiron se dérobent à Malte ou dans les couvents, et cette orgueilleuse sélection, sans être
profitable à la fortune surmenée, anémie tellement les forces vives de la race
que, impuissante à réagir, elle s'éteint dans ses mâles, en 1767, et dans ses
filles, à l'aurore du xixe siècle.

Les seigneuries et les terres possédées par ceux de cette maison ajoutent
encore à son lustre, par leur nombre et par leur importance. On doit se borner
à signaler, en Dauphiné, Montléans, la Roche, Louvre, Saint-Symphorien, la
Tivelière, Leyssins, Faverges, Meyrieu, Beauvoir-de-Marc, Auberive, Reventin, le Molard, Varacieux, le Plan; en Lyonnais, Ampuis, la Garde, Montlys,
la Magdeleine; en Saintonge, la principauté de Mortagne-sur-Gironde dont
les Maugiron, modestement et régulièrement, n'ont jamais usurpé le titre; en
Mâconnais, Montbellet, Igé, Flacé; en Brie, Croquetaine, Châteaufort; en
Vivarais, Pierregourde, la Marette, le Bousquet, Châteaubourg. Pour le surplus des terres de moindre importance, on trouvera un certain nombre de
noms, au cours de cette *Histoire* inhabile à en parfaire la nomenclature. Ce
riche patrimoine, après avoir traversé, avec des chances diverses, la période
des guerres de religion et la cour des Valois, dut passer au laminoir des procès en substitution dont le coût et la durée n'enrichissaient point les plai-
deurs; il s'amoindrit encore, à Paris, à Versailles, en province et à la guerre,

sous les règnes de Louis XIV et de Louis XV. La prodigalité et l'insouciance, jointes au manège des créanciers et à la voracité des gens d'affaires, dissipèrent tellement l'héritage des aïeux que les appétits révolutionnaires durent se contenter, çà et là, des bribes attribuées aux deux filles du dernier Maugiron, dont la succession parvint, en fin de compte, aux Bérenger-Sassenage.

A l'éclat donné par la noblesse et par la fortune, il faut ajouter celui inhérent aux charges et aux emplois. Les ancêtres qualifiés damoiseaux, écuyers, chevaliers, sont pourvus des offices de gardiers de Vienne et de châtelains delphinaux confiés, au cours des luttes incessantes du moyen âge, à la meilleure et à la plus vaillante noblesse. Puis, après avoir pris rang dans les compagnies des gentilshommes de la maison du roi et de sa gendarmerie, ils commandent à ces experts en vigueur et en courage comme lieutenants et capitaines de cinquante, soixante, cent lances des ordonnances royales, aux côtés des plus grands et des plus illustres seigneurs. Il restera à leur gloire d'avoir, entre les premiers, organisé, discipliné et conduit aux batailles les bandes nationales de gens de pied, ancêtres de l'infanterie française. La France fournissait alors une cavalerie incomparable, mais depuis Louis XI qui, craignant d'armer le peuple, avait employé, de préférence, les fantassins étrangers, l'habitude était prise, dit Machiavel, de ne point livrer bataille si l'on n'avait pas des Suisses avec soi, dans la persuasion d'être, sans eux, infailliblement battu. Sous François I^er et ses successeurs, les importantes fonctions de lieutenants généraux, au gouvernement de Dauphiné et à celui de Savoie, fournissent, à maintes reprises, une carrière avantageuse à leurs qualités d'hommes de guerre et d'administrateurs. Pendant trente ans, Laurent de Maugiron lutte, avec une énergie singulière, et non sans succès, contre des Adrets, Montbrun et Lesdiguières. Les apologistes de la R. P. R. n'ont point tenu en bonne odeur sa fidélité au roi et à la religion catholique, mais les faits font suffisante justice des rancunes huguenotes s'accrochant, désespérément encore, à la mémoire de ce grand capitaine. Gouverneurs de diverses places, conquises en Savoie et en Piémont, des villes de Lyon et de Vienne, baillis du Viennois, sénéchaux du Lyonnais, du Valentinois, du Gévaudan, de la Marche, les Maugiron deviennent, aux xvii^e et xviii^e siècles, officiers de cavalerie et d'infanterie et, successivement, mêlés à toutes les guerres, colonels de régiments dont plusieurs ont porté leur nom, maréchaux des camps et lieutenants généraux des armées de S. M. D'autre part, l'ordre de Malte a admis plusieurs d'entre eux au nombre de ses intrépides et nobles chevaliers, et les rois, faisant cas de la fidélité éprouvée de ces serviteurs, les ont attachés à leur personne, en qualité d'écuyers d'écurie, de gentilshommes de la chambre, de chambellans, de conseillers en leurs conseils d'État et privé, d'ambassadeurs et de chevaliers de l'ordre de Saint-Michel. Le Loyal Serviteur, d'Auton, du Rivail, Monluc, du Bellay, Brantôme et bien d'autres chroniqueurs ont conservé les noms de quelques-uns de ces vaillants hommes. Mais combien de rejetons de cette féconde race de gens d'armes, prodigues de leur sang et de leur vie, ont été oubliés sur les champs de bataille où ils ont combattu et où ils sont tombés, laissant, ceux qui avaient eu le loisir de faire souche, pour uniques jalons de leur généreux labeur, des femmes veuves et des enfants en pupillarité.

Ceux de cette maison semblent avoir préféré les emplois militaires aux fonctions ecclésiastiques. Ils ont pourtant donné des chanoines et des doyens au chapitre de Saint-Maurice de Vienne, un évêque à Glandève, un chanoine-comte de Lyon, des abbés aux abbayes de Saint-André-le-Bas, de Montmajour, d'Ambronay et de Thiers, un agent général du clergé de France et quelques religieux plus modestes.

Quant aux jeunes filles, la vocation, servie par des habitudes rigides, en a cloîtré un grand nombre dans les monastères de Saint-André-le-Haut, de Sainte-Claire, de Notre-Dame des Colonnes, de Sainte-Colombe, à Vienne, de Saint-Pierre, à Lyon, de N.-D. de Val-Sauve, à Bagnols, de Saint-Honorat, à Tarascon, de Saint-Jean-l'Evangéliste, à Valence, des Ursulines, à Saint-Marcellin, où leurs vertus discrètes et leurs pieux mérites les ont portées, fréquemment, aux dignités de prieures et d'abbesses. La belle Virginie de Maugiron fut estimée d'assez bonne lignée pour être admise, par la reine Anne d'Autriche, au nombre de ses filles d'honneur.

Les femmes, à l'exemple des peuples heureux et sages, n'ont pas d'histoire. C'est à peine si, au travers des vitraux du gynécée, s'échappent quelques lueurs avivées par un péril à conjurer, ou par les devoirs d'un veuvage, souvent trop précoce. Grâce à elles, la race s'est affermie en un pur métal marqué aux coins de l'honneur, de la force et de la beauté.

Les cartulaires des églises et des couvents offrent, d'ordinaire, un champ propice à la poursuite des documents sur les anciennes familles. Cette ressource fait défaut, en ce qui concerne les Maugiron, sinon à propos d'un hommage rendu, en 1257, à l'église de Vienne, par Guillaume I, le premier qui nous soit connu. Cette exception est à signaler, en ces temps de pieuses

et infatigables donations, comme l'indice d'une entente peu cordiale, entre
le pouvoir ecclésiastique et ces rudes soldats, marquée par les fonctions de
gardier, établies par les Dauphins à l'encontre des archevêques de Vienne,
dont est pourvu Hugues I, et par l'excommunication de Guillaume II, au cours
des longues luttes soutenues par les Torchefelon contre ces prélats. Leur histoire ne signale plus un chanoine du chapitre de Vienne, depuis Reynaud,
1270, jusqu'à Aymar I, 1450.

Les généalogistes du xviie siècle ne semblent pas avoir pénétré dans les
archives de cette maison. Le Viennois Chorier et le Grenoblois Guy Allard,
fameux en ces études, parfois trop intéressées, le P. Anselme, lui-même, se
sont heurtés à l'indifférence ou à la méfiance de ces grands seigneurs et ont
dû se contenter de renseignements de seconde main fournis par un jurisconsulte de Vienne, familier de la maison. « Claude de Trivio, dit Chorier,
dans son *Estat Politique*, 1681, un des plus habiles advocats du bailliage
de Vienne, et des plus savans de cette province, a dressé la généalogie de
cette illustre famille, et je n'ay qu'à suivre ses mémoires. » On lit dans le
*Dictionnaire* de Guy Allard : « J'ai appris que Claude de Trivio, de la ville
de Vienne, avocat au parlement, rempli de grande érudition, travaillait à la
généalogie de cette maison, et apparemment il nous la donnera bientôt. Je
dirai cependant que j'en ai dressé une depuis l'an 1349, et je l'ai divisée en
deux branches. » On retrouve, en effet, un certain nombre de notes dans
les manuscrits de cet écrivain conservés à la bibliothèque de Grenoble. Le
P. Anselme a fourni deux articles, sur la famille de Maugiron, dans son
*Palais de l'Honneur*, 1668, mettant en marge du second : « Tiré des titres
de cette maison qui m'ont esté communiqués par le sieur de Trivio. »
Claude de Trivio né à Vienne, vers 1615, mort en 1688, avocat au parlement de Dauphiné, « est, dit Guy Allard, un des plus curieux hommes de
notre siècle, il sait le droit, l'antiquité, l'histoire et la généalogie. » Dans la
*Vie de P. de Boissat*, Chorier, compatriote et contemporain de Trivio, vante
son éloquence, son savoir et son caractère. On trouvera, page 220 de cet
ouvrage, quelques renseignements sur cette famille viennoise.

L'œuvre de Trivio est le premier essai tendant à établir une filiation régu-
lière. L'auteur, en la forme d'un panégyrique, dépourvu de critique mais
néanmoins fort utile à consulter, avec prudence, s'est appuyé sur certaines
traditions familiales, trop discrètement sur les archives et, principalement,
sur les nombreux mémoires imprimés ou manuscrits, entre autres sur ceux

fort importants du notaire G. Pollin, dressés lors des procès soutenus par Claude de Maugiron, contre les héritiers de François IV de Maugiron et de Scipion de la Baume-Suze. Cette généalogie débute avec Henri I, vers 1300, et se termine du vivant de Louis, avant la naissance de Jean-Baptiste-Gaston II, son troisième fils, 1667, après le mariage, 1653, et avant la mort de son neveu Jean-Baptiste-Gaston I. Ce document manuscrit imputable, quoique anonyme, à Cl. de Trivio, est conservé à la Bibliothèque Nationale, *Pièces originales, Dossier Maugiron*, volume 1893, sous le titre de : *Généalogie de la très illustre maison des comtes de Maugiron, en Dauphiné*.

Encouragé par nos devanciers, nous aurions fait un plus ample état des mérites de ce travail, si notre ami, Monsieur de Nantes, ne nous avait pas communiqué une « *Généalogie de la maison des comtes de Maugiron en Dauphiné* », manuscrit également anonyme, portant, sur sa couverture parcheminée, la mention « pour Monsieur Claude de Trivio, l'aisné, advocat et premier consul de Vienne». Elle est actuellement conservée dans la bibliothèque du château de Chonas, Isère, provient du cabinet de Marc-Antoine-Maurice de Nantes, baptisé le 11 avril 1735, chanoine du chapitre de Saint-Maurice de Vienne, en 1760, mort le 12 décembre 1825, et comporte 128 pages, en un petit format carré. Elle commence avec Guillaume I, donne le mariage de Françoise-Sylvie, fille de Louis, 1667, et est close avant la mort de ce dernier, 1672. L'auteur a mis à profit les recherches de Trivio, les a accrues et réformées, à l'occasion, a cité succinctement quelques actes, et a emprunté un certain nombre de faits aux souvenirs particuliers et à des écrivains tels que le Loyal Serviteur et du Bellay, s'attachant, avec complaisance, à exalter le renom de la lignée et l'éclat de ses alliances.

La reproduction de cette généalogie, fort intéressante, semblait naturelle, quelque difficulté qu'il y eût à multiplier les rectifications, les commentaires et les additions, sans nuire à la clarté et à la précision indispensables en pareille matière. Les archives départementales du Rhône, *Section E, Familles, Dossier Maugiron*, en classement, ont eu raison de ces embarras, en reléguant au second plan les généalogies manuscrites, par l'apport, dans des proportions plus vastes encore, d'une série de titres et de preuves, mine probablement sondée, mais trop superficiellement explorée. Ce dossier considérable provient de l'ancien dépôt de la cour d'appel de Lyon et tire son origine des longs procès soutenus par les Maugiron, à des époques diverses, procès dont les pièces ont été rassemblées et produites, à nouveau, devant la commission spéciale établie à Lyon, au cours des opérations tendant à consommer la ruine du dernier Maugiron, 1755-1774. Une autre portion est conservée aux Archives Nationales, *Papiers séquestrés*. Cette collection fournit beaucoup de renseignements sur le transfert des terres et des seigneuries et comporte relativement peu de titres en forme originale, mais ceux-ci sont rappelés, sommairement il est vrai, en des inventaires ou par des transcriptions dressés par des notaires commis à leur production officielle et judiciaire. Il importe aussi de signaler, dans la même section *E*, environ deux cent cinquante lettres échangées, dans la seconde partie du xvi⁰ siècle, entre les Maugiron et : François I⁰ʳ, Charles IX, Catherine de Médicis, Marguerite de France, duchesse de Savoie, François, Charles et Louis de Bourbon, le cardinal de Lorraine, Henri de Guise et nombre de personnages de distinction et de capitaines mêlés aux affaires et aux guerres de ces temps troublés. Cette correspondance historique a été avantageusement dépouillée, au profit de notre ouvrage spécial, mais elle réserve encore, aux curieux, maintes bonnes fortunes inédites.

L'abondance de ces sources et leur limpidité ont eu tout à gagner en laissant venir à elles les divers éléments en suspension dans : l'*Inventaire de la chambre des comptes*, aux archives de l'Isère, le *Dossier Maugiron* et diverses séries de la *Section historique*, aux Archives Nationales; le *Fonds d'Hozier*, les *Pièces originales*, les *Manuscrits français*, les *collections Clairambault* et autres à la Bibliothèque Nationale; les *Registres consulaires* et les *Archives de l'Hôpital*, à Vienne; le *Dossier concernant Annet de Maugiron*, à la bibliothèque du château de Terrebasse, et divers *Registres paroissiaux*. On retrouvera, dans les notes, les indications du précieux concours fourni par les communications de nos doctes et bienveillants amis, par les livres imprimés et par les extraits des archives publiques et particulières. Ces matériaux, apportés à pied d'œuvre, dans la louable intention de réparer les brèches des généalogies manuscrites, et d'établir les degrés omis, ont été jugés, sinon excellents, du moins supérieurs à ceux employés à la construction du vieil édifice, et il a semblé préférable, en recueillant scrupuleusement les meilleures épaves, d'accommoder, à neuf, une demeure d'accès facile, mieux appropriée aux exigences de l'art moderne et plus digne des hôtes destinés à y habiter.

# TABLEAU GÉNÉALOGIQUE

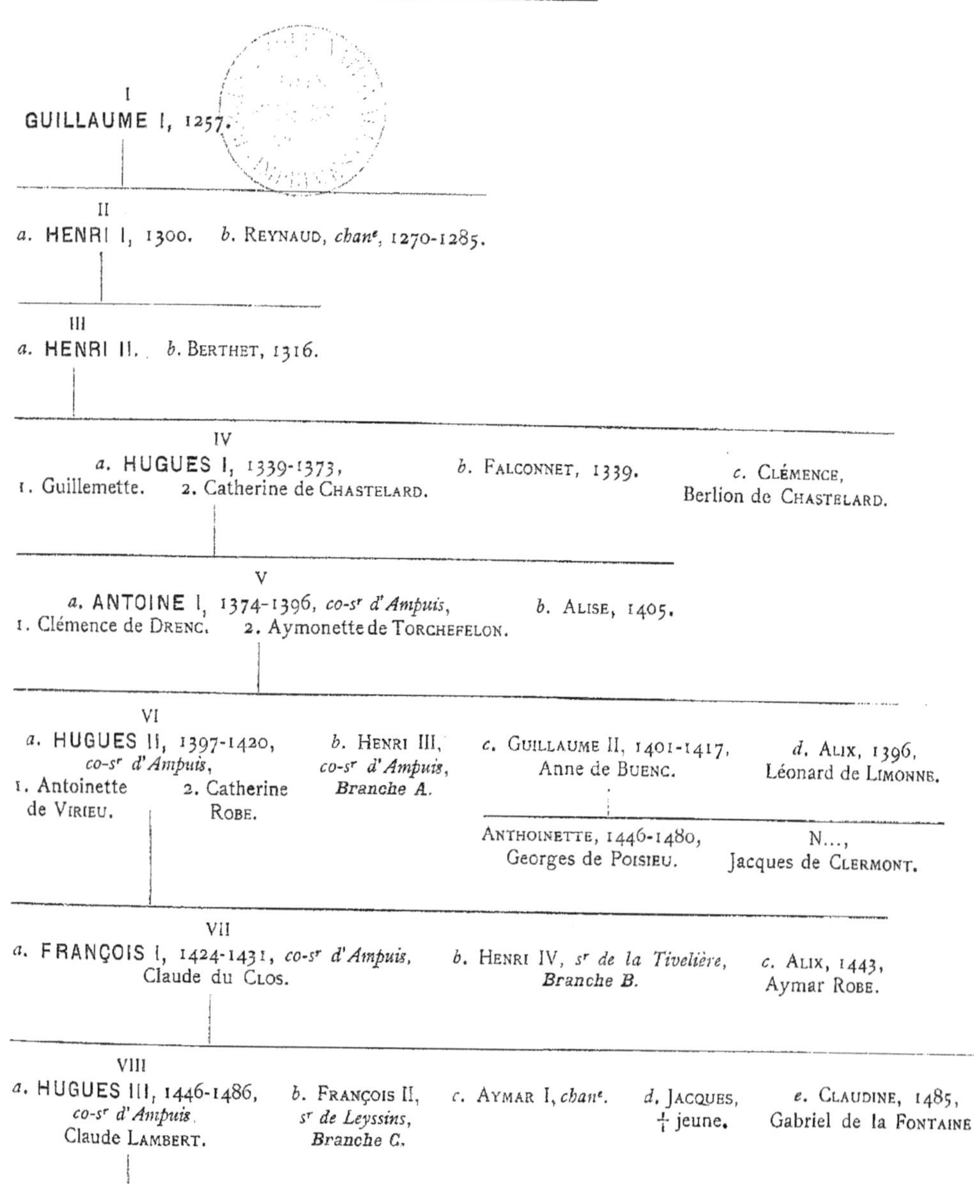

VIII

a. PHILIBERT, 1491.

b. FRANÇOIS III, s<sup>r</sup> d'Ampuis et de la Roche, 1500-1512, Louise de RABUTIN.

CLAUDE, 1512, † jeune.

c. GUY, 1490-1554, s<sup>r</sup> d'Ampuis et de Montléans, Ozanne l'HERMITE.

d. GUYOT, † 1509.

e. AYMAR II, chan<sup>ne</sup>, 1521-1544.

IX

f. ANTOINETTE, ab. Ste-Claire, 1533.

g. HUGUETTE, relig.

h. ANTOINETTE. Antoine DE VAREY.

i. JEANNE, relig.

j. MARIE, Jean DE PALAGNIN.

k. FRANÇOISE, relig.

l. CATHERINE relig.

---

a. GUILLAUME III, † 1554. Philippe de LUGNY.

ANNE : 1. J. D'AMONCOURT, 2. B. de BASSOMPIERRE.

b. LOUIS, 1537, prêtre.

X

c. LAURENT, 1528-1589, s<sup>r</sup> d'Ampuis, comte de Montléans, Jeanne de MAUGIRON.

d. ANNET I, s<sup>r</sup> de Leyssins, † 1595, Marguerite de la BAUME-SUZE.

e. AYMAR III, † 1564, évêque de Glandève.

f. JEANNE, † 1556, Jean D'ARCES.

---

XI

a. LOUIS, 1560-1578.

b. TIMOLÉON, † 1622, s<sup>r</sup> d'Ampuis, c<sup>te</sup> de Montléans, 1. Françoise de TOURNON, 2. Jeanne de SASSENAGE.

c. SCIPION, baron du Molard, † 1625, Madeleine de LUGOLI.

d. LUDOVIC, chan<sup>ne</sup>, † 1592.

e. MARIE, 1577, c<sup>te</sup> Louis de MONTLOR.

f. JEANNE, 1595, Georges de la BAUME.

g. MARGUERITE, 1626, relig.

h. ANNE, 1630, ab. de Tarascon.

---

XII

a. FRANÇOIS IV, † 1638, c<sup>te</sup> de Montléans.

b. GEORGES, † jeune.

---

XII bis

a. ANNET II, † 1629, chan<sup>ne</sup>.

b. CLAUDE, c<sup>te</sup> de Montléans, † 1652, Henriette de CHOISY.

XII ter

c. LOUIS, c<sup>te</sup> de Montléans, † 1673, Louise de BARJAC.

d. VIRGINIE. Charles de GOURNAY.

e. FRANÇOISE-SYLVIE, ab. de Tarascon.

f. MARIE-JEANNE, relig.

XIII

JEAN-BAPTISTE-GASTON I, c<sup>te</sup> de Montléans, † 1669, Madeleine-Françoise de CHOISEUL.

---

XIII bis

a. FRANÇOIS V, c<sup>te</sup> de Montléans, † 1719, Catherine-Thérèse de SASSENAGE.

b. JEAN-BAPTISTE-GASTON II, † 1717.

c. ANTOINE IV.

d. JUST-HENRI-DIDACE, ch<sup>r</sup> de Malte, † 1720.

e. FRANÇOISE-SYLVIE, 1667, 1. Louis de FASSION, 2. Damien de GOTAFREY.

f. JEANNE, ab. de Tarascon, † 1713.

g. FRANÇOISE, relig.

h. MARIE, relig.

i. MARGUERITE, relig.

j. JEANNE-JUSTINE, relig.

---

XIV

a. DENIS-LOUIS-TIMOLÉON, c<sup>te</sup> de Montléans, † 1724, Catherine de CHALUS.

b. FRANÇOIS-ISMIDON, † jeune.

c. GUY-JOSEPH, ch<sup>ne</sup> de Lyon, † 1750.

d. ACHILLE-BENOIT, relig. 1716.

e. JEAN-BAPTISTE-GASTON III, ch<sup>r</sup> de Malte, 1712.

f. FRANÇOISE-SYLVIE, ab. St-Geoire.

g. JUSTINE, relig.

h. CHRISTINE-FRANÇOISE, relig.

i. FRANÇOISE-JUSTINE, relig.

j. MARGUERITE-ADÉLAÏDE, relig.

k. HENRIETTE, relig.

l. MARIE-ANNE, relig.

m. THÉRÈSE, 1718, Charles de GRATET.

---

XV

a. TIMOLÉON-GUY-FRANÇOIS, † 1767, comte de Montléans, Marie-Camille-Françoise de SASSENAGE.

b. MARIE-THÉRÈSE-FRANÇOISE, † jeune.

---

a. MARIE-CATHERINE-FRANÇOISE-CHARLOTTE, † 1807, Jean-Frédéric de VEYNES.

b. MARIE-CATHERINE-FERDINANDE, 1. A.-J.-B.-E. de ROUAULT, 1766, 2. Louis de BOZÉ, 1780.

# Branche A, des Maugiron, co-seigneurs d'Ampuis.

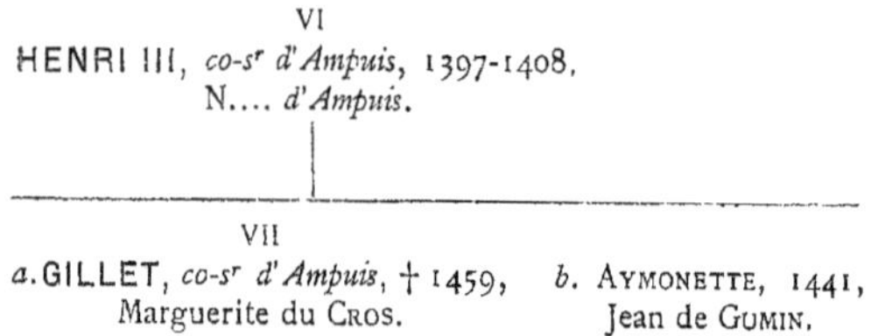

VI

HENRI III, *co-s<sup>r</sup> d'Ampuis*, 1397-1408,
N.... *d'Ampuis*.

VII

*a.* GILLET, *co-s<sup>r</sup> d'Ampuis*, † 1459,     *b.* AYMONETTE, 1441,
Marguerite du CROS.     Jean de GUMIN.

# Branche B, des Maugiron, seigneurs de la Tivelière.

VII

HENRI IV, *s<sup>r</sup> de la Tivelière*, 1434,
Allemande de GUMIN.

VIII

*a.* ARTAUD,     *b.* ANTOINE II,     *c.* JEAN I.   *d.* ANTOINETTE,     *e.* MARIE,     *f.* CLAUDE,   *g.* CATHERINE,
*s<sup>r</sup> de la Tivelière*,   1. Louise du CLOS,   *Branche D*     1480,     A. de SEYVERT.   *relig.*     *relig.*
1475-1503     1482,     Pierre
1. Cath<sup>ne</sup> de PENISSIN,   2. Bonne de VIRIEU,     de PASTUREL.
2. Per<sup>tte</sup> d'ONCIEU.     1494.

CLAUDE.
1. Philibert de MAUGIRON,
2. Humbert de BÉRENGER,
1508.

IX

*a.* JEAN II, *s<sup>r</sup> de la Tivelière*, 1487-1518,     *b.* PHILIPPE, † 1508,
Peronnette de POLLOUD.     Catherine de BRUNEL.

X

*a.* GABRIEL,     *b.* CHARLES,   *c.* HUGUES,   *d.* PIERRE,   *e.* PHILIBERT,   *f.* FRANÇOISE,   *g.* ANNE,   *h.* CATHERINE,
*s<sup>r</sup> de la Tivelière*,   † jeune.   1506-1519.   1523.     † 1508,     *relig.*     *relig.*
1526,     Claude
Agnès de GOTAFREY,     de MAUGIRON.
1533.

JEANNE,
Laurent de MAUGIRON, 1550.

# Branche C, des Maugiron,
## seigneurs de Leyssins et de Beauvoir-de-Marc.

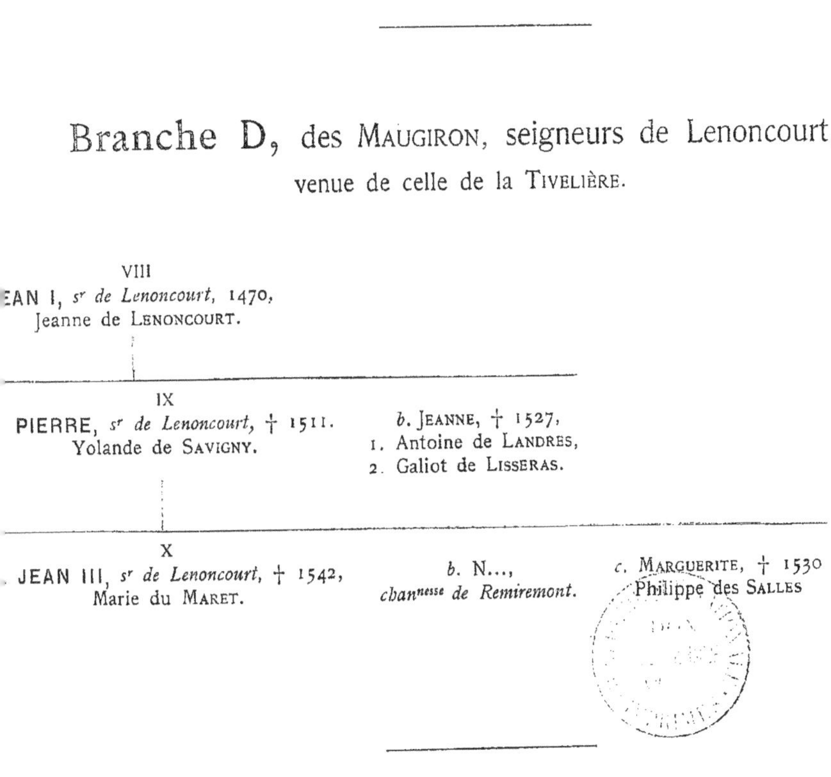

VIII
ANÇOIS II, *sr de Leyssins*, 1457-1493,
Peronnette LYATARD.

| IX |  |  |  |  |  |
|---|---|---|---|---|---|
| ANTOINE III, † 1542, *sr de B.-de-M. et de Leyssins*, Marguerite BOHIER. | *b.* GUILLAUME IV, 1515, Florette de BERNARD. | *c.* PIERRE, *sr de Beauvoir-de-Marc*, † 1521. | *d.* CLAUDE, † jeune. | *e.* ANTOINETTE, *relig.* | *f.* N..., femme de N. de GUMIN. |

# Branche D, des Maugiron, seigneurs de Lenoncourt,
## venue de celle de la Tivelière.

VIII
EAN I, *sr de Lenoncourt*, 1470,
Jeanne de LENONCOURT.

| IX |  |
|---|---|
| PIERRE, *sr de Lenoncourt*, † 1511. Yolande de SAVIGNY. | *b.* JEANNE, † 1527, 1. Antoine de LANDRES, 2. Galiot de LISSERAS. |

| X |  |  |
|---|---|---|
| JEAN III, *sr de Lenoncourt*, † 1542, Marie du MARET. | *b.* N..., *channesse de Remiremont.* | *c.* MARGUERITE, † 1530 Philippe des SALLES |

# ALLIANCES

AMONCOURT — IX.
AMPUIS — VI A.
ARCES — IX.

BARJAC de Pierregourde — XII ter
BASSOMPIERRE — IX.
BAUME-SUZE (la) — IX, X.
BÉRENGER — VII B.
BERNARD — VIII C.
BOZÉ — XV.
BOHIER — IX C.
BRUNEL — VIII B.
BUENC — V.

CHALUS — XIV.
CHASTELARD — III IV.
CHOISEUL — XIII.
CLERMONT — V.
CLOS (du) — VII, VII B.
CROS (du) — VII A.

DRENC — V.

FASSION — XII ter.
FONTAINE (la) — VII.

GOTAFREY — XII ter, X B.
GOURNAY — X.
GRATET — XIII bis.
GUMIN — VI A, VII B, VIII C.

HERMITE (l') — IX.

LAMBERT — VIII.
LANDRES — VIII D.

LENONCOURT — VIII D.
LIMONNE — V.
LISSERAS — VIII D.
LUGNY — IX.
LUGOLY — X.
LYATARD — VIII C.

MARET — X D.
MONTLOR — X.
MORTIER de Choisy — XII bis.

ONCIEU (d') — VIII B.

PALAGNIN — VIII.
PASTUREL — VII B.
PENISSIN — VIII B.
POISIEU — V.
POLLOUD — IX B.

RABUTIN — VIII.
ROBE — VI.
ROUAULT — XV.

SALLES (des) — IX D.
SASSENAGE — XI, XIII bis, XV.
SAVIGNY — IX D.
SEYVERT — VII B.

TORCHEFELON — V.
TOURNON — XI.

VAREY — VIII.
VEYNES — XV.
VIRIEU — VI, VII B.

# HISTOIRE ET GÉNÉALOGIE

## DE LA

# FAMILLE DE MAUGIRON

---

## I *Degré*.

## Guillaume I de Maugiron, *damoiseau*.

Il est qualifié damoiseau[1], dans un hommage rendu par lui à l'Église de Vienne, 23 septembre 1257, entre les mains de l'archevêque Jean de Bernin[2], pour les biens qu'il possédait à Chambou[3], comme donataire de Pierre Loup[4],

---

[1] « Domicellus », damoiseau. Ce titre est porté, à l'ordinaire, par les seigneurs jeunes ou de peu d'importance.

[2] « Homagium W. Maugiro domicelli. Anno Dñi Mº. ccº. L. VIIº, in crastinum beati Mauricii in manibus dñi Jo. archiepiscopi, ac in capitulo generali, W. Maugiros domicellus fecit homagium ligium pro rebus, juribus et aliis que sibi dederat P. Lupi canonicus ; que omnia stant apud Chabo, et pro hiis tenetur facere, singulis annis, I cereum unius libre, in signum homagii, juxta ordinem canonici jam defuncti, videlicet P. Lupi. »

Bibl. Nation. *Reg. capit. de l'Egl. de Vienne*, ms.

U. Chevalier. *Act. capit. de Saint-Maurice de Vienne.*

[3] Chambou, mas situé à l'entrée de la vallée de la Suze, petit affluent de la Gère, dépendant de la seigneurie de Pinet, en Viennois. — La pierre, dite « molasse », fâcheusement employée pour la construction de la façade de la cathédrale de Vienne, achevée en 1535, a été extraite des carrières de cette région. Eyzin-Pinet, canton de Vienne-Sud, Isère.

[4] P. Lupi, chanoine, est témoin de la reconnaissance, faite à l'Eglise de Vienne, le 25 juin 1255, par l'abbé de Saint-Theuder, du château de ce nom. (Saint-Chef.) — Bibl. Nation. *Feoda et recogn. S. Vien. eccles.* ms. — La terre de Chambou avait fait, pour partie, l'objet d'un hommage antérieur de P. Lupi, dans lequel sont marqués certains biens ayant appartenu, en franc aleu, au chanoine ; cela suffit pour prouver l'antiquité et la noblesse de la famille Loup ou Lupi établie à Septème, en Viennois. « Hugo Luppi, miles, 1231. » — « De molendino P. Lupi dato ecclesie Viennensi in feodum. Anno Domini Mº. ccº. XL. IXº. in crastinum Carni privii veteris (14 février 1250, n. st.) in generali capi-

chanoine du chapitre. Une alliance entre les deux familles semble avoir été la cause de cette libéralité. Ses enfants furent :

*A.* **Henri** qui suit.

*B.* **Reynaud** est au nombre des chanoines du chapitre de Saint-Maurice de Vienne[5] qui approuvent les statuts établis par l'archevêque Guy d'Auvergne, 1270. Il lui est enjoint, vers 1276, comme clerc de ladite église, de rendre compte de quelques recettes des biens du chapitre dont il avait l'administration[6]; ce titre lui est également attribué, dans un acte capitulaire du 25 juin 1278 et dans un autre du 23 septembre 1285, confirmant Burnon de Chinins dans la jouissance des biens qu'il tenait, du chapitre, à Vitrieu, aux conditions précédemment imposées à Reynaud de Maugiron, « prout tenebat Reynaudus Maugirons clericus[7]. » Les chanoines, dont le nombre s'élevait régulièrement à soixante, étaient tous, alors, de race noble. L'archevêque Guillaume, de Valence, 1283-1305, donna, le premier, entrée à la bourgeoisie dans le chapitre de Saint-Maurice. Les chanoines-clercs n'étaient point pourvus des ordres majeurs.

---

tulo dom. P. Lupi canonicus viennensis, sciens et prudens, molendinum suum, quod est apud Septimum, & est de suo proprio alodio, accepit in feodum ab ecclesia viennensi, item quiquid habet apud Chambout, videlicet terras, servicia & usagia omnia que sunt in mandamento de Pineto & sunt de suo alodio, accepit similiter in feodum, ab ecclesia Viennensi, scilicet ea que sunt apud Chambout & pro hiis faciet decetero cereum unius libre cere, in festo beati Mauricii. » Bibl. Nation. *Reg. Capit.* ms. — U. Chevalier, *Act. capit.* — Cet acte est rappelé dans quelques feuillets dits : « Extraicts d'un livre couvert en vielle bazanne rouge cotté n° IL, qui est escrit en latin sur velin, dans les archives de S^t-Maurice de Vienne. Signé ledict livre par de Bosco et Morerii, des années 1240-1338. » — Bibl. chât. de Terrebasse.

5 Chorier. *Hist. du Dauphiné.*

6 Le Lièvre. *Hist. Egl. de Vienne.* — G. Allard, ms.

7 *Reg. capitul.* — *Act. capitul.*

## II *Degré.*

# Henri I de Maugiron, *chevalier.*

Suivant les anciennes généalogies, il vivait vers 1300, et avait pour fils :

A. **Henri II** qui suit.

B. **Berthet** « Malgironis », témoin de la donation du château de Pinet[1] faite à Isabeau d'Anthon, par Guigue de Beauvoir, son mari, le vendredi venant la Saint-Laurent, l'an 1315[2] (9 août).

---

[1] La terre de Pinet, sortie de la maison de Beauvoir pour entrer dans le domaine delphinal, comprenait : Eyzin, Chaumont, Gemens, Saint-Sorlin, Châlon, Meyssiez, Buis, Cour, Saint-Marcel, et les maisons fortes d'Aiguebelle, de Bussières et de Plantier (cantons de Vienne-Sud, de Saint-Jean-de-Bournay et de Beaurepaire).

[2] *Généal.* ms. — U. Chevalier. *Invent. des arch. des Dauphins de Viennois.* — *Varia.* — « Compositio inter dom. Briandum (de Lavieu), Vien. archiep. et dom. Guigonem, dom. Bellivisus et Espineti, super limitationibus territeriorum dict. castrorum et civitatis Viennæ. 16 mai 1315. »

Amédée de Beauvoir fut déshérité, en faveur de Drouet de Vaulx, ayant refusé de se soumettre aux conditions du testament de Guigue de Beauvoir, lui imposant de se marier avec Jacquette de Vaulx. « ...Si dictum matrimonium inter dictos dom. Amedeum et Jacquetam, intra tempus prædictum, non esset celebratum et completum, cum conditionibus suprius positis, in illo casu, carissimum nepotem meum Drouetum de Vallibus filium dom. Millonis de Vallibus quondam defuncti, heredum universalem instituo... Die nona decembris, anno Dni m. ccc. tricesimo tertio. » — En vertu de cette donation et par acte du 8 novembre 1337, Drouet de Vaulx céda, au Dauphin, les châteaux de Pinet, de Montléans, de la Bâtie-Geyssans et de Beauvoir-de-Marc. — Isabeau d'Anthon, veuve de Guigue de Beauvoir, transigea, avec le Dauphin Humbert, à propos de certains droits qu'elle tenait à Beauvoir, 22 février 1337. Elle possédait à Meyssiez un moulin, dit le moulin neuf, passé à Hugues II de Maugiron (voir VI), et à Henri III, son frère, qui rendirent hommage, au Dauphin, 1394, pour un moulin « vocatum molendinum novum, paroch. de Meyssiez ».

# III *Degré.*

## Henri II de Maugiron, *chevalier.*

Henri II, dont Antoine I, fils de Hugues I de Maugiron, se dit le petit-fils, dans un acte indiqué par les anciennes généalogies, épousa une femme propriétaire à Meyssiez, dont on ignore le nom, et laissa pour enfants :

*A.* **Hugues I** qui suit.

*B.* **Falconnet** de Maugiron, au nombre des nobles de Pinet, suivant un hommage rendu, 25 août 1339, au Dauphin dont il se déclare l'homme lige[1].

*C.* **Clémence** est dite femme de Berlion de Chastelard, dans un acte daté du 1 juin 1363[2].

---

[1] Bibl. Nation. — Arch. Isère. *Inventaire général des titres de la Chambre des Comptes du Dauphiné*, ms. Les 2 vol. consacrés au Viennois sont indiqués, dans ces notes, sous le titre : *Inventaire du Viennois*. — L'importance de ce recueil autorise la transcription d'une note historique du xviiie s. inscrite sur la garde du premier de ces volumes conservés à la Bibliothèque Nationale. « Le XIXe de juin de l'année 1688 M. Pelletier, contrôleur général, adressa les ordres du Roi à M. Sautereau, premier Président de la Chambre des Comptes de Grenoble, pour faire travailler à l'Inventaire des titres de la Chambre des Comptes de Dauphiné qui comprennent huit cents registres et plus de vingt mille chartes, papiers ou parchemins détachés les uns des autres. Le sieur Marcelier, Maître de la Chambre des Comptes de Chamberri, et son fils, Conseiller au Parlement de Toulouse furent chargés de ce travail et ils l'entreprirent à l'aide de plusieurs commis qu'ils employèrent soit au déchiffrement, soit aux copies qu'il fut ordonné de faire. Une ou deux lettres que j'ai trouvées montrent qu'en 1691 M. de Pontchartrain, alors Controlleur Général et depuis Chancelier de France, avait à cœur cet ouvrage, qu'il en pressa la continuation et qu'il en connaissoit l'importance. L'ordre du Roi portait qu'il serait fait deux copies de cet Inventaire ; que l'une seroit déposée à la Chambre des Comptes de Grenoble, après avoir été vérifiée par des officiers que la Chambre commettroit à cet effet ; et que l'autre copie seroit apportée à Paris. L'ouvrage a été exécuté, après vingt-deux ans d'un travail suivi. La première copie a été remise, en bonne forme et authentique, à la Chambre des Comptes de Grenoble. La seconde fut apportée à Paris, sur un ordre de M. Desmaret en 1714. Je n'ai pu découvrir comment cette seconde copie a échappé aux dépots du Roi où elle auroit du être placée, ni comment elle a passé entre les mains d'un particulier qui est mort; mais le second possesseur de ce Recueil offre de le céder à la Bibliothèque du Roi, pour la somme de 1200 l. payables dans un an, ou dans deux si l'on veut. La copie de la Chambre n'est que de 34 volumes ; celle que l'on présente ici, en a 35, et le dernier volume est une instruction étendue sur les droits négligés, éteints ou usurpés par des particuliers, que le Roi peut recouvrer dans cette province, à la faveur des titres rapportés, bailliage par bailliage, chatellenie par chatellenie; il y a aussi beaucoup d'éclaircissements sur le Domaine du Roi et sur l'état des familles. J'ai reconnu, par différentes notes de dépenses faites pour ce dépouillement de titres et pour les deux copies, que la dépense totale a monté jusqu'à cinquante ou soixante mille livres. » — D'autres renseignements sont fournis par : A. Prudhomme. *Archives de l'Isère*, 1899.

[2] Bibl. de Lyon. Fonds Morin-Pons. Moulinet, *Notes*, ms. « Hugues de Maugiron, beau-frère de Berlion de Chastellard mari de Clémence de Maugiron. »

# IV *Degré.*

## Hugues I ou Hugonnet de Maugiron,
*chevalier, gardier de Vienne.*

Hugues I, de Pinet, se déclare homme lige du seigneur de Beauvoir[1], 29 juin 1339, et prête hommage au Dauphin de divers fonds et terres qu'il possédait à Beauvoir-de-Marc, 10 octobre 1341[2]; et le 10 décembre suivant, d'une portion de maison à Pinet, joignant la chapelle d'un côté et la maison de Pierre Clavel de l'autre; plus de 7 livres de revenus qu'il avait à Meyssiez[3] et de tout ce qu'il possédait, au nom de sa mère, audit Meyssiez; plus d'une maison à Beauvoir, appartenant à Guillemette, sa femme, ainsi que d'une vigne située dans les fossés de Beauvoir[4]. Autres hommages rendus par le même, 1348, et à Grenoble, 1350, au nouveau Dauphin Charles[5]. Noble Hugues de Maugiron figure dans la reconnaissance delphinale[6] des habitants de la châtellenie de Beauvoir-de-Marc, 1365, et est présent, comme témoin, et qualifié chevalier, au testament d'Aymar de Roussillon, seigneur d'Annonay, fait à Roussillon, 10 mars 1364[7]. Par son testament du 20 février 1371, Aynard de la Tour, seigneur de Vinay, l'établit au nombre de ses exécuteurs testamentaires[8]. Ces honneurs sont un indice certain de la considération dont il jouissait. Il fut pourvu, à Vienne, de l'importante fonction de Gardier et rendit compte des revenus du comté, en 1373[9].

---

[1] U. Chevalier. *Invent. des Arch. des Dauph.*

[2] Arch. Isère. — Beauvoir-de-Marc (canton de Saint-Jean-de-Bournay, Isère), du domaine delphinal, comprenait : Charantonnay, Royas, Mépin, Savas, Moidieu, Estrablin, Revollet et les maisons fortes de Gerboules et de Louvres.

[3] Meyssiez, Meyssiès, Messié (canton de Saint-Jean-de-Bournay, Isère), dépendait de la terre de Pinet.

[4] *Invent. du Viennois,* ms.

[5] Arch. Isère. — G. Allard. *Notes,* ms.

[6] *Invent. du Viennois.*

[7] Bibl. Nation. ms. « Presentibus nobilibus viris domino Aynardo de Turre, domino Vignayci, domino Guichardi, alias Bocha, domino Guigone de Suyriaco, domino Hugone Malgiro... militibus. »

[8] Bibl. du chât. de Terrebasse. Moulinet. *Titres de la famille de la Tour,* ms. « Jacobum de Gumino, Hugonem Maligeronis, milites... » Extrait des archives du chât. de Sassenage.

[9] *Invent. du Viennois.* « Hugo Maligironis, miles, garderius Vienne ». — Le Dauphin Humbert II établit à Vienne, 1338, un gardier pour la défense de la juridiction qu'il y avait acquise du chapitre. On lit dans une charte de 1406 : « Pierre Costain nostre gardier à Vienne... pour garder nos droicts à l'encontre de l'arcevesque du dit lieu. »

Hugues I épousa : 1º Guillemette, signalée plus haut ; 2º Catherine, veuve de Pierre de Rostaing, fille de Pierre d'Hauterive de Chastelard, dont elle fut légataire pour une somme de 450 florins d'or, et d'Agnès Rostaing ; elle testa le 18 juin 1361 [10]. Cette alliance avec la maison de Chastelard, ou d'Hauterive, une des plus illustres du Viennois, issue de Saint Amédée d'Hauterive qui se fit moine à Bonnevaux, vers 1119, en compagnie de seize gentilshommes, ses vassaux, est une marque de la haute situation occupée, alors, par les Maugiron, dans cette province. Les enfants furent :

A. **Anthoine** 1 qui suit.

B. **Alixe** dont il est fait mention dans un acte de 1405 [11].

[10] D'Hozier. *Généal. de Chastelard.* — Bibl. de Lyon. Fonds Morin-Pons. Moulinet, *Notes*, mss. — La famille Rostaing était ancienne dans le Viennois et dans le pays de Romans.

[11] D'Hozier. *Généal. de Chastelard.* « ...Constitutus personaliter vir nobilis Artaudus Tivelli de Cirizins, mandamenti Turris Pini, Viennensis diocesi, ad requisitionem viri nobilis Guill'mi de Chastellario, filii et heredis domini Berlionis de Chastellario militis condam de Altarippa, confessus fuit... idem nobilis Artaudus se habuisse... ab eodem nobili Guill'mo presenti, videlicet quinquagenta florenos auri communis et legitimi ponderis... in quibus sibi tenebatur ad causam dotis nobilis Cat'ine sorore dicti nobilis domini Berlionis condam, et pro dote nobilis Alisie filie dicte nobilis Cat'ine et domini Hugonis Malgiron condam militis, et pro solucionibus præteriti temporis... » 10 juin 1405.

## V *Degré.*

# Anthoine I de Maugiron, *écuyer,*
## *co-seigneur d'Ampuis.*

Anthoine I rend hommage des biens qu'il possédait, comme fils et héritier de Hugues I de Maugiron, à Pinet, à Meyssiez et à Beauvoir-de-Marc, 22 décembre 1374[1]. Lors de la guerre entre les Dauphinois et les Provençaux, il avait été commis, 25 juillet 1368, en compagnie d'autres nobles, tous « armigeri », à la garde du Champsaur[2]; il est encore qualifié écuyer et figure, comme témoin, en l'hommage rendu, à Grenoble, entre les mains du gouverneur du Dauphiné, 27 janvier 1375, par Hugues de la Tour, dit Turpin, seigneur de Vinay et des Cotes-d'Arey [3]. Convoqué à Romans, 8 janvier 1375, comme châtelain delphinal de Beauvoir-de-Marc, il occupait encore cette charge en 1386-1388 [4].

Anthoine I épousa : 1° Clémence, fille de Guillaume de Drenc, châtelain de la Tour-du-Pin[5], veuve et héritière de Pierre d'Ampuis, dame d'Ampuis, suivant un albergement du 12 novembre 1376 [6]; elle institua pour héritier son mari, Anthoine I, devenu, de ce chef, propriétaire de la co-seigneurie d'Ampuis restée l'apanage de la maison de Maugiron[7]; 2° Aymonette, fille

---

[1] *Invent. du Viennois,* ms.

[2] Cte de Charpin. *La Guerre entre les Provençaux et les Dauphinois.* « Armiger », écuyer. — Le Champsaur, ancien duché au diocèse de Gap, à la frontière de Provence. Vingt et une paroisses du Champsaur furent érigées en duché, 1611, en faveur de Lesdiguières.

[3] Bibl. chât. Terrebasse. Moulinet. *Titres Mais. de la Tour,* ms. « In presentia Antonii Maligeronis scutiferi. »

[4] *Convocatio Baronum et Castellanorum.* G. Allard, ms. — U. Chevalier. *Documents historiques.*

[5] Henri de Dreins ou de Drenc (de Drenco), fils d'une fille naturelle du Dauphin Humbert I, légataire du Dauphin Jean, 1318, teste le 19 août 1345. Guy Allard dit qu'il était frère de Guillaume. François de Dreins, lieutenant d'Aimery de Brisay, courrier de Vienne, vivait en 1399. Aymar de Dreins est au nombre des nobles du mandement de Châteauvillain, 1447-73.

[6] Arch. Rhône, E.

[7] Ampuis, village situé sur la rive droite du Rhône, canton de Condrieu, Rhône, a conservé de nombreuses traces de l'occupation romaine; dépendant du « pagus Viennensis », ce pays fut ensuite, et fort anciennement, réuni au Lyonnais, mais resta, pour la partie ecclésiastique, attaché au diocèse de Vienne, jusqu'à la Révolution. Saint Eloi guérit un démoniaque, dans l'église de cette « Villa quæ vocatur Ampucius et pertinet ad prædium Erchenberti illustrissimi viri », vers 651. Ampuis a donné son nom à une antique et illustre famille chevaleresque : Girard d'Ampuis vivait en 1069, Giraud et ses enfants Bernard, Durand, Brunicard et Artaud, en 1088 *(Cart. St Maurice de Vienne).* Fulco et Ogier

de Guy de Torchefelon et de Françoise de Rivoyre[8]. Anthoine de Maugiron et Arnaud de Vallin, écuyers, au nom d'Aymonette et de Guicharde, leurs femmes, filles de messire Guy de Torchefelon, et dame Florie, aussi fille dudit, religieuse à Salettes, transigent avec noble Aynard Revoyre, chevalier, tuteur

de Ampois frères, avant 1226 (*Obit. de l'Eglise de Lyon*) ; Hugues clerc, Amphélise sa mère, Guillaume « *miles* », frère de Hugues, Ogier fils de Guillaume, en 1254 (*Obit. id.*) ; Ogier d'Ampuis, damoiseau, vend à Foulques d'Ampuis, chevalier, au prix de 500 l. vien. tout ce qui lui appartient dans le château et mandement d'Ampuis, mouvant en fief d'Artaud, sire de Roussillon et d'Annonay, 16 décembre 1284 (*Titres de la Mais. de Bourbon*). Foulques vivait en 1304 (Cochard, *Statistique*) ; Jean son fils, co-seigneur d'Ampuis, rend hommage de divers biens, en Forez, au nom de sa femme Clémence Vernet, veuve de Guillaume Maréchal, 1328-1334 (*Noms féodaux*). Cette Clémence était veuve de Jean en 1341 (*Noms féodaux*) ; de cette union vinrent : 1° Pierre qui suit ; 2° Aynarde, héritière de sa mère, 1351, femme d'autre Pierre d'Ampuis qui suivra ; 3° Jeanne, femme de Jean de Saint-Symphorien, sr de Chamousset (P. de Varax, *Généal. de Ste Colombe*) ; Pierre héritier de Clémence sa mère, 1351, mourut jeune, laissant Jean (*Noms féodaux*), neveu de Jeanne de Saint-Symphorien, sous la tutelle de Pierre ***, co-seigneur d'Ampuis, qui vendit, au nom de son pupille, à Foulques de Moras, sr de Grézieu, au prix de 1500 fl. d'or, le château dit la Garde d'Ampuis (d'origine romaine), une maison forte devant l'église, avec le mandement et juridiction du lieu, 14 mai 1356, Fr. Le Vieux nre à Vienne (Arch. Rhône, E). Jean, devenu majeur, ne ratifia point cette vente, car il rendit hommage, 1360, à Aymar seignr de Roussillon, de tout ce qu'il tenait de Jean d'Ampuis, son aïeul (*Noms féodaux*). Béatrix, fille de Jean et son héritière, épousa Jean du Cros dont la filiation suivra.

Pierre ˙ d'Ampuis, appartenant à une autre branche, chevalier, co-seigneur d'Ampuis, vivait en 1351, ainsi que son fils Pierre ˙˙ marié à Aynarde, fille de Jean d'Ampuis et de Clémence Vernet, susdits. De cette union vint Pierre ˙˙˙, co-seigneur d'Ampuis, tuteur de Jean susdit, 1356 ; il épousa, vers 1343, Clémence fille unique de Guillaume de Drenc, châtelain de la Tour-du-Pin, 1343, dont il eut : Philippe chanoine de Tournay, et Marguerite. Clémence de Drenc, relaissée de Pierre ˙˙˙ d'Ampuis, dame d'Ampuis, et Marguerite sa fille, paraissent dans un acte d'albergement du 12 novembre 1346 (Arch. Rhône, E). Elle épousa, en secondes noces, Anthoine de Maugiron qui devint, de ce chef, co-seigneur d'Ampuis et hérita des biens de sa femme, héritière elle-même de son premier mari et des enfants issus de leur mariage.

Une autre portion de la seigneurie d'Ampuis était passée dans la famille du Cros, par le mariage de Béatrix, fille de Jean d'Ampuis susdit, avec Jean ˙ du Cros, seigr de Curraize, en Forez ; Jean ˙˙, leur fils, dit Alegret, reconnut tenir, du chef de sa mère Béatrix d'Ampuis, les trois quarts du château et du mandement d'Ampuis, 1336 (A. Vachez. *Le Canton de Mornant*). Jean ˙˙ du Cros, co-seigneur d'Ampuis, et Henri III de Maugiron, fils d'Anthoine I de Maugiron, co-seigneur d'Ampuis, passent un compromis au sujet du partage de cette seigneurie, 3 mai 1408, Jean de Vernay notaire à Vienne (Arch. Rhône, E). Jean ˙˙ du Cros épousa Catherine de Rougemont, d'où : A. Jean ˙˙˙ du Cros, père de Jean ˙˙˙˙ et de Marguerite, héritière de son frère, dame de la Garde d'Ampuis, nièce d'Humbert de Rougemont ; elle épousa, 17 juin 1447, âgée de 18 ans, Jean Le Viste ; B. Jeanne, mariée : à 1° Girard de Sainte-Colombe, 20 mai 1406 ; 2° à Louis de Lorgue, 7 mars 1409, d'où, entre autres : Catherine femme d'Antoine de Sainte-Colombe, 5 juillet 1443 ; d'où, entre autres, Antoine de Sainte-Colombe, héritier par substitution de sa grande-tante Marguerite ; C. Marguerite, dame de la Garde d'Ampuis, veuve de Gillet de Maugiron, co-seigneur d'Ampuis, remariée à Pierre de la Bâtie, 1460, grande-tante maternelle d'Arthaud et d'Antoine de Sainte-Colombe qu'elle substitua, l'un à l'autre, dans la seigneurie de la Garde d'Ampuis, vieille et aveugle, par son testament de 1499. Terrier pour Ne Marguerite de Cros, dame de la Garde d'Ampuis, 1477. Arthaud de Sainte-Colombe étant mort, 1503, Antoine, son frère, devenu propriétaire de la seigneurie de la Garde d'Ampuis, la vendit à Guy de Maugiron, 19 avril 1520. (Arch. Rhône, E. — P. de Varax. *Généal. Sainte-Colombe*. — Arch. de M. le Cte de Cibeins. — *Varia*.)

[8] Bibl. chât. de Terrebasse. *Armorial de Torchefelon*, ms. en couleurs, 1643. — La famille de Torchefelon, puissante dans le Viennois, y était établie dès le xiiie siècle. Voir : *Armorial du Dauphiné*, par G. de la Bâtie, 1864.

des enfants dudit feu Guy de Torchefelon, 22 février 1381[9]. Anthoine I mourut, vers 1396, laissant :

*A.* **Hugues II** qui continue la filiation.

*B.* **Henri III** qui a fait la branche A des seigneurs d'Ampuis.

*C.* **Alix,** femme, par contrat de 1396, de Léonard de Limonne, seigneur de Montléans, fils de Jacquemard et petit-fils de Guillaume ; il était mineur en 1345 et eut pour fils Artaud, seigneur de Montléans en 1417[10].

*D* **Guillaume II** est dit fils d'Anthoine I et mari d'Anne de Buenc, en 1406[11]; il figure, comme écuyer, à la montre de Hugues de Commiers reçue, à Paris, 24 janvier 1415[12], au cours de la guerre engagée par Henri V d'Angleterre contre le roi Charles VI qui perdit, le 25 octobre de la même année, la bataille d'Azincourt. Il habitait, 1416-1417, à Septème où il possédait des biens ainsi qu'à Diemoz et à Pinet[13].

Guillaume II, à en croire certains documents, aurait marqué sa place dans les rangs des seigneurs ardents aux combats, mais peu scrupuleux, tirant profit des troubles et des désordres suscités par la guerre contre les Anglais et par les factions qui désolaient alors le royaume. Il prit, fort jeune encore, une part active à la lutte soutenue par ses oncles, Lyonel et Jean de Torchefelon, contre Thibaud de Rougemont, archevêque de Vienne, et marquée par la ruine de leurs châteaux de Montcarra et de Torchefelon, et fut, de ce fait, nommément excommunié, le 8 février 1401 (v. st.), en noble compagnie[14]. Quelques années plus tard, Jacques de Gumin[15], châtelain de Dolomieu, Leuczon de Pinet[16], Antoine de Virieu, dit le Moyne[17], Guillaume de Maugiron et Gonet de Maugiron,

---

[9] Bibl. chât. de Terrebasse. *Inventaire de Torchefelon*, ms. 1560. — De Vallin, famille du Viennois connue dès le XIIe s. Mme la marq[ise] de Virieu-Pupetières, née de Vallin, décédée en 1904, a été la dernière représentante de cette illustre maison.

[10] La famille de Limonne, originaire de Saint-Marcellin, se fixa à Montléans, dans le Viennois, en 1377. — Voir notes sur la seigneurie de Montléans, art. Guy de Maugiron, IX.

[11] Bibl. Grenoble, Guy Allard. ms. — Marguerite, veuve d'Humbert de Boenc, « de Buenco », dit Torrel, tutrice de ses enfants : Etienne, écuyer, Allegret, Gallois, Germain et Agnès, 1407. Cette famille était propriétaire à St-Germain, bailliage de la Tour-du-Pin. Arch. Isère.

[12] J. Roman. *Montres et Revues.* — Hugues de Commiers, s[r] d'Etapes, fut tué à la bataille de Verneuil, 1424.

[13] *Invent. Viennois.* — Communes de l'arrond[t] de Vienne.

[14] Arch. Isère. « sequuntur nomina excommunicatorum... Guillelmus Maugiron. » — Charvet. *Hist. de l'Egl. de Vienne.*

[15] Voir Henri III de Maugiron, branche A dite d'Ampuis; Aymonette, sa fille, épousa Jean de Gumin, fils dudit Jacques. D'après les noms cités dans cette pièce, l'opération aurait été combinée entre parents et voisins.

[16] Cette famille semble fort ancienne dans le Viennois. « Willelmus Pineti », archidiacre de l'église de Vienne, 1118 ; « Stephanus de Pineto, notarius, 1315 », etc.

[17] Antoine de Virieu, fils de Hugonin, dit Caignon, seig[r] de Pupetières, et de Bérengette Gerin,

son frère, à la tête de quatre-vingts chevaux, envahirent, pendant la nuit, la maison d'Antoine de Chaponay, près de Feysin, et y prirent tout ce qu'il y avait de bon. Appelés en justice, ils promirent de restituer ; mais, n'en ayant rien fait, une plainte fut déposée contre eux, au gouverneur du Dauphiné, et portée au conseil, le 18 avril 1415[18]. Cela ne lui servit pas de leçon, car le 23 septembre 1419, le Consulat lyonnais décide de porter plainte, au bailli, contre Guillaume Malgiron du Daulphinal qui, ce jour au matin, a pris, au port de Jonages, un marchand de Cuisery nommé Laboret, son cheval et ses boges contenant environ 5 l. t., et amené le tout à Lyon, en l'hôtel de la veuve de Lormes ; mais ayant su que ce marchand s'était réfugié à Saint-Nizier, il a repris le cheval, les boges, plus la finance de ladite veuve, et a conduit le tout en Daulphinel, on ne sait où. Le bailli fut chargé de prévenir ledit Malgiron d'avoir à ramener le cheval, les boges et la finance à Lyon, où l'on déciderait qui, de lui ou des autres, y avait droit. En cas de refus, le gouverneur du Daulphinal, où demeure ledit Malgiron, sera mis au courant de l'affaire[19].

Ses enfants furent :

a. **Anthoinette** de Maugiron, femme de Georges de Poisieu[20], écuyer de Louis XI, qui figure, comme noble, ainsi que sa femme, fille de noble Guillaume de Maugiron, à la revision des feux de Septème, 14 mai 1446[21]. Il avait acquis, 21 septembre 1467, la seigneurie d'Hauterive, de François et de Marie, enfants de Joachim de Clermont[22]. Devenue veuve, avant 1478[23], Anthoinette acheta, au prix de

écuyer du Dauphin Louis qui lui fit don de la terre de Bizonnes, 1448, et de celle de Chabons, 1449, cessions confirmées en faveur de Philippe, son fils, 1465.

[18] Antoine de Chaponay, seig[r] de Feysin, au mandement de Saint-Symphorien-d'Ozon, en Viennois, marié à Catherine de Villeneuve de Joux, 28 avril 1425, fut fait prisonnier, par les Anglais, au siège de Verneuil, 1429. — Arch. Isère. *Generalia.*

[19] Arch. de Lyon. *Reg. Consul.*

[20] La famille de Poisieu, fort ancienne et considérable dans le Viennois et à la cour de Louis XI, a fourni un grand nombre de branches. Anthoine de Poisieu, s[r] du Passage eut : Gonet s[r] de Meyrieu, d'où Pierre s[r] de Meyrieu père de : 1° Jacques s[r] d'Avallon et du Passage, capitaine de la garde du roi, marié à Pernette Laure ; 2° Aymar, dit Capdorat, s[r] de Pusignan, maître d'hôtel du Dauphin, conseiller du roi, marié à Marguerite de Montorcier ; 3° Georges, mari d'Antoinette de Maugiron ; 4° Antoine, archevêque de Vienne ; 5° et 6° Philippine et Aymare religieuses à Montfleury, 1460.

[21] Arch. Isère.

[22] *Invent. Viennois.* — Valbonnais. *Hist. du Dauph.* — Hauterive, canton du Grand-Serre, Drôme. Cette seigneurie avait appartenu à une famille d'Hauterive fondue, au xiie siècle, dans celle de Clermont.

[23] « Nob. et pot. Anthonia Malgironà uxor dom. Alte Rippe. 4 mars 1470 (v. st.) — Nob. et pot. Anthonie Maugerone, relicte nob. Georgii de Poysiaco, et rev. frat. Guillelmi de Poysiaco, procurat. nob. et pot. Stephani de Poysiaco heredis nob. Georgii, 9 janv. 1478 (v. st.) — Nob. et egregia dom. Anthonia Malgirona, dom. Alterippe, matre nob. dom. Stephani de Poysiaco, 13 avril 1483 ». Mis d'Albon. *Notes extr. des arch. du chât. de Septème.*

3300 écus d'or, le 13 août 1480, de Louis II, marquis de Saluces, la seigneurie de Septème dont la délivrance fut ordonnée, par lettres de Louis XI, 4 septembre 1481, en faveur d'Etienne de Poisieu, son fils, qui en prêta hommage, le 2 octobre suivant[24].

De cette union vinrent :

1. Etienne de Poisieu, seigneur de Hauterive, Septème, Pinet, les Côtes-d'Arey, etc., bailli des montagnes du Dauphiné, conseiller et chambellan du roi, capitaine de 100 lances et de 4500 archers, dit le Poulailler. Ce vaillant homme de guerre testa, le 16 juin 1499. et mourut, le 3 octobre suivant, ayant eu de son union avec Louise, petite-fille de Jean d'Agoult, seigneur de Sault : Catherine, religieuse à Montfleury, 1505[25], et Françoise qui, excédant l'âge de douze ans, fut mise hors de tutelle, le 26 octobre 1512, et décéda peu après, laissant les biens dont elle avait hérité de son père, à sa mère, Louise d'Agoult, remariée, 14 octobre 1500, à Jean de Saint-Chamond[26].

2. Guy de Poisieu, chanoine et sacristain de Saint-Maurice, archevêque de Vienne, 1473, par la démission d'Antoine de Poisieu, son oncle, conseiller et ambassadeur de Louis XI ; il mourut, le 23 octobre 1480, et fut enterré dans la chapelle de Notre-Dame, à Saint-Maurice. Etienne, par attachement à la mémoire de son frère, établit sa sépulture au même lieu[27].

*b.* **N...** de Maugiron, seconde fille de Guillaume II, femme de Jacques de Clermont (?). La tradition a simplement conservé le souvenir d'une union[28] avec la maison de Clermont ; à défaut d'actes, on peut l'étayer

[24] Pilot de Thorey. *Actes du Dauph. Louis.* — Les Romains ont donné le nom de Septème à ce lieu placé, sur la route des Alpes, ad septimum lapidem, au septième mille en venant de Vienne. Cette terre, fort anciennement possédée par la famille de Septème, passa dans celle de Beauvoir, par le mariage de Briande de Septème avec Guillaume de Beauvoir qui en rendit hommage au chapitre de Vienne, octobre 1233. Cette seigneurie, comprenant : Saint-Oblas, Oytier, le Péage, Saint-Just, Mons, Gemens, Serpaize, Pont-Evêque et la maison forte de Nesve, fut érigée en marquisat, par lettres de juin 1686, en faveur de Camille d'Hostun, comte puis duc de Tallard. Le château appartient actuellement au Mis d'Albon.

[25] Bibl. chât. de Terrebasse. *Monast. de Montfleury*, ms.

[26] M. de Boissieu. *Généal. de Saint-Chamond.* — Lettres patentes du roi Louis XI, en faveur de Françoise de Poisieu, fille d'Etienne, sous l'autorité de Jean de Saint-Chamond, mari de Louise de Sault, 17 août 1503. *Invent. Dauph.*

[27] A. de Terrebasse. *Inscriptions de Vienne.* — Chorier, Charvet, etc., Delorme, *Tombeau d'Ét. de Poisieu.* «... Dom. Steph. de Poysiaco dom. Altæ Ripæ et Septimi... desiderat inhumari... in capella B. Mariæ de Capellis, in qua inhumatus est R. Dom. G. de Poysiaco, Viennensis Archiep. ejus frater, qui ipsum dom. Stephanum ad hoc incitaverat et deprecatus fuerat. »

[28] *Généal.* ms. « Anthoinette, fille de Guillaume II de Maugiron, avait épousé Estienne de Poisieu. La sœur de la dite Anthoinette nommée..... espousa Anthoine de Clermont, seig[r] de Surgères et de Demptezieu. » Ces noms doivent être rectifiés comme il suit : Georges de Poisieu, Jacques de Clermont.

sur certaines probabilités et sur la parenté existant, à cette époque, entre les Clermont, les Paladru, les Torchefelon et les Maugiron.

Aymonette de Torchefelon, femme d'Anthoine I de Maugiron, le père de Guillaume II, était sœur de Jean de Torchefelon, maréchal de Dauphiné, marié, en secondes noces, avec Jeannette de Paladru, fille d'Aymar de Paladru, seigneur de Montferra, et de Marguerite de Montbron, dame de Creyssieu. Cette Jeannette de Paladru [29] avait épousé, en premières noces, 15 mai 1405 [30], Jehan de Clermont, fils naturel d'Aymar de Clermont, vicomte dudit lieu et de Bressieu [31], et en avait eu Jacques de Clermont, seigneur de la Bâtie-Divisin et de Creyssieu [32], qui aurait pris pour femme N..., fille de Guillaume II de Maugiron ; Jeanne de Clermont, leur fille, épousa Antoine de Clermont, seigneur du Crollard [33], fils d'Aymar de Clermont, lieutenant-général au gouvernement de Dauphiné, 1445-1454, fils du baron de Clermont [34].

[29] Bibl. chât. de Terrebasse. *Invent. Torchefelon*, ms. Reconnaissance à Creyssieu, au profit de dame Jeannette de Paladru, fille de noble Aymar de Paladru, seigr de Montferra, à présent femme de noble Jehan de Torchefelon, seigr de Montcarra, 5 mars 1448.

[30] Bibl. chât. de Terrebasse. *Invent. Torchefelon*, ms.

[31] J. Roman. *Montres et Revues*. Montre de Messire Jehan le bastard de Clermont, sr de Cressieu, à Saint-Vallier, 11 octobre 1418.

[32] Bibl. chât. de Terrebasse. *Invent. Torchefelon*, ms. Quittance par mesre Jacques de Clermont, seigr de la Bastie-Divisin, à Jeannette de Paladru, sa mère, 8 septembre 1459. Il était aussi, du chef de sa mère, seigr de Creyssieu.

[33] Bibl. chât. de Terrebasse. *Invent. Torchefelon*, ms. Transaction entre Jehanne de Clermont, femme de mesre Anthoine de Clermont, et François, Jehan et Henri de Torchefelon, s. d. Autre transaction entre Anthoine de Clermont et Jehan de Torchefelon, 11 avril 1477. — *Mémoire pour la Ctesse de Lannion, contre le maréchal de Clermont-Tonnerre, 1769*. Aynard VI de Clermont avait un fils naturel, Jean de Clermont qui eut pour fils Jacques de Clermont de Creyssieu, lequel n'eut qu'une fille, Jeanne, mariée à un seigneur de Clermont de Croslard.

[34] G. Allard. *Les Lieutenans de Dauphiné*. Aymar est dit bâtard et fils naturel d'Aymar, baron de Clermont. — Pilot de Thorey. *Actes du Dauphin Louis*. Aymar de Clermont, écuyer, conseiller et maître d'hôtel du Dauphin, lieutenant général en Dauphiné, mourut en 1454, laissant pour héritier son fils Antoine de Clermont, seigr du Crollard.

# VI *Degré.*

# Hugues II de Maugiron ou Hugonnet,
### *écuyer, co-seigneur d'Ampuis.*

Hugues II et Henri III de Maugiron, co-seigneurs d'Ampuis, fils et héritiers d'Anthoine I, co-seigneur d'Ampuis, rendirent hommage au Dauphin, pour son château de Pinet, d'un moulin, dit le moulin neuf, situé dans la paroisse de Meyssiez, suivant acte passé à Grenoble, 21 avril 1394[1], et transigèrent, 13 octobre 1397, par devant Solier notaire, à propos des sommes que leur père pouvait devoir, comme donataire de Clémence de Drenc, sa femme, relaissée de Pierre d'Ampuis[2]. Hugues était, 1406-1420, châtelain de Beauvoir-de-Marc[3], après la mort de son père; il figure, comme écuyer, à la montre de Bertrand de Saluces, seigneur d'Anthon, faite à Saint-Marcellin, 1 août 1420[4]. Avec son frère Guillaume, il prit part au pillage du château de Feysin[5]. Le 23 juillet 1420, il passe reconnaissance au Dauphin de divers biens situés à Beauvoir-de-Marc[6].

Hugues II de Maugiron épousa : 1° Antoinette de Virieu, fille d'Aymonet de Virieu qui teste en 1425, et de Simonde de Torchefelon, et sœur de Béatrix de Virieu mariée à Imbert de Torchefelon, puis à Richard Bérard, vers 1430; elle vivait en 1427[7]; 2° Catherine, fille d'Amédée Robe et sœur d'Aymar Robe[8].

Les enfants furent :

*A.* **Alix,** fille du premier lit, mariée à Aymar Robe, frère de Catherine,

---

[1] Bibl. chât. de Terrebasse. *Terrier en faveur du Dauphin, pour son château de Pinet,* ms. s. vél.

[2] Arch. Rhône, E. *Familles.*

[3] Arch. Isère. *Comptes de châtellenies. — Invent. Viennois.* — Hugues est confirmé dans cette charge par lettres de Charles VI, Paris, 31 décembre 1415 ; par Jean, Dauphin, La Haye, 18 janvier 1416 ; par le Dauphin Charles (VII), Paris, 1er mai 1417.

[4] Le Laboureur. *Maz. de l'Isle-Barbe.*

[5] Voir, à Antoine I de Maugiron (V), Guillaume son fils.

[6] *Invent. Viennois.*

[7] G. Allard. *mss.* — *Reg.* de d'Hozier. — La maison de Virieu, établie en Dauphiné, dès le XIe siècle, a fourni un grand nombre de branches, dont le chef est, de nos jours, Antoine, marquis de Virieu, marié, 3 juillet 1886, à Elisabeth de Noailles, résidant au château de Pupetières, Isère.

[8] Jacques Robe acheta la terre de Miribel, vers 1435, et en rendit hommage, en 1462. *Invent. Viennois.* — Cette famille était originaire de Voiron, où l'on trouve, 1458, Aymar Robe, parmi les nobles. Arch. Isère, B.

seconde femme de Hugues II de Maugiron, suivant sa quittance, au profit d'Henri III de Maugiron, de Gillet son fils et de Claude du Clos, veuve de François I de Maugiron et tutrice de ses enfants, par laquelle elle déclare recevoir 400 florins d'or, pour parachèvement de 1.000 florins d'or qui lui avaient été constitués en dot. Aymon n[re], 4 avril 1443. Autre quittance, sur le même fait, 1443, d'Amédée Robe, fils de feu Aymar et de ladite Alix, qualifiée fille d'Hugonnet de Maugiron[9].

*B.* Du deuxième lit : **François I** qui suit.

*C.* **Henri IV**, tige de la branche B des seigneurs de la Tivelière.

[9] Arch. Rhône, E. — *Généal.* ms.

# VII *Degré.*

## François I de Maugiron, *écuyer,*
### *co-seigneur d'Ampuis.*

François figure, comme écuyer, à la montre d'Aymar de Beauvoir, reçue à Vienne, au lieu de Pipet, 25 octobre 1424[1], et quelques années plus tard se distingue, ainsi que son frère, à la bataille d'Anthon, 11 juin 1430, où « Raoul de Gaucourt, gouverneur du Dauphiné, assisté de ces braves héros dauphinois, Bressieu, Clavezon, Maugiron, Poisieu et autres, remporta une signalée victoire sur l'Orengeois[2] ». Nobles François et Henri de Maugiron, frères, vendirent, à leur oncle, Jean de Torchefelon, des rentes et des moulins, 28 septembre 1431[3]. François, en compagnie de ses oncles de Torchefelon, prit parti contre l'archevêque Jean de Norry, au cours des luttes intervenues entre les Viennois et leur archevêque qui ne ménagea point à ses adversaires les foudres ecclésiastiques et les armes temporelles. « Ung nommé Torche-

---

[1] J. Roman. *Montres et Revues.*

[2] Hil. de Coste. *Eloge des Dauph.* — Guy Allard. *Diction. du Dauph.* — La descendance des comtes d'Orange, signalés dès le viiie siècle, peut s'établir régulièrement, depuis le xe siècle, par : I, Giraud-Adémar, comte d'Orange ; V, Tiburge I, comtesse d'Orange, mariée, vers 1129, à Guillaume des comtes de Montpellier ; VIII, Tiburge III, nièce de la précédente, comtesse d'Orange, épousa, vers 1173, Bertrand de Baux, titré prince d'Orange par l'empereur Frédéric I, vers 1178 ; XIV, Marie de Baux, princesse d'Orange, mariée à Jean de Chalon, s[r] d'Arlai, 1388 ; XV, Louis de Chalon, prince d'Orange, s'étant allié au duc de Savoie, pour s'emparer du Dauphiné, fut battu à Anthon, 1430 ; XVI, Guillaume de Chalon rend hommage au roi dauphin de la principauté d'Orange, 10 juin 1475 ; c'est à ce titre qu'elle fut réunie, plus tard, au gouvernement de Dauphiné ; XVII, Jean de Chalon vit la principauté d'Orange et ses biens confisqués et réunis au domaine delphinal, par arrêt du parlement de Grenoble, 20 septembre 1477 ; ils lui furent restitués par Charles VIII, 1483. Les princes d'Orange, de la maison de Chalon, possédaient, dans le Dauphiné, soit de leur chef, soit comme successeurs des marquis de Saluces et des comtes de Genève : en Viennois et terre de la Tour, Auberives, Falavier, Anthon, le Colombier, Saint-Romain, Saint-Laurent, Saint-Alban ; en Grésivaudan, Theys, la Pierre, Domène ; en Gapençais, Orpierre, Trescleoux ; en Valentinois et aux Baronnies, Montbrison, la Batie-des-Fonts, Curnier, Noveysan, Montréal, Saint-Jalle, Rochebrune, Esparron, Condorcet, Sahune. XVIII, Philibert de Chalon vit sa principauté d'Orange réunie au domaine delphinal, 1517 ; elle lui fut restituée par divers traités, 1526-1529. Sa sœur, Claude de Chalon, épousa, 1515, Henri, comte de Nassau, d'où : XIX, René de Nassau, adopté par son oncle Philibert, prince d'Orange, 1530, décéda sans postérité, laissant à son cousin XX, Guillaume de Nassau, la principauté d'Orange, 1544, qui fut confisquée par le roi de France, sur XXV, Guillaume-Henri de Nassau, en 1673, et réunie à la couronne, en 1714.

La branche aînée des Nassau, dite maison d'Orange, s'est éteinte avec Guillaume, roi d'Angleterre, 1702. La branche cadette prit alors le nom de Nassau-Orange, et devint maison régnante aux Pays-Bas, 1815, où elle est tombée en quenouille avec Wilhelmine, des princes de Nassau-Orange, reine des Pays-Bas, par la mort de Guillaume III, son père, 1890, mariée à Henri, duc de Mecklembourg, prince des Pays-Bas, 7 février 1901.

[3] Bibl. chât. Terrebasse. *Invent. Torchefelon*, ms.

felon ayant volu faire rebellion, desobeir et resister, par puissance, contre messire de Vienne, Jehan de la Vieu, seigneur de la Roche, corrier de Vienne, assembla gens pour resister contre ledit Torchefelon et le metre en subgection, lesquels il amena à Vienne et en chassa dehors ledit Torchefelon. Et depuis ung nommé Maulgiron, du pays de Dauphiné, fit plusieurs oultrages, par maniere de guerre et aultrement, audit seigneur de Vienne qui pria et requist ledit seigneur de la Roche qu'il le vengeast dudit Maulgiron, ce que il fit et le prist prisonnier et le mena à Vienne [4]. »

François I de Maugiron, épousa suivant contrat reçu par du Boys n[re], 29 novembre 1429, Claude, fille de Jean du Clos, seigneur de Saint-Maurice, en Savoye, et de dame Guigonne d'Arlos [5]. Il mourut jeune, car les héritiers de François de Maugiron sont au nombre des nobles de Beauvoir-de-Marc, 1446-49-57-58 [6]. Enfants:

*A*. **Hugues III** qui suit;

*B*. **Aymar I**, chanoine du chapitre de Vienne [7].

*C*. **François II**, tige de la branche C des seigneurs de Leyssins et de Beauvoir-de-Marc.

*D*. **Jacques**, mort en enfance.

*E*. **Claudine**, mariée à Gabriel de la Fontaine, de Saint-Genis, d'où sept fils parmi lesquels Gabriel, religieux à Saint-André de Vienne, 1520, et deux filles, dont Bonne mariée, 5 septembre 1483, à Jean de Maubec, de Saint-Genis [8] : Claudine, veuve de noble Gabriel de la Fontaine, transige, en son nom et en celui de ses enfants, 6 avril 1485, avec son cousin Jean de Torchefelon [9].

[4] Sentence entre Anne de Norry, veuve de Gauthier du Chastel, et Guillaume de Lavieu, touchant l'héritage de Jean de Norry, archevêque de Besançon (Arch. de M. Philip. Thiollière). — *Mémoires de la Diana*, t. III. — Jean de Norry, chanoine, comte de Lyon, 7 août 1390, archevêque de Vienne, décembre 1417, reconnu archevêque de Besançon, par procuration du 17 avril 1438, mourut à Gy, maison de campagne des prélats de ce diocèse, avant son intronisation. — Aymonette, femme d'Antoine de Maugiron, était sœur de Lyonel, Jean et François de Torchefelon. — Jean de Lavieu, seigneur de Roche-la-Molière, Boisset, etc., en Forez, courrier de Vienne, épousa Marguerite de Lespinasse, nièce de l'archevêque Jean de Norry.

[5] *Généal.* ms. — Bibl. Grenoble. G. Allard, mss. — A. de Foras. *Armorial de Savoie*. Jean du Clos, le cadet, dit Clavin, qualifié seig[r] de Saint-Maurice, 1415, anobli en compagnie de Jean l'ancien, et d'Amédé, ses frères, par le duc de Savoie, 20 mars 1420, mari de Nicolette, fille de Gérard d'Arlos, veuve en 1438. — Guichenon. *Hist. de Savoie*. Jean du Clos se distingua à la bataille d'Anthon, 1430, parmi les gentilshommes envoyés, par le duc de Savoie, au secours de Louis de Chalon, prince d'Orange, contre les Dauphinois.

[6] Arch. Isère. *Feux*. — G. Allard. *Dict.*

[7] Bibl. de Lyon. Fonds Morin-Pons. — Bibl. de Grenoble. G. Allard, mss.

[8] A. de Foras. *Arm. de Savoie*.

[9] *Invent. Torchefelon*, ms.

# VIII *Degré.*

## Hugues III de Maugiron,
*co-seigneur d'Ampuis, seigneur de la Roche.*

Son père François I étant décédé jeune, vers 1446, Hugues III fut placé, ainsi que les autres enfants, sous la tutelle de Claudine du Clos, sa mère, et de Gillet de Maugiron, co-seigneur d'Ampuis, son cousin. Suivant acte reçu par Silvain, notaire, 27 mars 1461, Henri IV de Maugiron, seigneur de la Tivelière, céda à Hugues III, son neveu, au prix de 100 fl. d'or, tous ses droits sur le château, mandement et juridiction d'Ampuis, les hommages qui lui étaient dus, dans la terre de Pinet, et ce qui pouvait lui être acquis par le décès de Gillet de Maugiron[1]. Il est au nombre des nobles de Beauvoir-de-Marc, 1475[2].

Hugues III épousa avant 1486, Claude, fille puis héritière de noble Guiot Lambert[3], seigneur de la maison forte de la Roche, au mandement de Saint-Symphorien-d'Ozon[4], et de Catherine Tholigny. Il mourut dans un âge peu avancé, « laissant cinq fils et sept filles qui, estant restés soubs la conduite de leur mère, furent si bien eslevés par elle, qu'elle s'acquit une très grande reputation et estime, ayant surpassé, par une si belle et si nombreuse education, l'ancienne Cornelie[5]. » Elle testa en faveur de François, son fils, 20 novembre 1499, Pélisson, notaire[6]. Les enfants furent :

*A.* **Philibert,** écuyer, gentilhomme de la maison du roi, aux gages de 400 l., 5 avril 1491[7], mourut peu après son père et, suivant le testament

---

[1] Arch. Rhône, E. — Gillet, br. A. VII.

[2] Arch. Isère. *Feux.* « Nobilis Hugo Malgironis, dominus Amputhei, et Franciscus, frater. »

[3] Lambert, famille chevaleresque établie à Condrieu. « Jaucerandus Lamberti de Condriaco, Miles », mai 1234 ; elle a formé les branches des seigneurs de Licieu, en Lyonnais, de la Roche, de Mions, etc., en Dauphiné. — Bibl. Nation. Cabinet de d'Hozier, 6 novembre 1490, quitt. à Antoine Lambert, co-seigneur de la Roche, par « nobilis Hugo Maligironis », de 25 regalia, sur la dot de Claude Lambert, son épouse.

[4] La terre de Saint-Symphorien-d'Ozon dépendait du domaine delphinal et comprenait : Simandre, Solaise, les maisons fortes de la Roche, de Châteauvieu, de Saint-Priest et de la Rancolière (arrondt de Vienne, Isère).

[5] *Généal.* ms.

[6] Arch. Rhône, E.

[7] Cte H. de Chabannes. *Hist. de la Maison de Chabannes.*

de sa mère, fut enterré dans l'église du monastère de Sainte-Claire, à Sainte-Colombe-lez-Vienne[8].

B. **François III de Maugiron,** seigneur d'Ampuis et de la Roche, devint le chef de la famille, après la mort de son frère Philibert. Il fut un des plus brillants et des plus braves capitaines parmi ceux qui s'illustrèrent au cours des guerres d'Italie entreprises par Louis XII. Admis au nombre des deux cents gentilshommes du roi, élite de la noblesse française, il prit part, comme tenant de la reine Anne, « en habillemens de bleu bordez de jeaune et semez de petits patenostres de bois, » à un tournoi ordonné, à Lyon, dans la plaine d'Ainay, 22 mai 1500[9]. Après avoir suivi le roi, au voyage de Milan, 1502, il se distingua au siège de Salces, en Roussillon, combattit à l'arrière-garde avec dix gentilshommes de la maison du roi, lors de la retraite de l'armée sur Narbonne, octobre 1503, et « porta par terre un nommé Loys Chaincho[10] ». Durant les fêtes célébrées, à Paris, lors de l'entrée d'Anne de Bretagne, en novembre 1504, « Francoys de Maugiron, des gentilshommes de cheux le Roy, et ung aultre, nommé Supplanville, se trouvèrent l'ung contre l'aultre, dans ung tournoy, lesquels estoyent moult gaillardz, hommes jeunes et adroictz. Iceulx s'adroissèrent si rudement que Francoys de Maugiron assenna Supplanville, de telle sorte que la lance luy mist tout au travers du corps, tant que pour mort s'en alla par terre[11]. » A l'occasion du mariage de Claude de France, avec François d'Angoulême, célébré à Plessis-les-Tours, 21 mai 1506, messire Guyon d'Amboise tint un pas, aux lices, contre le duc de Bourbon « et avecque luy... Francoys de Maugiron, où là fut donné mains coups de lance et d'espée, tellement que chascun des combateurs eut honneur, et le Roy plaisir[12] ». En juin 1507, « aux combatz et tournoys, dedans la ville de Milan, furent blecez, en la main dextre, le marquis de Montferrat, Francoys de Maugiron et tout plain d'autres[13] ».

Il fut un des premiers organisateurs de l'infanterie française, lorsque Louis XII, à la tête d'une puissante armée, marcha contre les Génois révoltés, 1507. « D'autant qu'il avoit besoing d'infanterie plus que de gendarmerie, il bailla la charge à plusieurs capitaines et braves gentilzhommes françois, de bonne maison, comm'aux seigneurs de Maugyron,

[8] *Généal.* ms.

[9] J. d'Auton. *Chroniques.* — M. Vulson de la Colombière. *Le Vray Théâtre d'Honneur et de Chevalerie.*

[10] J. d'Auton. *Chron.*

[11] *Id.*

[12] *Id.*

[13] *Id.*

de Vandenesse, de Bayart[14]... » qui eurent sous leurs ordres chacun mille hommes de pied. Au moment de l'attaque du fort avancé de Gênes, « Bayart dit au capitaine Maugiron, qui depuis mourut devant Ravenne, venez avecques moy, car sommes d'ung pays, et longtemps nous nous connoissons. Suivez-moy et si le bras est foible, si sera aujourd'hui experimenté; quant aux jambes elles sont agiles et legières pour bien monter[15] ». Il emporta, en effet, le fort, à la tête de ses gens de pied, puis se trouva aux diverses batailles qui précédèrent la prise de Gênes, avril 1507. « A ceste escarmouche estoit le marquis de Mantoue, Francoys de Maugiron et d'autres Italiens et Francoys tout plain[16] ». Le chevalier Bayart, le sieur du Molard et François de Maugiron se distinguèrent, par dessus tout, à la bataille d'Agnadel, gagnée sur les Vénitiens[17], 14 mai 1503. Nommé capitaine de la ville de Lugano, le sire de Maugiron est inscrit, en cette qualité, sur le budget du duché de Milan, 1510, pour une pension de 500 l.[18] Deux mille cinq cents Gascons, commandés par Molard et Maugiron, ayant été distribués, en quartiers d'hiver, dans les villes du Milanais, les chevau-légers des Vénitiens défirent, auprès de Marostica, environ 700 hommes de pied et quelques chevaux; les Français eurent d'abord l'avantage, mais les paysans étant accourus au secours des Vénitiens, ces derniers tuèrent environ 400 hommes de pied et firent prisonniers Maugiron et Pierre de Richemont, leurs capitaines, 1511[19]. Rendu à la liberté il se trouvait à la reprise de Brescia. Lors de la révolte de cette ville, les Français durent se retirer dans la citadelle d'où, secourus par l'armée de Gaston de Foix, ils redescendirent sur la place, en grand péril; les capitaines Bonet, Maugiron et autres, jusqu'au nombre de sept mille hommes, furent à l'assaut et ouvrirent les portes aux Français qui avaient entamé le siège d'un autre côté. Bayart fut dangereusement blessé

---

14 J. d'Auton. *Chron.* — Brantôme : « La postérité doit reconnaissance à ces créateurs de l'infanterie françoise. » — Jean de Chabannes, sᵣ de Vandenesse, dit le Petit Lion.

15 Champier. *Les Gestes du preux chevalier Bayard.* — A. de Terrebasse. *Histoire de Pierre Terrail, seigneur de Bayart.*

16 J. d'Auton. *Chron.*

17 Expilly. *Supplément à la vie de Bayard.* — A. du Rivail. *De Allobrogibus.* (Publ. par A. de Terrebasse.) « Cum peditatu, illi bello (Agnadel) etiam Molardus ac Franciscus Malusgironus interfuerunt et Guinetus Malusgironus ibi interiit. » Pierre Terrail, seigneur de Bayart, dit le Bon Chevalier. — Soffrey Alleman, seigneur d'Uriage et du Molard, dit le capitaine Molard, fut tué à la bataille de Ravenne, 1512.

18 J. d'Auton. *Chron.*

19 Guichardin. *Histoire des Guerres d'Italie.* — Ce fait est présenté autrement, dans une lettre de Jean le Veau à Marguerite d'Autriche : « Les Vénitiens, après avoir pris Brescia, vinrent à Bergame qui s'est rendu à eux, et l'on dit qu'il y avait dedans cinq ou six cents piétons, dont était capitaine un Français, appelé Maugiron, lequel a été pris prisonnier et mené à Venise, et lesdits piétons tous tués, sinon ceux qui se purent sauver. »

et plus de vingt mille ennemis y perdirent la vie, février 1512 [20]. Maugiron continua à servir en Italie, jusqu'à la bataille de Ravenne, où il fut tué, 11 avril 1512. « Qui veut voyr bien descrite la bataille de Ravenne, qu'il lize le roman de M. de Bayard, il en descrit mieux, en son vieil langage, qu'aucune autre histoire ; il n'oblie la mort de M. de Maugiron qy fust tué ayant charge de gens de pied qu'il fist très bien ; car il estoit très brave et vaillant ; aussi la race le porte, dont en sont sortys de très braves et vaillans capitaynes [21]. » Voici ce qu'en dit le Loyal Serviteur : « Les lansquenets et les gens de pied des cappitaines Molard, Bonet, Maugiron et autres, jusques au nombre de dix mille hommes, marchaient tous en une flotte... Les Espagnols avaient un gros hoc de piques croisées au bord de leur fossé... pour le passé y eut un meurdre merveilleux... Sur ceste entrée, y eut plusieurs cappitaines mors, comme le baron de Grantmont, le cappitaine Maugiron qui y fist d'armes le possible [22]. — Les gens de pied voulurent aller assiéger le fort où était Pedro Navarre avec ses gens de pied, et leur vinrent donner un merveilleux assaut, et trouvèrent ledit fort aussi merveilleux et tant fort de harquebuttes à crochets que de charettes. Et y fut M. de Maugiron tué sur une charette et tout plein de gens de bien [23]. »

François III de Maugiron, seigneur d'Ampuis et de la Roche, épousa, 9 août 1508, dans la chapelle du château de Balore, Loyse fille de Hugues de Rabutin, seigneur d'Epiry, Bourbilly, la Vaulx et Sully, et de Jeanne de Montaigu [24]. De cette union naquit un seul fils, Claude vivant en 1512 [25], et mort peu après son père. Les biens substitués revinrent à Guy de Maugiron, son oncle, avec lequel Louise de Rabutin, veuve de François III de

---

[20] *Le Loyal Serviteur.* — A. du Rivail. *De Allobrogibus.* « Per castrum quod adhuc a Gallis tenebatur Molardus, Jacobus, Malusgironusque cum peditatu, Bayardus etiam et alii cum Gastone Fuxeo, dimissis equis, in ipsam urbem cum magno sui et suorum periculo descenderunt, et apertis foribus, alii Galli Brixiam circumdantes ingressi sunt ; et eo prælio viginti hostium et civium millia occuberunt. »

[21] Brantôme. *Grands Capitaines.*

[22] *Le Loyal Serviteur.* — A. du Rivail. *De Allobrogibus :* « Ad aciem usque Hispanorum etiam Franciscus Malusgironus Delphinus cum suo peditatu devenit... » Il manque, en cet endroit, deux feuillets au manuscrit de la Bibliothèque Nationale. — Arch. Isère. « En d'autres lieux furent tués... le capitaine Maugiron... plus de deux cents gentilshommes de nom et tous d'estime et plus de deux mille hommes de pied des nôtres. » Lettre de Bayart à son oncle, L. Alleman, évêque de Grenoble, au camp de Ravenne, le 14 avril.

[23] Robert de la Mark, sieur de Fleurange. *Mémoires.*

[24] Arch. Rhône, E. — Claude de Montaigu, chevalier de la Toison d'Or, dernier représentant des ducs de Bourgogne de la première race, ne laissa qu'une fille naturelle, Jeanne, légitimée en 1461, et mariée à Hugues de Rabutin, chambellan de Charles VII, capitaine de cinquante lances, lieutenant général en Bourgogne. — Balore, Saône-et-Loire. La seigneurie et le château de ce nom furent apportés, en 1366, à Jean de Rabutin, par sa femme Marie, fille de Philippe de Balore, dernier représentant de cette maison.

[25] Arch. Rhône, E.

Maugiron, transigea, 25 novembre 1525, à raison de l'héritage de nobles Estienne, Claude et Guyot Lambert et de feu son mari[26]. Elle lui fit, la même année, donation des maisons fortes de la Roche et de la Magdeleine cette dernière acquise par son mari d'honnête Guillot, de Lyon, en 1509[27]. Louise de Rabutin teste le 8 mai 1556, à l'âge de soixante-quinze ans ; élit sa sépulture au couvent des Cordeliers de Sainte-Colombe-lez-Vienne ; lègue à son neveu M. de Bourbilly ses biens de Bourgogne[28] ; institue pour son héritier universel Guy d'Arces, fils de Jean d'Arces, baron de Livarot, et pour son exécuteur testamentaire, ledit Jean d'Arces, seigneur de la Bastie, baron de Livarot, son féal ami, mari de défunte Jeanne de Maugiron, nièce de son mari[29].

C. **Guy** qui suivra.

D. **Guyot** ou **Guinet de Maugiron,** co-seigneur d'Ampuis. Les deux frères se confondent, fort souvent, l'un avec l'autre. L'historien dauphinois, Aymar du Rivail, qui vivait en ces temps-là, 1490-1557, appelle Guy Guiotus, et Guyot Guinetus. Malgré certaine inexactitude dans le pré- nom, les lieux et les dates permettent de lui attribuer l'aventure suivante, rappelée par un jurisconsulte contemporain. Guillaume Clavel, seigneur de Montfort[30], et Huguet de Maugiron ayant attaqué, blessé et pillé des marchands de Vienne, sur la grande route, au lieu de Feyzin, furent pour- suivis et durent chercher un refuge dans l'abbaye de Saint-Pierre de Vienne. Le vi-bailli, Martin de la Chayne, secondé par les habitants, rom- pit la porte du couvent, pour s'emparer des coupables, retirés par l'abbé Aymar de Poisieu, en vertu d'un droit d'asile qui lui fut confirmé, jan- vier 1503[31]. Guyot servit glorieusement, en Italie, en compagnie de ses frères et de ses cousins, et fut tué à la bataille d'Agnadel, 14 mai 1509[32], sans avoir été marié.

---

[26] Bibl. Nation. *Fonds d'Hozier*.

[27] Arch. Rhône, E. — La Madeleine, au territoire d'Ampuis, Rhône.

[28] Christophe de Rabutin, baron de Sully et de Bourbilly, gouverneur de Semur.

[29] *Minutes* de Daleyzieux, notaire à Condrieu. — Voir : Jeanne, fille de Guy de Maugiron, femme de Jean d'Arces, et notes sur Guy d'Arces, IX, F.

[30] Clavel, ancienne famille du Viennois, dont une branche possédait les terres de Montfort, au mandement de Pinet (Eysin-Pinet, canton nord de Vienne), et celle de la Roche-Pingolet, (Ville-sous-Anjou, canton de Roussillon, Isère). Antoine Clavel, n'ayant pas eu d'enfant de son union avec Hippo- lyte de Cossé, fille du maréchal de Brissac, fit don de ces seigneuries à Geoffroy de Sallemard, son cousin, 12 février 1553. Cette famille est représentée, au château de Montfort, par Raymond-Marie, comte de Sallemard, marié, 18 avril 1847, à Gabrielle Daudé, d'où Godefroy, marié à Mlle de Laveau- coupet, et Humbert à Marie d'Espagnet.

[31] F. Marc. *Decisiones*.

[32] A. du Rivail. *De Allobrogibus*. « Guinetus Malgironus ibi interiit. » — C. Expilly. *Suppl. à l'Hist. de Bayard*. « Guyot ou Guinet de M. fut tué à Agnadel. » — H. de Coste. *Eloge des Dauphins*.

Perrot de Maugiron, seigneur d'Ampuis, suivant divers actes, 1525-1530[33], peut être un bâtard de Guyot.

E. **Aymar II de Maugiron** fut chanoine du chapitre de Saint-Maurice de Vienne. Promu à la dignité de protonotaire apostolique, dont les bulles furent insinuées le 8 octobre 1521[34], il fait, le 30 juillet de la même année, une donation à Guy de Maugiron son frère[35]. L'archevêque Pierre Palmier le tenait en grande estime et résigna, en sa faveur, ses fonctions de doyen de Saint-Maurice, et de chanoine de Saint-Paul de Lyon, 1528[36]. Laurent Alleman, évêque de Grenoble, passa une procuration, 3 août 1529, dans les cloîtres de Saint-Maurice, en la maison d'Aymar de Maugiron, doyen de cette église[37]. Il était également pourvu du prieuré de Talissieu[38] en Bugey, 1536, et du rectorat de la chapelle des Lyatard, à Saint-Maurice de Vienne[39], qu'il remit, 1538, à Louis de Maugiron, son neveu. Un sceau, portant un écu gironné de six pièces et le nom d'Aymar de Maugiron, doyen de Saint-Maurice, est appendu à l'acte de fulmination d'une bulle de Clément VII, 1530[40]. Il testa, le 11 octobre 1544, en faveur de Guy, son frère, et mourut peu après[41].

F. **Antoinette,** religieuse de l'abbaye de Notre-Dame-des-Colonnes, dite de Sainte-Claire, située à Sainte-Colombe-lez-Vienne. Elle était abbesse de ce monastère, en 1532[42].

G. **Huguette,** religieuse bénédictine, au monastère anciennement appelé N.-D. de Valsauve, transféré, 1375, à Bagnols, diocèse d'Uzès.

H. **Anthoinette,** mariée à Antoine de Varey, seigneur de Malatrait et de Chasse, en Viennois, qui fournit un dénombrement de la seigneurie de

---

[33] Arch. Rhône, E.

[34] *Id.*

[35] *Id.*

[36] *Id.* — Charvet. *Hist. de l'Egl. de Vienne.* — Pernetti, *Lyonnais dignes de mémoire,* dit qu'il était chamarier de Saint-Paul et qu'il résigna cet office, en faveur de Benoît Buatier.

[37] Brizard. *Hist. de la Maison de Beaumont.*

[38] G. Allard. mss. — Guichenon. *Hist. de Bresse.*

[39] Arch. Rhône, E.

[40] Pilot de Thorey. *Invent. des sceaux relatifs au Dauphiné.*

[41] *Généal.,* ms.

[42] Bibl. chât. de Terrebasse. *Terrier d'Assieu, 1532-1533,* ms. « Recognitiones... R. D. Antoniæ de Malligirone abbatissæ abbatiæ et conventus N. D. de Colomnis, appellati vulgariter Sanctæ Claræ... extra Viennam. J. de Verneto, Albæ Ripæ notarius. » Ce monastère, fort anciennement établi à Sainte-Colombe, fut incendié par les Huguenots, 1584. Les religieuses se réfugièrent à Vienne et bâtirent, en 1608, un nouveau couvent au lieu dit de Charnevoz. Peu après, elles embrassèrent la règle de Saint-Benoît. La terre d'Assieu (canton de Roussillon, Isère) fut vendue, en partie, par les religieuses de Sainte-Claire, à Jean Lescot, conseiller au parlement de Grenoble, 13 février 1632, et acquise des héritiers de ce dernier, 1727, par Claude Paris de la Montagne.

Chasse, par devant le vi-bailli de Vienne, 14 août 1540[43]. Il appartenait à une branche dauphinoise de la maison de Varey illustre dans les fastes du consulat lyonnais.

*I.* **Jeanne,** religieuse, 1546, à l'abbaye royale de Saint-André-le-Haut, à Vienne[44].

*J.* **Marie,** femme de Jean de Palagnin. Cette ancienne famille possédait, à Vienne, dans le faubourg de Fuissin, la maison forte de Palagnin ou Palanin; elle tomba en quenouille avec les filles de Gaspard et d'Antoine de Palagnin qui vivaient en 1540-1552. Ils étaient seigneurs des Chozeaux, au mandement de Crémieu.

*K.* **Françoise,** abbesse du monastère de Bagnols. « Vénérable et religieuse personne Françoise de Maugiron » fit une donation à Guy, son frère, de ses droits sur la succession de Hugues, leur père[45].

*L.* **Catherine,** religieuse au monastère de Sainte-Claire, de Vienne[46].

---

[43] *Invent. Viennois.*

[44] Charvet. *Mémoires sur l'abbaye royale de Saint-André-le-Haut,* publiés par P. Allut, 1868. — Ce monastère, fondé par saint Léonien, au vɪᵉ siècle, fut ravagé par les Sarrazins, relevé de ses ruines par le roi Rodolphe et sa femme Ermengarde, et dévasté par les Huguenots, en 1562. Ses revenus étaient de 4.000 l., et on n'y recevait que des filles nobles, sans cependant les obliger à faire des preuves. Il comptait seize religieuses de l'ordre de Saint-Benoît, en 1774.

[45] Arch. Rhône, E. s. d. — La Val-Sauve, abbaye de filles de l'ordre de Cîteaux, transférée à Bagnols, au diocèse d'Uzès, en 1375.

[46] *Généal.,* ms.

# IX *Degré.*

## Guy de Maugiron, *seigneur de : Ampuis, la Garde, en Lyonnais, Montléans, Beauvoir-de-Marc, Leyssins, Meyrieu, la Roche, Louvre, en Dauphiné, Moulins-sur-Charente, Beauvais et les Closures, en Poitou, etc.*

*Chevalier de l'ordre du roi, conseiller au conseil privé de S. M., gentilhomme ordinaire de sa chambre et son chambellan ordinaire, capitaine de cinquante hommes d'armes de ses ordonnances, sénéchal du Valentinois et du Diois, bailli du Viennois, lieutenant général au gouvernement du Dauphiné et à celui de Savoie, etc.*

Guy, troisième fils de Hugues III de Maugiron et de Claudine Lambert, naquit vers 1490, devint par la mort de ses deux frères Philibert et François III, le chef de la famille, 1512, et recueillit les biens substitués. Entré de bonne heure dans la carrière des armes, on le trouve, 28 janvier 1511, capitaine des Ponts-de-Cé[1], et un des brillants gentilshommes de la maison du roi, à en juger par la relation du « Magnifique Tournoy », fait à Paris, pour l'entrée de la reine Marie d'Angleterre, troisième femme de Louis XII, novembre 1514, dans lequel, à la suite de François de Bourbon, comte de Saint-Pol, vêtu de satin et de damas blancs et grands plumails blancs qu'il faisait beau à voir, il lutta, avec succès, à la lance et à l'épée, contre Bonnivet, Bayart, Laval, Parentignac, etc.[2].

A la glorieuse bataille de Marignan, 13-14 septembre 1515, avec les cent gentilshommes ordinaires de l'hôtel du roy, ordonnés pour la garde de son corps[3], commandés par Jean de Poitiers[4], il combattit vaillamment, sous les

---

[1] Bibl. Nation. *Collect. Clairambault.*

[2] Vulson de la Colombière. *Le Vray Théâtre d'Honneur et de Chevalerie.* — Le roi Henri II ayant succombé, le 10 juillet 1559, aux suites d'une blessure reçue dans un tournoi, à Paris, ces jeux furent interrompus et peu à peu abolis.

[3] J. Roman. *Montres et Revues.* 1er octobre 1515, 30 septembre 1516. Guy de Maugiron est placé le quinzième sur cet état des gentilshommes dont il devint lieutenant, en 1517.

La première compagnie, dite des gentilshommes ordinaires de la maison du roi, fut établie, par Louis XI, en 1474; la seconde, par Charles VIII, en 1498. La solde de ces derniers était de vingt écus par mois, d'où leur surnom, conservé par Comines. « Je me trouvai à gauche, où étaient les gentilshommes des vingt écus; » elle fut ensuite fixée à 400 l. Ils devaient être autour du roi, aux jours de bataille et, en tous temps, faire la garde de jour et de nuit auprès de sa personne.

[4] Jean de Poitiers, seigneur de Saint-Vallier, capitaine des cent gentilshommes ordinaires, jan-

CY GIST, HAVLTE, ET
PVISSANTE DAME.
OZANNE L'HERMITTE
FEMME DE FEV. MESSIRE
GVY. DE MAVGIRON·DAME
DE MOLINS, SVS, CHARÃTE
BEAVVAIS, ET LES CLOSVRES
EN POICTOV· LAQVELLE
DECEDA LE SECOND IOVR
DV MOYS DE IANVIER·LAN
A LINCARNATION·MIL·V.C
XXXVIII·DIEV PAR SA GRÃE
PARDON LVY FACE·AMEN
REQVIESCANT.IN PACE



CY GIST HAVLT ET PVISSANT
SEGNIEVR·MESSIRE GVY. DE
MAVGIRON, SEGNIEVR DAMPVYS
MONTLIANS, BEAVVOIR, HERIEV
LAROCHE, LAOVVRE, ET LEYSSIS
CHEVALIER DE LORDRE DV ROY
CONSELLIER AV·CONSEIL PRIVE
DE SA MAIESTE, GENTILHOMME
ORDINAIRE DE SA CHAMBRE
CAPPITAINE DE CINQVANTE
HOMMES D'ARMES, GOVVERNEVR
ET SON LIEVTENANT GENERAL
EN SES PAIS DE DAVLPHINE ET
SAVOYE·LEQVEL TREPASSA
LE PENVLTIESME DE DECEMBRE
MIL CINQ CENTZ CINQVANTE
CINQ·PRIES DIEV·POVR SON AME.



D. d'E. del.

yeux de François I. Ce roi l'avait en grande estime[5] et, par lettres patentes du 20 octobre 1515, il le nomma capitaine de la troisième compagnie des gardes françaises et écossaises[6], puis chevalier de l'ordre de Saint-Michel, au chapitre tenu dans l'église de Citeaux, 11 juin 1521[7]. Il servit longtemps dans la compagnie des cent gentilshommes dont il était lieutenant en 1517, et fut pourvu de la charge de bailly du Viennois par lettres de provisions du 29 septembre 1519[8]. Par lettres du 19 mai 1520, le roi fit don de l'office de bailli du Gévaudan à Guy de Maugiron, lieutenant du comte de Saint-Pol[9].

Guy de Maugiron prit part aux diverses entreprises qui précédèrent la désastreuse journée de Pavie, 24 février 1525, où il commandait, comme lieutenant, la compagnie de cent hommes d'armes et de deux cents chevau-légers du comte de Saint-Pol[10]. Grièvement blessé, il fut fait prisonnier[11] et délivré, moyennant une rançon de 2000 écus d'or dont le comte de Saint-Pol, qui avait pu s'évader, se rendit caution, envers le capitaine Aluysio de Via Sancta[12]. Plus de deux cents gentilshommes dauphinois combattirent à Pavie et, sauf un petit nombre, furent tous pris ou tués. En récompense de ses services, Guy de Maugiron, écuyer de l'écurie du roi, reçut un don de 1000 écus, 17 mai 1526[13], fut pourvu de la charge de sénéchal du Valentinois et du Diois[14], puis de celle de lieutenant général au gouvernement de Dauphiné,

---

vier 1515, avait attiré, dans cette compagnie un grand nombre de Dauphinois : H. de Disimieu, P. de Laire, E. d'Urre, P. de Theys, J. Robbe, J. de Beaumont, F. de Monts, P. de Suze, J. du Puy, F. de Sassenage, M. de Salignon, etc. Il épousa Jeanne de Bastarnay, dont il eut la célèbre Dianne de Poitiers.

[5] A. du Rivail. *De Allobrogibus.* « Ab initio etiam principatus, apud regem magnam auctoritatem habebant... Guiotus, Guillermus, Petrus Maligironi... et alii Delphinati multi. »

[6] Bibl. Nation. *Fonds d'Hozier.* — « Après les deux cents gentilshommes, les plus prochains de la personne du Roi sont vingt-cinq archers Ecossais, plus cent autres; puis quatre cents archers Français, sous quatre capitaines; puis les cent Suisses ». Robert de la Marck, seigneur de Fleurange. *Mémoires.*

[7] Au-dessus des stalles, étaient les écussons des chevaliers créés par François Ier et, parmi eux, ceux du Dauphin, de Henri d'Albret, de Frédéric de Danemarck, de l'empereur Charles V, de Henri VIII, de Jacques d'Albon, de Guy de Maugiron, etc. *Voyage littéraire* de deux religieux bénédictins de la congrégation de St-Maur.

[8] Bibl. chât. de Terrebasse. *Regist. officiariorum.* ms. Il fut remplacé par Charles Sestier, au décès duquel, Anthoine de Clermont fut nommé bailli, par lettres du 25 janvier 1525.

[9] Perret. *Actes du roi François Ier.* Il jouissait encore de cet office, en 1530.

[10] François Ier de Bourbon, comte de Vendosme et de Saint-Pol, duc d'Estouteville, mari d'Adrienne d'Estouteville, gouverneur du Dauphiné, 7 mai 1526-1537, mort 1er septembre 1545.

[11] A. du Rivail. *De Allobrogibus.* « Ex captis... Guiotus Malusgironus, dominus Amputei, qui centum gravis et ducentis levis armaturæ militibus, sub Francisco Sancti Pauli præerat et acriter in conflictu vulneratus fuit. » — Chorier, *Hist. du Dauphiné.*

[12] Arch. Rhône, E. Elargissement de haut et puissant seigneur, Mre Guy de Maugiron, détenu prisonnier de guerre devant Pavie, moyennant une promesse de deux mille écus d'or qu'en fit Mgr le comte de Saint-Pol, gouverneur du Dauphiné, au sr capitaine Aluysio de Via Sancta.

[13] Perret. *Actes du roi François Ier.*

[14] La sénéchaussée du Valentinois et du Diois, la seule existant en Dauphiné, fut établie par le Dauphin Louis, juillet 1447.

par lettres de provisions du 1ᵉʳ novembre 1528, et assista, en cette qualité, à Vienne, à l'entrée de l'archevêque P. Palmier, 31 octobre 1529. Le comte de Saint-Pol, gouverneur de la province, lui attribua les revenus des châtellenies de Saint-Laurent et de Saint-Georges-d'Espéranche, 27 avril 1533[15], et le roi François I lui témoigna son estime, d'une façon particulière, en l'attachant à sa personne, comme gentilhomme de sa chambre, chambellan et conseiller ordinaire, et en lui accordant une pension de 425 l., outre ses gages de 375 l. qu'il avait accoutumé d'avoir[16].

La trahison des Doria qui, après avoir causé la ruine de l'expédition de Naples, avaient chassé les Français de Gênes, au profit de l'empereur, excita la colère de François I contre cette république. Peu confiant dans la fermeté du maréchal de Trivulce, rentré malade dans son gouvernement de Lyon, après avoir rendu le château de Gênes, 1529, le roi chargea Maugiron de réduire et de ruiner le commerce des opulents Génois établis à Lyon. Cette mission éveilla la susceptibilité du gouverneur[17].

« Sire, écrit-il, votre bon plaisir sera entendre que Monsʳ de Maugiron est venu en ceste ville, il y a environ cinq ou six sepmaines et avec luy a ammené un home de robe longue, nommé maistre Nicolas de la Chesnaye, qui fut potesta à Milan[18], où, après y avoir demouré deux jours sans m'avoir rien fait seavoir de sa venue, manda la Fyolle prendre au Change un marchand qu'il mena au logis dudit de Maugiron ; dont plusieurs, non entendans si cela se foisoit par vootre vouloir ou non, sire, m'en firent plainte. Pourquoy j'envoyez un mien gentilhomme vers ledit de Maugiron, luy dire que, s'il avoit commmission de vous pour ce faire, je luy offrois ayde pour mettre à execution vostre commandement, mais qu'il devoit avant de proceder avoir averty de sa commission moy et le lieutenant de Monsʳ le seneschal. Sur quoy il respondit qu'il n'avoit aucune charge d'en advertir personne et ne le montreroit, avec plusieurs paroles insolentes ; et combien que ladicte response fust

15 Bibl. chât. de Terrebasse. *Registrum officiariorum*, ms. — Bibl. Nat. *Fonds de d'Hoȝier*. Quittance de Guy de Maugiron, lieutenant général, de 1280 l. 5 s. pour ses gages, 1531. — Arch. Consul. Vienne. — Bibl. du chât. de Terrebasse. *Comptes du Domaine*, 1533. Fragments.

16 Bibl. Nation. Quittance par Guy de Maugiron, conseiller et chambellan ordinaire du roi et lieutenant en Dauphiné, de 187 l. 10 s. pour les quartiers de ses gages de lieutenant échus à Pâques et à la Saint-Jean dernière, 18 juillet 1531. — A. du Rivail. « Illis temporibus, G. Malusgironus ex cameræ regiæ nobilibus effectus est. » — Perret. *Catal. des Actes de François Iᵉʳ*, 1532-1536.

17 Théodore Trivulce, issu d'une illustre famille originaire du Milanais, s'attacha à la France et se distingua au cours des guerres d'Italie. Créé maréchal de France, 1524, il succéda, comme gouverneur de Lyon, à son grand-oncle Jean-Jacques Trivulce, décédé en décembre 1518, et mourut, à Lyon, au mois d'octobre 1532. Pomponne Trivulce, son neveu, obtint après lui le gouvernement de Lyon. — Perret, *Actes de François Iᵉʳ*

18 Ce personnage semble être Nicolas Chenu, nommé préteur de Milan, par lettres du 20 octobre 1515, remplacé le 19 novembre 1524 par Valentin Tardinora.

estrange, attendu mesmement que vous suis, comme je doibs, sire, tel serviteur, je pense que ledit Maugiron n'ait aucune commission en ceste ville,
qu'il me doive ne puisse celler, et que parce l'on le pourroit empescher ; toutefois, je voulus temporiser pour, si par adventure il avoit quelque charge de
vous, sire, vostre vouloir ne fust aucunnement retardé ; et subsequament ledit
de Maugiron et ledit potestat, avec l'ayde dudit La Fyolle, ont jusques à
present procedé sans ce qu'on ayt peu voir ny scavoir quel pouvoir ils ont.

« Sire, j'ai esté fort et longuement malade et encores le suis, attendant le
bon plaisir de Dieu, et vous eusse plus tost escript du deportement dudit de
Maugiron, mesmemant envers moy, ne feust que j'attendois que j'eusse
recouvert un peu de santé ; mais puisque jusques icy je ne me suis peu resvoir,
m'a semblé, sire, vous en devoir advertir, c'est que dernierement estant mes
mullets allés charger d'avoine pour ma maison, les gens dudit de Maugiron
prindrent hardiesse de faire descharger mesdits mullets et visitèrent les sacqs,
et firent à mes gens tout le mepris qu'ils peurent et sceurent, leurs disant
qu'ils avoient commission de faire davantage, voulant donner à entendre que
ledit s$^r$ de Maugiron a pouvoir sur moy, et que je suis suspect faire transporter les choses contre vostre vouloir et ordonnance, et davantage ledit de
Maugiron dit par ceste ville qu'il a pouvoir me faire prisonnier ; lesquelles
choses, sire, quand je sçaurois estre de vostre vouloir, je porterois patiem-
ment ; mais attendu que j'ay si longuement vescu en vostre service, sans que
vous ayés souffert que par ledit de Maugiron ou autre je fusse ainsi indeument
arcellé, je pense, sire, que pour ce peu de jours que j'ay à vivre ne le souf-
frirez ; et ne feint l'esperance, sire, que j'ay que ferés audit Maugiron reprimer
ses temeraires faicts et parolles, je me fusse mis en mon devoir, le plus modestement que j'eusse peu, faire luy et les siens deporter de tels outrages,
et dont, sire, je vous supplie très humblement que vostre plaisir soit m'en
faire faire reparation ; en vous advisant, sire, que entre autres effects que sa
venue icy a apporté, c'est que certains siens parens, qu'il avoit icy amené
avec luy, ont puis huit jours en ceste ville, à grand tort et oultrage, de plain
jour, en rue, assailly et tué ung jeune homme de ceste ville nepveu de feu
Mons$^r$ de Villeneufve, en son vivant president en vostre parlement de Bourgogne [19], et y a environ douze jours que, moy estant fort malade, ung nommé
Laye [20], nepveu dudit de Maugiron, lequel Laye est celuy, comme apert par

---

[19] Humbert de Villeneuve, originaire du Lyonnais, baron de Joux-sur-Tarare, président au parlement de Bourgogne, 1505-1515, avait épousé Isabeau Seytres, d'une famille du Valentinois, d'où un
fils Charles. Catherine de Villeneuve, sœur d'Humbert, épousa Humbert du Saix, s$^r$ de Barbarel, en
Dombes.

[20] Arch. consul. Lyon. Claude de Bellièvre remontre au Consulat, de la part du maréchal Trivulce
gouverneur, que Mons$^r$ de Belmont (Antoine de Varey), capitaine de la ville, marche publiquement

les actes de justice, qui d'un coup d'harquebutte, de nuict, de guet apensé, tua en ceste ville le capitaine Tempeste de Castillon, vint icy accompagné de plusieurs ses semblables mal vivans, et icy estant son d'oncle *(sic)*, marchoit par ceste ville disant qu'il estoit venu pour estre à nos funerailles et pour faire fascher et aggraver ma maladie ; de quoy toutes foys, sire, j'ay deliberé m'en travailler l'entendement le moins que je pourray, esperant que vostre plaisir sera corriger les insolences, et remettant le tout ceste mienne maladie à la volonté de Dieu.

« Sire, quant audit de Maugiron, je ne dis pas qu'il ne soit pour estre employé à autre chose, mais pour estre en ceste ville avec commission sur les marchans, certainement, sire, que ce ne pourroit estre avec vostre proffit, ne celluy de ceste vostre ville ; et quant audit potestat, chascun scet bien, sire, qu'il est ung homme diffamé et convaincu de infinies concussions, de qui les procedures ne peuvent estre que grandement suspectes ; et dudit de La Fyolle, sire, chacun scet aussi quel il est. Par quoy, sire, vostre bon plaisir sera y pourveoir ; desquelles choses, sire, je me fusse voulentiers deporté vous escripre, attendu que sçay qu'estés grandement occupé en autres affaires ardues ; mais pour ce qu'ay si longuement vescu sans ce que l'on m'ayt ainsi arcelé, que je n'avoye besoing en ces miens derniers jours et grande maladie de telles fascheries, et que ja ne puys avec mon honneur faire que je ne m'en ressente. A ces causes, sire, je vous supplie, tant et si très humblement que faire puis, ne vous fascher d'ouyr ceste myenne plaincte, et qu'il vous plaise par vostre très excellente prudence y pourveoir. Escript à Lyon, le xviiie jour de septembre (1531). Vostre très humble et très obeyssant serviteur et subject. Theodoro Trivultio[21]. »

Maugiron continua, nonobstant, à tenir la main à l'exécution des mesures prises, par le roi, contre le commerce génois.

« Sire, en suivant la teneur de la dernière commission qu'il vous a pleu m'envoyer declarative de vostre vouloir sur les veloux faicts par les Genevoys (Génois) qui sont en Advignon, je m'en suis venu en ceste ville pour

---

avec grand nombre de gens embastonnés et portant armes, sans son congé ni avis... Incontinent après est survenu le s[r] de Belmont qui dit que le s[r] maréchal gouverneur l'a mandé venir à lui et ordonné faire gros guet, cette nuit, parmi la ville, et prendre quelques gens qu'il lui a nommés à secret... Le tout procédant de questions et débats menés entre certains Italiens d'une part, et aucuns gentilshommes du Dauphiné, à cause de ce que Mons[r] de Lay fut, lundi dernier, battu en plein Change par aucuns desdicts Italiens. Jeudi 30 novembre 1531. — M. de Lay peut être parent, plus ou moins proche, des Maugiron. Il semble appartenir à une branche de la famille de Lay fort ancienne à la Tour-du-Pin. Claude de Lay fournit, le 12 août 1540, le dénombrement de sa maison forte de Crucilieux, au mandement de Saint-Chef (canton de Bourgoin). Claude de Lay s[r] de Crucilieux est maréchal-des-logis de la c[ie] de Laurent de Maugiron, 1581.

[21] Bibl. Nation. *Fonds Clairambault.*

mettre vostre dit voulloir à execution, où j'ai trouvé les marchands veloustiers dudit Advignon, lesquels j'ay fait examiner, et par leur mesme confession,
j'ay sceu comme chascun d'eulx a des Genevoys en son service, les ungs
plus et les autres moings, avecques leurs autres serviteurs françoys et d'autres nations... lesquels veloux, par l'advis des plus gens de bien et sçavens
que j'ay peu trouver, ay confisquez à vostre proffit et fait mettre en vente, au
plus offrant, de qu'ilz ont deja esté subastez (subhasté, mis à l'encan) par
troys jours, mays ne les ay voullu delivrer sans vous en advertir premiere-
ment pour en sçavoir vostre voulloir et ce qu'il vous plaist que j'en face.

« Sire, lesdits marchans d'Advignon disent que la declaration de vostre
dernière commission se doit entendre des Genevois qui sont maistres veloustiers demourans audit Advignon, et non point de ceulx qui sont serviteurs,
et que aussi ladicte declaration ne leur doit prejudicier, attendu qu'ilz
n'ont point retiré lesdits Genevois depuis vos deffenses et qu'ilz les avoient
longtemps auparavant et que, pour ces raisons, ne doit estre leur manufacture descriée, ains doit avoir cours, à ce qu'ilz disent, et entrée en vostre
royaulme.

« Sire, si leur dire avoit lieu, il semble que aultant vauldroit permettre
l'entrée de tous les veloux genevoys, comme auparadvant vostre ordonnance,
car puisque la manufacture des Genevoys serviteurs aura cours, se tenant en
autre ville que à Gennes, ils se viendront habituer aux autres lieux circon-
voysins et y faire leurs veloux, et deja en sont venu à Nice ung tel nombre
que on dit que, à ceste prochaine foyre qui vient, doit entrer une bien grosse
manufacture; d'autres Genevoys se sont retirez à Modenne, où l'on avoit
point accoustumé de faire de veloux; j'ay aussi entendu que lesdits Genevoys
se viennent tenir à Verseil, à Quiers, à Montcallier et Thurin, pour faire là
leurs dits veloux, de sorte que si la manufacture desdits Genevoys, tant
maistres que serviteurs, retirez esdictes villes, ou ailleurs, avant ou après vos
deffenses, avoit entrée en vostre royaulme, autant vauldroit ne leur avoir
point faict de inhibitions et seroit derogé à vostre ordonnance; attendu mesmement que lesdits Genevoys n'en seroient pas plus apauvriz ne grevez,
attendu qu'ilz feront leurs gaings aux autres villes, comme ilz soulloient faire
à Gennes, où desja m'a-t-on dit que pour vray les velours, qu'on apporte à
ceste heure d'Espaigne, sont faictz de main de Genevoys qui se sont retirez là ;
et y a grande apparence que soit vray, pour ce que les veloux qu'on avoit
accoutumé d'y faire cy-devant ne valloient gueres, et à ceste heure ils se y
font aussi beaux et bons qu'il est possible.

« Sire, les marchans veloustiers dudit Advignon m'ont prié vous escrire
que, s'il vous plaist permettre que leurs veloux entrent en ceste ville, ils

apporteront astestation autentique, signée par les juges, viguier, consuls et gouverneur dudit Advignon, comme lesdits veloux qu'ils apporteront ne seront point de manufacture de Genevoys et qu'ilz n'en ont point à leur service. A ceste cause, sire, je vous en ay bien voullu advertir et supplier très humblement qu'il vous plaise me faire sçavoir s'il vous plaist que leurs dits veloux entrent soubs la seureté de ladicte attestation ou non.

« Sire j'ay receu deux lettres qu'il vous a pleu m'escripre en faveur de Jehan Joaquin pour Jehan Honesty marchant lucquoys tenant la banque de Argantilly en ceste ville; et ensuyvant lesdictes deux lettres, j'ay deschargé les cautions dudit Honesty par l'obligation dudit Jehan Joaquin, et n'ay procedé à la deffinition de son procèz, combien que ce soit desrogé grandement à vos deffenses, attendu les charges qui sont contre luy.

« De Lyon, ce ixᵉ jour de decembre (1531). Le tout vostre très humble subject et très obeyssant serviteur. Maugiron[22]. »

A la reprise des hostilités, en 1535, quatre mille légionnaires dauphinois, sous la conduite de Maugiron, de Bressieu et de quelques autres, passèrent en Savoie. Lors de l'invasion de la Provence par l'empereur Charles-Quint, il fut commis à la surveillance des passages des montagnes et à la défense des places occupées par les Français en Piémont. Sa compagnie y subit un échec, et fut, en partie, faite prisonnière. « Nous, Guy de Maugiron, chevalier et lieutenant de la compaignie de Monseigneur le duc d'Estouteville, comte de Saint-Pol, certiffions aux commissaires ordinayres des guerres qui ont fait la monstre de la compaignie, tant hommes d'armes qu'archers qui naguière sont venuz de prison de la Vau-d'Ouste, que Anne de Monterolloys, Antoine de Fonteney, Jehan Leclerc, Legier du Lardz et Pierre de Salignon sont hommes d'armes de ladite compaignie, et demourez en oustaige, pour le payement de la despance que ont les hommes d'armes et archers qui naguiere en sont venuz, eulx estant prisonnyers... Faict à Lyon, le iiᵉ de decembre 1536. Maugiron[23]. »

Le roi lui fit don, 23 février 1537, de 2420 l. pour pension de deux ans, et, le 6 février 1540, de 1200 l. sur l'Epargne[24]. Au mois d'octobre 1537, d'Humières et Maugiron, cantonnés à Briançon, y furent rejoints par l'armée royale qui entra en Piémont, sous les ordres du Dauphin Henri. Cette campagne, marquée par la prise de Suze et de toutes les places entre le Pô et le Tanaro, se termina par la trève signée à Carmagnole, où se rendit le roi, 27 novembre 1537[25].

---

[22] Bibl. Nation. *Fonds Clairambault.*
[23] *Id.*
[24] Arch. Nation. *Pièces origin.* — Perret. *Actes de François Iᵉʳ.*
[25] M. du Bellay. *Mémoires.* — Jean d'Humières, gouverneur de Piémont, 1537.

Vers cette époque, il fut nommé capitaine d'une compagnie d'hommes d'armes des ordonnances du roi, charge occupée par les plus illustres personnages, suivant sa quittance de 4.081 l. 5 s. pour le paiement du quartier de sa compagnie de 40 lances, juillet 1538[26].

Antoine Rincon, gentilhomme ordinaire de la chambre du roi, et César Fregose, chevalier de l'Ordre, envoyés, par François I, en ambassade à Venise et à Constantinople, furent massacrés, au confluent du Tésin et du Pô, 3 juillet 1541, malgré la trêve, par ordre du marquis du Guast, gouverneur en Piémont, pour Charles-Quint. Un des principaux assassins, Georges d'Autriche, archevêque de Valence, en Espagne, fils naturel de l'empereur Maximilien, fut pris, confié aux soins de Maugiron et mis en prison à Lyon, suivant un mandat du 15 octobre 1541, de payer à Guy de Maugiron la somme de 1125 l. t. montant des frais par lui faits à Lyon, pour la détention de l'évêque de Valence[27].

On le trouve, au delà des monts, commandant une compagnie de cinquante lances, 12 novembre 1541[28]. Au mois de janvier suivant, le maréchal d'Annebault, ayant licencié son armée et voulant passer en France, pensa se perdre sur le mont Cenis, surpris par une tourmente, durant laquelle plusieurs des siens périrent dans la neige. Monsieur de Maugiron, connaissant la nature du pays et prévoyant l'orage, demeura à l'Hospitallet, près des Echelles, et put, le lendemain, sauver quelques gentilshommes à demi gelés[29]. La même année il suivait le Dauphin en Roussillon et au siège de Perpignan, comme l'indique « la monstre et reveue faicte au camp lez Perpignan, le 15 septembre 1542, de cinquante hommes d'armes et de soixante-quatorze archers, du nombre de cinquante lances fournyes des ordonnances du Roy, estant soubs la charge et conduicte de Monsieur de Maugiron ». On remarque, dans ce rôle, les noms d'un très grand nombre de gentilshommes dauphinois et, parmi les hommes d'armes, Guillaume, son fils aîné[30]. En 1543, ayant rejoint le Dauphin à l'armée de Picardie et de Brabant, il se trouvait avec le roi au camp de Marolles. La Motte-Gondrin, lieutenant de Monsieur de Maugiron, resté malade à Maubeuge, à la tête de sa compagnie d'hommes d'armes, donna jusqu'aux fau-

---

[26] Arch. Nation. *Pièces origin.* — Suivant N. de Wailly, la valeur intrinsèque et moyenne de la livre sous François Ier était de 5,40; celle du sol de 0,21. En élevant à 4 le pouvoir actuel de l'argent, la livre représenterait 21,60 et le sol 1,08.

[27] Perret. *Actes de François Ier.* — Du Bellay. *Mémoires.* — Belcarii, *Historia Gallica.*

[28] Mézeray. *Hist. de France.* — *Inventaire du Viennois.*

[29] Du Bellay. *Mémoires.* — F. de Belleforest. *Les Grandes Annales.* — Claude d'Annebault, amiral de France, 1544.

[30] Bibl. Nation. *Fonds Clairambault.* — J. Roman. *Montres et Revues.* — François Ier, par son ordonnance de 1515, porta la lance à huit chevaux: l'homme d'armes, cinq archers, un coutelier et un valet.

bourgs de Mons, d'où il ramena un gros butin. Cette campagne fut marquée par la surprise de Bains, les affaires de Landrecies, la prise d'Arlon, le siège de Luxembourg, etc.[31]. Le 5 mars 1543, il prêta, aux habitants de Vienne accablés par la peste et la famine, une somme de 1300 écus d'or pour acheter du blé. Il avait fait don, en 1536, d'une somme de 300 livres à l'Hôtel-Dieu de cette ville[32]. Guy de Maugiron avait été remplacé dans sa charge de lieutenant général au gouvernement du Dauphiné, par le cardinal François de Bourbon, 10 octobre 1536, et par Jacques d'Albon[33], 14 août 1544 ; suivant lettres de provisions données à Paris, 18 septembre 1544, il fut rétabli dans ces fonctions, durant la minorité de François II de Bourbon, comte de Saint-Pol, duc d'Estouteville[34], et eut pour successeur Guillaume de Poitiers[35], suivant lettres du 9 mai 1547[36]. Conformément à une lettre du roi du 29 janvier 1545, il convoqua les députés des états de Dauphiné à Grenoble, pour le 3 février suivant[37]. Maugiron accompagna, 1545, le roi dans son expédition contre les Anglais, sur les côtes de la Manche. Son expérience de la guerre était fort appréciée par François I qui l'envoya, en compagnie de l'amiral d'Annebault, du prince de Melphes et de Langey, lors du blocus de Boulogne-sur-Mer, afin de reconnaître le fort qu'il faisait élever devant cette ville et lui dire, au vrai, en quel état il se trouvait[38]. Au retour de ce voyage, les consuls de Vienne, où il était fort aimé, décidèrent, par leur délibération du 24 février 1546, que l'on dresserait, pour le recevoir, quatre théâtres, ou arcs de triomphe, sur son passage, ornés de quatre personnages honorablement habillés et qu'on lui ferait un présent[39]. Sur l'ordre du roi, il se rendit à Lyon, avec cinquante chevaux de sa compagnie, « à cause que certains luterians qui délibérèrent faire quelque scandalle le jour du Corps de

---

[31] M. du Bellay. — F. de Belleforest.

[32] Arch. consul. Vienne.

[33] Jacques d'Albon, marquis de Saint-André, maréchal de France, 1547.

[34] François de Bourbon, comte de Saint-Pol, duc d'Estouteville, pourvu du gouvernement de Dauphiné, 1537, après François Ier de Bourbon, son père, mourut le 4 octobre 1546 et fut remplacé par François de Lorraine, duc de Guise, le 14 mai 1547.

[35] Guillaume de Poitiers, seigneur de Saint-Vallier, mari de Claudine de Miolans, mourut sans enfant, 1548, laissant pour héritière sa sœur Dianne, par testament du 9 mai 1547.

[36] Bibl. chât. de Terrebasse. *Reg. officiariorum.* — La création des gouverneurs du Dauphiné remonte à l'année 1352, peu après le transport de cette province à la France. Leur autorité était considérable et leurs droits sont indiqués dans un avertissement envoyé, sur sa demande, au roi Charles VIII, par le parlement, et reproduit par Salvaing de Boissieu, dans son *Usage des Fiefs.* Par lettres patentes, août 1641, le roi Louis XIII révoqua leurs pouvoirs extraordinaires et les réduisit à l'état des autres gouverneurs du royaume. Le lieutenant général tenait, en son absence, la place du gouverneur qui, prince du sang, à l'ordinaire, ne résidait point dans la province.

[37] Perret. *Actes de François Ier.*

[38] M. du Bellay-Langey. *Mémoires.* — Jean Caracciolo, prince du Melfi, maréchal de France, 1544.

[39] Arch. Consul. Vienne.

Nostre Seigneur » qui coïncidait avec la solennité du Jubilé, 24 juin 1546 [40].

Après le traité d'Ardres conclu avec Henri VIII, 7 juin 1546, François I, peu rassuré sur les intentions de l'empereur Charles-Quint, résolut de mettre ses frontières en état de défense. Il écrivit à ce sujet :

« A Monsgr de Maugiron, cheval[r] de mon Ordre et mon lieut. général en Dauphiné. Monsgr de Maugiron. J'ay receu voz lettres du premier de ce mois et combien que la suspecion que l'on peult avoir des lences assemblées que faict ne doibve estre tel que l'on le faict. Si est-ce que pour n'estre prevenuz, il est toujours bon de se tenir sur ses gardes. Et pour ceste cause, je vous prie vous retirer encores pour quelque temps en Daulphiné, afin de pourveoir à ce que vous a escript mon cousin le prince de Melphes et à toutes aultres choses que verrez à faire pour le bien de mes affaires et service. Le tout selon que vous cognoistrez qu'il en sera besoing. Et si tost que l'affaire sera passée et que vostre presence ne sera plus requise et necessaire par de là vous me viendrez trouver suyvant ce que je vous ay cy-devant mandé. Et sur ce faict fin, prie à Dieu, Monsgr de Maugiron, qu'il vous ait en sa garde. Escript à Fontainebleau le vi[e] jour de juillet mil Ve XLVI, Francoys, [et plus bas] Bayard [41]. »

Peu après, par lettre du 11 septembre 1546, le roi mandait à Maugiron de réunir les états de la province, à Grenoble, pour faire ordonner une levée de 20.000 l., et par une autre, du 14 octobre suivant, l'invitait à y assister en personne [42].

Au mois de juin 1547, Guy de Maugiron se trouvait, à Paris, convié aux cérémonies du sacre du nouveau roi Henri II [43]. Le 14 septembre 1547, le consulat de Vienne décide que l'on ira au devant de Monsieur de Maugiron arrivant de la cour [44].

Ses talents militaires, vaillamment mis en œuvre, au cours des guerres de Piémont et de Savoie, sous François Ier, furent récompensés par Henri II qui, ayant appelé, par lettres du 14 mai 1547, François de Lorraine, duc de Guise, dit Monsieur d'Aumale, au gouvernement des provinces de Dauphiné et de Savoie, nomma Guy de Maugiron, par lettres données à Pignerol, 4 septembre 1548, lieutenant général en ces mêmes pays [45]. Il commandait à Suze, 1548, en l'absence du duc d'Aumale, auquel il écrivait, au sujet du mariage

---

[40] Arch. Lyon, B. B., Actes consulaires.

[41] Arch. Hôpital de Vienne. Copie d'une lettre originale passée à la vente des papiers de M. Teste, en 1866.

[42] Arch. Rhône, E.

[43] Bibl. chât. Terrebasse. Lettre de Guy de Maugiron, signée de sa main, 27 juin (1547).

[44] Arch. consul. Vienne.

[45] *Regist. officiariorum.* ms.

de ce prince avec la princesse de Ferrare : « Je suis bien d'avis que vous fassiez diligence de vos affaires, par de là, et que plus tôt la veniez trouver où M^gr de Guise la doit mener, car je vous assure qu'elle est autant belle, sage et vertueuse qu'il y en ait point au monde, et ne suis point seul de cette opinion... à Suze le 22 octobre 1548 [46]. » Cette intimité avec la puissante maison de Guise ne fut point étrangère à la fortune des Maugiron.

Henri II, après un court séjour en Piémont, passa par Lyon où il fit son entrée solennelle, le dimanche 23 septembre 1548 ; MM. de Saint-André, de Maugiron, de Canaples, et autres chevaliers de l'Ordre y précédaient le roi [47]. Le 21 mars 1549, Maugiron réunissait à Vienne les états de la province [48].

Le nom de Guy de Maugiron n'est plus rappelé dans l'histoire des guerres de France et d'Italie. A cette époque il consacrait ses soins au gouvernement du Dauphiné et de la Savoie, dont le duc de Guise ne s'occupait guère, tout en conservant sa compagnie de cinquante lances commandée par son fils Guillaume [49]. Il présida la tenue des états à Chambéry, 1550 [50], et après sa mort fut remplacé dans sa charge de lieutenant général au gouvernement du Dauphiné et de la Savoie par Antoine de Clermont, suivant lettres de provisions du 10 février 1554 (1555 n. st. [51]).

Il était, à la fin de sa vie, malade à Vienne, où il recevait les soins de Michel Servet qui, sous le nom de Michel de Villeneuve, exerçait la médecine dans cette ville, tout en surveillant l'impression de son livre *Christianismi Restitutio* [52]. Dénoncé par son ennemi Calvin, dans une lettre anonyme au cardinal

---

[46] François de Lorraine, duc d'Aumale et de Guise, prince de Joinville, marquis de Mayenne, épousa, 4 décembre 1549, Anne, fille d'Hercule d'Est, duc de Ferrare et de Renée de France, fille de Louis XII. — Bibl. Nation. *Fonds Gaignières.* — G. Guiffray. *Lettres de Dianne de Poitiers*, 1866.

[47] *La Magnificence de l'entrée du roi Henri II et de la reine Catherine de Médicis... en la cité de Lyon, le 23 septembre 1548.* Lyon, G. Rouville, 1549. In-4°, figures.

[48] Arch. consul. Vienne.

[49] Bibl. Nation. *Pièces origin.* Quittances, 4 novembre 1551 ; 14 novembre 1554.

[50] Académie de Savoie. *Mémoires.*

[51] *Reg. officiariorum*, ms. — Antoine III de Clermont, vicomte de Tallard, en faveur duquel la baronnie de Clermont fut érigée en comté, par lettres d'octobre 1547. Il avait épousé, 13 avril 1532, Françoise de Poitiers, sœur de Dianne, duchesse du Valentinois. Son cousin, Claude de Clermont, baron de Montoison, sénéchal de Valentinois, écrivait, à propos de la lieutenance générale, à François, duc de Guise, gouverneur de la province : « Monseigneur. L'on dit que Monsieur de Mogiron est bien malade, sy Dieu permetoit de l'oter de ce monde, qui me deplairoyt grandement, je vous voudroys supplyer me tenir du nombre de vos serviteurs, et me vouloyr preferer à l'estat de lieutenant de vostre gouvernement... de nostre maison de Montoysson, ce dernier jour d'octobre. (1554) Montoyson. » Bibl. Nation. *Fonds Clairambault.*

[52] Michel Servet, né en Aragon, avocat, médecin et fameux hérésiarque. L'impression du *Christianismi Restitutio*, in-8°, 734 pp. 1 f., entreprise à Vienne, le 29 septembre 1552, par B. Arnollet, de Lyon, fut terminée le 31 janvier suivant. On lit dans le catalogue du duc de la Vallière : « Ce volume unique, quoiqu'il soit endommagé, a été acheté 3810 l., à la vente de M. Gaignat, en 1769. » La Bibliothèque du Roi acquit cet exemplaire au prix de 4120 l. La Bibliothèque Impériale de Vienne possède, elle aussi, cet ouvrage.

de Tournon [53], en résidence au château de Roussillon, Servet, convaincu d'hérésie, fut arrêté, 4 avril 1553, dans l'hôtel de M. de Maugiron et mis en prison. Grâce à certaines interventions, il put s'évader, le 7 du même mois, et
se réfugier à Genève. Le haineux Calvin abusa de la confiance de son coréli-
gionnaire ; il le fit prendre, condamner et brûler vif, le 27 octobre 1553. Le
17 juin précédent, Servet avait été condamné, par contumace, à être brûlé,
en effigie, ainsi que son livre, sur la place de la Charnève, à Vienne. Ses biens
furent confisqués et donnés, par le roi, à un des fils de Guy de Maugiron
qui écrivit, à Genève, pour connaître les créanciers de Servet, mais celui-ci
refusa de livrer leurs noms.

« A Messieurs les Scindicques et Consulz de Genesve, nos bons voisins
et amys.

« Messieurs. Je suis adverty que vous tenez prisonnier ung nommé Michiel
Servet, surnommé de Villeneufve, de quoy je suis très aise et en loue Dieu
pour l'assurance que j'ay que vous en ferez meilleure garde que n'ont fait
les ministres de justice de Vyenne, et telle justice qu'il n'aura plus moyen de
dogmatiser, escrire et publier ses faulses héréticques doctrines. Et pour ce,
Messieurs, que je vous ay tousjours cogneu mes bons amys, je vous veulx
bien advertir que le Roy a donné à ung myen filz tous les biens et deniers
appartenans audict Servet, qui sont de III ou IV mille escus, ainsi qu'on dict,
et qu'il les avait en banque ; mais touteffois depuis qu'il s'absenta des prisons
de Vyenne, l'on n'a peu veriffier ses debtes, parce qu'il emporta les cedules et
obligations, tellement que ceulx qui luy doibvent maintenant luy demandent.
A ceste cause, Messieurs, je vous prie bien affectionnement qu'il vous plaise
me faire ce plaisir, et à mon fils le bien, d'interroger ledict Servet sur ses dictes
debtes, tellement qu'ilz puissent être illusidés et mis en lumière ; et si vous
l'avez trouvé saisi d'auculnes cedules ou obligations sur aulcuns subjects du
Roy residans en son obeissance, m'en faire part à tout le moyns par un
petit memoire contenant les noms et surnoms des debiteurs, les sommes
et les notaires qui les ont passées... De Beauvoir, ce XXIX<sup>e</sup> jour d'aoust
1553. Mogiron. »

A quoi le Conseil répondit :

« A noble, puissant, magnifique et très honoré seigneur le seigneur de
Maugeron, nostre bien bon voisin, très chier, singulier et grand amys...
Nous nous sommes incontinent transportés en la maison de noz prisons et là

<hr>

[53] « Il s'est fait nommer Villeneufve, combien que son nom soit Servetus, alias Reves... Quant à
l'imprimeur, nous avons entendu dire que c'estoit B. Arnoullet et C. Gueroult, son beau-frère... de
Genève, ce dernier mars 1553. » — Abbé d'Artigny. *Nouveaux mémoires.* — Mermet, *Histoire de
Vienne*, 1828-33-53.

nous avons icelluy (Michel Servet) de cela diligemment interrogé, et touteffois n'en avons peu avoir reponse à votre affaire propre, ne scavons par quelle subtilité il le fait... De Genève ce premier septembre 1553[54]. » La confiscation des biens de Servet, en faveur d'Aymar de Maugiron, évêque de Glandève, est indiquée dans une lettre de Guillaume de Maugiron : « Mandez-moi quelle depesche a faict fere monsr de Glandesve de la confiscation de Villeneufve[55]. » En cette affaire, comme en celle de l'évasion des prisons de Vienne, Maugiron peut avoir tenté de rendre indirectement service à Servet, dit Villeneuve, son médecin et son ami.

« Maugiron avoit esté si mal eslevé qu'il n'avoit point de lettres. Il ne scavoit pas mesme escrire. Au reste il estoit fort vaillant et fort sage[56]. » On rencontre pourtant un certain nombre de lettres et de quittances lourdement signées de sa main.

Guy de Maugiron qui tenait de ses prédécesseurs une portion de la seigneurie d'Ampuis, la réunit entièrement entre ses mains, en vertu de la vente de la seigneurie de la Garde d'Ampuis à lui passée, le 19 avril 1520, par Antoine de Sainte-Colombe et ratifiée par sa femme, Rose de Rochefort, le 22 avril suivant, au prix de 1000 l. Un terrier d'Ampuis fut constitué en sa faveur, 1528[57].

La terre de Montléans[58] fut acquise, par Guy de Maugiron, de Louis Che-

[54] *Société d'Histoire et d'Archéologie de Genève.*

[55] Bibl. chât. de Terrebasse. Lettre de Guillaume de Maugiron (IX A) à M. de la Tour, secrétaire de Guy, son père, de Villeneufve d'Asti, VIe jour d'aoust 1553. — Noble Louis de la Tour et le sr Michel de Villeneuve, docteur en médecine, sont témoins d'un acte passé, le 8 mars 1553, dans la maison de Vienne, par lequel Antoine Chastel, dit Jacquemard, forgeur d'épée, paye au seigneur de Maugiron 200 l. t. à compte sur les sommes dues pour l'arrentement d'un martinet, sur la Gère, appartenant audit seigneur. Savignieu, notaire. — Louis de la Tour était issu d'une ancienne famille consulaire de la ville de Vienne.

[56] Chorier. *Hist. de la Maison de Sassenage.*

[57] Arch. Rhône, E.

[58] Montléans. I. La seigneurie et le château de Montléans (commune de Jardin, canton sud de Vienne) dépendaient, primitivement, des domaines de la puissante maison de Beauvoir, du nombre de celles qui s'étaient rendues indépendantes à l'époque de la dissolution du dernier royaume de Bourgogne.

II. Guigue de Beauvoir, par son testament, ayant obligé Amédée de Beauvoir, son cousin, à épouser Jacquette, fille de Hugues de Vaulx, à peine de déchéance de sa succession, et celui-ci s'y étant refusé, par acte du 9 décembre 1333, Hugues de Vaulx fut mis en possession des terres de Montléans, de Beauvoir-de-Marc et de Pinet.

III. Son fils, Drouet de Vaulx, céda ces châteaux à Humbert Dauphin, 8 novembre 1337, en échange de celui de la Terrasse, en Grésivaudan.

IV. 20 août 1342, donation par Humbert Dauphin à noble François Ducoing, docteur-ès-lois, juge mage du Viennois et terre de la Tour, son conseiller, du château, maison forte et seigneurie de Montléans. — « Nobilis et circonspectus vir Franciscus de Cagnio, juris utriusque peritus, Montisleonis dominus, viennensis judex major. » Accord entre Hugues de la Tour, seigr de Vinay, et Jacques des Echelles, prieur des Ecouges, 26 août 1329. (Ch. des Comptes, tertius lib. copiarum. Moulinet. *Recueil des titres de la maison de la Tour-du-Pin.*) — «Franciscus de Cagnio jurisperitus, Montis-Lionis Dom.»

vrier, seigneur dudit Montléans, le 3 février 1525 ; son histoire est indiquée dans la note ci-jointe dont les numéros XVIII à XXIII concernent spécialement Guy de Maugiron. A cette seigneurie était jointe la maison de Montléans, située dans Vienne, près de l'église de Saint-André-le-Bas, dont elle était séparée par la place de l'Orme et la rue de l'Eperon, dite plus tard hôtel de Maugiron, à raison de son occupation par les membres de cette famille. Un précieux et antique droit d'asile, « ayant les mêmes immunités que les églises », y était attaché sous la dénomination de *Table Ronde*, d'accord avec la forme de la pierre sur laquelle il était particulièrement assuré. Il suffisait à

est un des signataires du transport du Dauphiné à la France, 1343. (Valbonnays, *Histoire du Dauphiné.*) — Cette famille subsista un certain temps dans le Viennois, où l'on trouve le hameau du Coing, sur Meyrié (cant. de la Verpillière). Le 21 mars 1535, noble Sébastien du Coing, Dalphine de Flossas sa femme, Marguerite du Coing sa sœur, femme de Martin Vallier, vendent à Guy de Maugiron et à Ozanne l'Hermite, sa femme, divers fonds à Jardin.

V. 24 juillet 1349. Vente par Justin Ducoing, en son nom et en celui de Guy, Guichard et Guillaume ses frères, héritiers ab intestat de François leur père, au profit de noble Henry Lobet, chevalier, du château et de la seigneurie de Montléans, au prix de 1.300 florins d'or. Hugues de Chastillon, n^re.

VI. 1er février 1374, vente par noble Anthelme Lobet, fils de feu Henri, du château et mandement de Montléans, 2.720 francs d'or, au profit de noble Jacquemard de Limonne, chevalier, fils de Guillaume de Limonne, chevalier. Guillaume Bernard, n^re.

VII. 8 septembre 1375, hommage à l'archevêque de Vienne, par Guillaume de Limonne, chevalier, aïeul et tuteur de Léonard et Guillaume, fils de Jacquemard son fils, du château et de la seigneurie de Montléans.

VIII. 2 octobre 1399, hommage id. par noble Léonard, fils de Jacquemard de Limonne.

IX. 24 may 1399, hommage à l'archevêque de Vienne, par Léonard de Limonne.

X. 21 août 1415, hommage id. par Arthaud, fils et héritier de noble Léonard de Limonne.

XI. 8 mai 1426-40, hommages par Guillaume de Limonne, neveu et héritier d'Arthaud de Limonne, seigneur de Montléans. Jean, fils et héritier de Guillaume de Limonne étant mort en 1454, laissant pour héritière sa sœur Eynarde, femme d'Amédée de Bressieu, celle-ci vendit la seigneurie de Montléans, 10 août 1458, à noble Louis Chevrier (22 mars 1461, lettre du Dauphin exemptant de toutes tailles, aydes, etc., noble Louis Chevrier).

XII. 21 septembre 1463, Louis Chevrier, seigneur de Montléans. Hommage par Charles Chevrier, fils de Louis, seigneur de Montléans, 1466. Terrier à son profit, 12 mai 1475.

XIII. 5 novembre 1477, hommage par Claudine de Varey, veuve de Louis Chevrier, mère et tutrice de Charles et Antoine Chevrier, seigneurs de Montléans.

XIV. 1505. Dame Claude Mitte de Chevrières, veuve de noble Charles Chevrier, seigneur de Montléans; Antoine Chevrier, seig^r de la maison forte de Louvre, au nom de Guigue Chevrier, son fils, héritier universel de Charles Chevrier, son oncle. Acte.

XV. 10 novembre 1514. Guigue Chevrier, seigneur de Montléans, fils et héritier de noble Antoine Chevrier. Acte.

XVI. 27 avril 1516, vente par Guigue Chevrier, seig^r de Montléans, à noble Louis Chevrier, son frère, de tous ses droits sur Montléans.

XVII. 23 août 1523, vente par Louis Chevrier du château, de la seigneurie de Montléans, et de la maison forte de Louvre, avec facilité de rachat pendant sept ans, à Louis Mitte de Chevrières, au prix de 1.200 l.

XVIII. 3 février 1525, échange entre Guy de Maugiron, seigneur d'Ampuis et de la Garde, et Louis Chevrier, seig^r de Montléans, qui cède la faculté de rachat, et remet le château et la seigneurie de Montléans, avec justice haute, moyenne et basse, cens, rentes, émoluments, franchises, libertés, immunités, maisons, terres, appartenances et dépendances au dit G. de Maugiron qui lui remet, en

ceux qui appréhendaient la prison de s'y reposer en criant : Franchise Mont-léans ! dit Chorier, constatant une coutume relativement récente et datant de la réunion de la Table Ronde à la seigneurie de Montléans, au commence-ment du xv<sup>e</sup> siècle ; ils y trouvaient un refuge, pour eux et leurs biens. Louis Chevrier recouvrit ce monument de lames de plomb, vers 1460 ; réparé par

échange, la moitié des biens qu'il possède dans le mandement de Beauvoir-de-Marc. Musinod, n<sup>re</sup>.

XIX. 2 septembre 1527, lettres patentes du roi maintenant messire Guy de Maugiron, chevalier, seig<sup>r</sup> d'Ampuis, lieutenant de la compagnie de M<sup>gr</sup> le comte de Saint-Pol, dans la possession dudit rachat, par lui acquis de noble Louis Chevrier, moyennant le remboursement de 2.000 écus soleil. — Autre maintenue, may 1530.

XX. 1528, 1529, terrier au profit de G. de Maugiron, seig<sup>r</sup> de Montléans.

XXI. 26 mars 1529, hommage par G. de Maugiron de la maison noble de Montléans, sise en la ville de Vienne, et de divers tènements dans les paroisses de Jardin, Saint-Sorlin, la Fournache.

XXII. 28 septembre 1535, donation par le roi, à messire G. de Maugiron, lieutenant de M. d'Estou-teville, au gouvernement de Dauphiné, des lods et ventes dus pour l'acquisition de Montléans. — Ce don s'élevant à 1600 l. t. est confirmé par le roi, le 12 avril 1539.

XXIII. 10 août 1540, dénombrement fourni par G. de Maugiron, de la terre, juridiction et seigneu-rie de Montléans, confrontant les mandements de Vienne, Pinet, Beauvoir-de-Marc, les Côtes-d'Arey, valant, 150 l. de revenus, plus d'une maison à Vienne, dite de Montléans, ayant les mêmes immu-nités que les églises, plus de la maison forte de Louvre, au mandement de Beauvoir, valant, 120 l. de revenus.

XXIV. 1555-1589, Laurent de Maugiron, seig<sup>r</sup> de Montléans. (Fils de Guy.) Divers actes.

XXV. 13 mars 1567, terrier au profit de Laurent de Maugiron, seig<sup>r</sup> d'Ampuis et de Montléans.— Id. 13 janvier 1587.

XXVI. 1569, septembre, lettres patentes du roi, Charles IX, érigeant en comté la terre, seigneu-rie, château et place forte de Montléans, jointes les seigneuries de Louvre, la Roche, la Garde et leurs dépendances, en faveur du s<sup>r</sup> de Maugiron (Laurent), chevalier de l'ordre du roy, capitaine de cin-quante hommes de ses ordonnances, lieutenant général en Dauphiné.

XXVII. 1589-1622, Timoléon de Maugiron, comte de Montléans. (Fils de Laurent.) Divers actes.

XXVIII. 1622-1638, François IV de Maugiron, comte de Montléans. (Fils de Timoléon.)

XXIX. 1638-1652, Claude de Maugiron, comte de Montléans, héritier de son cousin François IV. (Fils de Scipion.)

XXX. 1652-1669, Jean-Baptiste-Gaston I de Maugiron, comte de Montléans. (Fils de Claude.)

XXXI. 1669-1672, Louis de Maugiron, comte de Montléans, par la mort, sans enfants, de son neveu J.-B. Gaston I, en qualité d'héritier substitué de François IV. Les biens du Dauphiné furent déclarés substitués en sa faveur par jugement du 8 février 1672. (Fils de Scipion.)

XXXII. 1672-1719, François V de Maugiron, comte de Montléans, fils de Louis. Les biens du Dauphiné attribués à son père, lui furent confirmés par arrêt du 3 septembre 1683. Terrier pour François de Maugiron, comte de Montléans, 21 octobre 1680, à 15 novembre 1702. Hommage par François de Maugiron, conseiller du roi, bailli de Viennois, pour le comté de Montléans, les seigneuries de Beau-voir-de-Marc, Varacieu, le Molard, etc.

XXXIII. 1719-1724, Denis-Louis-Timoléon de Maugiron, fils de François V, comte de Montléans.

XXXIV. 1724-1767. Timoléon-Guy-François de Maugiron, fils de D. L. Timoléon, comte de Mont-léans, rend hommage pour ce comté, le 19 mars 1738.

XXXV. Marie-Catherine-Charlotte-Françoise de Maugiron, mariée à Jean-Frédéric de Veynes, mar-quis de Bourg-lez-Valence, fut appelée, par arrêt du 23 août 1774, à défaut de mâles, et comme fille aînée de Timoléon-Guy-François de Maugiron, à succéder aux biens substitués de sa maison, notam-ment au comté de Montléans et à la maison de Vienne. Elle mourut le 7 mars 1807, sans enfant, et ses biens firent retour à la maison de Bérenger-Sassenage. (Arch. du Rhône, E. — Arch. de l'Isère. *Inven-taire du Viennois.* — Arch. Nation. *Papiers séquestrés.* — De Marolles. *Hist. des comtes d'Anjou.* — *Varia.*) Quelques restes de la maison des Maugiron subsistent encore au coin de la rue de l'Eperon, à Vienne.

Laurent de Maugiron, il est aujourd'hui, 1658, ajoute Chorier, composé de quatre piliers élevés sur une plate-forme et surmontés de girouettes aux armes des Maugiron. Ces vestiges furent renversés, aux premiers jours de la Révolution. Guy de Maugiron, seigneur d'Ampuis et de Montléans, présenta, à François, comte de Saint-Pol, gouverneur du Dauphiné, une requête tendant à être maintenu dans la possession et la jouissance des droits et immunités attribués à la Table Ronde[59] située, à Vienne, en la place de l'Orme, et à la

[59] L'asile de la *Table Ronde*, dont on ne saurait préciser l'antique origine, était établi, en la forme d'une table de pierre circulaire, sur la place de l'Orme, contiguë à l'abbaye de Saint-André-le-Bas et tenant son nom d'un orme, devenu la pièce principale des armoiries de la ville de Vienne, sous lequel, du temps des rois de Bourgogne et de Vienne, les magistrats rendaient la justice. L'emplacement réservé à l'exercice de ce droit d'asile semble en attribuer la jouissance aux rois de Bourgogne dont le palais était proche. A la dissolution de ce royaume, la propriété du lieu et de la prérogative fut divisée sans laisser de traces. Plus tard une première portion, en franc alleu, appartint successivement aux familles viennoises de la Chaine, de la Charrière, de Lorme ; la deuxième, dépendant de la directe de l'archevêque de Vienne, à Gine de Clugny. La totalité fut réunie entre les mains de G. de l'Œuvre, d'où elle passa aux Limonne et aux Chevrier, seigneurs de Montléans, et suivit, par la suite, la fortune de cette seigneurie devenue la propriété des Maugiron. (Arch. Rhône, E.).—Vente par Etienne Catene, fils d'Aymond Catene, bourgeois de Vienne, à Guichard Charreyrii, bourgeois de Vienne, fils d'Etienne Charreri, 1249 (familles tirant leurs noms des rues de la Chaine et de la Charrière, à Vienne), d'une partie de table, appelée la Table Ronde, appartenances et dépendances de la dite partie de Table, en *pur* et *franc alleu*, située au lieu appelé l'Orme de Vienne, joignant à l'autre partie de ladite Table qui appartient aux enfants de Gine de Clugny, au prix de 40 l. vienn. recue par Pierre Dupuy, le 3 des nones de juillet, 1281. (Arch. du Rhône, E.) Etienne Catene, témoin, 1269. Aymon Catene, moine, mort en 1300. Inscript. à Saint-André-le-Bas. — Vente par Mathieu de la Grande-Charrière, à André de l'Orme, chanoine de Vienne, et à Etienne de l'Orme, son frère, de la moitié de la Table Ronde, sise à Vienne en la place de l'Orme, près l'église Saint-André-les-Nonnains. Jean Bertin, notaire, du... 13... (Arch. Rhône, E.) — Acte d'élargissement octroyé par Hugues Gaston, chanoine et official de Vienne, sur la réquisition de Jean Pélisson, lieutenant du courrier de la cour des seigneurs comtes de Vienne, au nom du seigneur Dauphin, en faveur de Jacques de Clermont, habitant de Vienne, qui avait été pris dans la place de l'Orme, à la Table Ronde, où il s'était réfugié. La dite place certifiée et réputée, par tous les citoyens, libre et franche. Amédée Herment, notaire, 14 novembre 1347. (Arch. Rhône, E.)

La famille de l'Orme qui tenait son nom de la place de l'Orme, où elle habitait, est fort ancienne à Vienne. Berlion de Ulmo, Bruno de Ulmo de Vienna, vivaient en 1151 *(Cart. Bonnevaux)*. Jean et Pierre, frères, fils de Jean de l'Orme, mort en 1214, citoyens de Vienne firent un échange avec l'archevêque Jean de Bernin, 31 mars 1223 (Arch. Rhône, E.). André, chanoine, et Etienne de l'Orme, cités plus haut. Pierre et Jean de l'Orme, fils d'Etienne. Jean de l'Orme, fils de Pierre, n'eut que deux filles de Guillemette, veuve en 1337 : 1° Isabelle, femme de Guillaume de Varey, dit Ploton, bourgeois de Lyon, morte en 1385. 2° Jeanne, femme de Guillaume de l'Œuvre, de Opere, bourgeois de Vienne, héritière de sa sœur. Terrier au profit de nobles Isabelle et Jeanne filles de noble Jean de Lorme, à Marennes... P. Pusin, notaire, 1353-1359 (Arch. Rhône, E.). Par suite de l'extinction de la famille de l'Orme, la propriété de l'asile passa à Guillaume de l'Œuvre, mari de Jeanne de l'Orme. Cette famille tirait son nom de l'Œuvre du pont de Vienne. Guill. de Opere, latomo, tailleur de pierres, 1269. Steph. de Opere, milite et notario in Ecclesia Viennensi, 1321. Claude de Lœuvre, notable de Vienne, 1554. M. Thomassin, dans son *Registre* (1448), dit : la Table Ronde est actuellement couverte de plomb, et près d'elle on a récemment établi une fontaine. Aux temps anciens, elle était franche et allodiale et par conséquent de la juridiction du seigneur comte. Mais en l'an 1393, le 11 mars, l'archevêque obligea Guillaume de l'Œuvre, citoyen de Vienne, à reconnaître de la directe de l'archevêque, la moitié de cette table, au cens annuel de deux marcs. Ledit Guillaume affirma que l'autre moitié était de franc alleu.

Suivant Chorier, le roi Charles VII, durant son séjour à Vienne, avril-mai 1434, confirma les privi-

pierre du Bâcon située au lieu appelé le Cire. Ledit comte de Saint-Pol confirma ledit sieur de Maugiron en la possession et jouissance des droits attribués à la Table Ronde et à ladite pierre du Bâcon, et fit défense à toutes personnes de l'y troubler, par son ordonnance du XVIIIe décembre 1531, signée Berthalis[60].

Guy hérita de son frère Aymar II, doyen de l'Eglise de Vienne, et de son cousin Antoine III, seigneur de Leyssins et de Beauvoir-de-Marc, et fut donataire de sa sœur Françoise, religieuse à Bagnols. Après la mort de François III, son frère, il transigea avec Louise de Rabutin, sa veuve, 25 novembre 1525, au sujet de l'héritage de la Roche et de la Magdeleine provenant d'Etienne, Claude et Guyot Lambert, et acquit le surplus de la Magdeleine, au prix de 900 l. de noble Valérie de Gruel, 1532. Il fournit le dénombrement de la maison forte de Louvre valant 120 l. de revenu, 10 août 1540. Par lettre du mois d'avril 1537, en dédommagement de 3.400 l. d'arrérages de ses pensions, le roi lui fit don de la justice haute, moyenne et basse, des moulins et du grand étang de Meyrieu; il est dit seigneur de Meyrieu, en 1549. Il possédait, en outre, des biens à Jardin, Charantonay, Saint-Sorlin, Vaugris, la Fournache, etc., dans le Viennois, à Sainte-Colombe-lez-Vienne, et divers autres indiqués dans son testament et dans un hommage rendu le 26 mars 1529[61].

Guy de Maugiron, seigneur d'Ampuis, épousa par contrat du 19 janvier 1517, Ozanne fille de Pierre l'Hermite, seigneur de Moulins-sur-Charente, de Beauvais, de Mondion, etc., et de sa seconde femme Jeanne du Fau, fille de Jean, seig[r] du Fau, en Touraine, et de Jeanne, bâtarde de Bourbon, et petite-fille de Tristan l'Hermite prévôt des maréchaux de France; elle lui apporta, en dot, 18.000 l. savoir: 4000 l. et la seigneurie de Moulins-sur-Charente, et plus tard les seigneuries de Beauvais et des Closures, le tout en Poitou. Guy de Maugiron et son beau-frère Jean de Goulard, mari d'Hélène

---

lèges de la Table Ronde, en faveur des seigneurs de Montléans, représentés alors par Guillaume de Limonne; Charles et Antoine Chevrier, seigneurs de Montléans, furent maintenus dans les mêmes droits, par jugement de Jean Rabot, 1474. Se conformant à l'exemple donné par Guy, en 1531, Laurent de Maugiron, seigneur de Montléans réclama le rétablissement de la Table Ronde, avec ses franchises, comme autrefois. 12 avril 1563. (Arch. consul. Vienne.)

[60] La place de Cire, vulgo Cirou, joignait les ruines de l'amphithéâtre romain. Il existait, du temps de Chorier, dans la rue Cuvière, où elle avait été transportée, une pierre large et longue, dite Pierre du Bâcon, sur laquelle les vendeurs de porcs étaient obligés de tuer ces animaux, moyennant le payement d'un certain droit. La place du Bâcon en conserve, encore, le souvenir. — Arch. Rhône, E. — Perret, *Actes de François Ier*. — Prov. de secrétaire au parlement pour Guichard Berthalis, 8 avril 1524.

[61] Arch. Rhône, E. — Meyrieu, Mérieu, canton de Saint-Jean-de-Bournay, Isère. Cette seigneurie, passée de la maison de Maubec dans celle de Poisieu, 1402-1420, fut acquise d'Aymar de Poisieu, 1537, par Jeanne Guerrier, veuve de Soffrey Buatier. — Voir : Guillaume, IX, A. — Annet, IX. D. — Jeanne, mariée à Georges de la Baume-Suze, X, E. — Louis, XII, note.

l'Hermite, transigèrent, 1523, avec Jean du Fau et Mathieu de Chabannes exécuteurs testamentaires de Lancelot du Fau, évêque de Luçon [62].

Par testament mutuel reçu, au château d'Ampuis, par P. Plantier notaire à Vienne, le 23 septembre 1534, Guy de Maugiron et Ozanne l'Hermite lèguent à Louis de Maugiron, seigneur de Montléans, la maison forte de Louvre, la maison de Vienne et des rentes; à Laurent, les seigneuries de Beauvais et de Moulins-sur-Charente, en Poitou, et les biens du Poitou et de la Touraine; à Jeanne, 5000 l.; à Aymar, 2000 l.; laissant pour héritier Guillaume. Par un autre testament mutuel du 29 juin 1537, Louis est déshérité [63]. Après la mort de sa femme Ozanne et de son fils aîné Guillaume, par un dernier testament fait, à Vienne, dans la maison de Montléans, et reçu par A. Dru notaire, le 22 décembre 1554, Guy de Maugiron, « combien qu'il soit un peu debille de sa personne, » élit sépulture dans la chapelle de Saint-Paschase, en l'église de Saint-Maurice, au tombeau de ses prédécesseurs, les seigneurs de Montléans; veut et ordonne que le corps ou bien les ossements de feue dame Ozanne Lhermite, sa femme, soient apportés de la chapelle d'Ampuis où elle est inhumée et remis au susdit lieu, avec le corps dudit testateur, et que la sépulture qu'il a fait faire à Grenoble, pour luy et sadite femme, y soit élevée aux dépens de ses héritiers. — Donations aux églises et aux pauvres de Vienne et d'Ampuis. — Legs à Aymar de M., évêque de Glandève, abbé de Montmajour, etc., d'une somme de 10.000 l. payées pour la possession et jouissance des divers bénéfices dont il est pourvu, pour tous droits aux héritages de son père et de sa mère. — Legs à Jeanne de M., femme de Jean d'Arces, s^r de la Bastie, de 11.000 l. constituées en dot. — A Anne de M., fille de feu Guillaume de M., 11.000 l. pour tous droits. — A Laurent de M., 12.000 l. par préciput. — Héritiers Laurent et Annet, ses fils. — A Laurent: les seigneuries d'Ampuis, Montléans, Meyrieu, la maison forte de Meyrieu et celle de la Magdeleine, les biens à Tupin, Condrieu, Vaugris, l'isle du Moyne, les biens à Beauvoir dits biens d'Ampuis, la maison forte de la Roche, la maison de Montléans à Vienne, les biens à Chatonnay, à Saint-Georges-d'Espéranche, et ceux acquis aux pays de Poyctiers et de Saintonge [64]. — A Annet, château, terre et seigneurie de Beauvoir-de-Marc,

---

[62] Charles I^er, duc de Bourbon et d'Auvergne, eut Louis, bâtard de Bourbon, légitimé en 1463, comte de Roussillon, en Dauphiné, marié à Jeanne, bâtarde de France, fille de Louis XI et de Marguerite de Sassenage; Louis de Bourbon eut, de Jeanne de Souldet, Jeanne, bâtarde de Bourbon, légitimée en 1492, mariée à Jean du Fau. — Arch. Rhône, E.

[63] Arch. Rhône, E.

[64] Tupin-Semons, canton de Condrieu, Rhône. — Reventin-Vaugris, canton de Vienne-Sud, Isère. — Chatonnay, canton d'Heyrieux, Isère. — Saint-Georges-d'Espéranche, canton de Saint-Jean-de-Bournay, Isère.

tout ce qui fut d'Antoine de Maugiron et les biens acquis, par ledit Guy, de D[lle] Marguerite Bouillet, au prix de 14.000 l., et d'Antoine de Gumin, s[r] de Romanèche, au prix de 2.000 l., et aussi les châteaux, terres et seigneuries de Leyssins, Aoste, Veyrin, Corbellin, Chimillin[65]. — A ses biens meubles, créances, actions, Laurent et Annet succèderont également. — Substitutions de mâles en mâles et, à leur défaut, en faveur de Jeanne d'Arces et de ses enfants, à charge de porter les noms et les armes du testateur. — Parmi les témoins, on trouve... noble Guy de Lise (Leusse), Pierre de Saint-Marc, de Tarascon, en Provence, Louis de la Tour, secrétaire de Guy de Maugiron, Etienne de la Tour, boucher, etc.[66].

Ozanne l'Hermite mourut à Ampuis, le 2 janvier 1538; ses restes, après le décès de son mari, furent transportés à Vienne et joints à ceux de Guy, dans le tombeau élevé à la mémoire de ce dernier. Guy de Maugiron mourut à Vienne, le 30 décembre 1554.

Le même jour, son corps, précédé de 24 notables portant des torches aux armes de la ville, suivi des consuls et de 40 notables, fut transféré de la maison de Montléans, dans l'église des Jacobins. Le dimanche 20 janvier (1555 n. st.), les consuls, leur procureur et leur secrétaire, vêtus de deuil et faisant porter devant eux quatre douzaines de torches, aux armes de la ville, accompagnèrent le corps, en bel et bon ordre, depuis l'église des Jacobins jusqu'à celle de Saint-Maurice, et la famille jusqu'au Doyenné, auquel lieu le seigneur de Maugiron les ayant remerciés, les pria de se trouver le lendemain aux chantaux et services funéraires de son père et, peu après, fit inviter les consuls par quatre gentilshommes à venir souper avec la compagnie, offre qui ne fut acceptée que par Jean Laurent, le procureur et le secrétaire du Consulat. Le lundi, 21 janvier, les consuls se rendirent au Doyenné et, de là, à l'église de Saint-Maurice où fut fait l'enterrement dans la chapelle dédiée à saint Clair et à saint Paschase, au tombeau des Maugiron. On y remarquait, du temps de Chorier, une litre décorée de leurs armoiries et pennons d'alliances, « mais quoique les plus grands hommes qu'ait produits cette race y soient ensevelis, nul d'eux n'y a d'épitaphe que Guy de Maugiron et Ozanne l'Hermite sa femme[67] ».

Les inscriptions, consacrées à leur mémoire, sont accolées sur deux tables

---

[65] Veyrin, canton de Morestel, Isère. — Aoste, Corbelin, Chimilin, canton du Pont-de-Beauvoisin, Isère. — Voir Antoine III, branche de Beauvoir-de-Marc.

[66] Arch. Rhône, E. — Arch. de M[r] le Cte de Cibeins. — Guy de Leusse, fils d'André de Leusse. — Saint-Marc, note *infra*. — La famille de la Tour a fourni plusieurs consuls à la ville de Vienne, entre autres Johan. de Turre, 1390; noble François de la Tour donne une quittance, 1573, comme héritier de Louis-François de la Tour, de Vienne.

[67] Arch. consul. Vienne. — Chorier, *Antiq. de Vienne*.

de marbre blanc accompagnées de deux pilastres de marbre noir, le tout couronné par un fronton et reposant sur un autel de marbre noir. Elles sont surmontées de l'écu de Maugiron timbré d'un casque dont le cimier, représentant un cygne, a été brisé, et entouré du collier de l'ordre de Saint-Michel. Au dessous, on distingue la place occupée par deux écussons enlevés. Ce monument saccagé par les protestants et restauré avec peu de soins se voit encore, non loin du chœur, au côté de l'évangile.

<table>
<tr><td>

CY GIST, HAVLTE, ET<br>
PVISSANTE DAME,<br>
OZANNE L'HERMITE<br>
FEMME DE FEV, MESSIRE<br>
GVY, DE MAVGIRON. DAME<br>
DE MOLINS-SVS-CHARĀTE<br>
BEAVVAIS, ET LES CLOSVRES<br>
EN POICTOV. LAQVELLE<br>
DECEDA, LE SECOND JOVR<br>
DV MOYS DE JANVIER. L'AN<br>
A L'INCARNATION. MIL. V<sup>c</sup><br>
XXXVIII. DIEV PAR SA GRĒ<br>
PARDON LVY FACE. AMEN<br>
REQVIESCANT. IN PACE

</td><td>

CY GIST HAVLT ET PVISSANT<br>
SEIGNIEVR. MESSIRE GVY, DE<br>
MAVGIRON, SEIGNIEVR D'AMPVYS<br>
MONTLÉANS. BEAVVOIR. MERIEV<br>
LA ROCHE. LAOVVRE ET LEYSSIS<br>
CHEVALIER DE L'ORDRE DV ROY<br>
CONSEILLER AV CONSEIL PRIVÉ<br>
DE SA MAIESTÉ, GENTILHOMME<br>
ORDINAIRE DE SA CHAMBRE<br>
CAPPITAINE DE CINQVANTE<br>
HOMMES D'ARMES. GOVVERNEVR<br>
ET SON LIEVTENANT GENERAL<br>
EN SES PAIS DE DAVLPHINE ET<br>
SAVOYE. LE QVEL TRESPASSA<br>
LE PENULTIESME. DE DECEMBRE<br>
MIL CINQ CENTZ. CINQVANTE<br>
CINQ. PRIES DIEV. POVR SON AME.

</td></tr>
</table>

68

Par acte du 21 avril 1544, Guy de Maugiron fit une donation de 100 écus d'or au soleil, au Chapitre de Saint-Maurice, à la charge de faire commémoraison de lui dans les prières de l'église, le saint jour de Pâques, et de distribuer, à tous ceux, jusqu'au nombre de cent, qui assisteront à la grand'messe, un pain blanc de vingt-huit onces et une pinte de bon vin, et de remettre un sol tournois à tous les membres du Chapitre qui célèbreront la messe le même jour[69].

Guy de Maugiron était patron de la chapelle de Saint-Clair et de Saint-Paschase, dans l'église de Saint-Maurice, où se trouvait le tombeau de la famille, soit en son nom, soit en qualité de successeur aux droits des Chevrier,

---

[68] Les mots *femme de feu...* et *requiescant...* s'expliquent par la réunion, dans le même tombeau, des restes des deux époux, après la mort du mari et conformément à son testament. — Le mausolée ayant été établi postérieurement, le graveur a mis, à tort, 1555 ; il faut lire 1544, conformément aux délibérations du corps consulaire.

[69] A. de Terrebasse. *Inscriptions du moyen âge de Vienne.*

seigneurs de Montléans, il y fonda une messe. Il jouissait de la même prérogative sur la chapelle de Saint-Jean l'Evangéliste, comme successeur de la famille d'André de l'Œuvre, son fondateur[70].

En témoignage de son estime et de son affection pour ce grand capitaine, le duc de Guise, de passage à Vienne, le 29 septembre 1557, fit dire et célébrer, le lendemain au matin, une grande messe des trépassés, à diacre et à sous-diacre, dans la chapelle de feu M. de Maugiron, et donna trois fois l'eau bénite, sur la tombe dudit feu seigneur et de sa femme, portant les seigneurs chanoines et prêtres les habits donnés, par ledit seigneur de Maugiron, à ladite église, puis remonta à cheval et s'en alla jusqu'à Lyon[71].

Sceau de Guy de Maugiron, 1544.

Ses enfants, au nombre de six, furent :

*A.* **Guillaume de Maugiron,** seigneur d'Ampuis, la Roche, Meyrieu, Igé, Flacé, la Charbonnière, baron de Montbellet, lieutenant de la compagnie de cinquante hommes d'armes, sous la charge de Monsgr. de Maugiron, panetier ordinaire du roi.

Guillaume embrassa de bonne heure la carrière des armes et fut pourvu de la charge de capitaine châtelain d'Avallon, en Grésivaudan, par lettres de provisions du 26 février 1541[72]. Il suivit son père, comme homme d'armes, au siège de Perpignan[73], et servit aux guerres de Piémont en

---

[70] Ab. U. Chevalier. *Pouillé de l'Eglise de Vienne,* xviᵉ s. — In altari sanctorum Clari et Pacasii, misse fundate per nobilem Carolum Cheurerii... alia capella in eodem altari fundata per nobilem et potentem virum dom. Guyottum de Maligirone, dominum Amputei et Montis Leonis... ad presentationem nobilis de Maligirone, domini Montis Leonis. Suivant un état des revenus de l'Egl. de Vienne, ms. du xviiiᵉ s., cette fondation fut reportée sur une chapelle dédiée à Notre-Dame. — In altari Sᵗⁱ Joannis Evangeliste. Capella dom. Andree de Opere. Ad' presentationem nobilis de Maligirone, imo propinquorum de genere vocatis.

[71] Arch. consul. Vienne. *Relation de l'entrée de M. le duc de Guise.*

[72] Arch. Hôpital. Vienne.

[73] J. Roman. *Montres et Revues,* 12 septembre 1542.

qualité de guidon, 1544, puis de lieutenant de la compagnie de cinquante lances des ordonnances du roi, sous la charge de Monseigneur de Maugiron, 1545-1554 [74].

« Monsieur de Gyé (Igé), premier fils de Monsieur de Maugiron, était là (à Caselle, au N.-O. de Turin, 1552), en garnison avecques la compaignie d'hommes d'armes de son père, auquel monsieur le mareschal (de Brissac) manda qu'il sortist, et qu'il mennast la compaignie à Monqualier (Montcalieri); il luy rescript qu'il n'avoict pas demeuré si longuement à Cazelles pour l'abandonner lors que le siège y venoict... et qu'il avoict deliberé d'y morir avecques moy (Monluc). Monsieur le mareschal ne print pas cela pour argent content car l'endemain bon matin il vinct à Cazelles... et ne sceust jamais fere tant qu'il en peut amener ledict sieur de Gié; ains respondist franchement qu'il en pouvoict bien tirer sa compaignie, si bon luy sembloict, mais que, pour son regard, il n'en bougeroict pas; que feust cause que Monsieur le mareschal s'en retourna fort mal content (à Monqualier avec les hommes de Maugiron)... Mais pour ne voulloir desrober l'honneur d'auculne personne, Monsieur de Gyé avoict une enseigne de Dauphiné, qui se nommoict Montfort [75], et le guydon Monsieur de l'Estang [76], lesquelz estant arrivés à Monqualier sur le soir, commensarent à se souvenir et plaindre leur cappitaine, tellement que toute la compaignie se mutina et resoleust d'aller mourir auprès de luy (Maugiron), et de ne l'abandonner poinct; ainsy l'Estang pria ledit cappitaine Montfort de voulloir demeurer, car pourroict estre que Monsieur le mareschal les y laisseroict tous aller quand il verroict qu'une partie y en seroict allée; et pour ne malconter ledict sieur mareschal, qu'il retint avecques luy tous ceux que voudroinct y demeurer. Ce qu'estant accordé, ledict l'Estang craignant que Monsieur le Mareschal en feust averty, part à la minuict, suivy de la compaignie; car ne volsit demeurer homme d'icelle compaignie, que deux gens d'armes et trois archiers, avecques ledict Montfort. Ils laissarent leurs grandz chevaulx et armes, sauf la cuirasse et la sellade, montarent sur ung cortault chescung seullement et, laissans leurs lances à leurs logiz, prindrent des picques avesques chescung ung valet à pied, et ainsi arrivarent au soleil levant à Cazelles,

[74] Bibl. Nationale. *Quittances. Pièces origin.*

[75] Anthoine Clavel, s^r de Montfort, homme d'armes, 1542, et enseigne, 1548, de la C^ie de Maugiron, puis enseigne dans celle du maréchal de Brissac, 1558-1562 ; chevalier de l'ordre du roi, gouverneur d'Abbeville, 1566-1570; voir VIII. D. Guyot, note.

[76] Anthoine de Murat de l'Estang, homme d'armes de la C^ie de Maugiron, 1542; chevalier de l'ordre du roi, maréchal de camp, mort en 1596. Cette famille est représentée, en Dauphiné, au château de Moidière, par Armand de Murat, marquis de Lestang, suivant lettres d'érection de 1643.

distant de Monqualier six mil. Monsieur de Gyé et le baron de Chipy avoinct entreprins de terrasser la porte de laquelle ilz virent ces gens; mais ilz demeurarent grand pièce à les recognoistre, puis tous deux leur coururent au devant. Par là je cogneuz que Monsieur de Gyé estoict bien aymé de sa compagnie; aussi le meritoit-il, car j'auzerois dire que c'estoict un des braves cappitaines de France et des plus vaillans. » Les Espagnols n'osèrent point attaquer la ville de Cazelle dont la garde fut confiée à Maugiron[77].

Le Maréchal de Brissac fit jeter dans la campagne de Valefenières, en Piémont, qu'il avait résolu d'attaquer, « le sieur de Gyé (d'Igé) fils et lieutenant de Maugiron, avec deux cents chevaux et trois cents arquebuziers, pour dresser une escarmouche contre les ennemis et pouvoir reconnaître les fortifications de la place; ayant fait ce qu'il désirait, et voulant se retirer, l'ennemi tira plusieurs canonnades, l'une desquelles donna en terre, près de lui, et de là le boulet fit un bond et alla donner contre la cuisse de ce pauvre sieur de Gyé qu'il lui froissa toute. Porté au logis, avec douleurs infinies, la cangrène s'y mit, et il mourut le lendemain (12 juin 1554). Ce fut un très grand dommage; c'était un gentilhomme fort beau, de riche taille, doux, gracieux et vaillant au possible, regretté d'un chacun, mais de moi surtout, pour l'amitié dont il m'honorait[78]. »

EPITAPHE DE FEU NO/*ble G. de Maugiron, seigneur d'Igié,*/
*qui mourut à Valfinière*/ *l'an 1554.*

*Si les bons ont au ciel une vie sans mort,*
*Et si les justes sont colloqués hault en gloire,*
*Si des hommes vaillants le salut on doit croire,*
*Maugiron vit là sus au desirable port.*

*O cheris des hauls Dieux, vous n'avez de support*
*Ny plus, ny moins que ceus qui sans nulle mémoire*
*De leurs œuvres, s'en vont en la région noire :*
*Car il vous fault sentir de mourir un effort.*

*Je dis mourir ça bas pour vivre puis après,*
*Comme or'fait Maugiron (jadis formé expres*
*Pour demonstrer à tous ce que nature peult).*

---

[77] Blaise de Monluc. *Commentaires.* — Caselle, petite ville du Piémont.
[78] François Boyvin, baron du Villars. *Mémoires.*

*Valfinière ha bien pu son cors exterminer*
*Mais le balon n'a sceu son clair lôs terminer.*
*Temoin son ennemy qui de sa mort se deult*[79].

Il avait échangé, avec l'abbaye de Saint-Pierre de Vienne, la maison forte de la Roche et divers fonds au mandement de Saint-Symphorien-d'Ozon, contre des biens à Ampuis[80], et testé, le 21 septembre 1551, par devant J. Guérin notaire à Mâcon[81].

Guillaume de Maugiron épousa Philippe, fille de Jean de Lugny, seigneur d'Igé et de Flacé, et d'Eugénie de Montrégnard; elle hérita de la baronnie de Montbellet d'un frère de sa mère, mort assassiné, et des biens de la branche des Lugny, seigneurs d'Igé[82]. Cette famille, fort ancienne en Bourgogne, a donné lieu à cet adage :

*Qui n'a plume de Lugny*
*N'est pas oiseau de bon nid.*

Sceaux de Guillaume de Maugiron. — 1550, 1553

*a.* **Anne** de Maugiron, dame d'Igé, de Flacé, de Montbellet, de Moulins-sur-Charente, de Meyrieu, leur fille unique, épousa : 1° Jean, fils de Jean d'Amoncourt, sr de Montigny et de Piépape et de Claudine du Chastelet, par contrat du 13 octobre 1556, Plantier, notaire à Vienne[83], et eut en dot la seigneurie de Meyrieu. Sans enfant. 2° Par contrat du 28 août 1560, Garret, nre à Chalons[84], Bernard, fils de François de

[79] *Les Amoureuses Occupations* de Guillaume de la Tayssonnière. Lyon. G. Rouille, 1556, in-8°.
[80] Arch. Rhône, E.
[81] Arch. Saône-et-Loire.
[82] Montbellet, baronnie en Mâconnais, venue des sires de la Tour aux Montrégnard, puis aux Lugny et aux Maugiron. Canton de Lugny, Saône-et-Loire. — Flacé, canton de Mâcon, S.-et-L. — Igé, canton de Cluny, S.-et-L.
[83] Arch. Rhône, E. — Saint-Julien. *Meslanges.* — Arch. Cons. Vienne, 11 octobre 1556. Délibération concernant l'arrivée de M. de Piépape, époux de Mlle Anne de Maugiron. Il y aura six canons à la porte de Lyon et à celle de la Tuilière.
[84] Arch. Rhône, E.

Bassompière, seigneur d'Harouel, et de Marguerite de Dompmartin, colonel d'un régiment de lansquenets, par brevet du roi Charles IX, « pour son bon amy Bernard de Bassompierre, baron de Harouel, 7 janvier 1562. » Son neveu, le maréchal de Bassompierre dit : « il espousa une héritière de la maison de Maugiron et de Montbellet de laquelle il n'eut aucun enfant; il se trouva en plusieurs occasions de guerre, en charge honorable, au service de l'empereur Maximilien II ; finalement il mourut de maladie, en la ville de Vienne, au retour du siège de Szigeth, en Hongrie[85]. » Anne de Maugiron, sa veuve, traita, le 21 mars 1570, avec Claude-Antoine et Christophe de Bassompierre, pour son douaire et la restitution de sa dot[86]. Elle laissa pour héritiers ses oncles Laurent et Annet de Maugiron[87]. Par partage, 7 mai 1572, Laurent eut : Montbellet, Igé, Flacé, la Charbonnière, en Mâconnais; Annet eut : Meyrieu et reçut en compensation, de son frère, les biens de Beauvoir-de-Marc, Charantonay, la maison de Montléans, à Vienne et 26.750 l.[88].

B. **Louis** fut incorporé, jeune encore, au chapitre de l'église cathédrale de Vienne. Guillaume de Maugiron, Louis de Maugiron, prêtre de l'église de Vienne, et Aymar de Maugiron, prêtre, frères, signèrent une procuration le 7 mai 1534[89]. Au testament de son père et de sa mère, 23 septembre 1534, il est dit seigneur de Montléans et légataire de la maison forte de Louvre, d'une maison et de diverses rentes à Vienne[90]. Par résignation de son oncle, Aymar de Maugiron, il fut pourvu, le 3 janvier 1537, de la charge de chapelain perpétuel de la chapelle de Saint-Maurice et de Saint-Laurent dans l'église de Vienne[91], quoiqu'il ne fût alors que clerc de cette église[92].

Ce jeune rejeton d'une race guerrière peut avoir embrassé, sans vocation, l'état ecclésiastique, en avoir négligé les devoirs et même s'être laissé, un instant, séduire par les idées de la Réforme, déjà répandues dans le diocèse, car son père et sa mère, par un nouveau testament, du 29 juin 1537, le déshéritent « attendu qu'il n'est point dans l'église[93] ». On lit, dans une lettre écrite, par le cardinal de Tournon, à

---

[85] Maréchal de Bassompière. *Mémoires.*

[86] Arch. Rhône, E. — Claude-Antoine, oncle, et Christophe, père du maréchal de Bassompierre, tous deux frères de Bernard, mari d'Anne de Maugiron.

[87] Arch. Saône-et-Loire.

[88] Arch. Rhône, E.

[89] *Id.*

[90] P. Plantier, nre à Vienne. Arch. Rhône, E.

[91] Arch. Hôpital. Vienne.

[92] *Id.*

[93] P. Plantier, nre à Vienne. Arch. Rhône. — Mermet. *Hist. de Vienne.*

Guy de Maugiron : « Je scais, Monsieur, le bon zèle que vous avez, et que vous n'espargneriez vostre propre fils, pour la conservation de Dieu et de l'Eglise... Roussillon, 15 mars 1553 [94]. » Louis ne tarda pas à venir à résipiscence, grâce sans doute aux bons conseils et à l'amitié du chanoine, Aymar II de Maugiron qui résigna, en sa faveur, le rectorat de la chapelle de Saint-Maurice et de Saint-Laurent, ainsi que son canonicat, dont son neveu fut mis en possession le 19 août 1538 [95]. Il est déshérité par le testament de son père du 29 juin 1537, et n'est pas nommé à celui de 1554.

C. **Laurent** qui suivra.

D. **Annet de Maugiron**, baron de Faverges, seigneur de : Leyssins, Meyrieu, Beauvoir-de-Marc, Vinay, Bizonnes, etc., gentilhomme ordinaire de la chambre du roi, lieutenant de la compagnie d'hommes d'armes du duc de Nevers, chambellan ordinaire du roi, chevalier de l'ordre de Saint-Michel, capitaine de cinquante hommes d'armes des ordonnances de S. M., gouverneur de Vienne, bailli du Viennois, etc.

Annet, fils cadet de Guy de Maugiron, appelé communément *Monsieur de Leyssins* [96], puis *baron de Faverges*, servit de bonne heure, comme officier, dans une compagnie de gens de pied, notamment au siège de Metz durant la campagne des Pays-Bas, à la prise de Dinant, à la bataille de Renty, 1554 [97]. Annet de Maugiron, capitaine colonel de 2.000 hommes établis en Dauphiné, reçut à Vienne, le 1er mars 1556, vingt-six archers levés dans cette ville pour aller en Piémont [98]. Il suivit François de Lorraine, duc de Guise, à l'expédition de Naples, au titre de lieutenant de la compagnie de chevau-légers de Roch Chasteignier qui fut blessé et pris au combat d'Ascoli, 9 juillet 1557 [99]. On le trouve, à la tête de deux compagnies d'arquebusiers, à la prise de Grenoble, 1562, à la suite de son frère Laurent. Peu après, il rejoignait avec 4.000 hommes de pied, l'armée du maréchal de Tavannes qui, après s'être emparée de Villefranche et de Belleville, fut placée sous les ordres du duc de Nemours et dirigée sur Lyon [100]. Le roi Charles IX écrivait, le 14 février 1563, à Laurent de

---

[94] D'Artigny. *Nouveaux Mémoires.*

[95] Arch. Rhône, E.

[96] « Ann. Maugiron, dict Leyssins. » Lettre à Monseigneur le Chancelier, 14 mars 1578, signée de sa main.

[97] « J'ai eu nouvelles de mes frères (Laurent et Annet) qui sont au camp et se portent fort bien, Dieu mercy. » Lettre d'Aymar de Maugiron, évêque de Glandèves, 20 août 1553. Voir IX. E. Aymar, III.

[98] Arch. Consul. Vienne.

[99] Roch Chasteignier, frère du poète Antoine Chasteignier, fut tué au siège de Bourges, 1562. — F. Vindry, *L'État Major français au xvie siècle*, Bergerac, 1901, in-4.

[100] Saulx-Tavannes, *Mémoires.*

Maugiron, « ..... J'ai esté très ayse d'apprendre ce que m'a dict, de vostre part, le s<sup>r</sup> de Leyssin, vostre frère... » A la même date, la reine Catherine de Médicis faisait savoir à L. de Maugiron que M. de Leyssins était chargé de lui porter l'assurance du contentement du roi, concernant la conduite du parlement de Grenoble en ce qui touchait à la paix [101]. Successivement pourvu des charges de gentilhomme ordinaire de la maison du roi, de capitaine d'une compagnie d'arquebusiers du régiment du comte de Brissac, de mestre de camp et général des bandes lyonnaises, 1569, il fut nommé gouverneur de Vienne, par lettres du 29 avril 1568, et par autres du 20 juillet 1569, bailli du Viennois [102]. M. de Leyssins, en ces qualités, fit son entrée à Vienne, le 5 février 1570, et y reçut, le 12, les dames et les filles d'honneur de la reine d'Espagne qui couchèrent chez lui. Le 14 mai, il passait en revue 1050 Viennois, en armes, et le 20 août, « pour récompenser ses peines et ses labeurs, pendant la guerre », la ville lui faisait un don de 500 l. ; le 31 août il publiait l'édit de paix et, le 14 octobre, il partait « allant en France, pour le service du Roy [103] ».

Les bonnes relations existant entre le duc de Nevers et Laurent de Maugiron dont ce prince tint le fils, Louis, sur les fonts baptismaux, en compagnie de Madame de Leyssins, pendant un court séjour à Vienne, le 18 septembre 1571 [104], ne furent point étrangères à la fortune militaire d'Annet qui fut gratifié, par le duc, de la lieutenance de sa compagnie de 60 hommes d'armes, janvier 1572, portée à 100 lances, 1574, et honoré du collier de l'ordre de Saint-Michel, le 28 mai 1572 [105].

Lors du massacre de la Saint-Barthélemy, 24 août 1572, qui fut connu à Vienne le 27, Annet de Maugiron sut maintenir l'ordre dans la région où il n'y eut aucune victime. « Monsieur de Leyssins, Je me remectz à mons<sup>r</sup>

---

[101] Arch. Rhône, E.

[102] Bibl. chât. de Terrebasse, *Reg. officiariorum.* — Correspondance et papiers divers. Les baillis exerçaient, au nom du Dauphin, des fonctions à la fois militaires, financières et judiciaires, dans lesquelles ils étaient suppléés par des officiers nommés juges-mages, vi-baillis, châtelains. Les huit bailliages existant en Dauphiné furent réduits à deux, par ordonnance du Dauphin Louis, juillet 1447 : 1° celui du Viennois comprenant le Viennois et terre de la Tour, le Viennois-Valentinois et le Grésivaudan ; 2° celui des Montagnes comprenant le Briançonnais, l'Embrunais, le Gapençais et les Baronnies. L'importance de cet office diminua sensiblement, et le titre de bailli, sous le nom de grand bailli, devint purement honorifique.

[103] Arch. Cons. Vienne. — Anne d'Autriche, quatrième femme de Philippe II, le grand protecteur de la Ligue. — La charge de gouverneur, aux frais de la ville, existait en temps de guerre et de troubles et vaquait en temps de paix.

[104] Arch. Vienne. — Louis de Gonzague, prince de Mantoue, duc de Nevers, par son mariage, 4 mars 1565, avec Henriette de Clèves, héritière de son frère François, duc de Nevers, tué à la bataille de Dreux, 1562.

[105] Bibl. Nation. *Pièces originales.*

le general[106] present porteur à vous dire les nouvelles, encore que ne doubte pas que n'en soyez bien adverty d'ailheurs, à ceste cause vous verrez la lectre que je fais aux consulz de Vienne[107] de faire prendre les armes aux catholiques, mectre garde aux portes et aux chataulx, avec telle modestie qu'il ne s'en ensuyve aulcun inconvenient, à quoy je vous prie vous y volloir employer, d'aultant qu'il importe au service du Roy et scay que vous l'avez en telle affection... de Moyrens ce xxviiie d'aoust 1572. (P. S. de la main). Je ne scay si ceste lectre vous trouvera à Vienne, car on m'a vollu dire qu'estiez absent. Vostre entierement bon amy affectueux. Gordes[108]. » Le 28 août, comme bailli de Viennois, il rendait une ordonnance portant défense à MM. de Belvey, Gentillet, Argoud, Lambert et autres de la Religion réformée de sortir de la ville et de changer de maison, à moins de donner caution[109]. Une nouvelle lettre du lieutenant général en Dauphiné confirmait la précédente.

« Monsieur, m'en allant ce matin disner chieu mons[r] de Pollonyeu[110], j'ai rencontré vostre lacquais present pourteur que j'ai retardé jusques à mon retour en ce lieu, lequel m'a remis vostre lectre par laquelle j'ay receu grand contentement du bon ordre qu'il vous a pleu donner dans la ville de Vienne, ainsy que deja je vous en avoys escript par mons[r] le general Grollier et pour de ce faire comme encore je fays très affectionnement... de Moyrens ce xxix d'aoust 1572. Je suys actendant ce que auront faict Romans, Valence, Montelymard et aultres, et desireroys bien qu'ilz

---

[106] Jean Grollier, général des finances, en Dauphiné, par lettres de provisions du 20 mars 1571, *Reg. officiariorum.*

[107] « Messieurs les consulz, estant survenu que Monsieur l'admiral (Coligny) auroit esté tellement blessé que mort s'en seroit ensuyvye, et ce à l'occasion de la querelle qui estoyt entre luy et la maison de Guyse ; craignant que aulcuns ne se volussent esmouvoir pour en poursuyvre la vengeance et par ce moyen troubler le repos public, je vous ay bien vollu despecher ce pourteur expres avec la presente, à ce que icelle receue vous ne failliez de faire incontinent prendre les armes aux catholiques de vostre ville, faire garder aux portes d'icelle, le tout avecque telle modestie qu'il ne soye faict aulcun desplaisir à ceulx de la nouvelle religion... de Moyrens le XXVIII d'aoust 1572, vostre entierement amy, Gordes. »

[108] Arch. Consul. Vienne.

[109] Arch. Cons. Vienne. — Nicolas Beauvais, pasteur à Chatonnais, près de Vienne, 1562. — Innocent Gentillet, natif du Viennois, réfugié à Genève, octobre 1572, président à la chambre de l'Édit, au parlement de Grenoble, par lettres de provisions du 20 janvier 1579, habile politique, savant jurisconsulte et théologien protestant. — Philibert Lambert, un des députés protestants nommés pour traiter de la nomination de deux consuls de la R. P. R., 1593. — Antoine Argoud fut condamné, en 1564, à 100 francs d'amende pour se livrer ouvertement, dans sa maison, à l'exercice de la religion réformée, malgré les ordonnances.

[110] Claude de Baronnat, seigneur de Poleymieux et de Poliénas, gentilhomme de la maison du roi, chevalier de son ordre, testa le 24 avril 1576. Il était père de Gaspard, lieutenant de la compagnie de Maugiron. — (Poleymieux, Rhône ; Polienas, Isère.)

eussent faict comme à Vienne. Gordes[111]. » Grace aux mesures prises par le bailli et par les consuls la tranquillité continua à régner à Vienne. « M'estant veneu trouver la hault mons^r de Chuzelles[112], present pourteur, et m'ayant faict entendre comme les choses se sont conduites à Vienne, je ne scauroys que vous dire la dessus, synon que le Roy a occasion d'en demourer bien content et satisfaict et moy aussy, comme je vous prye de continuer, suyvant l'asseurance que j'ay sus vous... de Laval, le 1^er octobre 1572. Gordes[113]. »

Annet de Maugiron accompagna le duc de Nevers au siège de la Rochelle, mai-juin 1573, au cours duquel ce prince fut blessé. Le duc d'Anjou qui y commandait en chef ayant été élu roi de Pologne, grace à l'argent de Catherine de Médicis et à la diplomatie de Monluc, évêque de Valence, partit pour prendre possession de son royaume, à la tête d'une suite nombreuse dans laquelle figuraient le duc de Nevers et Maugiron, 28 septembre 1573. Le 11 mai 1574, M. de Leyssins arrive à Vienne, venant de Pologne[114], peu avant la mort de Charles IX, 30 mai, et le retour du nouveau roi Henri III qu'il put retrouver, à Vienne, lors du passage de ce dernier, logé chez Laurent de Maugiron, 15 novembre 1574, 18 janvier 1575. Peu après, M. de Leyssins rejoignait la compagnie du duc de Nevers dont il était lieutenant et, à sa tête, guerroyait en Poitou, contre les Huguenots. Le 8 avril 1575, il se trouvait en garnison à Lagor (La Gorce, commune d'Asnois, Vienne), malade de la fièvre et d'une fluxion d'humeur lui tombant sur le bras droit, lequel autrefois avait été grièvement paralysé. Le médecin lui conseilla de choisir un séjour plus sain et plus pur[115]. Le 18 mars 1576, au camp de Cosnes-sur-Loire, il donnait une quittance de 225 l. t. pour le quartier d'octobre, novembre et décembre derniers passés, à cause de son état de lieutenant de M. de Nevers[116]. Avec l'armée commandée par les ducs de Guise et de Nevers, il prit part au siège de la Charité-sur-Loire, 19 avril-1^er mai 1577, et à celui d'Issoire, 20 mai-12 juin. M. de Leyssins était au nombre des vaillants gentilshommes qui donnèrent à la tranchée de M. de Nevers, le 29 mai, où

[111] Arch. Cons. Vienne. — Le nombre des victimes, en Dauphiné, se réduisit à sept protestants massacrés, à Romans, par des gens inconnus.

[112] Louis-Guillaume Raymond de Mormoiron de Maubec de Montlor, baron de Modène et d'Aubenas, marquis de Maubec, rend hommage, en 1585, pour ses terres de... Chuzelles, etc. Il devait épouser, en 1577, Marie, fille de Laurent de Maugiron (IX, E). — Chuzelles, canton de Vienne-Nord.

[113] Arch. Vienne. — Laval, à 22 kil. de Grenoble, canton de Domène.

[114] Arch. Vienne.

[115] Bibl. Nation. *Pièces originales*. Certificat de Jean Pidoux, médecin du roi et de M. le duc de Nevers, demeurant ordinairement à Poictiers.

[116] Bibl. Nation. *Pièces originales*.

Louis de Maugiron, son neveu, eut l'œil crevé, et où périt le jeune Suze, neveu de sa femme, atteint à la cuisse[117]. Les frais de cette campagne lui furent soldés en un mandat de payement de 7.000 l. sur le greffe de la sénéchaussée de Saintonge. Paris 15 mars 1578. Signé Henry[118].

Rentré en Dauphiné, Annet écrivait au lieutenant général de Gordes : « Monsieur, depuis quelques jours, j'ay receu deux lettres qu'il vous a pleu m'escrire, l'une d'icelles accompagnée d'ung mandement que le Roy me fest en quallité de baillif pour l'observation et entretienement de son edict de paix, l'autre est affin d'interdire la traite des bledz hors de ce pays. Il a este satisfet à tous les deux, estant l'execution de l'ung plus ayse que de l'aultre. Je ne veulx hoblier vous dire comme j'ay veu mons. de Bonnevaulx, puis son retour en ces cartiers, lequel m'a tesmoigné la bonne et sayne voulonté qu'il vous plaist avoir envers mon frère et tous nous, chose de laquelle je vous mercie bien humblement, et quand aurés agreable la continuation de cest effect, vous n'eustes ny aurés jamais personne plus dispozée à vous honnorer et servir que nous, et de ma part il n'escherra jamais occasion quy alterera ce que nous en promettons. Et sur ce je sallueray vos bonnes graces... de Beauvoir, ce xxvi janvier, 1578[119]. »

La mort de de Gordes et son remplacement, dans la charge de lieutenant général, par Laurent de Maugiron, 4 mars 1578, donnèrent à Annet, son frère, une plus large part dans les affaires de la province.

L'évêque de Grenoble lui mandait : « Monsieur, yer a semblable heure qui est huict heures du soier, nous heusmes advys, tant de mons. d'Ambel[120], qui comande au chasteau de Vizille què de celluy qui comande à la

---

[117] G. du Rivail. *Discours du siège d'Issoire*, ms. — Voir Louis de Maugiron, X. A. — Ferdinand-Rostaing de la Baume-Suze, fils de François, comte de Suze, et de Françoise de Lévy.

[118] Arch. Nation. *Fonds Maugiron*.

[119] Bibl. chât. de Terrebasse. — Jacques du Fay, abbé de Saint-Pierre, de Vienne, et de N.-D. de Bonnevaux, en Viennois, fils de Méraud du Fay, seigneur de Saint-Jean-de-Bournais, fut député aux états de Blois, 1576, et aux assemblées du clergé de France, 1579-1595, et mourut en 1595. Il était en fort bons termes avec Annet de Maugiron auquel il écrivait : « Je suis deliberé de m'acheminer demain ou dimanche à Vienne, pour aller commencer ma diète, car autrement je serey en danger de devenir gouteux. Je vous mercie très humblement du bon service que m'a faict votre litière et vos bos mullets. Je crains bien fort que je n'aie rompeu la courtoisie de les avoir si longtemps gardés... De Bonneval ce vendredi matin. Jacques du Fay. » En note, « Lettre de M. de Bonnevau du dernier febvrier 1578 ».

[120] François de Viennois, seigneur d'Ambel au mandement de Corps, 10 septembre 1570, mari de Marguerite Armuet de Bonrepos, testa le 30 mai 1586. Il possédait une maison forte, dépendant de l'antique château delphinal et royal de Vizille, dont elle n'était séparée que par un rempart, du côté de bise, et assise sur le rocher qui domine le bourg. — Marc-Antoine, son fils aîné, mari de Madeleine de Lagier, endetté par les guerres, dut vendre la terre d'Ambel. Il testa le 16 octobre 1603. Tombé en enfance, il vivait encore en 1630, sous la curatelle de son fils Arnoul. — La famille de Viennois, venue d'Amédée, fils naturel du Dauphin Humbert II, s'est éteinte avec Emilie de Viennois, mariée, le

Motte [121], et suict cy avoit intelligence que debvoit hier estre exequté, sur lesd. chasteau de Vizille, que feust cause que mons. de Laborel [122] fist en mesme instant sortir quarante harcabosiers, et ils ne sont encore de retour, qu'est cause que ne vous en puis escrire plus particullierement, vray est que ce matin à neuf ou dix heures, quelques chevaulx du contraire party ont passé le Drac, et sont venus passer près ceste ville, et ont trossé ung marchand d'icelle qu'ils ont treuvé dans sa grange avec tout son bestailh, et tost après allant du costé du port de Clais, ils ont encore prins le sacrestaing de Comiers, les curés de Mesaige [123], l'ung desquelz s'est sauvé en parpoinct, et ont repassé le Drac. Ayant sceu ceste novelle l'advocat Gentilh, substitut du bailly de robe courte, est allé à la grange du marchant pour informer, et s'aprochant de lad. ha veu les coureurs, et aiant parlamenter ensemble, on dict que c'estoit ung nommé le capitaine Chomard de Sasenaige et certains aultres, et par leurs discours treuvèrent la guerre ouverte, avec asseurance que Mons. de Morges [124], disent-ilz, leur amenera des estrangiers. Allantz contre Allières [125] ont rencontré le capitaine Planches qu'ilz ont aussi faict prisonier, luy ayant osté deux bons chevaulx, ainsi que asseure son laquais qui s'est sauvé; et sont au devant

16 mars 1803, à André-Suzanne, marquis d'Albon, pair de France. Cette dame possédait, à Vizille, l'hôtel de Viennois, vendu à la commune, le 11 août 1818, et dans le Viennois, le château de Septème passé de Jacques, comte d'Albon, décédé sans alliance, en 1903, à son frère André, marquis d'Albon, marié à Yolande de Nettancourt-Vaubecourt, d'où postérité.

[121] Le château de la Motte, au mandement de la Motte-Saint-Martin (canton de la Mure, Isère), appartenait à la famille de Morges, représentée alors par Gabriel de Morges, sr de la Motte-Verdeyer, gouverneur de Grenoble, sénéchal du Valentinois et Diois, 1573, mari de Guigonne du Colombier. — Suivant Chorier et Guy Allard, les eaux minérales de la Motte, connues des Romains, étaient fort à la mode au xvie siècle.

[122] Jacques de Gruel, sr de Laborel, gouverneur de Grenoble, 1577-1582.

[123] N.-D. de Commier, prieuré de l'ordre de Saint-Augustin (23 kil. de Grenoble.) — N.-D. de Mésage et Saint-Pierre-de-Mésage (19-21 kil. de Grenoble), canton de Vizille. — Le port de Claix, près duquel Lesdiguières fit construire sur le Drac, en 1611, le pont de Claix, d'où l'on rejoint Grenoble par une magnifique avenue de 8 kil. due à l'initiative de Nicolas Prunier de Saint-André, marquis de Virieu, premier président au parlement, 1684.

[124] Giraud de Bérenger, sr de Morges, mari de Georgette, fille d'André de Bérenger, sr du Guâ, et sœur de Claude, femme de François de Bonne, sr des Diguières. Un des principaux lieutenants de son illustre beau-frère, il fut tué à la défense d'un pont sur la Romanche, lors de la défaite des Suisses, par la Valette, 19 août 1587, près de Vizille.

[125] Allières, terre et château (canton de Vif, Isère). Claude-Laurent Alleman, seigneur d'Allières, épousa, en 1550, Blanche, fille d'Aimar du Puy, seigneur de Montbrun. Claude-Laurent passa aux réformés, après la mort de son beau-frère décapité, à Grenoble, suivant arrêt du parlement du 12 août 1575; il fut pris par de Gordes, janvier 1577, et relâché peu après. Les catholiques s'emparèrent du château d'Allières, occupé par une bande de bandits huguenots, le 1er juillet 1577. — *Discours mémorable de la prise du chasteau d'Allières...* Lyon, B. Rigaud, 1577, in-8, 8 pp. — Le capitaine la Balme, de Sassenage, fut mis, par de Gordes, en garnison dans ce château. — Laurent Alleman, seigneur d'Allières, fils de Claude-Laurent, commandant un régiment protestant, épousa, 31 mars 1572, Bonne, fille d'Artus Prunier, sr de Saint-André.

du chasteau d'Allieres, ayant tué ung soldat et faict prisonier ung aultre. Qu'est tout ce que est survenu en ce cartier, n'ayant peu, grace à Dieu, exequter aultre choze, quoy qu'ilz aient cru d'avoir intelligence sur dix huict places de ce pais. Je ne scay que pourra estre de Vallance, à cause des capitaines qui sont dedans qui se disent malcontantz, Dieu conduisra s'il luy plaict le tout, ayant faict tout nostre pouvoir pour leur ouster ceste opinion, car oultre les assignations bailhées à Milliard, on leur ha envoié douze centz escuz. La Cour ha deliberé en escrire demain au Roy. Si la compaignie de Mons. de Maugiron pouvoit bien tost estre assamblée, je crois que elle vous prieroit la fere acheminer aud. Vallance, lieu lequel on craint le plus. S'il vous plaict Mons. de Saint Marc et toutz les cappitaines de vostre bailliage en seront advertis pour se garder de surprinse. Il y a certains hommes d'armes de Monseigneur le prince Dauphin, à Cremieu, que m'asseure feront ce que leur commanderés. Quant aux aultres particularités, ce porteur que vous envoye expres là vous dira. Au reste toutz ceulx de ceste ville desirent la venue de Monsieur de Maugiron. Et n'estant ceste à aultre fin, salluant vos bonnes graces et de Madame de Leyssin de mes plus humbles recommandations et de celles de Madame de Pressins, priant Dieu vous donner, Monsieur, en santé ce que desires. De Grenoble ce XI<sup>e</sup> mars 1578. Votre humble et bien affectionné serviteur, Franc. Flehard, Ev. de Grenoble. — A Monsieur de Leissin, baron de Faverges [126]. »

Le parlement, ému lui aussi par les tentatives des Réformés, en avertit le bailli qui répond au secrétaire de cette compagnie : « Monsieur, ce porteur est arrivé ce soir, tout tard, par lequel j'ay reçeu la vostre et cogneu les evenemantz nouveaux quy sont en vos cartiers, chose qui me desplaist extrememant, pour considerer que tel orage sera aussy alheure, d'ou toutefois jusque à ceste heure nous n'avons aulcunes nouvelles. Suyvant vostre advis, j'ay adverty les villes et cappitenes de Vienne, Cremieu, Quirieu et Morestel qui sont les plus importantz lieux de ce bas Viennoys. Quand à la compagnie de mon frère, si messieurs de la Court et du pays cognoyssent en avoir besoing, me le fezant scavoir et m'envoyant une lectre pour mons<sup>r</sup> de Saint-Jullien lieutenant d'icelle [127], je

---

[126] Bibl. chât. Terrebasse. — La famille de Fléard, venue d'Arras, en 1461, était alors représentée, en Dauphiné, par les fils de Jean I, premier président à la cour des comptes, 1544, et de Françoise Buatier : 1° Jean II, premier président à la cour des comptes, 1554, marié à Louise de Saint-Marcel-d'Avançon, 31 décembre 1558; 2° François, pourvu du même office par la résignation de Jean II, son frère, 1564, devint chanoine de Saint-André, puis évêque de Grenoble, 1575; 3° Gaspard, président au parlement, 1574, mari de Virginie Bonne, teste le 20 mai 1595.

[127] Gabriel de la Poype, s<sup>r</sup> de Saint-Jullin, lieutenant de la C<sup>ie</sup> de L. de Maugiron, 1572-1582.

m'aseure qu'il l'aura incontinant mis ensemble, pour estre nostre parant et fort libre aux choses qui importent au service du Roy. Et pour moy et ce quy est de mon moyen, si les susdits sieurs cognoissent que je les puisse servir, je seray tousjours très dispozé à ce fayre. Quand aux cappitenes qui sont à Vallance, ce sont gentilhommes d'honneur patriotes et très zelateurs envers la conservation de leur honneur et repos de ce pays, quy me fés croyre qu'ilz se contiendront sur ces occurances en la mesme fidellité qu'ilz ont fés au passé. Aussy ose-je promettre pour mon frère qu'il les cherira et embrassera leur contantement, comme leur ancien amy; et à ce qu'ilz soyent plus esclaircy de mon dire, j'ay prié mons[r] d'Arce mon cousin [128], leur voisin, les aller visiter et leur tesmogner ce que desiré de ma part. Sy les choses commencées s'altèrent vous pourrez asseurer lesditz sieurs de la Court et pays que le regiment de Mons[r] de Brissac n'est pas loing de ces endroitz. Voilà ce que je puys vous mander. Quy me fera salluer vos bonnes graces... de Beauvoir, ce xiie mars 1578 [129]. »

Le parlement répond immédiatement à Monsieur de Leyssins :

« Monsieur, ceulx de la religion pretendue reformée ont ouvertement reprins les armes, depuis lundy, et commancèrent par, au dit, surprendre le Chasteau de Vigille (*sic* pour Vizille), soubz esperance de l'intelligence qui leur est faillie, on prins prisonniers et enmené bestail es environs de ceste ville, et sont desja de cinq à six cens assemblés à la Mure. Qu'est cause que nous vous prions advertir les Gentilshommes du ressort de votre bailliage à ce qu'ils se tienent prestz pour le service du Roy et le salut de la patrie. Nous avons escrit à ung grand nombre d'iceulx, selon le roolle que vous verés, et vous envoions cinq l[res] sans superscrition, lesquelles vous pourrés envoier à ceulx qu'adviserés, car il ne nous est pas souvenir de tous. Nous avons bien faulte de la compaignie de Monsieur de Maugiron pour empescher les cources quy se font jusques à nos portes. Nous sommes sans forces, sans moyens et sans chef, et craignons que la trop grande retardation dudict sieur de Maugiron n'apporte grand dommage à ceste province. Sur ce nous recommandant à votre bonne grace, et priant le Createur vous conserver en la sienne, de Grenoble, ce xiiie de mars 1578. Vos bons amys et frères, les gens tenant la Cour de parlement du Daulphiné. Fustier [130]. » En P. S. et sur un feuillet joint à

---

[128] Gaspard d'Arces, seig[r] de la Roche-de-Glun, dit le capitaine Burlet, gouverneur de Crest, puis de Valence, 1575, député par les Etats de la province pour traiter de la paix, 4 juillet 1578, embrassa le parti de la Ligue et testa le 25 septembre 1617. — (IX. F. Jeanne, fille de Guy de Maugiron.) — J. Brun-Durand. *Biogr. de la Drôme.*

[129] Bibl. chât. Terrebasse. Brouillon non signé.

[130] Gabriel Fustier, secrétaire au parlement, suivant lettres du 15 février 1573. (1574.)

cette lettre : « Depuis ce notre pacquet fermé, nous avons receu la votre du douzième de ce mois et veu celle qu'escrivez de mesme datte à Mons[r] de Grenoble. Vous avez très bien faict d'advertir ceulx de Cremieu, Quirieu et Morestel. Ledict s[r] de Grenoble nous a dict vous avoir escrit, à fin de fer acheminer par deça la compaignie de Monsieur de Maugiron, ce que viendra bien à propre pour nous preserver et empescher les cources qui se font aux environs de ceste ville. Vous estes chef de trois sièges deppendant de votre bailliage et sommes asseurés que aurés l'œil par tout. La venue de Monsieur de Maugiron est plus que necessaire, dont il vous plaira de l'advertir en diligence [131]. »

Ces agitations protestantes ont laissé peu de traces dans l'histoire, mais elles effrayèrent tellement la ville de Grenoble, prise au dépourvu, que l'évêque crut devoir stimuler, à nouveau, le zèle de Leyssins.

« Monsieur, ce soir est revenu le tambour qui n'ha heu aultre responce de ceulx qui ont reprins les armes et qui sont à la Mure [132], si ce est qu'ilz veullent sçavoir de quelle authorité on leur demande l'occasion qui les ha meus à reprendre les armes, et l'aiant sceu, adviseront à la responce qu'ilz auront à fere. Nous avons sceu aussy que ilz ont esté repoulssés à Tallard [133] et Blacons [134] blessé; Chabeuilh [135] ha failly aussy de estre surprins, et loue dieu que leur mauvaix desseing ha failly. Vous verrés par le pacquet cy enclos les lettres de messieurs de la court avec la responce de celles que m'avés envoyé par ce porteur. Ilz vous prient, comme font messieurs du pais, fere venir au plus tost la compaignie de monsieur de Maugiron. J'ai envoyé la lettre de messieurs de la court et du pays qu'ilz escrivent à mons[r] de Saint-Jullien, à mesmes fins; s'il vous plaict luy escrire cella les fera haster, car les enemys se renforcent de heure à aultre, et est à craindre que ne sentantz plus grandz forces yçi, que ilz ne ravagent toutz les circunvoisins. Messieurs du pays escrivent aussy à mons[r] de Maugiron. Il vous plaisra luy fere tenir avecques les votres leur despêche. Et ne estant ceste à aultre fin, vous baisant humblement les mains et à madame de Leyssins... de Grenoble ce XIIIe mars 1578. Franc. Flehard, ev. de Grenoble [136]. »

Entre temps, Leyssins cherchait à se mettre bien en cour et écrivait à

---

[131] Bibl. chât. de Terrebasse.

[132] La Mure, Isère, était une place importante occupée par les Protestants, à 30 kil. de Grenoble.

[133] Tallard, Hautes-Alpes. Cette petite ville et son château résistèrent vigoureusement aux attaques des Huguenots qui en furent momentanément les maîtres, en 1562.

[134] Hector de Forest de Blacons, vaillant capitaine protestant.

[135] Chabeuil, Drôme, petite ville à 12 kil. de Valence.

[136] Bibl. chât. Terrebasse.

« Monseigneur le Chancelier [137], Monseigneur, parce que je scay combien vous avez agreable d'entendre lettres des evesnementz qui importent au Roy et au bien de ses afferes, je n'ay vollu falhire charger le cappitaine La Valla vous faire comunication d'une instruction que je luy envoie pour la presanter à leurs Magestés, et par icelle vous sauroi la continuation et renouvellement des misères don ce Royaume est travalhé... Je ne vous en direy aultre chose, seulement vous suplieray-je croyre que les vrays et loyaux serviteurs de ceste couronne, et particulhermant seulx quy cherissent et ayment le roy, comme je fais, feront à l'advantage de son service tout ce qu'ilz porront, et pour ma part, soit envers les gentilh[s] qui m'appartiennent de proximité ou d'amitié, soit envers les peuples et communaultés où je cuyde avoir aultant part que nul aultre de ceste province. Je les fortifieray et conserveray au debvoir et hobeissance que nous debvons au Roy. Vous savé, Monseig[r], comme celluy auprès duquel j'ay apris à bien hobeyr, combien j'ay en reverance ce que l'honneur oblige ; esperant avecques l'ayde de Dieu, ny falhir jamais... de Beauvoir le xiiii mars 1578. Ann. Maugiron, dict Leyssins. »

Le 20 mars suivant, M. de Leyssins arrivait à Vienne et y recevait les félicitations des consuls, au sujet de la nomination de son frère [138]. Il assista à l'assemblée des états tenue à Grenoble, juillet 1578, dans laquelle fut ratifié l'accord conclu avec les députés protestants, le 2 juin, dont il fut un des signataires. Le prudent Lesdiguières ne désarma point pour cela [139]. Aux états de 1579, Annet fit une remontrance, 6 mai, concernant l'agitation excitée par la Ligue des Vilains, à Romans et dans la Valloire. Ces événements semblent avoir quelque accointance avec une déclaration du vi-bailli de Vienne annonçant que, le 14 février 1580, on avait tiré trois coups d'arquebuze à la fenêtre de M. de Leyssins. Ce dernier s'en plaignit aux consuls, disant que, s'il y a quelqu'un qui lui veuille du mal, il est prêt à lui rendre raison de sa personne, n'ayant pas mérité un tel affront [140].

Il fut employé, au siège de la Mure, 1580, au service des tranchées et des batteries, sous les ordres du commandeur de la Roche [141].

---

[137] Bibl. chât. Terrebasse. — René de Birague, premier président au parlement de Turin, lieutenant général au gouvernement de Piémont, gouverneur du Lyonnais, chancelier, 1573, cardinal, 1578, mort, 1583. Les sceaux de France furent remis, le 29 septembre 1578, par le cardinal de Birague, entre les mains du roi qui les bailla à Philippe Huraud, s[r] de Cheverni.

[138] Arch. Consul. Vienne.

[139] Fauché-Prunelle. *Le Livre du Roy.*

[140] Arch. Consul. Vienne.

[141] G. du Rivail. *Journal du siège de la Mure.* — Antoine Flotte, s[r] de la Roche, commandeur de Saint-Jean de Jérusalem, se distingua au siège de Malte par les Turcs, 1565, et fut gouverneur de Grenoble et du Grésivaudan, 1583-1588.

Le mardi 24 août 1581, M. de Leyssins et sa femme vinrent en dévotion, à saint Antoine; la ville les deffraya au Chapeau-Rouge[142]. Au mois de décembre 1581 il assistait à l'assemblée des états de la province tenue à Grenoble[143]. Il fut un des témoins de l'accord intervenu, le 28 avril 1583, entre Pierre Paparin de Chaumont, évêque de Gap, et Balthazar de Comboursier, gouverneur de cette ville, par lequel le bouillant prélat et le plus mauvais des catholiques se réconcilièrent officiellement[144]. MM. de Maugiron, de Leyssins et bon nombre de gentilshommes partirent de Vienne, le 28 août 1583, pour aller, à Lyon, saluer le roi Henri III, arrivé le 27 dans cette cité[145].

Les bons et loyaux services d'Annet de Maugiron furent récompensés, en 1585, par la charge de capitaine de cinquante lances des ordonnances de S. M., comme l'indique une missive royale. « A Mons[r] de Leyssins, ch[r] de mon ordre, capp[ne] de cinq[te] hommes d'armes de mes ordonnances. Mons[r] de Lessins j'ay receu la lect. que vous m'avez escripte par V[re] nepveu et verrez par l'extrait de l'estat des forces que j'ay desliberé envoyer et employer en mon pays de Dauphiné comme je faict compte de m'y servir de la compagnye de mes ordonnances dont je vous ay donné la charge. Au moyen de quoy je vous prye la tenir preste pour cest effect, et avoir entière assurance de ma bonne volonté. Pryant Dieu qu'il vous ayt Mons[r] de Leyssins en sa saincte et digne garde. De Paris ce xx[me] jour d'aoust 1585. Henry[146] ». Lui-même écrivait au duc de Nevers son ancien chef : « Monseigneur j'ai receu le cheval qu'il vous a pleu me donner, lequel est très beau. Je me rendz très fortuné du souvenyr qu'aves prins de moy et estime l'honneur que m'avez faict qui me rend de tant plus vostre obligé serviteur... Nous avons Mons[r] de la Vallette en ce pays despuys quinze jours qui n'a encore commencé aucunz exploict, n'estant joinctes toutes les forces dont il faict estat se servyr. Je n'ay voulu dresser encore la compaignie d'hommes d'armes de laquelle le Roy m'a envoyé la commission, attendant l'esclaircissement de quelque particularité sur la volonté que sa ma[té] aura en mon endroict[147] ». Il s'occupait cependant de l'organisation de cette compagnie. « Dernièrement la capt. Bernard[148]

---

[142] E. Piémont. *Mémoires.*

[143] Arch. Consul. Vienne.

[144] H. de Terrebasse. *Un Poète Forézien.* (Notes sur Paparin de Chaumont.) — Arnaud. *Généal. de Comboursier.* — Gautier. *Hist. de Gap.*

[145] Arch. Consul. Vienne. — Péricaud. *Notes et Documents.*

[146] Bibl. chât. Terrebasse.

[147] *Id.* Brouillon d'une lettre.

[148] Le s[r] Jacques Bernard était, en 1571, enseigne de la compagnie de M. de Leyssins.

me dit comme il vous plesoit me honorer de tant que me creer mareschal de logis en vostre compagnie… Je vous supplie humblement me fere cest honneur m'advertir de vostre intention… afin que au premier comandement que me ferez je me tienne preparé pour y satisffere et pour avoir le temps à mi rendre en esquipage tel que telle charge requiere… Au Crest, ce 24 decembre 1585. Gramont [149]. » Entre temps, Annet de Maugiron surveillait les agissements des religionnaires dans le Valentinois. « Il y a quatorze ou quinze jours, que je suis venu de Romans en ceste ville (Valence), penscant suyvant ce que Monsieur de Maugeron mon frère m'avoit escript que je deussions faire quelque chose au prejudice d'aulcunes places de ce Vallentinois usurpées par ceulx de la novelle Religion, mais cela n'est advenu… Le temps est si miserable que je ne puis faire en ce pais ce que je desirerois, encore que je n'aye grande occasion amployer ma vye le temps et le moyen que je y mect. Mais je le faict plus pour mon honneur que pour obligation que j'y aye. Nous sommes toujours attendant l'arrivée de Monsieur de la Vallette en ce pays…, laquelle l'on nous promet estre bien tost qui ne peult estre si soudain qu'elle seroit necessaire pour le bien de ce pays… de Valence 23ᵉ novembre 1585 [150]. » En effet la situation du parti catholique était loin d'être satisfaisante. Après la prise de Montélimar, 20 août-11 septembre, Lesdiguières avait organisé l'administration protestante, dans le Bas-Valentinois, puis, se portant aux Montagnes, venait de s'emparer de la ville d'Embrun, événement sur lequel M. de Leyssins fournit, dans la précédente lettre, les détails suivants : « Mardy dernier dix neufvième du present (novembre), à la poincte du jour la citadelle d'Ambrun, par le moyen d'un sergent du sʳ de Geyssans [151], gouverneur d'icelle, qui lui ouvrit la porte de dernier, a esté mise au pouvoir de Lesdigueyres, par conséquent la ville, qui est une très domageable et importante perte, car ce lieu là n'avoit jamais esté au pouvoir de ceulx de la religion. L'archevesque dudit Ambrun [152] n'y estoit point et en estoit party il y avoit quatre jours pour venir à Grenoble. Ils ont treuve en la ville de très grandes richesses, comme d'argenterie d'or et d'argent aux eglises, grand nombre de citoyens riches, la ville playne de toutes

---

[149] Bibl. chât. Terrebasse. — Louis de Gramont, fils cadet de Guillaume de Gramont, dit le capitaine Vachères, est appelé, lui aussi, le capitaine Vachères, après la mort, 1592, de son frère Jean, également connu sous le nom de capitaine Vachères. Louis de Gramont épousa, en 1597, Louise d'Ancezune, dame de Caderousse.

[150] Bibl. chât. Terrebasse. Brouillon d'une lettre à M. le comte de Suze (François de la Baume), beau-frère d'Annet de Maugiron.

[151] Jean de Clermont-Chatte, sʳ de Geyssans, gouverneur d'Embrun, 1585.

[152] Guillaume de Saint-Marcel d'Avançon, archevêque d'Embrun, 1561-1608.

commodités; en la citadelle ils ont treuvé deux grandes coullovrines et deux batardes [153]... »

Au même temps, Henri III ayant envoyé, en Dauphiné, M. de la Valette et, en Provence, le duc d'Epernon [154], son frère, avec mission de combattre les protestants, tout en s'opposant aux menées des partisans de la Ligue, Annet de Maugiron dut se préparer à suivre les opérations militaires. « ... Nous avons, tout incontinent, commandé voz armes à l'espreuve de l'harquebuze, tant devant que derrière, ensemble l'acoustrement de teste, pour le prix de trente escus sol [155]. Je suis marry que ne les pourrez si tost recouvrer, comme je desirerois pour vostre service, mais la grande quantité que le marchant a promis fère à plusieurs gentilshommes refugiés par deça sera cause que ne pourront estre faictes avant environ ung mois. Et pour le regard du cheval que vostre seigneurie desire recouvrer, je la puis asseurer qu'il n'y a pour maintenant chose qui soit propre pour vostre service, car tout ce qui est arrivé en ce lieu, et ce environ depuis deux mois, a esté aussi tost enlevé par les gentilshommes refugiés en ces quartiers. S'il arrive quelque chose qui soit digne de vostre grandeur, je ne faudrey l'achepter et tout incontinent l'en advertir. De Genève, ce xxe fevrier 1586. Peccaz [156]. » La note suivante adressée à Madame de Leyssins fournit quelques détails sur les débuts de cette campagne.

« Avis de ce que monsr de Leyssins a appreins despuys son partement de Romans qui fust jeudy vingtiesme du present (fevrier 1586), après disner pour venyr coucher a Chabeuil [157] et feu accompaigné à son passaige des compaignyes de Pra [158] seneschal de Lyon et de Gordes [159],

---

[153] Bibl. chât. Terrebasse.

[154] Bernard de Nogaret, seigneur de la Valette, marié, le 13 février 1582, à Anne de Batarnay du Bouchage, arrière-petite-fille d'Imbert de Batarnay, favori de Louis XI, originaire du Dauphiné ; il mourut au siège de Roquebrune, 1592, sans laisser d'enfant. — Jean-Louis de Nogaret, duc d'Epernon, son frère, favori du roi.

[155] La valeur intrinsèque de l'écu d'or au soleil étant de 11 fcs 02 cent. et le pouvoir actuel pouvant être mis à 4, trente écus or sol. représenteraient environ 1322 fcs.

[156] Bibl. chât. de Terrebasse. « A Mgr de Leyssins, chevr de l'Ordre du Roy et cappne de cinquante hommes d'armes de ses ordonnances. »

[157] Chabeuil, chef-lieu de canton de la Drôme. Petite ville célèbre dans les fastes du protestantisme, à 17 k. de Romans.

[158] Maurice du Peyrat, seigr du Perron, de Villeneuve, du Plat, d'Ivours, etc., chevalier de l'ordre du roi. Par lettres de provisions du 3 janvier 1581, Henri III lui accorda l'office de commissaire à donner les passeports aux draps de soie de Gênes entrant en France, par la ville de Lyon, à cause de ses services au fait des guerres, en plusieurs endroits, et à la conservation de la ville de Lyon depuis les troubles, pour lui aider à supporter les grands frais qu'il est tenu de faire. Il épousa : 1º Hélène d'Albissi, dame d'Ivours; 2º Anne Grollier.

[159] Balthazar de Simiane, baron de Gordes et de Cazeneuve, second fils de Bertrand-Raimbaud,

et des arquebuziers à cheval du capp[ne] Charamont, desquels ceulx de Chabeuil et de Montelier[160] n'auroyent pas voulu fère ouverture de ces lieux pour leur logis, sans la prière que je leur en feys, à laquelle ils obeyrent et les recurent loger et impartir toutes leurs commodités. Nous partismes le vendredy environ les neuf heures du matin, pensant venyr toute l'armée en ce lieu du Crest[161]. Mays estant hors de Chabeuil, nous seusmes comme Heurre[162] le jour auparavant (20 février) s'estoyt rendu en vie et bagues sauves, partant les soldatz avec les armes, le tambour battant, l'enseigne deployée et leurs cordes allumées, chose que a depleu à beaucoup de personnes. Estant environ demy lieu de Crest, je fusmes adverty comme soixante chevaulx et avec cent ou six vingtz arquebuziers après nous attendoyent en chemin, mays aiant envoyé pour les recoynoistre au lieu ou ils nous disoient qu'ilz estoyent, je treuvasmes que n'estoyt rien. Estant ung peu plus advant je seusmes comme mons[rs] de la Valette et de Maugiron, ensemble l'armée, estoyent partys pour aller à Saillans[163] où l'on disoyt que toutes les forces des ennemys estoyent, qui fust occasion que sans nous arrester en ceste ville je passames oultre suyvant la bryce de ladicte armée, et voiant que les cornettes ne pouvoyent avancer avec la dilligence que je desiroys, mons[r] de Gordes et moy avec bien peu de troupe nous avansames au trop et galop, afin d'arriver à temps à l'exploict que nous estimions se debvoyr faire, et fismes telle dilligence que je arrivasmes à bonne heure. Ce que y advint fust que les ennemys ayant esté advisé que toute nostre armée marchoit, ils se resolurent quiter le lieu de Saillans et se retirer le chemyn de Pontays[164], mays nos premiers arquebuziers en treuvèrent quelques ungs sur la queue et en fust tué cinquante ou soixante, sans pas ung des nostres ormy ung lieutenant d'une compaignye d'ung regiment de Piemont fort gentil cap[ne], et fust tué d'une arquebusade à la teste par ung des siens[165]. Leurs forses n'estoyent que d'environ cinq ou six cens arquebuziers et cent

---

lieutenant général en Dauphiné, fut tué, le 30 mai 1586, au Monestier-de-Clermont, à l'âge de 24 ans, laissant de son union avec Anne de Saint-Marcel d'Avançon, morte le 25 février 1585, un fils, Guillaume.

[160] Montélier, commune située à 4 kil. de Chabeuil (Drôme). Les Sassenage étaient seigneurs du lieu et habitaient dans le château, résidence actuelle du c[te] Louis de Monteynard, marié à Mlle de Michalon, d'où postérité.

[161] Crest, chef-lieu de canton de l'arrondissement de Die, Drôme.

[162] Eurre, commune du canton de Crest, 5 k.

[163] Saillans, chef-lieu de canton de l'arrond[t] de Die, à 15 k. de Crest.

[164] Pontaix, commune du canton de Die, à 11 k. de Saillans.

[165] Le capitaine Signat du régiment de Piémont. Faure, dit Signel, est au nombre des capitaines catholiques établis pour la défense de Montélimar, en 1572. B[ron] de Coston. *Hist. de Montélimar.*

chevaulx. Les chef d'iceux estoyent Gouvernet, Morges, Cugil, Vachieres, Tryol, la Jonchere[166] et aussi quelques autres cappitaines. L'assiette de la retraicte est ung pays ou vingt hommes en peuvent arrester cinqante. Voyla tout ce que fust faict, nostre coucher suivit audict Saillans sans bagaiges ny auculne comodité. Nous en sommes partys ceste apprès disner et receumes l'advys au coucher que j'allyons à Bordeaux et Dieu-le-Fit[167], ayant esté adverty par un particullier qu'ils n'attendront poinct, croyez que l'effroy parmi les huguenotz est grand. J'ay veu vostre neveu de Suze[168] qui se porte très bien, voldra Dieu aydant, car ils sont en allarme. Le chemyn de Dye est tout impossible pour ce temps, ce que j'apprendrey vous ferey scavoyr. Et cependant je vous prye ne bouger de Vinay[169]. Il n'y a nulle noblesse icy voluntayre de la province. Il a esté composé ung livre pour la prinse du Montelimard et secours que nous y feisimes parlant très indignement de M. de Maugiron et de troys ou quatre gentilshomes, j'en fereys fere une coppie laquelle pour vostre envoyerai[170]. Les huguenots n'ont point prins le chasteau du Puy-St-Martin ny les blés, ce sont des amys du logys, à ce que l'on m'a dit, et pour mieux couvrir leur jeu ont emprungté le nom d'autruy[171]. Il est à propos que m'envoyés la lectre que Mons[r] de la Valette m'envoya, par laquelle le Roy me mande assister ledict s[r] de la Valette, par ainsy envoyés la moy[172]. »

L'armée royale, après avoir incendié le petit village de Saou, prit ses

---

[166] René de la Tour, seig[r] de Gouvernet. — Giraud de Bérenger, s[r] de Morges, beau-frère de Lesdiguières. — Aymé de Glane, s[r] de Cugie et d'Eurre, devenu, après la mort de Montbrun, le chef des protestants dits *Désunis*, opposés à Lesdiguières. Jean de Glane, s[r] de Vezin, son frère, dit le jeune Cugie, fut tué au combat de Vizille, 1587. — Jean de Gramont, s[r] de Vachères. — Odde de Triors. Un des nombreux enfants d'Ennemond, seig[r] de Triors; probablement Claude, écrivain catholique passé à la R. P. R., en 1585. — Gabriel de Forest, s[r] de la Jonchère, rend hommage pour des biens situés à Beauregard, 1582. Sa fille Isabeau épousa René du Puy, tige de la branche de la Jonchère et de Villefranche.

[167] Bourdeaux, chef-lieu de canton de l'arrond[t] de Die, Drôme, à 20 k. de Saillans. — Dieulefit, chef-lieu de canton de l'arrond[t] de Montélimar, Drôme, à 34 k. de Saillans.

[168] Rostaing de la Baume, comte de Suze; Antoine de la Baume, s[gr] de Baulmes; Georges de la Baume, baron d'Apts, fils de François de la Baume, comte de Suze, frère de Marguerite, veuve d'Aymar d'Ancezune, s[r] de Vinay et de Bizonnes, remariée à Annet de Maugiron, s[r] de Leyssins.

[169] Vinay, chef-lieu de canton, arrond[t] de Saint-Marcellin, Isère.

[170] Voir Laurent de Maugiron. X. — *La cité du Montélimar, ou les trois prinses d'icelle...* par Alexandre de Pontaymeri, est un poème imprimé en 1591, dans lequel il n'est pas question de Maugiron. La prise de Montélimar, en 1585, aurait donc été l'objet d'un *livre* distribué en 1586, et resté inconnu. Il se peut aussi que le qualificatif *livre* soit attribué à quelques feuilles manuscrites dont les copies couraient alors de mains en mains.

[171] La seigneurie du Puy-Saint-Martin appartenant alors à Louis d'Urre, gouverneur de Crest, 1585, mari d'Antoinette de la Baume-Suze, sœur de madame de Leyssins.

[172] Bibl. chât. de Terrebasse.

quartiers d'hiver à Loriol et à Livron[173], jusqu'au 15 mars 1586. Pourtant les Protestants ne restaient point inactifs.

« … Je ne vous ferez part d'autres nouvelles que des courses et des ravages que les sieurs de Lesdiguières et de Morges[174], avec leurs troupes, firent, il y a aujourd'huy huict jours, jusques aux portes de ceste ville (Grenoble), tuant ceulx qu'ils rencontrarent en chemin, foulhant les maisons champestres et prenant tout le bestail. Ils y ont perdu trois ou quatre bonshommes et, entre aultres, ung Blucet, du Monestier-de-Clermont, et ung nommé Bollati[175] capp[ne] des gardes du dict s[r] des Diguières. C'est le capitaine Cadet[176] qui feist ceste execution lorsque les troupes des huguenaulx passèrent la rivière de la Romanche proche Champs. Nous sommes menassés d'une entreprinse sur cette ville. Dieu nous guarantira, s'il luy plaict, moyennant son ayde et la bonne garde que nous faysons. Le beau temps doibt inviter monseign[r] de la Valette de prendre le chemin des montagnes où il y a force grains et fourages. J'estime que c'est la chose qui inquomoderoit plus l'ennemy et raporteroit plus de seurté à ceste ville… de Grenoble ce xxve mars 1586. V[re] plus humble et très ass[ré] serviteur Dyllins[177]. »

Annet de Maugiron réclamait alors, de la Cour, la récompense de ses longs et vaillants services. Compensation d'autant plus légitime que le métier des armes, profitable aux Huguenots âpres au butin, « à ces renards qui mangeaient les poules », ruinait, pour la plupart, les gentilshommes catholiques guerroyant d'une façon plus humaine et plus honnête. Il écrivait, à ce sujet, au duc de Nevers :

« … Pour ne rien celler à vous qu'este mon meilleur seigneur, je vous

---

[173] Saou, canton de Crest, à 16 k. de Crest. La seigneurie appartenait alors à Louis Marcel de Blain, baron du Poët-Célard, fameux capitaine protestant qui, s'étant battu en duel, à Crest, 9 avril 1599, avec son ami René de la Tour, s[r] de Gouvernet, mourut deux jours après des suites de ses blessures. Gouvernet obtint des lettres de grâces le 8 juin suivant. — Loriol, arrond[t] de Valence, à 17 k. de Crest. — Livron, canton de Loriol. Drôme, à 16 k. de Crest.

[174] Giraud de Bérenger, s[r] de Morges, beau-frère de Lesdiguières, tué à l'affaire de Champ, près de Vizille, 18 août 1587.

[175] Bolat, Bollat, Bolati. Antoine Bolati, châtelain de Sauzet, 1583-89 (canton de Marsanne, Drôme), se distingua parmi les capitaines catholiques aux sièges de Montélimar, 1585-1587. Christophe, s[r] du Serret, son fils, capitaine au rég[t] de la Baume d'Hostun, 1589, fut anobli par lettres du roi Henri IV, 17 septembre 1595. Les frères ennemis n'étant pas rares, à cette époque, Bolati, capitaine des gardes de Lesdiguières, pourrait appartenir à cette famille.

[176] Jean Berne, dit le capitaine Cadet, chevalier de l'ordre du roi, fut employé, par Henri III, août 1588, aux négociations avec le comte de la Roche qui s'était rendu maître dans Romans. Le capitaine Cadet vivait, dans cette ville, en 1606.

[177] Bibl. chât. de Terrebasse. — Ennemond Rabot, seig[r] d'Illins, premier président au parlement de Grenoble, commis au gouvernement du Dauphiné, en l'absence de M. de la Valette, par lettres du 21 mars 1592. — Lettre à Monsieur de Leissins, ch[r] de l'ordre du roy, ballif du Valentinois.

direy que l'on parle du changement de ce gouvernement. Ma fidelité, la longueur de mes services, la multitude des années et despenses que j'ay employé à servyre ceste couronne, mesme l'esperance qu'il a pleu au Roy me donner pour l'advantaige de ma condition, et notamment m'aiant employé pour son service en ceste dicte province en beaucoup d'occasion, m'a faict esperer de m'y veoir honoré, ce que arrivant autrement, ce me seroy du tout faire veoyr que je ne doib avoyr oppinion que le Roy me treuve digne le servyr. Dieu conduira tout à bon port, s'il luy plaict, et me rendra toustost digne de vostre bonne grace et de vous faire service ou je ne vous manqueroy jamais. En attendant, je le supplie vous donner, Monseigneur, en parfaicte santé, très heureuse et longue vye. Vostre très humble et très obeissant serviteur [178]. »

La légitime ambition d'Annet de Maugiron se manifeste également dans une lettre adressée à Monsieur de la Valette.

« Monsieur, j'ay veu par une postulle, mise au bas d'une lectre qu'il vous a pleu escrire à mon frère, l'honneur que me faict vous souvenir de moy, qui me rend de tant plus obligé d'estre votre serviteur, à quoy je ne manqueroy. Mon dict frère m'a temoigné comme vous aviés agreable de supplier le Roy d'advantager ma condiction et luy en voulloyr escrire par Monsieur de Lisle Bois lors que s'en yra à la court. Vous ne procurerez l'admeilliorement d'une bonne fourtune à aucun de vos serviteurs qui vous mainctiennent plus de fidelité que je ferey. J'en fayct profession envers ceux à qui je le promect. Je vous seroys allé treuver n'eust esté qu'on disoit icy que debviés arriver de jour à aultre, et aussy que mon frère m'a toujours pryé l'attendre. Il s'est treuvé despuis deux ou troys jours mal. Sur ce je supplye le createur vous donner, Monsieur, en très parfaicte santé, bonne vye et longue. De Vallence, ce XIIII mars 1586. Vostre très humble et très affectionné serviteur. A. de Maugiron [179]. »

Mais, auprès d'Henri III, la faveur avait plus de crédit que le mérite, et les préoccupations d'Annet se font jour dans ses confidences à un important personnage, son ami.

« Monsieur, j'ay receu deux de vos lectres, et par icelles veu l'assurance que me donnés de la continuation de vostre bienveulhance et amityé ; c'est chose que je tiens très chère et que j'estime ce qui se peult, car je vous cognoie autant que nul autre digne de l'amityé et service de vos

---

[178] Bibl. chât. de Terrebasse. Lettre de M. de Leyssins au duc de Nevers, conservée en brouillon. s. d. (22 janv. 1586, environ).

[179] Bibl. chât. de Terrebasse. « Lettre à Monsieur de la Vallette, lieutenant général pour sa Ma[té] delà les monts, et gn[l] en l'armée de ceste province. Au camp. »

amys pour scavoir combien vous les scavés respecter et fidellement aymer, or c'est doncques vous qui avés tout pouvoir sur moy. Je lairrey ce discours pour vous dire comme, despuis le temps que Monsieur de la Valette est en ses quartiers, je ne l'ay poinct abbandonné, l'ayant assisté et servy sellon mon intelligence et moien, tant pour obeyr à ce qu'il a pleu au Roy me le quemander, que pour le service que j'ay voué à Monsieur d'Esprenon et à mondict Sg<sup>r</sup> de la Vallette. Il a cogneu que je ne suys des plus inutilles de ceste province où je ne fus, grace à nostre seigneur, jamais plus fortiffié d'amys n'y davantaige receu en l'affection des communautés et peuples de ce dict pays, du tesmoignaige, en reste, donné par mon dict s<sup>r</sup> de la Vallette à sa M<sup>té</sup> qui m'a faict cest honneur me farre s'en contenter... Je serey attendant ce que sa M<sup>té</sup> fera pour l'advantaige de ma condiction, n'estant pas raisonnable que les plus jeunes confondent ce qui appartient à ma rayson. Je ne vous dys ce cy sans cause mais croiés que vostre amy n'est aysé à se laisser affronter pour veu qu'il n'y alle du service du m<sup>e</sup> car en ce cas je mects le genoulx en terre. Et pour les nouvelles de ceste armée, Mons<sup>r</sup> de la Vallette est un très gentil seigneur plain de toute affection de valleur qui travailhe et recherche toutes les occasions d'admener les huguenotz à ung combat general, tesmoing deux occasions où il les a tastés fort à bon escyent, et n'a tenu à luy que la partie ne ce soict jouée. Je le servirey tousjours fort franchement. Le temps luy a interdi de pouvoyre attaquer les plus importantes plasses. Faictes moy par de vos nouvelles, sellon le subject qu'en aurez et me conservés en vostre bonne grace, car je vous jure ce que debvés esperer d'ung aultre vous mèsme vous estant pour très humble et plus devotioné à vous faire service [180]. »

Les mêmes circonstances dictent à Leyssins une lettre, adressée à son neveu Timoléon, dans laquelle il lui témoigne un vif mécontentement. La santé de Laurent de Maugiron laissait, alors, à désirer, et Timoléon, son fils, sollicitait la faveur, obtenue plus tard, de lui être son adjoint dans l'exercice de la lieutenance générale du Dauphiné. De son côté, Annet semble convoiter discrètement le même honneur, « n'estant pas raisonnable que les plus jeunes confondent ce qui appartient à la raison », dit-il dans la lettre précédente. La compétition est évidente entre l'oncle et le neveu. « Mon nepveu, je n'aurois jamais creu ce que j'ay cogneu sur le peu de respect que me portés et demonstration de mesprys don

---

[180] Bibl. chât. de Terrebasse. — Cette lettre, provenant d'une liasse importante de papiers concernant les Maugiron, n'est ni signée, ni datée, et ne porte point d'adresse. Elle peut être écrite au duc de Nevers. L'écriture est identique à celle de la lettre suivante (1586).

vous m'avés faict preuve à vostre partement du Crest, ne m'ayant daigné dire adieu, et teu le voyaige qu'avés deub signer pour la cour, ce n'est traicter sellon l'obligation, en quoy mes efforts vous ont convyé, ny sellon la disposition de la raison et offre despuis vos premiers ans, en quoy la nature vous lyent. Je ne dys cecy pour vous esmouvoyr à me rendre davantaige d'amitié que ne le treuvés bon, car je ne vous veulx apporter aucune craincte, mais seullement à ce que ne me tenyés pour personne qui vive sans sentiment et ne qui ne cognoisse ce que le temps et l'amour que je me porte me doibt fayre meurement considerer. Le bruit est de par de ça que vous avés fabriqué vostre voyaige pour requerir le Roy d'estre estably en la charge que tient vostre pare en ceste province. Je suys avec beaucoup d'autres attendant ce qu'il en adviendra, et très dignement resolu, au peril de tout ce que j'ay de plus precieux, de fayre veoyr aux plus aveugles l'effect de ce que appartient à la raison, et marquer pour le dernier remedde à vostre memoire et à la myenne la juste doleance qu'il m'est permis fonder contre vous. Je suys autant que tout autre vivant accompaigné du jugement du bien et du mal que l'on me faict, et le treuve plus estrange de vous qui scavés de la forme dont j'ai chery vostre honheur et contentement. L'esplique de mes actions se representeront quand il en sera le temps. Ce don je me deule le plus, c'est que celluy que je tenoys ung autre moy mesme traverse l'advantaige de ma condiction et me selle ce qu'il me devroys. Nous verrons quelle en sera la fin et à l'advantaige de quy passera ce negoce. C'est assez, je remectz le reste à ce qu'il en adviendra m'estant preparé avec mes amys au pys. Et pour conclusion souvenés vous que vous me debvez honnorer et aymer puysque je suys vostre oncle qui ne fust onques que très desireulx vous conserver ce qui est de ce nom[181]. »

Annet de Maugiron ne suivit pas, aux montagnes, l'armée royale dont la terrible peste de 1586 arrêta la marche et qui se disloqua au mois de juillet. Avant son départ, M. de la Valette avait effectué le désarmement de certaines troupes dont l'entretien était trop onéreux.

Il écrit « à Monsieur de Leyssins gentilhomme ordinaire de la chambre du Roy. Monsieur, je m'asseure que vous aurey entendu comme sur ce qu'il fut jugé necessaire de faire quelque retranchement de ceste armée. Je m'adressay à Monsieur de Maugiron, vostre frère, pour en prendre, comme en toute autre chose, son advis, par lequel nous treu-

---

[181] Bibl. chât. de Terrebasse. — Cette lettre, de la même main que la précédente, n'est ni datée, ni signée (1586).

vasmes à propos de retrancher quelques compaignies du regiment du sieur conte de Monlor, vostre neveu[182]. Lequel en ayant entendu la nouvelle, sans recevoir autre commandement, ny rendre les enseignes, comme il me semble qu'il devoit, fit desbander toutes ses troupes et se retira. Ce que j'ay trouvay un peu estrange, non toutesfois que cela m'ait rien retranché, comme il ne sera jamais, du desir que j'ay de vous servir, en tout ce qui vous appartient, vous priant d'ainsi le croire. Je vous fais ce discours sur ce que m'avez escrit desirer que je donne charge de lever cinquante arquebusiers à cheval au s$^r$ de Beaulieu[183]. Dont je vous supplie m'excuser pour ceste heure que vous voiez le peu de moien qui nous est donné d'entretenir ce qui nous reste d'armée, qu'il nous seroit plus tost necessaire d'en retrancher, s'il se pouvoit, que d'en adjouster. Et d'ailleurs, quant aux arquebusiers à cheval, nous en avons eu qui ont tant faict de mal que nous avons esté contraincts de les mettre à pied. Et asseurez vous maintenant, Monsieur, que lorsque les moyens et les occasions se presenteront que je m'essayeray toujours de gratifier luy et tout ce qui viendra de vostre part, autant qu'il me sera possible. Je parts presentement pour m'acheminer vers nos trouppes, qui me gardera vous fere la presente plus longue que pour prier le createur vous donner, Monsieur, en bonne santé très longue et heureuse vie. De Valence, ce ii$^e$ may, 1586. Vostre afectionné amy à vous servir. La Valette[184]. »

Peu après ce général invitait M. de Leyssins à se joindre à l'expédition organisée, à Grenoble, contre les protestants établis dans l'Oisans et dans le Trièves.

« Monsieur, j'ay esté très aise d'entendre l'acheminement de vos affaires à vostre repos, et ne desire pas moins que ce soit à vostre contentement. Vous remerciant cependant de la bonne volonté en laquelle vous estes de vous faire voir par deça, pour le voyaige des montaignes, pour lequel je n'attends que moiens que le pays m'a promis[185], afin de donner cueur aux gens de guerre de s'y disposer plus volontairement. Vos affaires parachevées, vous treuvez bon de prendre vostre part du voyaige. Ce me sera ung grand contentement que nous puissions ensemblement nous mettre en devoir d'y faire un bon service à sa ma$^{té}$. L'esperance en laquelle vous m'en nourrissez me faict croire que ce sera bien tost... de

---

[182] Voir : Marie, fille de Laurent de Maugiron, femme de Louis, comte de Montlor. X. E.

[183] Le capitaine Beaulieu, soldat de fortune, attaché aux Maugiron.

[184] Bibl. chât. de Terrebasse.

[185] Un emprunt de 100.000 l. venait d'être contracté par les villes du Dauphiné, pour fournir aux frais de cette expédition.

Grenoble ce xxiiie may 1586. Vostre afectionné amy à vous servir. La Valette [186]. »

Malade ou découragé, Leyssins ne rejoignit pas l'armée. La Valette, après avoir d'abord battu les Huguenots au Monestier-de-Clermont, fut arrêté par eux au Pont de Brion et rentra à Grenoble d'où il lui écrivait peu après : « Monsieur j'ai esté très aise d'entendre de vos nouvelles par vostre lettre, et très marry de voir que vous soyez toujours incomodé de quelque mal auquel je desirerois bien fort vous pouvoir apporter quelque remède propre à vostre soulagement. Je n'eus dernierement moyen de vous faire part des miennes, pour me trouver un peu pressé du voyage que je viens de faire en Oysans, où j'entendois que l'ennemy se fortifioit, estimant que plus tost on y apporteroit le remède et plus facile en seroit la guerison qui s'en est ensuivy telle qu'aurez peu scavoir. A ceste heure je vous diroy que je n'attends que l'equipage de l'artillerie que j'ay mandé venir pour, avec ce que j'ay peu reassembler de forces, m'acheminer aux montagnes. Cependant je vous prie fere tousjours estat de moy comme de celuy qui sera très disposé à vous servir en ce que me jugerez estre propre, d'aussi bon cueur que je prie le Createur vous donner, Monsieur, en parfaicte santé très longue et heureuse vie. De Grenoble ce x[e] juin 1586. Vostre afectionné amy à vous servir. La Valette[187]. »

A partir de cette époque, Annet de Maugiron ne semble plus prendre une part active aux guerres qui se succèdent et se retire à Vienne et à Beauvoir-de-Marc. Le 27 mai 1588, il communique, au consulat viennois, une lettre à M. de Maugiron, du 17 mai, par laquelle Henri III donne avis de la révolte du duc de Guise et de la journée des *Barricades*, 12 mai. Le meurtre du duc de Guise, 23 décembre, fut connu à Vienne le 27[188]. La mort du roi, 2 août 1589, augmenta la puissance de la Ligue. Jacques Mitte de Chevrières, un des capitaines du duc de Nemours, entra dans Vienne, par surprise, le 15 octobre 1589, en plein midy. « Ung murmure estoyt dans ladicte ville, contre le cappitaine Saint-Marc qui avoyt mandé à Lyon et faict entrer dans ladicte ville, sept compagnies de ligueurs et prins au lict prisonniers le sieur de Maugiron, sa sœur, et son oncle M. de Lissins[189]. » Cinq à six cents hommes de la garnison se jetèrent dans le château de

[186] Bibl. chât. Terrebasse.
[187] *Id.*
[188] Arch. Consul. Vienne.
[189] Arch. Briançon. *Le Livre du Roy.* — Timoléon de Maugiron, Jeanne de Maugiron, fille de Laurent, mariée en 1595, à Georges de la Baume de Suze, Annet de Maugiron, s[r] de Leyssins, sa femme Marguerite de la Baume de Suze, et son neveu Ludovic de Maugiron, abbé de Saint-André de Vienne, furent également pris.

Pipet, où ils furent rejoints par Timoléon de Maugiron qui put s'évader, et secourus par Lesdiguières et par d'Ornano dont les troupes occupaient les environs, au nom du roi. Pendant plusieurs jours on se battit, au travers des rues de Vienne. La tranquillité se rétablit par la convention du 9 décembre 1589, en vertu de laquelle l'armée royale et celle de la Ligue abandonnèrent les châteaux et la ville, et « Monsieur et Madame de Lessin, Monsieur de Saint-André et Mademoiselle de Maugiron furent tenus en leurs maisons, en toute seureté[190]. » Le duc de Nemours, arrivé à Lyon, au mois d'avril 1592, ne dissimulait point son intention d'aller s'emparer de Vienne, où Timoléon de Maugiron avait rétabli son autorité. Les soldats royalistes et ligueurs désolaient tour à tour le pays sans pouvoir y établir leur supériorité. De guerre lasse, une trêve de dix-huit mois fut conclue, le 25 mai 1592, à Saint-Genis-Laval ; le nom d'Annet de Maugiron se trouve parmi ceux des négociateurs commis, au nom du roi, par le lieutenant général d'Ornano[191]. Nonobstant, le 10 juillet suivant, les Ligueurs s'emparaient de Vienne.

Annet de Maugiron ne suivit pas l'exemple de son neveu Timoléon, passé à la Ligue, il resta fidèle au roi, exerçant sa charge de bailli et se tenant à l'écart des intrigues de la politique, suffisamment respecté pour pouvoir habiter Vienne où, le 25 février 1594, il assistait, comme témoin, aux fêtes du mariage de Louis de Rosset, sr de Prunières, et de Philippe de Comboursier[192].

Peu après la reprise de Vienne par les troupes du roi, il mourut à Beauvoir-de-Marc, au mois de novembre 1595[193], et fut enterré auprès de ses ancêtres ; on voit, à gauche du tombeau des Maugiron, dans l'église de Saint-Maurice de Vienne, un écusson, aux armes de Maugiron et de la Baume, sculpté sur un bénitier de marbre blanc.

Annet de Maugiron épousa, vers 1570, Marguerite, fille de Guillaume de la Baume, seigr de Suze, et de Catherine Alleman de Lers et d'Alberon, de la branche des seigneurs de Séchilienne. La maison de la Baume tenait un rang considérable en Dauphiné. Marguerite était veuve et héritière d'Aymar d'Ancezune, seigr de Vinay et de Bizonnes, mort en septembre

---

[190] Accord entre le colonel d'Ornano et M. de Chevrières. Bibl. Nation. *Mss. Franc.* — Voir Timoléon de Maugiron (XI).

[191] *Manifeste des consuls de Lyon*, Lyon, J. Pillehotte, 1592. — Arch. Drôme.

[192] Chorier. *Hist. de Vienne.* — Louis de Rosset, fils d'Humbert de Rosset, lieutenant de M. de Gordes, tué en 1575, et de Louise de Grimaldi. Celle-ci, devenue veuve, se retira dans son château de Prunières, en Embrunois, et s'y défendit à plusieurs reprises, contre les Protestants.

[193] Arch. Rhône, E. Lettre de Marguerite de Suze, à son neveu Timoléon de Maugiron, l'invitant à assister au service de quarantaine de son mari, Annet de Maugiron, de Beauvoir, le 10 décembre 1595.

1568, au château de Vinay [194]. Annet décéda sans enfants, laissant pour ses héritières sa femme Marguerite et sa nièce Jeanne, fille de Laurent de Maugiron, son frère, mariée, en 1595, à Georges de la Baume-Suze, baron d'Aps. Ce dernier hérita de sa tante Marguerite, veuve d'Annet de Maugiron, suivant testament du 11 mai 1613, à charge de porter les noms et armes de Suze et de Maugiron [195]. Pourtant, par une transaction, passée le 3 septembre 1596, entre Timoléon et Scipion de Maugiron, d'une part, et Marguerite veuve et héritière d'Annet, les terres et les seigneuries de Leyssins, Chemilin et Aoste revinrent aux Maugiron [196].

Annet de Maugiron possédait les seigneuries de Beauvoir-de-Marc, de Leyssins, d'Aoste et la maison forte de Faverges venues, d'Antoine III de Maugiron, à Guy son père qui les lui avait transmises, en vertu du testament dudit Antoine III. La plus-value de la terre de Beauvoir-de-Marc dont il était engagiste lui fut vendue, 1er avril 1573, par les commissaires préposés à l'aliénation du domaine, pour la somme de 2000 l. à joindre au sort principal du premier engagement [197]. Il tenait de sa mère, Ozanne l'Hermite, certaines parties de la terre de Moulins-sur-Charente, en Poitou, et de sa tante, Jeanne l'Hermite, femme d'Antoine de Montberon, une portion de la principauté de Mortagne-sur-Gironde [198]. Suivant partage, du 7 mai 1572, de la succession d'Anne, fille de son frère Guillaume, il eut la seigneurie de Meyrieu, et reçut en compensation, de son frère Laurent qui gardait Montbellet, Igé, etc., divers biens à Beauvoir-de-Marc et à Charantonay, la maison de Montléans, à Vienne, plus 26.750 l. [199].

Annet de Maugiron prenait aussi le titre de seigneur de Vinay et de la maison forte de Bizonnes [200], du chef de sa femme, Marguerite de la Baume,

---

[194] Aymar d'Ancezune, sr de Vinay, fils de Géraud d'Ancezune et de Jeanne des Serpents, lieutenant de la compagnie d'hommes d'armes de François de la Baume, comte de Suze, 1567, chevalier de l'ordre du roi.

[195] Arch. Hôpital de Vienne. Quenin, notaire. — Voir Jeanne de Maugiron. (X. H.)

[196] Arch. Rhône, E. — Voir Scipion de Maugiron. (X. C.)

[197] Voir branche C des seigrs de Beauvoir-de-Marc. — Arch. Isère, B.

[198] Voir Guy de M. (IX.) Laurent de M. (X.)

[199] Voir Anne, fille de Guillaume de M. (IX A.) — Annet de Maugiron vendit les moulins de Meyrieu, 19 août 1578, à Jean Truchon, présidt du parlt de Grenoble. *(Invent. Viennois.)*

[200] Vinay, arrondt de Saint-Marcellin, Isère. « Dom. Berlio de Turre... cepit in feudum a Domino A (Guigues-André) Dalphino, Viennensis et Albonis comite quiquid ipse habet et possidet apud Vinay et apud Motam Sancti Antonii... Actum apud Varsiam, anno Dom. millesimo ducentesimo sexto, mense januarii. » Antoine de la Tour, sr de Vinay, établit François de Sassenage, son cousin germain, pour son héritier universel, par son testament du pénultième de février 1394. (Voir, ci-après, Montagny et Ancezune.) Le marquisat de Lestang, comprenant Lens, Lentiol, Marcolin et Vinay, fut créé, par lettres de juillet 1643, en faveur d'Antoine de Murat. Sa femme, Marguerite, fille de Gaspard de Montagny et de Françoise de Lestang, fit bâtir, en 1657, proche le château de Vinay, une chapelle au lieu des Plantées illustré par le miracle de l'osier sanglant, 1648, et une apparition de la Vierge, 1656. —

héritière de son premier mari Aymar d'Ancezune lequel avait retenu ces terres sur Claude, baron de Montagny. Antérieurement, Jean d'Ancezune, abbé de Saint-Ruf, prieur de Tourdan[201], seigneur de Vinay, avait acquis les maisons fortes de Bizonnes et de Belmont, 14 avril 1544, de François de Tardes, au prix de 1200 l. t. Il mourut en 1555, après avoir laissé, par son testament du 27 avril 1552, son neveu, Aymar d'Ancezune, pour héritier particulier de divers biens situés à Cavaillon et à Courthéson, en Provence, et pour héritière universelle sa mère, Germaine de Sassenage-Vinay, veuve de Charles d'Ancezune, à laquelle il substitua son cousin germain, Claude fils de Gilbert de Montagny[202] et d'Hélène de Sassenage-Vinay. A la mort de Germaine de Sassenage-Vinay, sa grand'mère, Aymar d'Ancezune réclama la terre de Vinay, comme seul héritier, et celle de Bizonnes en garantie des sommes dues par Claude de Montagny. Un traité, intervenu le 1er avril 1561, avec Théodore, Jean et Gaspard fils et héritiers de Claude de Montagny, confirma Aymar d'Ancezune dans la possession de ces terres, jusqu'au payement des dettes. Les frères Montagny, désirant jouir de leurs biens, reprirent l'instance commencée par leur père, au parlement de Grenoble, et évoquèrent le procès à celui de Toulouse qui, par arrêt du 23 mars 1583, les rétablit dans la possession de ces seigneuries et délégua un conseiller pour en assurer la restitution. Mais les époux Maugiron ne tinrent aucun compte de cette procédure et refusèrent de vider les lieux. Gaspard de Montagny, devenu héritier de ses frères Théodore et Jean, continua les poursuites contre les Maugiron, obtint un nouveau jugement contre eux, le 4 janvier 1586, et les obligea à venir à une transaction dont les principaux arbitres furent Jean-Claude Alleman, seigneur d'Uriage, Claude-Falcos du Fay, seigneur de Saint-

La maison forte de Bizonnes, située dans les Terres Froides, canton du Grand-Lemps (Isère), était fort importante et entourée de larges fossés abondamment pourvus d'eau. — F. Gauduel, *La maison forte de Bizonnes*, 1896.

[201] Jean d'Ancezune, issu d'une ancienne et puissante famille du Comtat-Venaissin, était fils de Charles d'Ancezune, maître d'hôtel du roi Charles VIII, et de Germaine de Sassenage, dame de Vinay. Il fut abbé commandataire de Saint-Ruf, 1502-1555. Cette abbaye de chanoines réguliers de Saint-Augustin, fondée, en 1039, aux portes d'Avignon, transférée dans l'île Esparvière, près de Valence, 1158, incendiée au cours des guerres de religion, fut transportée à l'intérieur de cette ville, en 1700, et supprimée en 1773. — Tourdan, section de la commune de Revel, canton de Beaurepaire (Isère), ancienne station romaine, Turecionno, sur la route de Vienne à Grenoble, possède une remarquable église romane, datant du XIIe s., réparée par Jean d'Ancezune qui voulut que son cœur fut déposé dans l'église de son prieuré, suivant une inscription du mois de mai 1555. A. de Terrebasse. *Inscriptions de Vienne*.

[202] Montagny, famille illustre en Lyonnais, dès le XIIe s., tombée en quenouille avec Marguerite de Montagny, fille de Gaspard, mariée, le 9 avril 1631, à Antoine de Murat auquel elle porta les biens de sa maison. Claude de Montagny est connu, au cours des guerres de Religion, sous le nom de baron de Vinay, et Aymar d'Ancezune, sous celui de Vinay, tenant tous deux pour les catholiques.

Jean-de-Bournay, Jacques du Fay, son frère, abbé de Bonnevaux, et plusieurs jurisconsultes. Par ce traité, du 6 juin 1586, François de la Baume-Suze et la dame de Maugiron, sa sœur, cédèrent à Gaspard de Montagny la propriété des seigneuries de Vinay et de Bizonnes, moyennant 27.000 l. Les parties s'engagèrent, en outre, à vivre en bonne intelligence et à cesser les poursuites[203]. Annet de Maugiron conserva les droits seigneuriaux et la juridiction de Bizonnes acquis, par lui, du domaine, au prix de 540 l., le 27 avril 1574[204].

Il portait le titre de baron de Faverges, par courtoisie et sans lettres d'érection. Par échange du 10 avril 1575, Annet de Maugiron, baron de Faverges, seig[r] de Leyssins, acquit, de Pierre Gratet seig[r] de Granieu, le greffe de judicature de Leyssins, Aoste, Chimilin et Tisieu, et du mandement et baronnie de Faverges, audit appartenant. Il céda en échange, au s[r] de Granieu, un village appelé Bugnon, avec toute la juridiction, et paya 300 l. t. pour la plus-value. Par un autre acte du 9 avril 1587, il vendit au même personnage, son voisin, la juridiction du village de Saint-Barthélemy-de-Faverges, au prix de 800 escus d'or sol. [205].

Sceau d'Annet de Maugiron, seigneur de Leyssins, 1577.

[203] Bibl. chât. de Terrebasse. Correspondance. Pièces. — Gauduel. *La M. F. de Bizonnes.*
[204] Arch. Isère, B.
[205] Pierre-Jacques Gratet, s[r] de Granieu, fils d'Antoine, châtelain de Dolomieu, 1543, et d'Angélique de Dorgeoise; Antoine avait acquis la seigneurie de Granieu, de la maison de Virieu-Beauvoir. Pierre embrassa la carrière des armes et fut pourvu de la charge de trésorier de France en Dauphiné, par lettres du 10 décembre 1571 ; de celle de trésorier général en Dauphiné et au marquisat de Saluces, aux gages de 1500 l. par lettres du 23 janvier 1573, et fut anobli par lettres d'Henri IV, janvier 1594; son fils François, marié à Laurence de Ferrus, 15 avril 1595, obtint la survivance de la charge de trésorier, par lettres du 31 décembre 1581, s'en démit en 1632 et devint la tige des branches de Granieu et du Bouchage, et son second fils, Pierre, de celle de Dolomieu. Pierre avait épousé Méraude, fille de Falques Rabot, s[r] d'Aurillac et d'Ennemonde de Loras. Voir : Thérèse, fille de François V de Maugiron, XIII [bis], M. — Aoste, cant. du Pont-de-Beauvoisin; cette seigneurie comprenait Leyssins et Chimilin. — Tizieu, hameau de Chimilin. — Faverges (canton de la Tour-du-Pin,) sur la paroisse de Saint-Barthélemy-de-Faverges. (Cassini.) — Bugnon, hameau sur Corbelin (cant. du P.-de-B.) — Granieu (cant. du P.-de-B.) — *Inventaire du Viennois.*

*E.* **Aymard III de Maugiron,** fut destiné à l'état ecclésiastique et envoyé jeune à Paris où il faisait ses études, comme clerc, en 1532[206]. Au testament de son père, 1554, il est qualifié évêque de Glandève, doyen et chanoine de l'église de Vienne, abbé de Montmajour, prieur de Saint-Sorlin-de-Cuchet, de Saint-Christophe-de-Talissieu, de Saint-Christophe-sous-Faye-la-Viennoise, de Saint-Pancrace-de-Roziers, recteur de la chapelle des Lyatard[207].

Le 18 novembre 1544, le roi, par lettres données à Saint-Germain-en-Laye, accorde au sieur de Maugiron, son lieutenant en Dauphiné, pour l'un de ses fils, l'évêché de Glandève, vacant par le trépas du dernier possesseur d'icelui, et commande de lui en expédier les brevets et expéditions pour ce nécessaires, tant en cour de Rome qu'ailleurs[208]. Aymar de Maugiron, élu évêque de Glandève, donne, le 29 octobre 1545, des lettres de provisions d'un vicariat fondé par lui à Saint-Maurice de Vienne[209]. A en croire la lettre suivante adressée à son père, le jeune prélat, à ses débuts, aurait eu besoin d'être invité au calme.

« Mons[r] j'ay repsceu vostre lettre dernière qu'il vous a pleu m'escrire, pour laquelle je suis au plus grand desespoir du monde, cognoissant par icelle estre eloigné de voustre bonne grace qui m'est bien le plus grand maleur et enuy que je scaurois jamais avoir en ce monde de perdre chose qui m'a esté toute ma vie si recomandée, estant asseuré n'avoir jamais bien ny repos sans icelle qui m'est plus chiere que tous les biens que je scaurois jamais avoir. Mais pour autant Mons[r] que l'on vous peult avoir donné à entendre quelque chose de moy contre verité, j'ay osé prendre la hardiesse de vous supplier très humblement me vouloir entendre en mes justifications, et m'avoir en estime de craindre tant vous desobéir que je ne vouldrois faire chose tant petite ou grande fut elle qui vous revint à

[206] Arch. Rhône. E. « Juvenis clericus. » Certificat d'études, à Paris, 22 mars 1532.

[207] Arch. Rhône, E. Procuration par Guillaume de Maugiron, Louis, prêtre, et Aymar, prêtre, frères, du 7 mai 1534. — *Invent. Viennois.* Il est dit chanoine et recteur, dans un dénombrement fourni le 9 août 1540. — Bibl. de Lyon. *Fonds Morin-Pons.* Doyen du chapitre de Vienne, dans une procuration du 24 novembre 1556 et divers actes. — Saint-Sorlin de Cuchet, Saint-Christophe de Talissieu, en Bugey (Ain). — Saint-Pancrace de Roysiez, en Forez, archiprêtré de Condrieu, diocèse de Vienne. — Fay-d'Albon, archiprêtré de Saint-Vallier, diocèse de Vienne (Drôme). — Chap. des Lyatard, dans l'égl. de Saint-Maurice, à Vienne.

[208] Arch. Hôpital Vienne. — L'intendant Le Bret, dans son *Mémoire sur la Provence*, 1698, ms. dit : « L'Eglise Catedralle de Glandeve qui étoit autrefois dans le lieu qui portait ce nom et qui est détruit depuis 300 ans, a été transferrée dans la ville d'Entrevaux ; elle est sous le patronage de S. Just et son évêque est sufragant de l'archevêché d'Ambrun. » Cet évêché possédait 11.000 l. de revenu. Un vieux château a seul conservé le nom de Glandève. (Basses-Alpes.)

[209] Arch. Rhône, E.

desplaisir et contre vostre volonté et commandement, vous suppliant très humblement, Mons[r], si en aulcune chose je viens en offence, l'estimer plus par ignorance que par mauvaise volunté et me pardonner comme à celuy qui vous doibt plus de remerciement et honneur après Dieu que à toutes les choses du monde, quant bien l'obeissance filliale n'y seroit. Et vous supplie, Mons[r], penser que quant j'eusse estimé que le vicaire que j'ai envoyé à Glandesves ne vous eust esté agreable, que je ne l'eusse point faict, mais vous en ayant faict parler par Mons[r] le chagnoyne de Maubec et aultres, panssant que vous le treuverié bon, je luy ay envoyé pour reformer les grans abus qui sont au dioscèse, estant prest toutes foys et quantes qu'il vous plaira de le renvoyer et oster de la. Et quant aux troys cens escuz qu'il vous plaist m'escrire que j'ay prins dudit lieu de Glandesves, il est vray, mons[r], que j'en ay eu deux cens cinquante qu'on m'a envoyés, et les ay prins sans penser que cela fust sur la somme qu'estoit reservée pour satisfaire à vous et à Mons[r] de la Bastie, pour autant qu'il estoit deu beaucoup davantaige. Et quant à mon train, Mons[r], je ne l'ay creu estonan car je n'ay que cinq chevaulx en tout.

« Mons[r], le bien que j'ay et auray jamais est par vostre moyen, et scay bien que sans vostre faveur et bonne ayde je ne puis rien, vous suppliant très humblement pour la fin de ceste me pardonner si en quelque chose je vous ay offensé et contrevenu à vostre volunté, et sur ce, Mons[r], je prie nostre segneur vous donner en santé longue et heureuse vie. De Paris premier jour de juin (1545).

« Vostre très humble et obeissant filz

« A. DE MAUGIRON[210] ».

La déférence et la soumission témoignées, à son père, par le nouvel évêque, sont comme une pierre de touche révélant les précieux caractères de la vie familiale, dans l'antique France.

Par suite du décès de Claude de Poitiers, 13 août 1546[211], Aymard de Maugiron fut pourvu de l'abbaye de Saint-Pierre de Montmajour, au diocèse d'Arles, prêta serment, en ladite qualité, devant l'officialité de Vienne, 20 septembre 1547, et fut mis, le 27 octobre suivant, en posses-

---

[210] Bibl. chât. de Terrebasse.

[211] Claude de Poitiers, abbé de Montmajour, 1506-1546, était fils naturel de Guillaume de Poitiers, seig[r] de Clérieu. On lit dans une lettre adressée à Guy de Maugiron, 25 août 1546 : « Jay sceu, par un moyne de Montmajour que le jour devant que l'abbé dernier trespassa, mons[r] de Caderousse, au nom de mons[r] de Saint-Vallier (Guillaume de Poitiers), vint à Bedoyn (Bédouin, Vaucluse), où est mort cest abbé, et emporta tout, et ne layssarent pas un sol vaillant en toute ceste maison... La dicte abbaye vault, de ferme, de seize à dix-sept mille escus, charges supportées. »

sion de cette abbaye, par procuration[212]. Le 6 janvier 1558, député par le clergé, il assista à l'assemblée des états du royaume tenue à Paris[213], et à celle d'Orléans, 1561, fut proposé comme évêque de Grenoble; mais le roi lui préféra François de Saint-Marcel d'Avançon[214].

Par son testament du 28 décembre 1554, Guy de Maugiron abandonne à son fils Aymard, évêque de Glandève, tout ce qui avait été dépensé pour ses études et les bulles de ses divers bénéfices, représentant une somme de 10.000 l., pour tous droits[215]. Lors de la réunion, au domaine, après la mort de Guy, de la seigneurie de Beauvoir-de-Marc, Aymar est dit usufruitier de cette terre dont son frère Annet était propriétaire[216].

Aymar III de Maugiron, évêque de Glandève, abbé de Montmajour, malade à Paris, en l'hôtel de Sens, testa le 24 avril 1564, élisant sa sépulture dans l'église de Saint-Paul et laissant pour héritiers ses deux frères Laurent et Annet[217]. Il mourut le 28 du même mois[218].

Cet évêque ne semble pas avoir exactement pratiqué la résidence canonique; il vivait à la cour et dans l'intimité des Guise[219] auxquels tous les Maugiron étaient fort attachés, ce qui est indiqué par la curieuse lettre suivante, adressée à son père, dans laquelle il fournit, en outre, de curieux détails sur le combat de la rivière d'Authie, en Picardie.

« Mons<sup>r</sup> ayant esté à Joinville, ses jours passez avecques Mons<sup>r</sup> d'Alby, voir Madame sa mère malade[220], je n'ay eu le moyen de vous faire entendre aulcunes nouvelles de ceste court. Et estant de retour nous avons trouvay ceste compaignye toute resjouye d'une defaicte sur les ennemys[221]

---

[212] Arch. Rhône, E. — *Gallia Christ.* — Le Bret, *Mémoire de Provence*, 1698, ms. Cette abbaye de l'ordre de Saint-Benoît, comptait trente religieux; les revenus de l'abbé s'élevaient à 18.000 l.

[213] *Gallia Christ.*

[214] Chorier. *Hist. de la maison de Sassenage.* — François de Saint-Marcel d'Avançon, issu d'une ancienne famille originaire des montagnes de Dauphiné, se présenta courageusement aux Huguenots, sur la porte de sa cathédrale, et par son attitude et sa fermeté put la préserver de leurs outrages, 1562.

[215] Voir IX. Guy.

[216] *Invent. Viennois*, 4 novembre 1559. — Voir : Branche C. Pierre et Antoine de Maugiron; IX, D, Annet, etc.

[217] Arch. Rhône, E.

[218] *Gallia Christ.*

[219] Bibl. chât. Terrebasse. « Nous Aymard de Maugiron, evesque de Glandesves, confesse debvoir à M<sup>e</sup> Nicolas Le Gras, tresorier de monseigneur le cardinal de Guyse, assavoir treize angelotz six ducatz à la grand croix et ung double ducat à double teste... Ce 11<sup>e</sup> de fevrier 1562. » Le même trésorier rembourse à Jacques Legier, marchand de drap de soye, de Paris, une somme de 227 l. 14 s. 2 d. due par l'évêque, le 25 mai 1564, peu après sa mort.

[220] Louis, cardinal de Guise, 1553; évêq. d'Alby, 1550-60; mort, 1578; fils de Claude de Lorraine et d'Antoinette de Bourbon-Vendôme, morte au château de Joinville, le 20 janvier 1583.

[221] Après la prise de Thérouanne et d'Hesdin, par l'armée de Charles-Quint, les troupes d'Henri II campèrent à Amiens et à Pecquigny. Le 13 août 1553, quatre enseignes de gens de pied et deux compagnies de chevau-légers, des gens du connétable de Montmorency, ayant passé la Somme, furent surpris

qui s'en venoient en delliberacion de piller quelques villaiges à la barbe de nostre camp et mectre en pièces les gens de cheval qu'ilz se trouveroient et venir donner une allarme bien royde en nostre dict camp, dont nos gens advertiz se deliberarent de leurs aller au devant en trois troupes, dont la chavallerye ligière estoict la première et donna dans une escouade de nos ennemys qu'ilz les emportoyent sy bien que mons[r] le Grant Prieur de France [222] et mons[r] le marquis d'Elbef[223], son frère, monsieur le comte de la Rochefoucaut [224] et plusieurs aultres gentilz hommes estoient enmenez s'ilz n'eussent estez recoulx par mons[r] le prince de Condé [225]. Et pour la craincte et doubte que eurent les dictz ennemys, voyant venir au grant tropt monsieur le mareschal de Saint-André [226] avecques grant nombre de cavallerye pour les charger, ilz commencèrent à s'esbranller et se voyant chargez de tant de coustez ce mirent en rhotte. Et en fut prys des leurs près de trois cens prisonniers et quatre ou cinq cens tuez. Mons[r] le duc d'Escot [227] a esté recongneu entre les dictz prisonniers et a esté prys dans ung boys des Villains. L'on presument que le sieur du Rheu [228] est mort, car il n'est poinct retourné au camp de l'empereur. L'on dict aussy que Barbansson [229] est semblablement mort. Mons[r] de Sensac [230] menoict la cavallerye ligière en ceste rencontre qui en a rapporté grant honneur, aussy à mons[r] le mareschal de Saint-André. Mons[r] le connestable venoict

par les impériaux qui les ramenèrent sur les bords de l'Authie, défendus par le duc de Nemours à la tête de trois compagnies de cavalerie légère ; le duc de Vendosme et le sieur de Sansac, à la tête de cinq autres compagnies arrivèrent à leur secours pour soutenir l'attaque de quatre régiments de la cavalerie légère impériale ; les gendarmes du maréchal de Saint-André accourus à la rescousse n'avaient pu encore ébranler l'ennemi, lorsque l'arrivée du prince de Condé, à la tête de quatre escadrons, détermina la déroute des troupes impériales.

[222] François de Lorraine, chevalier de Malte, grand prieur de France, général des galères, fut tué, en 1563, au siège d'Orléans.

[223] René de Lorraine, marquis d'Elbeuf, général des galères, mort en 1566.

[224] François III de la Rochefoucauld, commandait cent chevau-légers, à la défense de Metz ; il embrassa le parti protestant et périt à la Saint-Barthélemy.

[225] Louis de Bourbon, prince de Condé.

[226] Jacques d'Albon, marquis de Fronsac, seigneur de Saint-André, maréchal de France, 1547, mort assassiné, à la fin de la bataille de Dreux, par Jean le Perdriel de Bobigny, 19 décembre 1562.

[227] Philippe de Croy, duc d'Arschot, chevalier de la Toison d'Or, fut tenu en prison au bois de Vincennes, d'où il s'échappa en 1556, grâce à sa belle-sœur, Françoise d'Amboise, femme de Charles de Croy, baron de Seninghen, qui fut poursuivie de ce fait. Le connétable de Montmorency, auquel était le prisonnier, le gardait soigneusement pour en faire échange contre son fils, François, pris à Thérouanne, en 1553.

[228] Adrien de Croy, seigneur de Beaurain, comte de Rœux, chevalier de la Toison d'Or, fut tué à cette bataille ; il avait épousé Claude de Melun.

[229] Hugues de Melun, créé prince d'Espinoi, en 1545, par Charles-Quint, fut tué à ce combat de la rivière d'Authie, le 13 août 1553 ; il avait épousé Yolande de Barbançon, d'où il est dit Barbançon.

[230] Louis Prévost, sieur de Sansac, vaillant capitaine, mari de Louise de Montberon, parente de Brantôme et des Maugiron, voir IX, Guy.

après avecques grant nombre de cavallerye et six mil homes de pied, mays qui estoict pour les soubstenir s'il feust mal bastu. Toutesfoys l'on dict qu'il ne peut rien voir de ce combat parce qu'il estoict bien à une lieue avecques sa troupe. Il vinct hyer ung gentilhome, qui est à mons[r] de Louraine, du camp, qui aporta nouvelles que les ennemys font semblant de se volloir retirer et ont passé la rivière prenant le chemin d'Arras. Le Roy s'en va droict à Amyans, deliberay d'aller en personne à son camp. Je ne scay si la retraicte des ennemys luy fera changer d'oppynion. Il est venu ung embassadeur d'Engleterre de la part de la Royne qui est à ceste heure pour maintenir et entretenir les confederacions et alliances avesques le Roy. Je eu de nouvelles de mes frères qui sont au camp et se porte fort bien, Dieu mercy [231].... De Monchy ce xx[me] aoust (1553). Vostre très humble et très obeissant filz. A. de Maugiron Ev. de Glandesve [232]. »

Sceau d'Aymar de Maugiron, évêque de Glandève, 1553.

F. **Jeanne de Maugiron** épousa, vers 1544, Jean II d'Arces, seigneur de la Bâstie-Meylans, Montbive, Crespol, en Dauphiné, Lissieu, Condrieu, en Lyonnais, baron de Livarot et de Ferrières, en Normandie [233], chevalier de l'ordre du roi, gentilhomme de sa chambre, maréchal de camp, commandant le régiment de Livarot, au cours des diverses guerres civiles; elle décéda avant 1556, laissant un fils, Guy. Jean d'Arces se maria, en secondes noces, à Isabelle de Theys, dame de Sylans, mourut en juin 1590,

[231] Monchy-le-Chatel (Mouchy, Oise), cette terre passa des Dammartin aux Maricourt, puis aux Noailles, 1666, qui la possèdent actuellement. — Jean de Maricourt, baron de Monchy-le-Châtel, avait épousé Renée du Quesnel, gouvernante de Madame de Lorraine; ils habitaient le château reconstruit, sous François I.

[232] Bibl. chât. de Terrebasse.

[233] Jean de Ferrières, seigneur de Livarot, etc., prêtre, protonotaire apostolique, maître des requêtes au parlement de Normandie, 1479-1485, eut d'Aymare Joffrey, du Dauphiné, quatre filles légitimées par rescrits d'Innocent VIII et d'Alexandre VI entérinés au parlement de Rouen, 19 février 1507 : Renée, femme 1° de Jacques de Montigny; 2° de Christophe de Montberon; Catherine, femme de François de Pons, s[r] de Bergerac; Marguerite, femme de Philibert d'Arces, frère d'Antoine, morte 11 juin 1518; Françoise, femme d'Antoine d'Arces, dit le chevalier Blanc, s[r] de la Bâstie et de Lissieu, lieutenant général au royaume d'Ecosse où il fut assassiné, en septembre 1517, laissant pour héritier son fils Jean II, mari de Jeanne de Maugiron.

à l'âge de 75 ans, et fut enterré dans l'église de Condrieu où se lisait une inscription à sa mémoire [234].

Guy d'Arces, dit le jeune Livarot, guidon à la compagnie de Laurent de Maugiron, son oncle, 1573-1576, entra au service du duc d'Alençon comme écuyer d'écurie, passa à celui du roi Henri III et resta un des deux survivants dans le duel des *Mignons* [235]. Il écrivait, quelques mois avant, à son oncle Annet de Maugiron : « Monsieur j'ey reseu ceste vostre lettre en datte du xxiie decembre et l'ey qommuniqué à Monsieur de Maugiron lequel vous escrit et fait reponse sur le merite d'iselle qui es qu'il desire infiniment que soiez icy afin de nous regler en ce lieu auparavant que de nous acheminer sur les lieux qomme il me semble qui sera resonnable, et puis nous yrons tous ensenble en Poicttou. Y vous en escrit plus enplement qui me garde vous en dire davantage. Pour les nouvelles de cette qourt l'on ce prepare à triomfer d'isi au quaresme prenant, la plus grand part de la jeunesse se prepare d'estre infiniment bien en point, pour lundy jour des roys, le roy en abillé soi tout de drat d'ort, d'ou mon cousin est, que le roy aime et luy fait bonne chère. Il ce fait un combat de dymanche qui vient en huit jours, et après un à cheval. Je serey de seluy à pie et non de lottre, à faute de cheval. Je vous diré que Quellus et Busi ont eu une grand querelle et incontinent apoinctée. Je fut amy de Quellus et la qompagnie es forse honneste. Cheu monsieur on a etté mary qontre seus quy en ont fait de mesme. Je suis à mes amys si afecionné que rien de la fortune ne peut enpecher de servir à mes amys. Toutefois de vous à moy sans que çalia plus loin je qoure fortune aveque mon mettre pour sella, mais je ne manqueré de mettre que le roy me fait acez bonne chère et y ai des amys. Vela pour ce que je puis mander qui pour fin après vous avoir asuré que jusque à la mort très humble serviteur et neveu Lyvarrot. A Paris ce 5e janvier 1578. Je bèse les mains à madame et ne luy escrit point pour la hatte de ce pourteur n'y a personne qua vous [236]. »

On le trouve au siège de la Mure, en 1580, avec le régiment de Livarot. Le 1er octobre, vingt-cinq ou trente chevaux huguenots étant sortis de la citadelle « Liverrot s'approchant entendit que le Passaige [237] cria : adieu Aspremont [238] ! qui lui donna occasion de dire audict Aspremont

---

[234] Cochard. *Statistiq. de Condrieu.*

[235] Voir Louis, fils de Laurent de Maugiron. X, A.

[236] Bibl. chât. de Terrebasse. — On écrit, à l'ordinaire, Livarot; il faut pourtant observer que ce seigneur signait Livarrot.

[237] Aymar de Poisieu, s[r] du Passage, commandant un régiment sous les ordres de Mayenne.

[238] Claude Sauret, s[r] d'Aspremont, vaillant capitaine protestant, chargé par Lesdiguières de la

s'il se vouloit escarter qu'ils dorroyent trois coups d'espée pour l'amour de leurs dames. Aspremont luy respondit : je le veulx fère. Lors luy dict Liverrot : si tu me connoyssois, tu ne m'appelleroys pas ainsy ; je me nomme Liverrot. Ha ! respondit Aspremont, Monsieur de Liverrot, vous estes si brave gentilhomme que je ne vous refuseray point, et disant cela s'escarte ; mais estant ung peu eslongné, il dict aux siens : chargeons-les, ce sont des mignons de la court ; ce qu'ayant ouy, Liverrot dict au commandeur de la Romagne [239], à Ponsonas [240] de Roannois, à Monta-

défense de la Mure, fut tué, deux ans plus tard, en duel, par Jacques de Saint-Germain, s<sup>r</sup> de la Villette, ne laissant qu'une fille, Jeanne, morte jeune et sans alliance.

[239] Philippe de Foissy, d'une ancienne famille de Bourgogne, commandeur de la Romagne, en Bassigny, 1577-1607, Grand-Prieur de Champagne.

[240] Chorier et, à sa suite, beaucoup d'auteurs, confondant le nom de Poncenat avec celui de Ponçonas, ont attribué à Jean Borel, s<sup>r</sup> de Ponçonas, au mandement de la Mure, en Dauphiné, les exploits du capitaine protestant François de Boucé, s<sup>r</sup> de Poncenat, en Bourbonnais, et n'ont point établi une distinction suffisante entre les pères et les fils. (Voir X. Laurent, 1562. Note.)

François de Boucé, seig<sup>r</sup> de Poncenat, Changy, Droiturier, baron de Lespinasse, fils de Nicolas de Boucé, seig<sup>r</sup> de Poncenat, et de Catherine de la Forest, tous deux morts avant 1560, épousa, suivant contrat du 13 juin 1556, Françoise, fille de Jean du Mayne, baron du Bourg, et de Marguerite de Montceaux, d'où : 1° Jacques, qui suivra ; 2° Marthe ; 3° Anne, femme, suivant contrat du 9 août 1586, d'Antoine du Mayne, comte du Bourg, maréchal de camp, gouverneur d'Antibes ; 4° Suzanne femme suivant contrat du 24 octobre 1592, de Henri d'Apchon. (A. d'Avaize, *Notes généal.* ms. — C<sup>te</sup> de Soultrait. *Armorial du Bourbonnais.*) François de Boucé, dit le capitaine Poncenat, alias Poncenac, fut envoyé, par Condé, en Lyonnais, où il commanda la cavalerie protestante, avril 1562 ; puis, comme lieutenant de des Adrets, il organisa les ravages du Forez, passa à l'armée de Bourgogne et à celle du Viennois, et fut donné pour otage, par le baron, lors de son traité avec le duc de Nemours. A la prise d'armes de 1567, rejoignant les religionnaires du Languedoc, il fut battu à Champoly, en Roannais, et se réfugia à Valence d'où, en compagnie de Mouvans, à la tête de 4000 hommes destinés à renforcer les troupes de Condé, il traversa le Forez, s'arrêta à son château de Changy, où il fit son testament le 2 janvier 1568, se saisit du Pont de Vichy, le 5, se heurta contre les catholiques, à Cognat et, le soir de cette bataille, blessé à mort par ses propres soldats, dans une échauffourée, fut transporté et inhumé à Changy.

Son fils, Jacque de Boucé, seig<sup>r</sup> de Poncenat, de Changy, baron de Lespinasse, enseigne de la compagnie d'Albert de Gondi, duc de Retz, maréchal de France, 1581, abandonna le protestantisme. Il épousa, 31 janvier 1580, Anne, fille de Jean Palatin de Dio et de Louise de Chantemerle, et mourut sans postérité, laissant à ses sœurs les biens de la famille. G. du Rivail, dans son *Journal du siège de la Mure*, signale « Ponsonas de Roannois », et quelques lignes plus bas, « l'ayné Ponsonnas de la Mure », marquant ainsi la ressemblance du nom et la disparité des familles.

Les Borel, ou Borrel, étaient originaires du mandement de la Mure, où ils possédaient le fief de Ponçonas, ou Ponsonas. Ils semblent être restés fidèles à la religion de leurs ancêtres. — Georges Borel épousa : 1° le 25 avril 1503, Isabelle, fille de Jean Civa ; 2° Marguerite Reynard, v<sup>ve</sup> de Claude de Chypres, d'où : — Jean Borel, s<sup>r</sup> de Ponçonas, qui semble avoir été gratifié, à tort, de la casaque huguenote et de la charge de lieutenant de des Adrets et n'est connu que comme capitaine catholique. Il épousa, vers 1563, Jeanne, fille de Claude de Chypres et de Marguerite Reynard, testa le 15 mars 1573, et mourut vers 1600, suivant une quittance donnée, le 11 juillet, par Renée, sa fille, à Georges, son frère, fils et héritier dudit Jean, laissant un très grand nombre d'enfants, entre lesquels : 1°, Charles, avocat consistorial au parlement, marié, 28 février 1588, à Adrienne de Morges, d'où postérité. — 2° Georges, homme d'armes de la C<sup>ie</sup> du prince de Genevois, 1577, dont Balthazard de Comboursier, son voisin, était lieutenant, 1576-1581. Il servit au siège de la Mure, dans l'armée catholique, puis dans les troupes de la Ligue. Il avait épousé Louise, fille d'André Alleman, s<sup>r</sup> de Pasquiers, dont il eut : Jean, mort jeune, et Louise-Cécile, née le 22 septembre 1602, religieuse, dont le souvenir a été conservé par « *La*

gny [241], la Roche Montoison [242], Paquiers [243], le capitaine Badet [244] et quelques aultres : donnons les premiers ; ce qu'ils feirent. Liverrot pensant attaquer Aspremont, un des siens, nommé Monrond [245], avec une lance que le jour devant un des nostres avoit quictée à la charge, pour mectre l'espée à la main, lui donna par flanc, mays la destournant avec la main, ne l'offença qu'ung peu au bras, et à mesme temps donna tel coup d'espée dans la cuysse à ung des leurs, nommé Bruchaille, qu'elle y demeura. A la fin, se demellant, son cheval eut une pistolletade et ung coup d'espée dont il mourut despuis ; Ponsonnas, un coup d'espée au bras ; le commandeur de Romagne une pistolletade au bras droigt ; Badet un coup d'espée au bras gauche et Pasquiers, son cheval tué. A la fin, estans soutenus par les sieurs de Tianges et Monestier avec leurs compaignies, se retirèrent, et l'ennemy rentra dans la citadelle avec deux ou troys blessés [246]. » Le régiment de Livarot, fort de deux mille hommes, « garny de hardys cappitaines et de braves soldats », se distingua au siège de la Mure où il tenait position au quartier de la citadelle.

*vie de la Mère de Ponçonas, instilutrice de la congrégation des Bernardines réformées, en Dauphiné, Provence, etc.* Lyon, J. Poysuel, 1675. In-8. Portrait. » — 3° Pierre. — 4° Balthazard. — 5° Jean, chanoine de Grenoble, témoin du testament de Balthazard de Comboursier, 14 mai 1583. — 6° Amyeu, gentilhomme ordinaire de la chambre du roi, capitaine de 50 hommes d'armes, gouverneur de Soissons, 1599. Il épousa, 10 février 1598, Marguerite d'Hostun, et devint la tige de la branche d'Hauterive, éteinte à la fin xviiie s. avec Charles-André, marquis d'Hauterive. — « La Pierre, maréchal de camp de la Valette, et Ponsonas » s'emparèrent du fort du Pont de Coignet, bâti par Lesdiguières, qui le reprit peu après, 1587. — A l'attaque de Bosanci, Laurent de Maugiron mande « au sieur de Ponsonas de faire avancer son régiment, 19 août 1588. » (Jean.) — « Ponsonas (Georges), ayné de celui qui est à Monsieur de Mayenne » (Amyeu), fut gouverneur du château d'Exilles, pour la Ligue et le rendit à Lesdiguières, par convention du 28 septembre 1590, suivant laquelle le commandement du château fut donné « au sr de Saint-Maurice, beau-frère de Ponsonas ». Claude de Brunel, sr de Saint-Maurice, avait épousé, le 22 février 1579, Isabelle, vve de Humbert d'Hélix, de Saint-Jean-d'Hérans, fille de Jean Borel, sr de Ponçonas. — (E. Maignien. *Not. généal.* ms. — *Le Couvent de Montfleury*, ms. Bibl. Terrebasse. — Cte Douglas et J. Roman. *Act. et Corresp. de Lesdiguières. — Varia.*)

[241] Gaspard de Montagny, sr de Vinay et de Bizonnes, marié le 1er janvier 1597, à Françoise de Murat de l'Estang. Voir : Annet IX, D.

[242] François-Antoine de Clermont, baron de la Roche-Baudin, dit la Roche-Montoison, mort d'un coup de feu, au siège de Libourne, 31 mai 1586, sans laisser de postérité de Louise, fille de Sébastien de Moreton, sr de Chabrillan.

[243] Charles Alleman, sr de Pasquiers, tué à la prise de Grenoble par Lesdiguières, 1590 ; fils d'André Alleman, sr de Pasquiers, mort en 1569.

[244] Reynaud de Badet, guidon à la cie du duc de Nemours, 1569, capitaine au régiment de Livarot, fut tué devant la Mure, le 19 octobre 1580.

[245] Georges de Bardel, sr de Montrond, capitaine de cavalerie, fidèle compagnon de Lesdiguières, né vers 1542, teste le 24 juin 1619. Il avait épousé, vers 1593, Françoise de Peyre, d'où postérité. Son frère, Pierre de Bardel, fut tué au siège de la Mure.

[246] *Le Siège et Prinse de la Mure, sellon qu'en a veu le sr de Blanieu* (Guillaume du Rivail). *Bul. Arch. de la Drôme*, 1867. — Léonard de Damas, sieur de Thianges, lieutenant à la compagnie de Mayenne, 1577-1581. — Balthazar de Comboursier, sieur du Monestier, lieutenant à la compagnie du prince de Genevois, 1576-1581.

L'année suivante, « M. le marquis de Maignelais, fils ayné de M. de Pienne [247], estant nouvellement tourné d'Italie, fraischement es mollu, et qui avait fort bien appris à tirer des armes qu'il avoit des mieux en main, estant arrivé à la cour un soir au bal [248], prist querelle avec le seigneur de Livarot, celluy qui avoit esté l'un des six au combat de Quielus et Entraguet [249], fust ou non avec juste occasion, je ne le dis point sinon que plusieurs tenoient que de gayetté de cœur, il avoit pris la querelle pour s'esprouver avec Livarot, qui se tenoit pour un mauvais garçon et grand mesprisant des autres despuis l'heureuse yssue de son combat ; et pour ce avoit esleu pour maistresse une dame de la cour, belle certes, et ne vouloit qu'aucun la servist que luy, comme jaloux de sa beauté, de son honneur et de son bien. Ledict marquis, tout gentil et tout courageux en l'aage près de vingt ans, luy présente son service devant luy. L'autre, haut à la main comme luy, l'attaqua peu à peu de parolles, enfin, à bonne paille bien seiche le feu se prend aisément, par ainsy s'entredonnèrent, sans faire grand bruit, le combat en une petite isle sur la rivière à Blois, sans second ne sans rien. Le matin doncques ne faillirent, chascun sur un beau courtaut montez, à comparoir, ayant pourtant chascun un laquais pour tenir leurs chevaux. Le marquis ne faillyt dans deux coups tuer son homme d'une estoquade franche, que je representerois mieux que je ne la dirois, car il me l'avoit dict avant, et le rendit tout roide mort. Ainsi qu'il s'en retournoit, le laquais de Livarot, qui estoit un grand laquais et fort, et desjà portant espée, l'ayant cachée une heure devant dans du sable, aucuns disent que ce fut de son propre mouvement, autres du commandement de son maistre, ce que je ne croy, car il estoit trop gallant, vint par derrière et luy donna un grand coup d'espée, dont il le tua tout roide mort, ledict marquis ne disant tant seullement, ainsy que l'autre l'eut atteint : « Ah ! mon Dieu qu'est cecy. » Ledict laquais fut aussitost pris, et fut aussitost pendu, ayant confessé le tout, et qu'il l'avait faict pour venger la mort de son maistre [250]. »

Loyse de Rabutin, veuve de François III de Maugiron, grand'tante de Guy d'Arces, l'avait nommé héritier universel, par son testament du 8 mai 1556 [251].

[247] Antoine de Halwin, marquis de Maignelais, fils de Charles, marquis puis duc de Pienne. Il avait alors vingt-quatre ans.

[248] Le lundi 1er mai 1581, au château de Blois où se trouvait le roi.

[249] Voir Louis de Maugiron, X. A.

[250] Brantôme. *Discours sur les duels*. — « Sur le combat et mort de ces deux furent divulgués à la cour divers sonnets. » P. de Lestoile *Journal*.

[251] Voir François III de Maugiron, VIII. B.

Jeanne d'Arces, sa sœur d'un second lit, épousa, par contrat du 10 juin 1583, André de Laigue d'Oraison, seigneur de Boulbon et de Soleillas, en Provence, chevalier de l'ordre du roi, maître de camp des vieilles bandes françaises, fils puîné d'Antoine d'Oraison, vicomte de Cadenet et de Marthe de Foix-Meilhes. André, suivant un abus commun à cette époque, avait été nommé, par le roi, évêque de Riez, vers 1576; mais, n'ayant pas reçu la consécration épiscopale et entraîné par sa passion pour les armes, il se démit de son évêché et embrassa, momentanément, la R. P. R.[252] Les biens des d'Arces de la branche de la Bastie tombée en quenouille, à la suite du décès de Guy, passèrent dans la famille des de Laigue d'Oraison, seigneurs de Boulbon et de Livarot, par le mariage de Jeanne[253].

[252] *Gallia Christiana.*

[253] La maison d'Arces, d'origine chevaleresque et dauphinoise, tombée en quenouille avec Guiffrède, mariée, en 1216, avec Hugues de Morard, chevalier, qui prit le nom et les armes des d'Arces, est représentée, de nos jours, au château de Blanchelaine, Drôme, par Henri-Louis-Auguste-Joseph, marquis de Morard d'Arces, mari de Marie de Monteynard, d'où Raymond marié, 11 janvier 1904, à Marguerite de Noblet.

# X *Degré.*

**Laurent** de **Maugiron,** *comte de Montléans, baron de Montbellet, seigneur de la principauté de Mortagne et de : Ampuis, la Garde, la Magdeleine, Saint-Symphorien-d'Ozon, la Roche, Louvre, Meyrieu, la Tivelière, le Molard, Varacieu, le Plan, Igé, Flacé, la Charbonnière, Beauvais, Moulins-sur-Charente, co-seigneur de Sainte-Colombe, etc.*
*Lieutenant général aux gouvernements de Dauphiné et de Bourgogne, gouverneur de Lyon, de Vienne et aux pays d'Alançon et du Perche, sénéchal du Valentinois et du Diois et de la Haute et Basse-Marche, conseiller du roi en son conseil d'état et privé, gentilhomme ordinaire de sa chambre, chambellan de Monsieur frère du roi, capitaine de cinquante et de cent hommes d'armes des ordonnances de S. M., chevalier de l'ordre de Saint-Michel etc.*

Laurent, né en 1528, fils puîné de Guy de Maugiron et destiné à l'état ecclésiastique, reçut la première tonsure des mains de Pierre Palmier, archevêque de Vienne, 29 juillet 1539[1]; néanmoins il fut nourri page de Henri II et ne tarda pas à embrasser la carrière militaire, comme homme d'armes dans la compagnie de son père, en Piémont, puis commanda deux enseignes de gens de pied. En cette qualité, il prend part, 1552, à la campagne de Lorraine marquée par la prise de Metz, de Toul et de Verdun, sur les Impériaux. Appelé, avec sa bande de gens de pied, à Metz, il contribua à la défense de cette place, assiégée, sans succès, par Charles-Quint, octobre 1552-janvier 1553, et fut blessé dans une sortie[2]. Au printemps, l'ennemi s'empara de Térouanne et du château d'Hesdin où fut tué le capitaine Malestroict, lieutenant du seigneur de Maugiron[3], juillet 1553. Le 13 août, les Français, campés à Amiens et à Pecquigny, se portèrent sur Doullens et la rivière d'Authie où ils battirent les Impériaux. « Je eu nouvelles de mes frères (Laurent et Annet), qui

---

[1] Arch. Rhône. E.
[2] B. de Salignac, s<sup>r</sup> de la Motte-Fénelon. *Le siège de Metz*.
[3] Milles Piguerre et J. Le Frère de Laval. *Hist. de France*. Paris, 1581.

sont au camp et se portent fort bien, Dieu mercy..., » écrit, le 20 août, Aymar de Maugiron à son père [4]. L'année suivante, le duc de Nevers, après avoir ravagé le pays de Liège, mit le siège devant la citadelle de Dinant. Coligny amena l'infanterie jusqu'au pied de la brèche ; quelques officiers, à la tête de leurs plus vaillants soldats, s'élancèrent à l'assaut, et le capitaine de Maugiron fut des premiers [5]. L'attaque fut repoussée, mais la place se rendit, deux jours après, en juillet 1554. La campagne se termina par la bataille de Renty, 13 août, où furent défaites les troupes de l'empereur venues pour dégager la place, dont Henri II leva le siège, le 15 août.

Guillaume de Maugiron, son frère aîné [6], ayant été tué au siège de Valfenières, 13 août 1554, Laurent lui succéda en l'état de lieutenant de la compagnie de 50 lances des ordonnances du roi dont Guy, son père, était capitaine [7], et passa sous les ordres du maréchal de Brissac qui, par une suite de campagnes restées un modèle dans l'art militaire, se maintenait avec une faible armée, en Piémont. La duchesse de Valentinois écrivait au duc de Guise : « On me mande que Mons^r de Maugiron a donné l'estat de lieutenant de sa compaignie à son fils Moullan (Montléans), lequel a deux enseignes de gens de pied, lesquelles faudra qu'il quicte, et pour aultant que ledict de Bressieu a ung frère nommé le sieur de Ribiez qui est fort honneste, saige et vaillant gentilhome, entre les mains duquel il desireroit que lesdictes enseignes tombassent, il m'a pryé de vous en escripre en sa faveur, et vous supplie bien humblement que, pour l'amour de moy, le veullés avoir pour recommandé et en faire requeste au Roy... à Reins, ce viii^e jour de juillet (1554). Dianne de Poytiers [8]. »

A la mort de Guy de Maugiron, cette compagnie continua à guerroyer en Piémont, sous le commandement d'Antoine, comte de Clermont, dont Laurent de Maugiron était le lieutenant, en 1557 [9].

---

[4] Voir Aymar III de Maugiron, IX. E.

[5] F. de Rabutin. *Commentaires.* — Dinant aux Pays-Bas, ville sur la Meuse.

[6] Voir Guillaume, IX. A.

[7] Bibl. Nation. *Pièces origin.* Quitt. de Laurent de M., lieutenant de la c^ie de M^r de M. 7 nov. 1554.

[8] Bibl. Nation, *Collect. Clairambault.* — G. Guiffrey, *Let. de Dianne de Poytiers.* — La famille de Poitiers était alliée, d'ancienne date, à celle de Grolée. — Raymond de Mévouillon, seigneur de Ribiers laissa pour héritier Pierre-Baudon de Grolée, s^r de Ribiers, 1370 ; Aymar-Antoine de Grolée-Mévouillon, baron de Bressieu, s^r de Ribiers, mari 1° d'Isabeau de Peyre, 2° de Louise de Saint-Germain, testa le 30 juin 1531, laissant: Annet, abbé de Saint-Pierre de Vienne ; Aymar-François, baron de Bressieu, marié, le 2 septembre 1550, à Catherine d'Oraison ; Antoine, sieur de Ribiers, qui teste en faveur de son frère, 4 septembre 1544, et meurt en 1559 ; plus trois filles. — *Dianne* est la forme de la signature originale de Dianne de Poytiers, duchesse de Valentinois, 1499-1566.

[9] Bibl. Nation. *Pièces origin.* Quittance du 15 septembre 1557. — Antoine III de Clermont, mari de Françoise, sœur de Dianne de Poitiers, mort vers 1578, lieutenant général aux gouvernements de Dauphiné et de Savoie, 10 février 1554.

Il fut honoré, à cette époque, de la charge de gentilhomme ordinaire de la chambre du roi, puis choisi, par le maréchal de Brissac, généralissime en Piémont, pour lieutenant de sa compagnie de quatre-vingt-dix lances [10].

L'armée des Espagnols vint à passer, au mois de juillet 1558, aux portes de Carmagnole où étaient encore, avec le duc de Somme [11], le s[r] de Maugeron et la plupart de la gendarmerie du maréchal de Brissac, lesquels se jetèrent dans les anciennes tranchées de la ville, de peur que l'ennemi ne gâtât les faubourgs ; ils l'attaquèrent par plusieurs escarmouches, mais il n'en voulut jamais mordre. Le maréchal fit déloger les sieurs de Gonnor [12] et de Maugeron, avec quatre cents bons chevaux et deux mille hommes de pied choisis, leur commandant qu'aussitôt qu'ils verraient l'ennemi dans la plaine, où la bataille de Cérizolles avait été donnée, ils donnassent tête baissée dans cette troupe, laquelle menait force vivres et quarante ou cinquante mille écus, ainsi qu'on disait. Tant il y a, que les Français, qui avaient les dents si longues qu'ils ne demandaient qu'à mordre, donnèrent, et par l'un et par l'autre côté, si furieusement dedans, qu'ils emportèrent cette petite armée volante. Il y eut, tant de morts que de blessés, huit cents hommes, et le reste fut mené prisonnier. Tout ce qui était mangeable fut dévoré [13].

« Je fairay, dit Brantôme, ce conte de feu M. de Guise le Grand, du temps du roy François II, comment il se porta pour l'accord d'une querelle assez vieille entre feu M. de Maugiron (Laurent), et le capitaine Rance, de Champagne [14]. Elle avoit esté esmeue dès le voyage d'Allemagne [15] qu'y fit le roy Henry II, et d'autant que le roy avoit deffendu les combats en son royaume, nommément ceste querelle avoit tousjours demeuré en suspens jusques à l'advenement dudict roy Francois II [16] à la couronne ; et pour ce la deffence faillie par la mort du roy Henry, M. de Rance prend l'occasion et se resoud de

---

[10] Bibl. Nation. *Pièces origin.* Quittance du 16 mars 1558. — Charles de Cossé, comte de Brissac, maréchal de France, gouverneur et lieutenant général au delà des monts.

[11] Jean-Bernard de Saint-Séverin, duc de Somme, capitaine italien, au service de la France. — Carmagnola, ville forte du Piémont.

[12] Artus de Cossé, s[r] de Gonnor, frère du maréchal de Brissac, et maréchal de France, 1567.

[13] François de Boivin, baron du Villars, secrétaire du maréchal de Brissac. *Mémoires.* — *Varia.*

[14] Helion de Rance, seigneur de la Chapelle-Barriou, chevalier de l'ordre du roi, colonel des légionnaires de Champagne, épousa Marie de Magnac, d'où Gabrielle, mariée en 1563 à Gaspard Foucauld, seigneur de Saint-Germain-Beaupré. Brantôme dit, à propos de René de Lorraine, marquis d'Elbeuf, né en 1536, « ce prince avoit ung très honneste gouverneur qui estoit le jeune Rance, de Champaigne, qu'on appeloit Contenan, qui le gouverna très bien et très sagement ». Il appartenait au duc de Guise d'étouffer cette querelle entre un serviteur de sa maison et le fils de Guy de Maugiron son ancien compagnon d'armes.

[15] Henri II s'était rendu en Allemagne, 1552, pour tâcher d'engager les princes dans une ligue contre l'empereur.

[16] François II devenu roi, par la mort de Henri II, son père, 10 juillet 1559.

combattre M. de Maugyron, et en demander le combat. M. de Guyse, qui gouvernoit tout pour lors, prie le roy de le leur deffendre et de les accorder ; et pour ce les ayant faict venir tous deux devant luy en son cabinet, devant M. de Guyse et aultres grands capitaines y appellez, furent accordez avec un grand esbayssement de force gens, que j'en vis à la cour, d'autant que ledict capitaine Rance avoit un doigt de la main coupée ; ce qui fut un grand cas... Tant y a pour tourner à nostre querelle et accord de M. de Maugyron et du capitaine Rance, le roy les accorda de telle façon que l'on ne la peut bien sçavoir jamais au vray. Les uns en disoient d'une sorte, les autres de l'autre. La plus saine voix estoit que le roy avoit tout pris sur luy et confirmé l'honneur de l'un et de l'autre par belles parolles et la bonne reputation qu'il avoit d'eux et de leur valleur ; si bien qu'ils demeurèrent sans aucune tache, et depuis tous deux firent, en beaucoup de bons lieux, grande preuve de leur vertu et vaillance et de bons services à nos roys, comme fit M. de Maugiron, en l'estat de lieutenant du roy en Daufiné, et M. de Rance, en maistre de camp de dix enseignes et chevallier de l'ordre ; dont ce fust été grand dommage si ces deux gens de bien se fussent tuez en un combat singulier. En quoy le roy et M. de Guyse procedèrent sagement de les accorder [17]. » Cette illustre intervention marque bien l'aménité du roi envers ses serviteurs et la considération dont ces deux hardis gentilshommes jouissaient à la cour et aux armées.

A la paix de 1559, le duc de Savoie tenta de réduire les Vaudois, ou Barbets, réfugiés dans les vallées de Lucerne, d'Angrogne, de Pérouse et de Saint-Martin, mais les ayant trouvés trop difficiles à dompter, il emprunta, du roi, Maugiron, avec dix compagnies de gens de pied, et la Motte-Gondrin, avec quelque gendarmerie. Les Vaudois, après une longue et vigoureuse résistance, obtinrent, en 1561, un édit de pacification [18]. Rentré en France, Laurent fut envoyé, par François de Lorraine, frère du duc de Guise, à Valence, avec un pouvoir illimité, pour réduire les Huguenots révoltés et fortifiés dans le couvent des Cordeliers. A la tête de cent vingt gentilshommes et de trois compagnies, commandées par des Adrets, alors catholique, il débarqua par le Rhône et attaqua si vivement les rebelles qu'ils durent évacuer la place, le 20 avril 1560 [19]. Au mois de mai suivant, il se portait sur Montélimar où il rétablit facilement l'ordre. Le 19 novembre, il reçut, du roi, une commission

[17] Brantôme. *Discours sur les duels.*

[18] J. Léger. *Hist. des Eglises Vaudoises.* Leyde, 1669. — A. d'Aubigné. *Hist. Universelle.* Maille, 1615, 2 vol. in-4°.

[19] G. Allard. *Vie de F. de Beaumont, baron des Adrets.* « Laurent de Maugiron, dont j'ai écrit la vie (restée inconnue), était déjà en grande estime en cette province. » — Chorier. *Hist. de Dauphiné.*

pour commander dans les vallées de Freyssinière et de Pragela, réduire les Vaudois et les empêcher de secourir leurs coreligionnaires du Piémont. La mort de François II arrêta cette expédition[20]. Au mois de mars 1561, Maugiron prévenu des désordres, suscités dans Vienne par les protestants, se rendit, avec quelques troupes et plusieurs membres du parlement dans cette ville, où dans la nuit du 19 au 20 mars, environ quarante hommes armés avaient brisé les statues aux portails des églises de Saint-Maurice, de Saint-Antoine, de Saint-Martin, de Saint-André-le-Haut, et renversé la croix du cimetière de Saint-Sevère[21]. Un grand nombre d'émeutiers, convaincus de rébellion, de dégâts et de profanations, furent arrêtés, jugés et exécutés le 2 mai, sans que ces exemples aient modéré l'effervescence calviniste.

Honoré de la confiance de Catherine de Médicis et de l'affection des Guise, il fut envoyé comme sénéchal, suivant les lettres de provisions du 12 juillet 1561[22], pour réprimer les désordres provoqués par les gens de la R. P. R. dans le Valentinois et dans le Diois, et leva, à cet effet, mille hommes de guerre, au pays de Dauphiné[23]. Il entra au conseil du roi, après la disgrâce du chancelier de l'Hôpital, mars 1562[24]. Peu après, il était adjoint au comte de Sault[25], lieutenant général au gouvernement du Lyonnais, soupçonné, à juste titre, d'intelligence avec les protestants, auxquels il livra la ville de Lyon dans la nuit du 30 avril au 1er mai 1562. « Le 26 avril, voici arriver le seigneur de Maugeron, muni de lettres au nom du roy, pour estre receu au gouvernement de ladite ville de Lyon, avec ledit sieur de Saulx ; chose très agréable au sénat et aux papistes, d'autant qu'il est un pillier, et tasche de soutenir un pied de la marmite[26]. » Il commanda aux protestants, de la part de S. M. de se contenir en paix et de poser les armes, autrement il serait contraint de se mettre en devoir de les faire obéir[27]. Cette surveillance excita la susceptibilité du comte de Sault qui écrivit au roi : « Et par ce, Sire, qu'il vous plaise que le dit sieur de Maugiron m'assiste en ce lieu, pour quelques temps,

---

[20] J. P. Perrin. *Hist. des Vaudois.* — Chorier. *Hist. de Dauph.*

[21] Arch. consul. Vienne.

[22] *Reg. officiariorum*, 1364-1670, ms., Bibl. du chât. de Terrebasse. — En remplacement de Félix Bourjac, pourvu à la nomination de Dianne de Poitiers, par lettres du 20 mai 1550, et passé à la Réforme.

[23] Bibl. Nation. *Fonds Franç.* Quittance de L. de Maugiron, gentilhomme ordinaire de la chambre du roi, de 1.500 l. t. en récompense de ses dépens, 3 avril 1562.

[24] Garnier. *Hist. de France.*

[25] François d'Agoult, comte de Sault, lieutenant général en Lyonnais, 1561-1564, périt à la bataille de Saint-Denis, 1567, dans les rangs de l'armée huguenote.

[26] *Prinse de Lyon et de Montbrison.* Lyon, mai 1562, in-8°. — *Mémoires de Condé.* — J. de Serres. *Comment. de Statu Religionis.* « Mongeronius Saltano mandata regia ostendit, uti in Lugduni gubernatione comes sibi esset. »

[27] G. de Saconay. *Discours des premiers troubles advenus à Lyon.* Lyon, 1569.

je desireroys qu'il pleust à V. M. me permettre faire un voyage à la Cour...
De Lyon, ce 27 avril 1562 [28]. » — « Néantmoins, le lundi suivant (27 avril),
ledit seigneur de Maugeron sortit de Lyon, aprez disner, je ne scais pourquoy,
sinon pour aller à l'aide des papistes de Valence ; mais estant en chemin, et
adverti de la mort du capitaine Gondrin, tourna bride et se retira non à Lyon,
mais en sa maison. » (A Vienne.) D'où bien lui en prit, car les religionnaires
avaient résolu de lui faire subir le même sort [29].

Après l'assassinat de la Motte-Gondrin, par les protestants, à Valence, le
27 avril 1562 [30], et en son remplacement, Laurent de Maugiron fut gratifié de
l'importante charge de lieutenant général au gouvernement de Dauphiné,
par commission du 2 mai 1562. Le roi Charles IX lui adressa, à ce propos,
la lettre suivante :

« Monsieur de Maugiron, ayant presentement receu la despèche que vous
m'avez faicte, du xxix du mois passé, et entendu, par icelle, la cruelle mort
de feu de la Mothe-Gondrin commise et perpetrée par ceulx de la nouvelle
religion, et le saisissement par eulx faict de la ville de Valence, et considerant
le dangier qu'il y a que ceulx qui ont commencé à faire telle et si pernicieuse
entreprinse, en ce pays là, vinssent cy après à les continuer, s'il se trouvoit
sans chef, et si bien tost il n'y estoit pas par moy pourveu. Cela a esté cause
que, au mesme instant, je vous ay bien voulu renvoyer cedit porteur, afin de
vous advertir comme, pour la bonne congnoissance que j'ay de vos merites et
la parfaicte fiance que j'ay de vous, je vous ay choisy et esleu pour mon lieutenant general en Dauphiné, en l'absence de mon cousin le duc de Guise,
dont je vous envoye presentement le pouvoir. Lequel ayant receu, je vous
prie vous en aller incontinent au dit gouvernement, avec la troupe et compagnie de vos amys, voysins et gentilzhommes que vous pourrez assembler,
pour par tout ce pays là me faire rendre l'obeissance qui m'est deue, chas-
tier ceulx qui voudront faire les rebelles, informer sur la mort dudit s[r] de la
Mothe-Gondrin, et faire, s'il est possible, prendre et apprehender dextrement
les principaulx chefz et autheurs d'icelle, et finalement mettre à execution,
tant pour la levée des forces de gens de pied que pour toutes aultres choses,
la despèche que vous emportastes à vostre partement pour le susdit s[r] de la
Mothe-Gondrin. En quoy, toutesfois, vous regarderez de changer et immuer

---

[28] Arch. de Lyon. — A. Péricaud, *Notes et Documents.*

[29] G. de Saconay. — J. de Serres. « Interea nuntii de Valentiano tumultu deþeruntur ; excedit
Lugduno Mongeronius. »

[30] Blaise de Pardaillan, s[r] de la Motte-Gondrin, originaire de Guyenne, pourvu de la charge de
lieutenant général en Dauphiné, 1561. Il était en 1542 lieutenant de la compagnie de 50 lances commandée par Guy de Maugiron.

comme l'accident de la mort survenue dudit s<sup>r</sup> de la Mothe-Gondrin vous conseillera de faire. Ce que je vous dys non pour vouloir que aucun mauvais acte passe soubz silence, mais pour la crainte que j'ay que, si tant est que le peuple ayt deja prins les armes, par tout ce pays là, vous ne soyez promptement assez fort pour du premier coup venir à bout de ce que je pretendz et desire. Vous regarderez donques en cecy, en estant sur le lieu, à vous conduire et gouverner selon que la necessité du temps le requerra et que vous jugerez estre le plus prompt et facile chemyn pour parvenir au repos et tranquillité de ce dit pays, soit par la voye de la doulceur, soit par celle des armes et, s'il est possible, vous ne fauldrez de faire dextrement et secretement mettre la main sur le collet au baron des Adretz, afin de luy faire recevoir, puys après, le chastiment et punition qu'il a merités. Vostre frère de Leyssin est party puis deux jours, à qui vous ordonnerez de lever promptement les six cents hommes de pied dont il a la charge, et tiendrez auprès de vous, pour plus grande force, la compagnie du feu susdit la Mothe-Gondrin, pour vous en servir et prevaloir au besoing, estant pour cet effet escripte une lettre à celuy des chefz qui se trouvera en ladite compaignie qu'il ayt à vous obeyr et faire, avec ladite compaignie, ce que vous luy ordonnerez pour mon service. Au reste, vous n'estes pas loing du s<sup>r</sup> de Sault qui, suivant ce que je luy ay cy devant escript, vous secourra, en un besoing, de ses forces, comme aussi de vostre costé vous pourrez faire des vostres, afin que vous entendant bien ensemble je soye obey et recogneu comme je doye. Qui est mons<sup>r</sup> de Maugiron tout ce que je vous diray, pour ceste heure, attendant de vos nouvelles, priant Dieu qu'il vous ayt en sa sainte et digne garde. Escript à Paris, le III<sup>me</sup> jour de may 1562. Charles. — Robertet [31]. »

Catherine de Médicis, à l'amitié et à l'influence de laquelle cette nomination n'était pas étrangère, confirme les instructions du roi :

« A Mons<sup>r</sup> de Maugiron, gentilhomme ordinaire de la chambre du Roy, Monsieur mon filz, et son lieutenant general au gouvernement de Daulphiné, en l'absence de mon cousin le duc de Guyse.

« Mons<sup>r</sup> de Maugiron, vous verrez par les lettres que le Roy, Monsieur mon filz, vous escript, comme s'estant presenté l'occasion de vous faire du bien et de l'honneur, l'on ne vous a poinct oublyé, vous ayant choisy pour estre lieutenant au gouvernement de Daulphiné, après avoir entendu la mort cruelle de feu s<sup>r</sup> de La Mothegondrin. Et pour ceste cause je vous prye de regarder, par tous les moyens qui vous seront possibles, d'appaiser toutes ces esmotions qui sont maintenant par de là, soit par la voye de doulceur, ou

---

[31] Arch. Rhône. E. *Familles.*

de force, et tout ainsi que ledit sʳ Roy, mon filz, vous mande par sa dite lettre. Sur laquelle me remectant, je prye Dieu, Monsʳ de Maugiron, qu'il vous aict en sa sainte garde. Escript à Paris, le ɪɪɪᵐᵉ jour de may 1562. Caterine. — « Robertet [32]. »

Le 3 mai, il se joignait à l'armée du duc de Nemours [33] destinée à s'emparer de Lyon, et à reprendre Vienne, tombée le 2 mai, aux mains de des Adrets qui, par lettre du 31 avril, avait enjoint aux consuls d'arrêter Maugiron [34]. Quelques jours plus tard, il se dirigeait sur la Savoie pour lever les troupes nécessaires à la reprise de Grenoble. Instruit du départ du baron des Adrets, 7 juin, pour le Bas-Dauphiné et la Provence, et de la dislocation de ses troupes occupées au pillage de la Grande-Chartreuse, 4-6 juin, et de divers autres lieux, il avait résolu, sous prétexte de faire entériner ses lettres de provisions par le parlement, d'aller rétablir l'autorité royale dans Grenoble, où les protestants commandaient depuis le 30 avril.

On lit, à propos de cette campagne, dans un rare et curieux libelle :

« Maugeron est un se disant gentil homme de Dauphiné, ancienne race de gens d'armes, mais debourdez à tous vices, mesme le present Maugeron, lequel par ces assaisinements avoit merité la corde, n'eust eté la grace du Roy Henri second, et ce pour ses violences, stupres, meurtres et assaisinements ; neantmoins favorisé de la conjuration Guisarde, nourrice des bandoliers ennemis de l'Evangile, ce Maugeron ayant, par obreption, eschappé lettres de substitution à un si bon galant que luy, nommé La Motte Gondrin frappé du bras du Seigneur, et sachant que le vaillant et aspre colonel de Beaumont, seigneur des Adretz, estoit descendu en Orange, se jeta par surprinse au lieu de ma nativité, nourriture et essay de noblesse (Grenoble). Là attiré par les ennemis de l'Evangile, ou trop favorisans les conjurez, interina ses obreptices lettres, et fut lieutenant du gouverneur, pour deux ou trois jours. Durant lequel gouvernement, accompaigné de bandoliers, bannis, apostatz, larrons et semblables à luy, il vola les plus chrestiennes familles de Grenoble, tesmoin mon frère et bon amy Bernardin Curial, le procureur Fornet, et mon intime Penet [35], marchand drapier dudit Grenoble, sans les autres [36]. »

[32] Cabinet de M. Lantelme, à Grenoble.

[33] Jacques de Savoie, duc de Nemours.

[34] Bibl. Vienne. Arch. consul.

[35] Bernardin Curial, consul de Grenoble, 1543 ; Guillaume Fornest, id., 3 mai 1562 ; Pierre Penet, id., id. ; tous les trois de la R. P. R.

[36] *Histoire des triomphes de l'Église lyonnaise avec la prinse de Montbrison.* Lyon, 1562, pet. in-8°, 8 ff. n. chif., bibl. de Lyon, fonds Coste.

L'auteur anonyme de ce libelle est protestant et Grenoblois. Son nom serait Curial, puisqu'il se dit frère de Bernardin Curial. Les premières réunions des protestants se tinrent, 1561, à Grenoble dans la cour recouverte en planches de la maison de ce dernier, en Très-Cloistre.

Non sans peine, quoique autorisé, par le roi et par le duc de Guise, à ne pas se faire faute de l'argenterie des églises, s'il en avait besoin[37], Maugeron avait pu lever environ 1.500 gens de pied et 200 chevaux, à la tête desquels il se présentait devant Grenoble, le 13 juin 1562, et y pénétrait par composition, le lendemain entre cinq et six heures du soir, accompagné de M. de Layssins, son frère, et de toute la noblesse du Dauphiné, ou bien peu il s'en fallait. On ne vit jamais une si belle compagnie de gens et de chevaux. Comme il entrait par la porte de la Perrière, les huguenots s'enfuyaient par les autres portes, en gens sages de ce faire, car il n'était pas quasy maître de ses gens. Toutes les cloches de Grenoble sonnaient, comme si c'eût été le jour de Noël. Le 15 juin on fit la procession générale du Corps de Dieu. Par lettre du 14, Blacons, gouverneur de Lyon, ordonnait aux consuls de Vienne d'arrêter Maugiron, ses confrères et associés[38]. Après avoir présenté ses lettres de provisions au parlement qui les enregistra le 16 juin, et avoir confié la garde de Grenoble au baron de Sassenage et aux compagnies de MM. de la Bastie et de Tournet, Maugiron partit, le jeudi 18 juin, avec tout son train, et s'en alla coucher à Moirans[39], d'où il délibéra d'aller à la Côte-Saint-André[40], pour y entrer comme gouverneur du Dauphiné, mais il fut très bien repoussé, et vint à Saint-Marcellin[41], où il fut le bienvenu. De là il marcha droit contre Romans[42] qui avait refusé de le reconnaître, mais il y trouva visage de bois, pied de fer et de feu, et fut contraint de se retirer à Saint-Marcellin, où il pensait pouvoir arrêter des Adrets qui revenait en toute hâte de Pierrelate et de Bollêne; mais, ajoute le chroniqueur, le baron, homme vif et rusé aux armes, maugeronna si très bien Maugeron que peu de ses gens s'en échappèrent.

Celui-ci, s'étant rendu compte de son impuissance à résister à l'armée de des Adrets, forte d'environ 12.000 hommes, se résolut à gagner la Savoie et à rejoindre, en Bourgogne, le comte de Tavannes. Le soir après être venu, il troussa secrètement tout son bagage et ses gens, pour se sauver, en disant à ses soldats qu'ils eussent bon courage et qu'ils tinssent bon surtout, car il s'en allait au Pont-de-Beauvoisin querir des gens qu'il y avait pour les secou-

---

[37] Archives de Lyon. *Correspondances: Lettre du duc de Guise à M. de Maugiron*, 23 mai 1562; *Lettre de Charles IX au même*, 11 juin : « Le s<sup>r</sup> de Tavannes a pouvoir de s'aider et prendre l'argenterie des églises, ensemble de toute autre nature de deniers... ainsi il ne faut point que vous ayez peur d'avoir faute d'argent dans la présente exécution. »

[38] Pierre de Forest de Blacons, mari de Marie de Vesc, dame de Montjoux, lieutenant de des Adrets à Lyon, fameux capitaine huguenot. Arch. consul. Vienne.

[39] Moirans, canton de Rives, Isère, à 21 kilomètres de Grenoble.

[40] La Côte-Saint-André, Isère, à 49 kilomètres de Grenoble.

[41] Saint-Marcellin, Isère, à 52 kilomètres de Grenoble.

[42] Romans, Drôme, à 80 kilomètres de Grenoble.

rir, et ce faisant, se sauva et laissa les pauvres gens à la boucherie. Le baron des Adrets prit Saint-Marcellin, le 25 juin 1562, passa au fil de l'épée environ 300 hommes, « fort marri de ce qu'il ne put pas trouver M. de Maugiron, et que si ledit seigneur ne se fut sauvé, comme il fit fort bien, il y moureusse au combat[43] », et rentra, le 26 juin, dans l'après-midi, à Grenoble[44], d'où le parlement et les principaux habitants s'enfuirent prudemment.

Le document suivant est fort intéressant, car il fournit des renseignements officiels sur la composition de la petite armée catholique et fait connaître les noms des officiers et des volontaires.

« Estat de la distribution des armes et pouldres qui feurent acheptées, en l'année MDLXII, pour le service du Roy et payées par Me Hugues d'Aragon[45], par commandement et ordonance de nous Laurent de Maugiron, chr de l'ordre du Roy et lors son lieutenant general du pays, en l'absence de feu Monseigneur le duc de Guise, laquelle stribuon feust faicte aux cappnes et membres des compagnyes que nous avons levées et autres, pour le service de sa ma , atendant qu'ils fassent leurs monstres pour leur rabatre la valeur des dictes armes, ce qui n'a peut estre faict pour n'avoir ny argent ny moyen de ce faire, durant touttes les dictes guerres, et par tant les dictes armes leur sont demeurées...

« A nous Laurent de Maugiron, ung harnois complect d'homme de cheval gravé.

« A nostre frère le sr de Lessins[46], un harnois complect blanc.

« Au sieur de Chasteauvillain, baron de Viriville[47], un autre harnois blanc complect.

« A nostre oncle le sr de Larthaudière[48], ung autre harnois blanc complect.

« A nostre cousin le feu sr d'Hercules[49], ung autre harnois blanc complect.

---

[43] *Mémoire des désordres des Huguenots, faits à Grenoble, en l'an 1562.* H. Gariel, *Delphinalia.* — *Histoire des Triomphes... Cf.*

[44] *Id.* — François de Beaumont, baron des Adrets, avait servi sous les ordres de Laurent de Maugiron, son parent par alliance, à raison de l'union de des Adrets, 26 mars 1544, avec Claude, fille d'Antoine de Gumin, sr de Romanesche. Aymonette, fille de Henri de Maugiron, sr d'Ampuis, épousa Jean de Gumin, sr de la Murette, et mourut vers 1441. Henri de Maugiron, sr de la Tivelière, épousa, vers 1440, Allemande de Gumin, trisaïeule maternelle de Jeanne de Maugiron, femme de Laurent.

[45] Contrôl. gal des Finances, 13 septembre 1547.

[46] Annet de Maugiron.

[47] François de Grolée, baron de Viriville, par lettres d'érection de mars 1561, mari de Sébastienne de Clermont, d'où postérité, fut tué à Moncontour, 1569.

[48] André de la Porte, neveu de Marguerite de la Porte, mariée, en 1511, à Guillaume de Gotefrey, d'où : Agnès, femme de Gabriel de Maugiron, d'où : Jeanne, femme de Laurent de Maugiron.

[49] Guillaume de Theys, sr d'Herculais, député aux états d'Orléans, 1561, mari de Françoise de Blanc, veuve et tutrice de Pierre et Claude de Theys, ses enfants, en 1567. Jeanne de Theys, sœur dudit Guillaume, avait épousé Claude de la Porte, sr d'Eydoches, chevalier de l'ordre du roi, gentilhomme ordinaire de sa chambre, 4 octobre 1550.

« Aux capp[nes] Torchefellon [50], Le Sauvel [51], Ste Marye [52], Rocheffort [53], Bellefin [54] et Malatrait[55], à chacun d'eulx ung harnois à la légère.

« Au s[r] de Beaucressant[56], ung corcellet gravé.

« Au capp[ne] Vaulne[57], ung corcellet gravé.

« Au s[r] de Brennieu[58], ung corcellet gravé.

« Au s[r] de Mantonne[59], un autre corcellet blanc.

« Toutes lesquelles armes cy-dessus avoient été acheptées de Jacobo Pico dict Cramoysy, marchand millannois demeurant lors à Chambery, et payées par ledict Me Hugues Daragon...

« Au s[r] de Lessins, n[tre] frère, capp[ne] de deux enseignes d'harquebouziers, ont esté deslivrées, au lieu de Voyron, des armes acheptées de Bapt[e] Navarreni, quant nous allasmes premierem[t] prendre Grenoble, l'hors occupée par ceulx de la R. P. R., soixante morerons blancs et trante gravez et soixante harequebouzes de qualité avec leurs fourniments et troys hallebardes dorées pour les sergents de bande.

« Au capp[ne] Vireville ayant deux enseignes de gens de pieds, vingt corceletz, quinze morerons, assavoir dix blancz et cinq gravez, dix harequebouzes de qualibre, avec leurs fourniments et troys hallebardes dorées.

« Au capp[ne] Baureppaire[60], ayant deux enseignes de gens de pied, dix corcelletz, dix morerons blancz et cinq gravez, et dix harequebouzes de qualibre avec leurs fourniments, et deux hallebardes dorées.

« Au capp[ne] Galbert[61], lieutenant d'une des enseignes du capp[ne] Monestier[62], dix corcelletz, dix morerons blancs et cinq gravez, et dix harequebouzes de qualibre avec leurs fourniments, et deux hallebardes dorées.

« Au capp[ne] Meyrieu[63], ayant une enseigne de gens de pied, dix corce-

---

[50] Bertrand de Torchefelon, s[r] de Mornas, teste en 1573.

[51] Jacques d'Arzac, s[r] du Savel, marié à Françoise de Blanc, veuve de G. de Theys, sa veuve, 1586.

[52] Claude de Rivière, dit le capitaine Sainte-Marye, marié vers 1553, à Espinette de Franchis.

[53] François de la Baume, gouverneur de Provence, 1578.

[54] Jacques de Bellefin, maréchal-des-logis de la c[ie] de Maugiron, anobli, septembre 1578.

[55] Pierre de Pascal, s[r] de Malatrait et de Satolas, épouse, en 1561, Jacqueline, tante de Bertrand de Torchefelon, susdit.

[56] Louis de Bressieu, s[r] de Beaucroissant, gouverneur de Saint-Marcellin, 1580.

[57] Antoine de Fay-Solignac, s[r] de Veaunes, commandait à Romans en 1580.

[58] Siboud de Brenieu, du Vivarais, s[r] de la Motte-Galaure, en 1590.

[59] Georges de Laigue, s[r] de Mantonne, marié 7 janvier 1558 à Magdeleine-Laurence, fille de Pierre de Grolée, baron de Bressieu ; il était fils de Pierre de Laigue, marié 4 juin 1526 à Marguerite, fille de Georges de Lattier, s[r] de Mantonne ; Pierre de Laigue testa en 1577.

[60] Il fut tué au siège de Tournus, 8 août 1562.

[61] Ennemond de Galbert, s[r] de Commiers. Henri IV lui écrivit une lettre élogieuse, conservée dans les archives de cette famille, représentée de nos jours par le comte A. de Galbert, à la Buisse, Isère.

[62] Balthazard de Comboursier, s[r] du Monestier, gouverneur de Gap, 1573.

[63] Gaspard de Saint-Germain, s[r] de Mérieu, châtelain de Quirieu, par provisions du 1er mai 1569.

letz, dix morerons blancz et cinq gravez et dix harequebouzes de qualibre avec leur fourniment de Milan, et deux hallebardes dorées.

« Les douze morerons dorez restant des armes acheptées dudit Bapt[e] Navareni et payées par ledit Daragon, ainsy que dict est, feurent deslivrées au capp[ne] Torchefellon ayant une cornette d'harequebousiers à cheval, pour nostre garde.

« Aux susdites compagnies, tant au lieu de Voyron que devant Grenoble, ensemble à celles des capp[nes] Miribel[64], La Rochette[65], Le Mestral[66], Collombier[67], et autres qui nous vindrent trouver au devant de Grenoble, feust deslivré pareillement par nostre ordonnance de la pouldre et morse payée par ledit Darragon à Barthelemy Gordin, une charge de ladite pouldre et morse pesant environ troys centz.

« Une autre charge fut laissée à Grenoble au baron de Chassenaige[68], et au capitaine La Bastie-Vaubonoys[69], que nous layssasmes dans ladite ville pour icelle garder[70], cependant que allasmes, avec nostre petit camp[71], à la Coste Saint-André, au devant de l'ennemy.

« Une troysiesme charge feust pareillement distribuée, à Saint-Marcellin, par le serjent-majour aux soldatz de la susdite compagnie.

« Et la quatriesme charge desdites pouldre et morse feust pareillement, par nostre ordonnance, distribuée par ledit Saint-Marc[72], sergent-majour, aux soldatz, du vendu susdit, et à plusieurs autres qui s'estoyent retirez de Grenoble, pour nous venir trouver en Bourgoigne, où nous allions par le commandement de sa Majesté, trouver Monsieur de Tavannes, et ce au lieu de Belley[73], terre de Monsieur de Savoye, avec ung peu d'argent que nous leur ordonnasmes, pour payer en passant par lesdites terres.

« Lesquelles armes susdites nous n'avons jamays peu retraire le prix d'icelles, d'auctant que en dix huict moys, ou environ, que les susdits capp[nes], soldats et aultres gens de guerre ont esté employez, au service de Roy, soubs

---

[64] Charles de Margaillan, s[r] de Miribel, par sa femme Isabeau Grinde, vers 1550.

[65] Jean-Baptiste de Sassenage, s[r] de la maison forte de la Rochette, fils de Claude, fils naturel de Jacques, baron de Sassenage, et de Sidonie de la Tour.

[66] Olivier de Galles, s[r] du Mestral, mistral de Voyron, châtelain du Bourg-d'Oysans, par provisions du 5 juillet 1568, père des trois illustres soldats, Laurent, Louis et François.

[67] Jean II Pascal, s[r] du Colombier, marié à Angèle du Mottet, vers 1550.

[68] Laurent, baron de Sassenage, s[r] du Pont.

[69] Jean-François de Bectoz, s[r] de la maison forte de Vaubonnais, député aux États d'Orléans, 1561. Ennemond de Bectoz, co-seigneur de Vaubonnais, fut élu consul, pour la noblesse, à Grenoble, lors des élections catholiques, 16 juin 1562, et chargé du commandement de la garde urbaine.

[70] Avec environ 500 hommes.

[71] 1.200 à 1.500 hommes.

[72] Pierre de Saint-Marc, voir : Timoléon de Maugiron. XI.

[73] Belley, en Bugey (Ain).

nostre authorité, nous n'avons peu à iceulz faire faire aulcune monstre ny payement de leur prest. Aussy que plusieurs des dites armes se sont perdeu aux rencontres et hasardz de guerre, avec les personnes. Ainsy que plus amplement, dès long temps, nous avons faict entendre à sa Majesté, et comme encore de present le certiffions, par ce present état, à Messieurs des comptes et autres qu'il appartiendra requerir somme et interpeller ledit Daragon.

« Lequel, en foy de ce, nous avons signé de nostre main, et faict mettre le scel de nos armes. A Ampuy, ce dix neufviesme septembre, mil cinq cens soixante six, Maugiron[74]. »

Maugiron rejoignit, à Chalon, avec quinze cents hommes, l'armée du maréchal de Tavannes. Mal renseigné sur la politique de bascule, chère à la reine-mère qui, pour l'instant, favorisait en secret les protestants, par crainte des Guise, mais en parfait accord avec son général, il écrivait au roi de Navarre[75] :

« Sire, je m'asseure que Monsieur de Tavanes n'oblie rien à vous faire au long entendre de toutes choses qui (se) passent en ses marches. Si esse que je ne veulx faillir vous en escripre ce mot que, si Vostre Majesté et la Royne[76] escript bien affectionnement à Monsieur de Savoye, il fera marcher ce qu'il a promis au Roy, tant de cheval que de pied. Il m'a mandé[77] que, ainsi que Voz Majestez lui escripvoient, il luy semble, ou que vous ne voullez pas vous servir de luy, ou bien que vous ne vous fiez poinct en luy. Et pour avoir, mondit sieur de Tavanes, asseuré advitz de quinze enseignes qui marchent des suisses de Berne et autres quantons, sans aultres quinze qui se preparent, mon adviz est, sauf la correction de Vostre Majesté, qu'ilz veullent aller trouver Monsieur vostre frère[78], par quoy il me semble qu'il est bien necessaire, pour les arrester tout court, que les lansquenetz qui sont deja bien avant et les forces de Monsieur de Savoye vincent icy, tant pour essayer de deffaire les Berniens que les trouppes du baron des Adrez, qui mettront tousjours ensemble xiii mil hommes de pied et mil cinq cens chevaulx, et donnant les srs de Sommerive, Fabrisse et Suze[79] en queue, nous les traicterions

---

[74] Biblioth. du château de Terrebasse. Parchemin, deux feuilles.

[75] Antoine de Bourbon, duc de Vendôme, roi de Navarre, 1555, par suite de son mariage avec Jeanne d'Albret, 1548, père du roi Henri IV. Il fut créé lieutenant général du royaume, 1561, pendant la minorité du roi Charles IX, et mourut, des suites des blessures reçues au siège de Rouen, 17 novembre 1562, étant toujours resté fidèle au parti catholique, malgré le zèle de la reine, son épouse, pour la nouvelle religion.

[76] Catherine de Médicis, régente du royaume.

[77] Maugiron avait été reçu par Emmanuel-Philibert, dit Tête-de-Fer, dont il venait de traverser les États.

[78] Louis de Bourbon, prince de Condé, frère d'Antoine, roi de Navarre, devenu le chef du parti protestant, 12 avril 1562.

[79] Honorat I de Savoie, comte de Sommerive, remplaça son père comme gouverneur de Provence,

comme ilz meritent, si tant estoit que lesdits Berniens, avec les forces du baron, marchassent vers Orleans, nous les cottoierons avec les lansquenetz, les Ytaliens du duc de Savoye et ce que j'ay, pour se rendre à vous, apres avoir pourveu ceste ville, comme saura très bien faire mondit s<sup>r</sup> de Tavanes, y laissant moy bon chef, pour ce que s'est le pas et selle qui doibt conserver toute la Bourgogne ; aussy que gardant ceste ville l'on aura Lion et le Daulphiné, sans doubte, et la perdant vous perdriez plus que ne sauriez estimer. Et vous asseure, Sire, sur mon honneur et sur ma vie, que le scay de lieu asseuré que le baron ne tant aultre fin que de faire quanton Lion ; car il a dict, au temps que la paix fut accordée entre Vostre Majesté et Monsieur vostre frère, qu'il ne la tiendroit, aiant de quoy feire la guerre trente ans, par le moien de ses deniers, trezors et les suisses, et qu'à present s'offroit l'occasion de ce faire roy. Je supplie très humblement aussi votre Majesté ne trouver maulvais si de tout je vous escriptz librement car, tant qu'il plaira au Roy de se servir de moy, j'en feray ainsi. Et est bien necessaire de pourveoir à tout et de vous servir des alliez du Roy. Le temps est venu qu'il ne faut pas temporizer pour la conservation du Roy et de son royaume. Sire, je supplie le Createur maintenir très heureusement Vostre Majesté en sa sainte garde. De Chalon, ce xii juillet 1562. Vostre très humble obeissant subject et serviteur, Maugiron. — Au roy de Navarre[80]. »

Maugiron établi dans Tournus ne fut pas assez fort pour résister à l'armée protestante composée de six mille suisses et d'un grand nombre de gens de pied du Dauphiné et du Vivarais, sous la conduite de Poncenat[81], et dut se retirer et se fortifier dans Chalon. Au mois de septembre, dérobant leur marche à l'ennemi, Tavannes et Maugiron marchent sur Mâcon et l'emportent. Les Huguenots ayant tenté un retour offensif se font battre, perdent leur artillerie et leurs bagages et, vigoureusement poursuivis par Maugiron jusqu'aux portes de Belleville, continuent leur retraite sur Lyon où ils se débandent. La cour ne tint pas compte à Tavannes de ce succès et, cédant à l'influence des Guise, le remplaça, dans son commandement, par le duc de Nemours[82].

juin 1562, mort 8 octobre 1572. — Fabrice, capitaine italien, avait servi, comme « lance passade » dans la compagnie de M. de Brissac, au siège de Perpignan, 1542. — François de la Baume, comte de Suze. Cf.

[80] Bibl. Nation. *Mss. français.*

[81] François de Boucé, s<sup>r</sup> de Poncenat, originaire du Bourbonnais, a été confondu, à tort, avec Jean Borel, s<sup>r</sup> de Ponçonas, gentilhomme dauphinois (voir IX F. Jeanne, fille de Guy de Maugiron, femme de J. d'Arces. *Notes.* 1580.)

[82] Cl. Perry. *Hist. de Chalon.* — D. Plancher. *Hist. de Bourgogne.* — *Mémoires de Condé.* — Gaspard de Saulx, seig<sup>r</sup> de Tavannes, lieutenant général au gouvernement de Bourgogne, 1556 ; maréchal de France, 1570 ; gouverneur de Provence, 1572 ; mort juin 1573, âgé de 63 ans. *Mémoires.* — Jacques de Savoie, duc de Nemours, comte de Genevois, gouverneur du Lyonnais, Forez et Beaujolais,

Ce prince, à la tête d'une armée de 20.000 hommes et suivi de Maugiron, tenta une attaque infructueuse sur Lyon qui lui coûta 400 hommes, puis marcha sur Vienne où des Adrets était entré, sans coup férir, le 2 mai précédent, ce qui ne préserva pas la ville des attentats des religionnaires. Laurent de Maugiron somma la ville de se rendre. Les habitants qui l'aimaient brisèrent les serrures des portes pour lui en faciliter l'entrée, 27 septembre 1562 [83].

Il écrit à ce sujet à Catherine de Médicis : « Madame, par le commissaire Pelisson que Monseigneur de Nemours envoye devers V. M. vous entendrez en quel terme sont les affaires de deça ; auquel me remestant, je vous diré seullement que approchant notre camp de ceste ville de Vienne, j'escrivis une let[re] aux habitants d'icelle, de laquelle je vous envoye ung double ; et suivant l'admonestement que je lui ay faict, ilz ont ouvert leurs portes, de façon qu'il n'y a eu aucun saccagement, à quoy je tiendré toujours roidement la main, pour la conservation de vos subjectz, à l'endroit de tous ceux qui voldron rendre obeissance au Roy et à vous, tels qu'ilz sont tenus. Madame je supplie le Createur vous donner, en parfaicte santé, longue et très heureuse vie. A Vienne ce v[e] octobre 1562. Votre très humble et très obeissant vassal et subject. Maugiron [84]. »

« Monseigneur, écrit-il au duc de Guise, depuis que Monsieur de Nemours est arrivé en Beaujolais, il s'est acheminé en ce lieu de Vienne, lequel était saisi, comme vous savez, des rebelles ; et craignant que l'on ne saccageat la ville et qu'on ne tuat tout ce qui était dedans, j'écrivis une lettre aux habitants du lieu, et suivant ma dite remontrance, ils m'apportèrent les clefs que j'ai fait bailler à Monseigneur de Nemours. Mais le gouverneur nommé Bernin [85] se retira dans un chateau nommé Pipet avec cent cinquante hommes, et quelques autres dans une tour du Pont. Et pour ce que Monseigneur de Tavannes a si mal meublé Monseigneur de Nemours d'artillerie, poudre et autres choses, on a été contraint de les prendre en composition, dont la conséquence est grande [86]. Comme ceux de la tour me firent tirer bien deux volées, dont mal leur en prit, car je fis pendre le chef avec deux autres. Comme les reîtres n'ont pas un liard, ni les bandes françaises, ce qui est cause que les

---

1563 ; mari d'Anne d'Est, veuve de François de Lorraine, duc de Guise, se retira en Savoie, malade de la goutte, et mourut à Annecy, 15 juin 1585.

[83] Bibl. de Vienne. Arch. consulaires.

[84] Arch. Rhône. E.

[85] François Terrail, s[r] de Bernin, capitaine général des terres du chapitre de Lyon, capitaine de chevau-légers, devint un ardent protestant et fut tué à la Saint-Barthélemy. Il appartenait à une branche de la famille illustrée par Pierre Terrail, seig[r] de Bayart.

[86] Arch. consul. Vienne. Bernin se rendit le 4 octobre.

pillages sont fort extrêmes[87], jusques à tuer les gentilshommes chez eux ; de sorte que sans le payement, la police ne se peut tenir, encore que je sois toujours dans le pays, avec bourreaux, ne cessant de pendre. Pour le regard d'avoir argent de votre gouvernement[88], ne tenant que cette ville, il est mal aisé d'en prendre aucun revenu. Il y a, avec Monseigneur de Nemours, douze enseignes, et huit autres avec le s[r] de Vinay[89], aux montagnes, lequel j'ai mandé pour venir joindre Monseigneur de Nemours. Et si votre gouvernement est pillé et ruiné, je vous en supplie que le Roi et vous ne vous en preniez à moi. Au reste, Monseigneur, ce porteur vous dira comme Monseigneur de Nemours a fait ce qu'il a pu, veillant trois nuits et marchant trois jours, pour attraper les Adrets ; vous assurant qu'il avait grande envie de faire ladite chose, pour l'affection que je vois qu'il vous a. Car lui-même ne marchait, en général, mais en albanais, dont il a gagné le cœur de tout le monde[90]. Vous savez, par lui, comme le malheur fut contraire que, au lieu de donner en tête, là où etait ce traitre qui allait devant, nos gens donnèrent en queue, où il fut tué tout ce qu'il se trouva. A Vienne, ce v[me] octobre 1562. Maugiron[91]. »

Des Adrets fut en effet battu à Roussillon, près du bois d'Auberives[92], 28 septembre, et dut se retirer à Lyon. Maugiron ramena ses troupes campées à Saint-Symphorien, à Vienne, à Ampuis et à Condrieu[93], et se porta sur Roussillon et Saint-Vallier ; le 27 octobre, il joignit, entre Moras et Beaurepaire, 4.000 hommes de pied et 200 chevaux commandés par des Adrets, les battit et leur tua cinq à six cents hommes[94]. Le 2 novembre, nouvelle bataille au lieu des Portes de Lyon, à Vienne, entre les Huguenots, établis à Saint-Symphorien-d'Ozon et les troupes de Nemours[95]. Le 25 novembre, fut signée à Vienne une trève de 12 jours entre les deux armées.

Dans une longue et curieuse lettre apologétique adressée, par des Adrets,

[87] Arch. Vienne. 6 oct. 1562. Les reîtres commirent de grands dégâts à Ampuis, chez M. de Maugiron.

[88] François de Lorraine, duc d'Aumale, puis duc de Guise. Vidimus de ses lettres de provisions de gouverneur du Dauphiné, du 14 mai 1547. (*Reg. officiariorum.*) Il mourut le 24 février 1563.

[89] Aymar d'Ancezune, s[r] de Vinay, fils de Giraud, tué à la bataille de Pavie, et de Jeanne des Serpents ; lieutenant à la compagnie de la Baume-Suze, 1567-1569, chevalier de l'ordre du roi, 1569 ; épousa Marguerite de la Baume-Suze, mariée en secondes noces à Annet de Maugiron, frère de Laurent.

[90] « Un des plus parfaictz et accomplys princes, seigneurs et gentilzhommes qui furent jamais... Il a été un très beau prince et de très bonne grâce, brave, vaillant, agréable... » Brantôme.

[91] Arch. Rhône. E.

[92] C. de Baschi, m[is] d'Aubaïs, et L. Ménard. *Pièces fugitives.* — Auberives, à 13 k. de Vienne, canton de Roussillon, Isère. — Les bois de Louze, sur Roussillon, le Péage, Assieu, Ville-sous-Anjou, avaient été réservés, par Charles le Chauve, pour les chasses impériales. — A. Golnitz, *Itinerarium Belgico-Gallicum*, 1631, dit : « Penetravimus vicum Auberive, mox quercetum nemorosum, via tamen petrosa, relicto ad dextram monte Pilati, ad vicum Piage de Russillon devenimus. »

[93] Arch. consul. Vienne. Délibération du 10 octobre 1562.

[94] *Id.* Délib. 22, 27 octobre. — Saint-Vallier, Moras, Drôme. Beaurepaire, Isère.

[95] *Id.* Délib. 2 novembre.

au duc de Nemours, du camp de Saint-Saphorin, le 15 novembre 1562, la conduite du farouche baron, au cours de la première guerre de religion, se révèle sous un aspect inattendu. « Je me suis tellement porté en ma charge et avec si bon ordre qu'il n'y a homme en tout le pays de Dauphiné qui ait esté par moy offensé en sa personne ni en ses biens. Et commençant par les plus contraires à nostre dite Religion, ay porté tel honneur et tel respect à M. de Tournon, comme sa qualité le merite, le laissant en sa maison en toute liberté vivre selon sa religion sans toucher à sa maison, et quand il luy a pleu en partir, ne luy a esté donné aucun empeschement. De telle façon ay usé semblablement, envers mes dames de Suze, Maugeron et Vinay, leur envoyant sauvegarde telle quelles me la demandèrent pour la protection et conservation de leurs biens, leur présentant à toutes, en l'absence de leurs maris, tout service et plaisir [96]. »

Au même temps, le roi Charles IX, aux prises avec les protestants, écrivait à Laurent de Maugiron : « Je vous ai ci-devant fait depêche, en forme de commission, pour prendre les compagnies de mes soldats et gens de pied qui sont en Piémont, pour les amener par deçà. Au camp, devant Pantin, 25 octobre 1562 [97] ». Les bandes du comte de Brissac, celles du Piémont, la cavalerie du Lyonnais et de la Bourgogne, sous la conduite de Tavannes et de Maugiron, rejoignirent rapidement l'armée royale, commandée par le duc de Guise, et contribuèrent, avec vaillance, spécialement à l'affaire de Blainville, au gain de la bataille de Dreux, 19 décembre [98].

Au mois de janvier de l'année suivante, 1563, les compagnies d'ordonnances décimées à la bataille de Dreux, ayant été réorganisées, Laurent de Maugiron fut pourvu d'une nouvelle compagnie de trente lances [99]. Une monstre et revue de cette compagnie de trente hommes d'armes et de quarante-cinq archers, faisant le nombre de trente lances des ordonnances du roi, sous la charge et conduite de M. de Maugiron, fut passée, à Vienne, le 20 mars 1564 [100]. Cette compagnie fut portée, par la suite, à cinquante, à soixante, puis à cent lances des ordonnances de S. M. [101].

----

[96] Th. de Bèze. *Hist. des Eglises Réformées de France*. Genève, 1580. — Just II de Tournon, c<sup>te</sup> de Roussillon, frère aîné du cardinal, mari de Claudine de la Tour de Turenne, tué au siège de Saint-Agrève, mars 1563, père de Just III, marié à Eléonore de Chabannes, 10 avril 1564, mort à Naples, 16 août 1568. — Catherine Alleman, dame de Lers, femme de Guillaume de la Baume, s<sup>gr</sup> de Suze, et mère de Marguerite alors femme d'Aymar d'Ancezune, s<sup>gr</sup> de Vinay. — Jeanne de Maugiron, femme de Laurent de Maugiron.

[97] Arch. Rhône, E.

[98] D'Aubigné. *Hist. Universelle*. — Belleforest. *Hist. des neuf rois Charles*.

[99] *Mémoires de Condé*.

[100] Bibl. Nation. *Mss. Clairambault*. — J. Roman. *Montres et Revues*.

[101] Bibl. Nation. *Pièces origin*. Quittance des gages de Laurent de Maugiron, capitaine de 50 lances

Il ne tarda pas à rejoindre l'armée du duc de Nemours, arrivé à Vienne, le 5 janvier 1563, avec mille à douze-cents hommes des vieilles compagnies du Piémont qui furent logés en Fuyssin, faubourg de la ville bien désert et ruiné ; ils y prirent patience, étant doux, paisibles, gens d'honneur et de valeur [102]. Le 5 février, la reine l'informait de la nomination du prince de la Roche-sur-Yon, comme gouverneur du Dauphiné et le confirmait dans la charge de lieutenant général qu'il exerçait sous le duc de Guise [103]. Le 15 du même mois, M. de Maugiron et une noble compagnie partirent de Vienne, accompagnant madame de Maugiron, qui se retirait à Chambéry [104]. De là il descendit en Provence pour y lever les troupes destinées à renforcer l'armée catholique. Catherine de Médicis lui écrivait le dernier février 1563 :

« Il vous est nécessaire de faire un tour par deçà (à la cour), afin de donner ordre à certaines affaires qui sont de grande importance, encore que votre presence en Dauphiné y soit plus requise, pour y maintenir le repos et la tranquillité [105]. » A la tête de sa petite armée, après une marche des plus dures aux travers des Alpes, couvertes de neige, il soumettait le pays de Trièves et, arrivé à Vif, avertissait le duc de Nemours de son intention d'attaquer Grenoble [106].

« Monseigneur, ayant heu, après une infinité de difficultez, les deux canons de Sisteron, trois cents boulletz, deux pieces de campaigne d'Exilhes et quelques poudres de Piémont, non en quantité pour faire grand breche, et estantz nos trouppes joinctes ensemble, que sont d'envyron deux mille quatre centz hommes de pied, et noz compaygnies de gens d'armes, nous nous sommes achemynez, avec ladicte artilherye pour aller devers vous, aux meilleurs journées qu'il nous a esté possible. Mais, despuys Systeron jusques icy, nous vous pouvons asseurer, Monseigneur, qu'il a fallu passer ladicte artilherye par les plus estranches et desemperez chemyns que se puyssent trouver sur la terre; car despuys Provence jusques icy, ce ne sont que grandes montaignes chargées de neiges, tousjours en montantz, par si difficilz passaiges, que jamays artilherie, fort cestecy, ne y a passée pour venir

fournies des ordonnances du roi, 18 février 1563 ; *id.* de 30 lances, 20 octobre 1565 ; *id.* de 50 lances, 12 novembre 1568 ; *id.* de 100 lances, quittance de 320 écus d'or sol, pour les quartiers de janvier-mars 1581 (la valeur de l'écu d'or sol étant établie à 11,02 et le pouvoir actuel de l'argent à 4, cette somme représenterait, de nos jours et annuellement, 56.420 fᶜˢ) ; suivant quittance du 7 novembre 1581, cette compagnie est réduite à 60 lances, pour le quartier d'avril-juin de la même année. — Arch. consul. Romans. Lettre du roi Henri III à L. de Maugiron... capitaine de 100 hommes d'armes, 24 janvier 1579.

[102] Arch. consul. Vienne.
[103] Arch. Rhône. E.
[104] Arch. consul. Vienne.
[105] Arch. Rhône. E.
[106] Arch. consul. Vienne.

deça. Bien en y a passé autrefoys allant en Ytallie, n'estant le chemyn, sans comparaison, ni maulvoys et difficil qu'il est venant en ça. Et oultre que de sa nature il soit très maulvays et dangereux, les ennemys avoyent rompu tous les pontz, maulvays pas et destroictz de rochers, nous ayant le frère du s<sup>r</sup> de Crussol [107] et Furmeyer [108] tousjours costoyez avec leurs forces, de sorte qu'encores que nous ayons heu grande quantité de bœufz et pyoniers, nous avons demeuré douze jours à conduyre ladicte artilherie jusques au lieu de Vif, à deux lieues prez Grenoble. Et par ces malheureuses montaignes, la tempeste, neiges et pluyes ne nous ont jamais abbandonné, tellement que nos paouvres soldatz sont si laz et arassez que, par necessité, nous sommes contrainctz à séjourner icy deux ou troys jours, pour les refreschir. Et cependant nous n'avons voulu faillir vous faire entendre l'estat où nous sommes, pour vous dire, Monseigneur, que nous ne pouvons passer, en façon que ce soyt, pour aller à vous, conduysant ladicte artilherie, sans prendre ledit Grenoble ; d'autant que les ennemys ont bruslé et enfoncé tous les batteaulx et barques qui estoyent sur la rivière de l'Izere, laquelle prinse nous ne pouvons faire sans estre secoruz de partie de voz forces et deux de voz canons ; mesme que nous sommes advertys que les ennemys se sont retirez tous à Romans, pour là assembler leurs forces et venir à nous, pour empescher ladicte prinse et passaige, qu'est l'occasion, Monseigneur, que nous vous supplions très humblement qu'il vous plaise voulloyr tant faire, pour le service du Roy et repoz de ce paouvre pays, de nous envoyer lesdictz deux canons, quelques compaignies de vos genz de pied et celle de cheval des S<sup>r</sup> de Clermont, et de (Vinay) [109], car nous vous pouvons presque asseurer que, cela estant joinct à nous, Grenoble ne tiendra poinct deux jours que ne le prenyons, dont vous pourrez tirer si grande et notable somme de

---

107 Antoine de Crussol, comte de Crussol, vicomte d'Uzès, premier duc d'Uzès, 1565, reconnu pour chef, par les Huguenots, en Languedoc et en Dauphiné, décembre 1562, mais en réalité catholique, fit lever le siège de Grenoble où il entra le 5 mars 1563, et mourut le 15 août 1573, sans laisser d'enfant de son union avec Louise de Clermont-Tallard, comtesse de Tonnerre, veuve de François du Bellay, prince d'Yvetot, dame spirituelle, accommodée aux manèges de la cour, et familière de la reine Catherine de Médicis. — Jacques de Crussol, duc d'Uzès, etc., comme héritier de son frère précité, illustra les noms de Baudiné, puis d'Acier, au service de la cause protestante, sans grande conviction, car il renonça à la R. P. R., fut créé chevalier de l'ordre du Saint-Esprit, et mourut en 1586. Il avait épousé Françoise de Clermont-Tallard, d'où postérité. — Galiot de Crussol, frère des précédents, servit le parti protestant, sous le nom de Baudiné, et fut tué, à la Saint-Barthélemy, à Paris, 1572. — Cette famille est représentée, de nos jours, par Louis de Crussol, duc d'Uzès, marié, le 11 janvier 1894, à Marie-Thérèse d'Albert de Luynes.

108 Antoine Rambaud, connu sous le nom de Furmeyer, se distingua en diverses occasions, comme lieutenant du baron des Adrets, notamment au pillage de la Grande-Chartreuse, 5 juin 1562 ; rentré à Gap, sa patrie, il périt dans une émeute, janvier 1566, et sa maison fut rasée.

109 Antoine III de Clermont. — Aymar d'Ancezune, s<sup>r</sup> de Vinay.

denyers que toute vostre armée en sera grandement solagée. Et ayant recogneu et veu ce pays, comme nous avons, nous le vous pouvons aussy asseurer et prometre, et vous supplyons très humblement le voulloir croyre, sans pencer que ce soit une daulphinoyse, et considérer que ne prenant ledit Grenoble, et ne pouvant passer ladicte artilherie vers vous, nous n'avons aulcung lieu où la retirer ; et si ledit Grenoble est prins, nous ne fauldrons incontinent aller devers vous avec deux mil cinq cens ou troy mil hommes de pied et nos compaignies de gendarmes [110]. Vous suppliant très humblement nous faire entendre au plus tost voz bons commandementz, pour les ensuyvre tant que nous vivrons. Monseigneur, nous supplyons le Createur qu'il vous doint, en parfaicte santé, longue et très heureuse vie. A Vif, ce xxvii<sup>e</sup> fevrier 1563. Voz très humbles et très obeyssantz serviteurs. Suze, Maugiron [111]. »

Entre temps, Maugiron, grâce à ses intelligences dans la ville, pratiquait un enseigne de la compagnie de M. de Bardonnenche, Gabriel de Genton, qui promit de lui ouvrir pendant la nuit la porte de Très-Cloistre ; mais la trahison fut découverte et Genton « arquebouzé [112] ». Les renforts demandés étant arrivés à Vif, il se présenta devant Grenoble qu'il battit en brèche, le 1<sup>er</sup> mars. Après trois assauts vaillamment repoussés par les Huguenots, commandés par le capitaine la Coche [113], averti de l'approche des troupes de Crussol et rappelé, sous les murs de Lyon, par un ordre formel du duc de Nemours, il levait le siège le 4 mars, après avoir incendié les faubourgs de Très-Cloistre et de Saint-Jacques [114], et averti ce prince de son départ et des obstacles compromettant la rapidité de sa marche.

« Monseigneur, j'ai presentement receu votre lettre, et pour response à icelle, d'aultant que Mons<sup>r</sup> de Suze et moy fusmes adverty du retour des reistres et aultres forces que vous nous aviez mandé au secours, tant pour ceste raison que aussy pour ce que, ne pouvant venir à aulcune composition

---

[110] Suivant cette lettre, l'armée catholique comptait 3.000 h. renforcés de quelques compagnies de gens de pied et de deux de gendarmes provenant de l'armée de Nemours, soit 3.500 à 4.000 h. Les historiens protestants fixent à 8.000 h. le nombre des assiégeants et à 900 celui des défenseurs de la ville de Grenoble.

[111] Bibl. Nation. *Mss. français.* — François de la Baume, comte de Suze.

[112] T. de Bèze. *Hist. des Eglis. Réform.* — La famille de Genton était établie à Allevard, dès le xiv<sup>e</sup> s. En 1706, Alexandre de Rastel de Rocheblave, ayant tué un chien de MM. César et François de Genton qui chassaient sur ses terres, fut blessé par François d'un coup de fusil dont il mourut. Des lettres de grâce furent accordées aux deux frères, en 1708. La haine et les procès engendrés par cette affaire, cause de la ruine de la famille de Genton, ont fourni à A. P. Barginet le sujet d'un roman intitulé *la Chemise sanglante.* Paris, 1830. 4 vol. in-12. — Balthazar de Genton était maréchal des logis de la C<sup>ie</sup> de Maugiron, en 1568.

[113] Pierre de Theys, dit le capitaine La Coche, gouverneur de Grenoble pour des Adrets, mourut assassiné, quelques années plus tard.

[114] A. Prudhomme, *Hist. de Grenoble.*

avec ceulx de Grenoble, nous resolusmes, la dès yer, de partir et ne nous arrester icy, qu'a esté cause que, desamparant ainsi ce pays, nous avons perdu grande quantité, tant de nostre cavallerye que infanterye, qui se sont desbandez, voyantz que nous avons voulu passer oultre, pour vous aller trouver. Toutesfoys ledit s[r] de Suze et moy faysons tout nostre pouvoir pour vous aller trouver, avec le plus de forces que nous pourrons, et en la plus grande dilligence que faire se pourra. Mays, pour ce que nostre artillerye est conduicte en partie par des bœufz, et que nous n'avons chevaulx pour la faire marcher en dilligence, je me doubte que nous ne puyssions estre si tost auprez de vous, comme nous desirons; qu'est occasion que je vous ay bien voulu escrire ce mot, pour vous prier qu'il vous plaise, Monseigneur, nous favoriser, sur nostre passaige, par une partie des chevaulx de vostre artilherye, à ce que, au moyen d'iceulx, nous puyssions marcher en la plus prompte dilligence que faire se pourra. Monseigneur, je prye Dieu qu'il vous donne, en parfaicte santé, très longue et très heureuse vie. Au devant de Grenoble, le IIIe mars 1563. Vostre très humble obeissant serviteur. Maugiron [115]. »

Le 7 mars, Maugiron arrive à Vienne et repart le lendemain pour aller au camp de M. de Nemours, à Saint-Genis et à Millery, en Lyonnais [116]. Après une tentative infructueuse sur Lyon, 7-13 mars, il revint à Vienne, et prévenu des intelligences entretenues par les protestants, il ordonna, 17 mars, de fermer les portes et fenêtres donnant sur le Rhône et sur la Gère, sous peine d'être pendu et étranglé, si on n'obéissait pas dans les vingt-quatre heures, et établit 16 compagnies dans la ville [117].

La paix d'Amboise, publiée à Vienne le 30 mars [118], rendit momentanément le calme au pays. La reine-mère mande à M. de Maugiron, le 5 avril, que Dieu ayant donné la paix, il donne des ordres pour la faire observer dans son gouvernement [119]. Pourtant, Charles IX, par une lettre du 10 avril 1563, lui signale plusieurs lieux dans le comtat d'Avignon et pays de sa Sainteté occupés par ceux de la nouvelle religion. « Il faudrait s'emparer de ces places, sans aucun scandale et sans désordre [120]. » La suscription de cette lettre du roi lui donne le titre de lieutenant général en Lyonnais. Le 3 mai, huit mille hommes levés par Maugiron se joignent à l'armée du duc de Ne-

---

[115] Bibl. Nation. *Mss. français.* « Monseigneur le duc de Nemours, lieutenant general pour le Roy ez pays de Lyonnais, Daulphiné, Bourgoigne et Provence. »

[116] Arch. consul. Vienne.

[117] *Id.*

[118] *Id.*

[119] *Id.*

[120] Arch. Rhône, E.

mours qui vient établir son camp à Vienne [121]. Par lettre du 16 mai, le roy et la reyne défendent à M. de Maugiron de désarmer avant la soumission de Lyon et de Valence [122].

De graves débats s'élevèrent, alors, entre le corps de ville et les religionnaires prétendant, forts de certaines concessions obtenues de Nemours et de Maugiron, rétablir l'exercice public de leur culte, à Vienne, contrairement à l'article V de l'édit d'Amboise le maintenant uniquement dans les villes qui en étaient pourvues, au 7 mars 1563. Les consuls s'opposèrent à une requête présentée, le 24 juin, à M. de Maugiron, pour obtenir des ministres dans la ville [123]. Celui-ci porta l'affaire à la cour, et Catherine de Médicis lui répondait le 3 juillet : « Quant à l'instance que ceux de Vienne font de leur être permis l'exercice de la R. P. R. dans leur ville, se voulant prevaloir en la promesse qu'ils allèguent avoir été faite par vous, laquelle ne pouvait être faite sans le bon plaisir du Roi qui ne l'a aucunement approuvée [124]. » D'autre part, le roi ajoutait : « Mons<sup>r</sup> de Maugiron, ayant veu par ce que mon cousin le mareschal de Vieilleville et vous avez escript à la Reyne, madame ma mère, la difficulté en quoy vous trouvez tous deux pour le regard de Vienne, là où ceulx de la Religion Pretendue Reformée demandent avoir lieux pour l'exercice de leur dicte Religion, en vertu de la promesse qu'ilz alleguent leur en avoyr esté par vous faicte, voullant par là inserer que ladicte ville doibve estre comprinse au nombre de celles dans lesquelles a esté par l'edict de paix permis ledict exercissé de Religion, comme s'il y avoit esté jusques au septiesme de mars dernier passé. Sur quoy je vous diray que le deuxiesme article dudict edict qui en faict mencion est si clair et intelligible qu'il vous peult de soy-mesme, sans aultre explication, colleur ni persupposition, resoudre et eclaircir de ceste difficulté, scavoir est que n'ayant heu en ladicte ville ; comme il est très certain, aulcun exercice de ladicte Religion au vii<sup>e</sup> de mars, elle ne peult estre comprinse au nombre de celles dans lesquelles, pour ceste mesme occasion, ledict exercice de Religion est permis. Par quoy ladicte ville de Vienne en demeure par là excluse, quelque promesse que mon cousin le duc de Nemours et vous leur puissiez avoyr faicte la dessus, laquelle sans mon approbation et consentement ne doibt avoyr lieu. Vous vous conformerez doncques en cela audict edict, sans y rien changer, innover ne adjouster, ne pareilhement à establir aulcuns lieux dans ladicte ville pour icelluy exercice de ladicte Religion, suyvant ce que

[121] Arch. consul. Vienne.
[122] *Id.*
[123] *Id.*
[124] Arch. Rhône, E.

mesmes j'en escriptz en semblable à mondict cousin le mareschal de Vieille-ville. Priant Dieu, Monsieur de Maugiron vous donner ce que desirez. Escript à Mante sur Seyne, le iiiie jour de juilhet 1563. Charles. Robertet[125]. »

Le maréchal de Vieilleville, arrivé à Vienne, le 5 juillet, où il fut reçu par Maugiron[126], mit fin à ces contestations, en permettant aux protestants de construire leur temple, à Sainte-Colombe, de l'autre côté du Rhône. Depuis ce temps, dit Chorier, aucune famille huguenote n'osa s'établir à Vienne, où Maugiron rendit diverses ordonnances concernant la paix, 7 juillet, 18 juillet, 15 octobre[127]. Par lettres patentes du 11 octobre 1563, le roi manda au général des finances d'imposer 940 l. sur les villes closes du Dauphiné pour l'entretien de cinquante soldats accordés à M. de Maugiron[128]. Il avait occupé, durant quelque temps, la charge de lieutenant au gouvernement de Bour-gogne, en l'absence de Claude de Lorraine, marquis de Mayenne, duc d'Au-male, gouverneur de cette province. La reine Catherine de Médicis lui écrit, en cette qualité : « Vous saurez par la lettre que le roi vous ecrit la grâce qu'il a plu à Dieu de lui faire de lui remettre entre les mains, en si peu de temps et au prix de si peu de gens une place (le Havre) jugée impre-nable, de tout le monde. Ils ont été si vivement pressés (les Anglais), qu'à la fin ils ont pensé qu'il valait mieux se rendre qu'endurer un assaut. Ils ont encore quatre à cinq mille hommes du reste de la mortalité, en etant morts autant ou peu s'en faut, et s'embarquent pour retourner en Angleterre... 15 juillet 1563[129]. »

Le 19 octobre 1563, le maréchal de Vieilleville fit son entrée à Vienne, accompagné de MM. Maugiron de Leyssins et du baron des Adrets rentré dans les rangs catholiques[130]. M. Maugiron partit le lendemain pour Lyon, puis prit une part active aux débats de l'assemblée des états du Dauphiné, tenue à Grenoble, le 5 décembre 1563, à laquelle le roi mandait qu'il trou-vait étrange la difficulté faite par Vienne, Valence, Romans, Grenoble et

---

[125] Arch. Rhône, E.

[126] Arch. consul. Vienne. — François de Scepeaux, seig[r] de Vieilleville, maréchal de France, com-mis par le roi pour faire exécuter l'édit de pacification, en Lyonnais, Dauphiné, etc. Il partit dans l'après-midi et alla coucher à Roussillon, se dirigeant sur Valence.

[127] Arch. consul. Vienne.

[128] Id. Etats de Dauphiné. — Cette garde fut cassée par les Etats, 19 mai 1564.

[129] Arch. Rhône E.

[130] Arch. consul. Vienne. — François de Beaumont, baron des Adrets, après avoir vaillamment combattu dans les rangs de l'armée catholique et royale, passa aux Huguenots, à la surprise de Valence qu'il dirigea, 27 avril 1562. Le 15 novembre suivant, il entama personnellement des négociations avec le duc de Nemours; devenu suspect à ses coreligionnaires, il fut arrêté et mis en prison à Valence, 10 janvier 1563. La paix du 12 mars suivant le rendit à la liberté. Il se retira dans son château de la Frette, et reprit du service dans l'armée royale, en 1567. Jamais homme, dit Le Laboureur, ne s'acquit tant de réputation, en si peu de temps (huit mois environ).

autres villes de reconnaître M. de Maugiron comme lieutenant général, et leur enjoignait de lui obéir. Le consul de Vienne réplique et trouve très extraordinaire que cette ville soit comprise dans la lettre du roi, car les Viennois ont reconnu et reconnaissent M. de Maugiron, à cause de ses grandes vertus. Les consuls des autres villes déclarent qu'ils sont prêts à obéir, 10 décembre. L'assemblée vota, le 13 du même mois, un impôt de 940 l. par mois, sur les villes du Dauphiné, pour être employées à la solde de cinquante soldats accordés à M. de Maugiron [131]. Le roi lui écrivait, 29 décembre : « ..... Je ne puis que grandement me contenter de mes bons et loyaux serviteurs qui estoient aux Etats, et vous prier bien fort, Monsieur de Maugiron, que estant à present toutes choses si bien commencées et remises en estat de repos et tranquillité, vous les veuillez doresnavant continuer et faire en sorte que mes edicts et ordonnances soient si bien et si etroictement gardées et observées, à l'encontre des ungs et des aultres, sans regarder de quelle religion y puissent être, que personne n'ait occasion de s'en plaindre [132] ». Les états ayant décidé la publication de l'édit de pacification, le parlement dressa un règlement pour en assurer l'effet, mais il ne fut pas accepté dans toute la province, notamment à Vienne, où l'on ne voulut rien altérer à l'ancienne forme de la police, malgré une lettre pressante de Maugiron, au vi-bailly de Vienne, 15 février 1564 [133].

Le 26 mai 1564, le lieutenant général prévenait le consulat de la venue du prince de la Roche-sur-Yon, gouverneur du Dauphiné : « A Messieurs les Consulz de Vienne. Messieurs les Consulz, je croys que nul de vous ne peult ignorer l'approche que faict, de jour à aultre, le Roy près de Lyon, où estant arrivé ne fauldra Mons<sup>r</sup> le prince de la Roche-sur-Yon, notre gouverneur, suivant le congé que ja il en a obtenu de noz ma<sup>tés</sup>, s'acheminer en ceste province et faire la visite en chascune ville d'icelle, pour estre de tout plus asseuré de leur ordre et police. Et bien que la perte et ruynes auxquelles elle a esté, plus que nulle aultre, durant les troubles passez, affligée soyent à chascun assez cognues, et à mond. seig<sup>r</sup> prince, que ne nous devroyent inviter à superflue despence. Sy il m'a semblé vous avoir prié la continuation des ceremonies observées en celles occasions, ne pourriez de moing, tendant demonstration de joye de son arrivée en ceste province, que vous preparer unanimement à quelque petite et honneste despence et telle que le peu de loysir que vous auriez et soullagement de vostre ville pourront permettre. Vous pouvez estimer de combien, par là, il recevra à plaisir l'affection des cueurs

---

[131] Arch. consul. Vienne. Etats de Dauph.
[132] Arch. Rhône, E.
[133] Chorier. *Hist. de Dauph.* — Arch. consul. Vienne.

voulontayres au service de leurs d^tes ma^tés, et par consequent de luy, par l'apparent tesmonaige qu'il en prendra sur vos petites facultez, lesquelles doncques je vous prye prendre si à propos que ne puissions estre taxez d'ingratitude de chose dont à bon droict nous debvons tosjours resjouir. Et sur ce je prie le Createur, vous donner, messieurs les consulz, en santé, ce que desirez. A Ampuis, 26 may 1564. Maugiron [134]. » Le prince fit son entrée, à Vienne, le 8 juillet, et le lendemain la ville lui fit don d'un vase d'argent doré de la hauteur d'une coudée et d'un tour avec son étui. Ces vases marquaient le triomphe de Vienne, et au milieu était écrit Venus. On n'avait rien trouvé de plus beau. Il logea chez Laurent de Maugiron qui l'accompagnait [135]. Le 18 juillet, le chancelier de l'Hospital s'arrêtait à Vienne, ainsi que le duc de Nemours, le 21, et plusieurs autres grands personnages qui suivaient la cour [136].

En ces mêmes temps, le roi Charles IX, au cours de son voyage, entrepris dans le royaume pour apaiser les troubles, en compagnie de la reine-mère, du duc d'Anjou, du prince de Béarn, etc., fut chassé de Lyon par la contagion, et évitant Vienne où elle régnait également [137], alla s'établir au château de Roussillon, pendant 29 jours, 17 juillet-15 août [138]. Le 9 août 1564, il y rendait un édit, auquel la prudence de Maugiron ne fut point étrangère, restreignant les libertés accordées aux protestants par l'édit de pacification. En récompense de ses bons services, ou pour adoucir une disgrâce prochaine, Laurent de Maugiron, qui accompagnait la cour, reçut le collier de l'ordre de Saint-Michel, à Valence, de la main du roi, le 31 août suivant [139].

La nouvelle politique de conciliation, pratiquée par Catherine de Médicis, ne pouvait s'accommoder de l'ardeur de Maugiron pour les intérêts catholiques,

[134] Arch. consul. Vienne. — Lettres de provisions de la charge de gouverneur de S. M. en Dauphiné, pour Charles de Bourbon, duc de Baupréau, prince de la Roche-sur-Yon, du 16 janvier 1562, v. st. *Reg. officiariorum.*

[135] Arch. consul. Vienne. — Les historiens prétendent, à tort, que le gouverneur, à l'instigation du lieutenant général, avec lequel il était en mauvais termes, fut fort mal reçu à Vienne ; les registres consulaires fournissent une longue description de cette entrée qui fut fort honorable.

[136] Mermet. *Chronique de Vienne.* — Arch. consul. Vienne.

[137] Délib. du 12 juin 1564. Arch. consul. Vienne.

[138] A. Jouan. *Recueil et Discours du voyage du Roy Charles IX.* Paris, 1566, in-8. — Roussillon, chef-lieu de canton, à 18 k. de Vienne. Le château venait d'être récemment construit par le cardinal de Tournon, comte de Roussillon, 1557. Durant son séjour, Charles IX, par son ordonnance du 9 août 1564, prescrivit la publication de l'édit donné à Paris, au mois de janvier précédent, et fixant le commencement de l'année au 1^er janvier. Antérieurement, la date initiale de l'année était fixée, pour le parlement de Grenoble, à la Noël, 25 décembre ; pour l'église de Vienne, à l'Incarnation, 25 mars. — A. Prudhomme. *Du commencement de l'année, en Dauphiné.*

[139] *Faits et gestes de G. de Meuillon*, mss. de la Bibl. de Grenoble, publié par E. Maignien. On lit en marge : « Ont esté faict chevallier de l'Ordre A. F. de Meuillon, le dernier jour d'aoust 1564, à Vallence en Dauphiné, ensemble Monsieur de Maugiron. »

« attendu qu'il était l'ennemi des partisans de la religion réformée[140] », et, l'inimitié du prince de la Roche-sur-Yon aidant, Charles IX se laissa persuader, durant son séjour à Aix, 15-28 octobre 1564, de le remplacer, dans sa charge de lieutenant général en Dauphiné, par Bertrand-Raymbaut de Simiane, baron de Gordes. Mais comme il fallait ménager ce chef puissant dans la province, Maugiron fut maintenu dans son gouvernement de la ville de Vienne, où Saint-Marc, lieutenant de sa compagnie d'hommes d'armes, commandait en son absence, et honoré d'une mission auprès du duc de Ferrare. Claude de Clermont, baron de Montoison, était à la tête de sa compagnie de gens de pied, en 1566.

Cette disgrâce entravait la fortune de Maugiron ; il en marque son chagrin dans une lettre adressée à Catherine de Médicis dont la bienveillance lui était restée fidèle. « Madame, je suis resollu de suyvre ce qu'il vous plairra tousjours me faire commander, remerciant très humblement Vostre Majesté de l'honneur et bien qu'il vous plaist m'asseurer par vostre dernière lettre, par laquelle je recognois très bien que vostre dicte Majesté n'at esté advertie des traicts que l'on n'at usé pour me chasser de la charge et estat qu'il vous avoit pleu me donner, sans l'avoir porchassé, encore que j'ai bien sceu que feu monsieur de Guise la desiroit à monsieur de Suze, après la mort du sieur de la Motte-Gondrin. Et pour faire entendre comme j'ay esté traicté, après avoir bien servy et tenu le party du Roy et le vostre, le president Truchon[141] et plusieurs aultres me remonstrèrent, de la part de monsieur le prince de la Roche-sur-Ion, que s'y je n'endurois que Bressieu[142] fut avec moy en la charge de lieutenant de Daulphiné que, sans faillir, ledict sieur prince la m'obteroit du tout, par le moyen de monsieur de Clermont à qui elle appartenoit suyvant l'edict de sa Majesté; mais que si je volois que ledict Bressieu fut avec moy, qu'il ne se parleroit poinct dudict sieur de Clermont, pour scavoir de luy sa voulonté, comme tenu que je luy estois; il me respondit qu'il n'y pretendoit poinct, desirant mon advencement comme le sien propre. Et de faict, Madame, feu monsieur le Prince me dict, que sy j'estois si incompatible de n'endurer telle chose, que je m'en repentirois. Voyant telles menées contre moy, je fus bien ayse estre en paix, car je recognois assez que d'estre lieutenant du roy contre le voloir d'ung superieur, ce n'est le service de sa Majesté ; aussy d'estre deulx à governer une province c'est mettre

---

[140] Assemblée des religionnaires à Saint-Paul-Trois-Châteaux. Délibération du 11 juin 1563.

[141] Jean Truchon, premier président au parlement de Dauphiné, mort en 1578.

[142] Aymar-François de Grolée-Meuillon, baron de Bressieux, lieutenant du maréchal de Vieilleville, 1563, capitaine de 50 hommes d'armes, tué au combat du Pont de Vichy, 6 janvier 1568, à la tête de la cavalerie catholique.

desunion à ung peuple. Et s'y n'estoit la crainte que j'ai d'estre importun, je vous dirois d'aultres petites menées qui furent faictes pour me bannir non seulement de ma dicte charge, mais de vostre service. Toutesfois, j'ay tousjours sy bien faict et feray, qu'avec vostre bonté, je ne crains rien. Voyla, Madame, comme j'ay esté traicté, et sy je vous ay bien servy, qu'il plaise à vostre Majesté m'arreguarder en pityé, car ceulx qui me devoient recognoistre pour bon serviteur m'ont chastié comme fauteur. Hé Dieu, Madame, quel regret je puis avoir en mon cœur d'avoir esté eslevé du feu roy, vostre mary, et de vous, et puis estre eslongné comme je suis. Ayez compassion du tort qui m'at esté faict, et qu'il playse à vostre Majesté me tenir toujours pour tres humble et fidelle serviteur. Madame, je prie Dieu donner à vostre Majesté, en parfaicte sancté, très honorable et très longue vie. De Vienne ce XXe jour de decembre 1566. Vostre très humble et très obeyssant subject et vassal, Maugiron[143]. »

Les libertés accordées aux protestants, la modération de de Gordes irritèrent les catholiques contre le nouveau lieutenant général. Guillaume de Saint-Marcel, archevêque d'Embrun, André Alleman, seig[r] de Pasquiers, Antoine de Sassenage et un grand nombre de gentilshommes s'unirent contre lui, août 1565. Maugiron, chargé de les appuyer à la cour, eut le malheur de s'y brouiller avec le duc de Nemours qui s'employa activement, ainsi que le prince de la Roche-sur-Yon, à soutenir de Gordes[144]. Cependant les rancunes s'apaisèrent, peu à peu, comme l'indique une lettre franche et cordiale écrite par de Gordes à Maugiron : « ... Si je fusse esté en estat quand vous passates pour aller aux bains d'Aix, je vous eusse envoyé visité, et n'eust esté sans vous donner mon advis que en juillet et aoust j'ay toujours ouy dire que les baings n'estoient point bons, mais bien au primtemps et en automne; mais puisque vous estiez revenu en bonne santé, je prie Dieu... De Laval, 30 juillet 1567. » (Et à la suite, de sa main :) « Je suis bien ayse, Monsieur, de l'opinion que avez de moy qui ne vous ay jamais procuré de mal, car cestuy moment la verité est telle, et n'en eu jamais la volonté, et tant s'en fault que si j'estoye assez grand de pouvoyr comme de vouloyr, je l'employeray tousjours en ce qu'il vous playra m'employer et commander, comme celuy que trouverez vostre compère affectionné à vous fayre service. Gordes[145]. »

Un soulèvement des protestants ayant éclaté le 28 septembre 1567, de Gordes, sur l'ordre de Charles IX, 8 octobre, leva le plus de monde possible pour les empêcher de bouger et «tailler et mettre en pièces les plus opiniâtres,

---

[143] Bibl. Nation. *Mss. français.* — J. Roman. *Pet. Rev. Dauph.* 1887.
[144] Chorier. *Hist. de Dauph.*
[145] Arch. Rhône. E.

sans en épargner un seul, car tant plus de morts, moins d'ennemis ». Maugiron se porta au secours de Lyon menacé par les troupes de Mouvans et de
Saint-Romain [146]. Celles-ci, contraintes de se retirer, se jetèrent sur Vienne,
aidées par les religionnaires assemblés à Moras, Agnin et Anjou, et y entrèrent, le 4 octobre, par la porte Saint-Martin, « laquelle leur fut ouverte par les
citoyens qui se trouvèrent là [147] ». Le juge archiépiscopal Putod chargé de la
garde du château de la Bâtie, le rendit au capitaine Claude de Bérenger, sr de
Pipet, qui y mit une garnison huguenote [148]. Il n'en fut pas de même pour le
château de Pipet, intrépidement défendu par le chanoine Claude de Dorgeoise,
suivant sa lettre à Maugiron :

« Nous a tous esté sommé, par deux foys, rendre au Roy le chasteau,
la première fois par le seigneur de Changy [149]... Les consulz vindrent nous
fayre remonstrance des grandes forces qui sont à Vienne... et nous requerirent
de rendre le chasteau... de quoy ne fismes que nous rire... Une seconde sommation fut fayte par un gentilhomme, de quoy n'avons rien fayt que comme

[146] Paul de Richiend, seigneur de Mauvans, dit Mouvans, chef des protestants de Provence, après la
mort de son frère Antoine, 1560, fut tué, le 30 octobre 1568, à Pierregourde, près de Périgueux. — Jean
de Saint-Chamond, chanoine-comte de Lyon, 1540 ; archevêque d'Aix, 1551 ; déposé, par Pie IV, 1563 ;
un des chefs de la R. P. R. en Languedoc, mourut en 1578 ; il est appelé le seigneur de Saint-Romain,
du chef de sa femme Clauda de Fay, dame de Boucieu, Saint-Romain, la Saulne, célèbre par sa beauté,
remariée à Antoine de Bron, sr de la Liégue. Christophe de Saint-Chamond, son frère, fut un des plus
vaillants capitaines catholiques. — M. de Boissieu. *Généalogie de la maison de Saint-Chamond.* Saint-
Etienne, 1888, in-8°. — A. Vachez. *Bellegarde et la Liègue*

[147] Arch. consul. Vienne. — Moras, Drôme. Agnin, Anjou, canton de Roussillon, Isère, à 24 et
26 kilomètres de Vienne.

[148] Arch. Rhône. E. « D'autant que je n'avois aulcun vivre », dit Pierre Putod dans une lettre apologétique à Maugiron, du 30 septembre 1572. — Claude de Bérenger, sr de Pipet, mari de Marguerite
de Dorgeoise, 1564, gouverneur du Pousin, 1570, frère de Louis de Bérenger, dit le brave du Guâ, favori
de Henri III.

[149] François et Ymbert de Fay, seigneurs de Changy, paroisse de Cordelle, en Forez, dits Changy
et le jeune Changy, capitaines protestants au service de Condé, fils de Pierre de Fay, mari de Jeanne de
Changy, ledit Pierre fils d'Hector de Fay seigr de Peyraud, en Vivarais. « Les Changy frères » compromis dans la conjuration de Lyon, 1560, furent arrêtés, puis relâchés par le maréchal de Saint-André.
« François et Imbert du Fay, frères, seigneurs de Changy, » témoins au procès de Condé, suivant l'arrêt
du parlement, du 13 juin 1561, en faveur de ce prince. Le comte de Sault, écrivant au roi, 27 avril
1562, dit : « Quant à ce que V. M. fait doubte de quelque sinistre entreprise sur ceste ville (Lyon), par
les sieurs de Perault et de Changy, estimant qu'ils y sont en séjour... il y a ung mois que ledit Perault
n'y a point esté... Quant aux Changy, ils en sont partis il y a plus de quinze jours. » Changy, nommé
commandant de l'infanterie, en Lyonnais, par le prince de Condé, ne fut point maintenu dans cette
charge et se retira à Valence, 1562. On le retouve à la prise de Vienne et à celle de Peyraud et d'Annonay, 1567-1568. Il ne faut point confondre les exploits des Fay-Changy avec ceux des Fay-Peyraud,
leurs cousins, représentés alors, dans les armées huguenotes, par Antoine et Jean de Fay, père et fils,
seigneurs de Peyraud. Nobles François et Imbert de Fay, frères, vendirent, par contrat du 23 octobre
1561, la maison et seigneurie de Changy, à Pierre et Jean de la Mure, frères. (D'Assier. *Fiefs du Forez)* ».
François de Fay, sr de Changy, maréchal de camp de l'armée protestante, eut le bras rompu d'une mous-
quetade devant Poitiers, août 1569, et mourut peu après ; il avait épousé Claudine de Pierrepont, d'où
une fille, Marguerite, morte jeune ; il avait hérité de son frère Imbert.

dessus... Le dimanche après ont demandé pour rendre Jehan Gabet, Antoine du Prat et Antoine Sambain [150] qui sont en hostages audit chasteau... ce qui

[150] Jean Gabet, Antoine Duprat, Antoine Sambein, protestants, consuls de Vienne, 1562.

La famille Gabet, originaire de Chatonnay, en Viennois, où elle exerçait le commerce du poisson, 1415, a joué un rôle important à Vienne, au cours des premières guerres de religion. — Innocent Gabet, docteur ès droits, citoyen de Vienne, 1517, lieutenant de M. le vi-bailly, 1530, consul 1531-1537, teste le 3 avril 1547 : inhumation et fondations en l'église N.-D. de la Vie ; legs à Bonne Bissonne (Bosson) sa femme ; à ses filles : Claude, femme de Jean Gros, de Bourgoin ; Sibylle, femme de Jean Colomb, écuyer, de la Côte-Saint-André ; Françoise, femme de Jean Gros, de Cessieu ; Marguerite, femme de son cousin Gaspard Gabet. Legs à ses fils : Claude, docteur ès droits, citoyen de Vienne, accusé d'hérésie, ainsi que son frère Jean, est constitué prisonnier par L. de Maugiron, 11 juin 1560 ; « contrerolleur de la ville, » aux procès-verbaux des pillages organisés par des Adrets, 1562. Il teste le 13 septembre 1564, soupçonné de contagion ; legs d'un écu d'or à l'église réformée, héritier universel Jacques, son frère aîné. — Jean, avocat, consul de Vienne, 1555, capitaine pennon, nommé par Bernin capitaine d'une compagnie de 100 hommes d'armes, pour s'opposer à Maugiron, 15 juin 1562, puis vi-bailly, 13 août, et destitué en 1563. Il épousa N..., fille de Jean Charreton, d'où postérité. — Jacques, fils aîné et héritier d'Innocent, docteur ès droits, juge royal de Vienne, dès 1549 ; il embrassa la R. P. R., fut compromis dans la conjuration d'Amboise, 1560, fit prêcher, pour la première fois, dans sa maison à Vienne, janvier 1561, introduisit dans Vienne des Adrets qui logea chez lui, 2 mai 1562. Par commission du 15 juin 1562, il fut nommé lieutenant et commissaire, par le gouverneur Bernin, pour toucher les revenus des archevêchés, abbayes, cures, etc., vendre les reliquaires... et autres meubles provenant de la dépouille des temples et des gens d'église de Vienne et du bailliage. A la prise de Vienne par Nemours, février 1563, il dut se réfugier à Lyon. Rentré à la paix, Jacques Gabet, juge royal, est récusé comme suspect, par le Consulat, 28 septembre 1565, poursuivi criminellement pour cause de prédication, 1566, et chassé de la ville, ainsi que le ministre Jean Figon, pour y rentrer avec Saint-Chamond, à la surprise du 4 octobre 1567. « En ceste ville, il y avait un nommé Jacques Gabet, juge royal, lequel était un des plus malheureux huguenots de toute la France, ayant été de la faction d'Amboise, ayant fait toutes les premières entreprises contre le roi, dans toutes les guerres ayant trait à cette ville de Vienne, contre sa promesse par deux fois, la première en mai 1562, et la seconde octobre 1567, et jusqu'en avril 1573 qu'il s'est efforcé de la réduire et la rendre aux huguenots, ce qu'il n'a pu faire. » (Extrait des *Reg. des délib. de l'égl. de Vienne*, sign. Le Blanc, secrétaire du Chapitre.) « 10 avril 1573. Arrestation à Vienne d'un espion qui dit avoir vu à Vaugelas (canton de la Verpillière) les s<sup>rs</sup> Gabet et Gentillet, avec une troupe de soldats, fantassins et cavaliers, et que ledit Gentillet lui a donné une lettre pour avertir les huguenots qu'il viendra dans Vienne. » *(Délib. consul.)* « Ledit Gabet, par ses méchancetés dont il usait toujours, lui étant à Chatonnay, faisant entreprise de se saisir de cette ville de Vienne, fut pris par les soldats de cette ville, le 25 avril 1573, et se voulant rebeller, en l'amenant fut tué par les soldats à coups d'arquebusades, au grand contentement des habitans de cette ville tous loyaux serviteurs du roy. » *(Délib. de l'égl. de Vienne. Id.)*

Jacques Gabet épousa : 1° en l'église catholique, suivant contrat du 20 avril 1549, Claudine, fille de noble Guichard Valpergue ; elle teste, dans la religion réformée, 13 décembre 1556, laissant de cette union Jean-Jacques, et une fille Bonne ; 2° en l'église réformée, Joachime, fille de Jacques de Blanc, s<sup>r</sup> de Puras, et d'Esmeraude Laurencin, 12 novembre 1566 ; de cette union vinrent Israël et Jean. Jacques Gabet testa le 17 octobre 1572, au Pont-de-Beauvoisin où il s'était fait accompagner par des gens de Culin et de Chatonnay, prenant ses précautions contre les recherches dont il était l'objet ; legs à Joachime, sa femme, et à Bonne, sa fille (morte peu après) ; héritiers ses fils Jean-Jacques, Israël et Jean, par égales portions. Joachime de Blanc, sa veuve, épousa le 9 janvier 1581, en l'église catholique, Jean de Boissat, s<sup>r</sup> de Curieu.

Israël Gabet, docteur ès droits, avocat, juge pour le roi, conseiller à la cour des Aides de Vienne, par lettres de provisions du 23 août 1638 (finances 20.000 l.). Il épousa : 1° 23 janvier 1600, en l'église catholique, Anne, fille de feu François Carier et de Drevonne Archimbaud ; elle teste, 21 juillet 1605, laissant pour héritier son mari ; 2° 14 juillet 1620, en l'église catholique, Marguerite, fille de Barthélemy de Benoît et de Marguerite de Frégose, d'Avignon. Il n'eut pas d'enfants de ces unions et testa, le

fut refusé ainsi que de se rendre. A Pipet, ce vi[e] octobre 1567. Les capitaines, soldatz et aultres de Pipet. — Claude Dorgeoise [151]. »

Le même jour, Monsieur de Maugiron, étant à Lyon, envoie aux portes de Vienne 25 ou 30 hommes à cheval, pour dire aux huguenots que, s'ils maltraitent les habitants de Vienne, il se vengera sur ceux de Lyon [152]. Néanmoins, les protestants maîtres de la ville, pendant un mois et neuf jours, s'y livrèrent aux pires excès. Le 17 octobre, ils mettent le feu dans l'église de Saint-Maurice, le beffroi est brulé, les cloches sont fondues, le palais archiépiscopal est ruiné. Le 18, ils entrent dans l'église de Saint-Sevère, font tomber les cloches et les brisent [153]. Le 13 novembre, les troupes du duc de Nemours et de de Gordes ayant occupé le château de Pipet, les huguenots évacuèrent la ville, durant la nuit du 14, et se rendirent à Serrières, sur la rive droite du Rhône, à pied et en bateaux. Poursuivis par de Gordes et Maugiron, ils furent battus devant Saint-Marcellin. Le 29 novembre, madame de Maugiron fournit deux pièces d'artillerie pour mettre Pipet en état de défense et, le 5 décembre, les consuls prient M. de Maugiron de leur prêter les mousquets qu'il a chez lui [154].

L'armée catholique trop faible dut, peu après, se replier sur Lyon, où le duc de Nevers rassemblait des troupes nombreuses, auxquelles se joignirent des Adrets, devenu catholique, et Laurent de Maugiron [155]. Après avoir pris Mâcon, cette armée se fondit, en Champagne, dans celle commandée par le duc d'Anjou. Maugiron suivit la fortune de ce prince, et on le retrouve aux batailles de Jarnac, 13 mars, et de Moncontour, 3 octobre 1569, où sa compagnie d'hommes d'armes se distingua [156].

La faveur de Monsieur, frère du roy, ne fut point étrangère à un incident

18 octobre 1645; héritière sa femme; legs à ses cousins Jacques et Claude Gabet; à l'Hôtel-Dieu de Vienne, 600 l., fondations de messes...

Jean Gabet, dit Nardel, deuxième fils de Jacques, gendarme de la compagnie de Mons[gr] Des Diguières, teste, en la religion réformée, le 24 août 1593, à Villard-Saint-Christophe, mand[t] de la Mure, laissant pour héritier son frère Israël.

La propriété de la Gabetière, gentilhommière au territoire d'Estrablin, près de Vienne, appartenait en 1727, à la famille Gabet.

[151] Arch. Rhône. E. — Claude de Dorgeoise, chanoine de Saint-Maurice, frère de Jean de Dorgeoise, s[r] de la Thivolière, qui défendit Montélimar, contre les protestants, en 1570.

[152] Arch. consul. Vienne.

[153] *Id.*

[154] *Id.*

[155] Chorier. — D'Aubigné.

[156] Lettres de noblesse, données par Henri III, à Fontainebleau, septembre 1578, à Jacques Ballefin, de Crémieu, maréchal des logis de la compagnie d'hommes d'armes de M. de Maugiron, en récompense de ses services militaires, « notemment aux batailles de Jarnac et de Moncontour, soubz nostre conduicte et commandement. » Ce même J. de Ballefin était homme d'armes de la c[le] de Maugiron, à la montre de 1564.

signalé par une lettre du duc de Montpensier, gouverneur du Dauphiné qui, par ordonnance du 9 novembre 1568, avait confirmé Maugiron dans sa charge de sénéchal du Valentinois et Diois.

« Monsieur de Gorde, le Roy monseigneur et la Royne, connaissant de quelle importance leur est la garde et la conservation du pays de Daulphiné, et mectant en concidération les bons et recommandables services que M<sup>r</sup> de Maugeron leur a cy devant faictz dans la conduite et gouvernement dud. pays que aultres endroictz où il a esté employé pour le bien et repos de ce royaulme, leurs magestés m'ont accordé que ledict gouvernement soit desparty et que led. seigneur de Maugiron soit remis en la moitié de la charge qu'il a eue aultres fois, affin d'y avoir l'eveilh avecque vous et empescher que nos ennemys ne s'en puissent emparer et prevalloir à l'advenir... Et pour ce qu'il est bien raisonnable que vous ayes le choix et option de regarder en quelle partie de mon gouvernement vous voulles commander, soit au Grais Vaudan, montagnes et baronnies, ou au reste de Viennois et Vallentinois, auparavant d'en fère expédier le pouvoir aud. segneur de Maugeron, m'asseurant que n'ires au contraire de ce que leurs magestés en ont arresté en ma faveur... D'Amboyse, ce xvii<sup>e</sup> d'aoust 1569. Loys de Bourbon [157]. » Ce partage de la lieutenance générale ne semble pas avoir été suivi d'effet, car de Gordes continua à commander dans tout le Dauphiné et Maugiron resta attaché au duc d'Anjou, et suivit le train de la cour. En compensation, par lettres patentes données au Plessis-lez-Tours, septembre 1569, le roi Charles IX unit les terres de Montléans, de Louvre, de la Roche et de la Garde, et les érigea en comté, sous le nom de Montléans, en faveur de Laurent de Maugiron [158].

Au mois de mars 1570, les religionnaires élevèrent un fort, entre le Pouzin et Loriol, pour faciliter le passage du Rhône à l'armée de Coligny. Le lieutenant général de Gordes et Maugiron, sénéchal de Valentinois et Diois, vinrent l'assiéger le 1<sup>er</sup> avril. Mais effrayés par l'approche de Coligny, ils se replièrent le 9 avril, laissant Louis de Nassau attaquer, sans succès, Montélimar, 10 avril - 14 mai [159]. L'année suivante, Laurent crut devoir résigner sa charge de sénéchal [160].

Les variations de la politique avaient rapproché des Adrets et Maugiron, qui venaient de combattre sous les mêmes enseignes à Jarnac et à Moncontour, sous les ordres du duc d'Anjou, et le baron mettait de nouveau son épée au service du roi et à la disposition de son parent.

---

[157] Arch. de Briançon. *Le Livre du Roy.* — Fauché-Prunelle. *Bul. de l'Académie Delphinale,* 1846.
[158] *Invent. Dauph.* — Arch. Rhône, E.
[159] De Coston. *Hist. de Montélimar.* Notes d'Armand Curtil.
[160] Il fut remplacé par Nicolas Mulet, s<sup>r</sup> de Bagnols, suivant lettres du 16 juillet 1571.

« Monsieur, je vous envoye la lectre que Monsieur de Romanyeu m'a escripte. J'envoye Gueril, au subject, qui partit, n'y a troys jours d'icyes, pour savoyr plus particulierement des nouvelles, et mesme qu'a l'autre voyage qu'il fict, il dict qu'il y avoit dix mille suisses levés et prets à marcher, tant bernoys que de Neufzchatel, dont estoyt chief ou coronel un nomme monsieur d'Arlioct que je ne conoyt point ; et de tout je vous advertiray bien seurement. Seus quy ont feme, mesme la miene qui est extremement malade, et enfants et quelque peu de meubles, donne ordre à leur subjiet, comme je fes. Et soudain luy avoir mis et reconner mes chevaux et equipage, monteroy à cheval pour vous aller treuver, si pleus tout je ne suys mandé de Monsieur de Tavannes lequel, comme vous voyes par lectre du sieur de Romanyeu, aura les grans afeires sur les bras. Je vous confiermerey un coure (courrier). Que pour voustre particulier, vous n'aves parant amy ny serviteur plus prest à monter à cheval que moy. Et de la mesme afection je me recoumanderey bien humblement à voustre bonne grace, priant Dieu, Monsieur, vous donner une perfecte santé, bonne et longue vye. De Sartaulx, ce deusième d'avril 1570. (De la main :) V^re bien humble couzin et vray amy et serviteur. Des Adres. — Monsieur de Maugiron, cap^ne de cinquante hommes d'arme des ordonnances, à Vyene [161]. »

Il fit réparer, en 1570, les murailles de Vienne, ce qui permit de diminuer la garnison et les charges qui en provenaient. Le 14 mai 1570, en présence

[161] Arch. Rhône. E. — Les lettres de François de Beaumont, baron des Adrets, sont fort rares. Celle-ci présente un curieux attrait, car elle est écrite peu de temps avant son arrestation, par de Gordes, à Lumbin, près de Grenoble, le 24 juin 1570. Transféré au château de Pierre-Scize, à Lyon, il fut élargi le 27 janvier 1571. Suivant une ordonnance, enregistrée au parlement de Grenoble, le 26 juin 1571, le roi Charles IX se déclara satisfait de ses services et le renvoya indemne. Le baron avait été accusé de connivence avec le duc de Nassau et avec les calvinistes de Genève où se formait une armée destinée à aller au secours des princes huguenots. Romagnieu fut compromis dans cette affaire. Des Adrets cherchait à obtenir des renseignements, à l'aide d'affidés dont les agissements purent donner prise contre lui. Mais aurait-il fait part, dans les termes de cette lettre, des résultats obtenus, à Maugiron, royaliste et catholique avéré, s'il avait réellement trahi ? Ce document semble donc corroborer la déclaration du roi, et infirmer les accusations des nombreux ennemis que le baron avait travaillé à se créer dans les deux camps. — La seigneurie de Sartaulx (Certeau), dépendant de la terre domaniale de Leyrieu, au mand^t de Crémieu, et celle de Romanesche, au mand^t de la Tour-du-Pin, étaient venues, au baron des Adrets, du chef de sa femme, Claude de Gumin. Une de ses filles, Esther de Beaumont, dite dame de Romanesche et de Certeau, épousa, 20 juin 1583, Antoine de Sassenage, seig^r d'Izeron. — Antoine de Rivoire, s^r de Romagnieu, au bailliage de Vienne, mistral du Pont-de-Beauvoisin, marié, 1° 1524, à Guigonne Palmier ; 2° 1530, à Jeanne de Montfalcon ; d'où, du 1^er lit, Claude de Rivoire, s^r de Romagnieu, marié, 26 juin 1570, à Loyse de Montmayeur, son héritière en 1587. Il est dit s^r de Romagnieu, Thullins et Aiguebelette dans un acte de 1574.

G. de Rivoire-la-Bâtie, auteur de l'*Armorial du Dauphiné*, a dressé une généalogie des Rivoire, conservée dans les archives du château de Montceau, près de Bourgoin, résidence de son fils Emmanuel, comte de Rivoire-la-Bâtie. — Gaspard Fléhard acquit, de la maison de Rivoire, vers 1577, la terre de Romagnieu dont il prit le nom.

de M. de Maugiron et de M. Annet de Leyssins, son frère, pour lors gouverneur de Vienne, fut passée une revue générale des habitants de la ville et, malgré de nombreuses absences, on compta 1.050 hommes en armes[162]. L'exercice de la R. P. R. ayant été interdit dans Vienne, les protestants réclamèrent l'autorisation de se rassembler, à cet effet, dans le bourg de Sainte-Colombe, sur la rive droite du Rhône, mais de Gordes, sur les instances des habitants, de Maugiron et de Leyssins, son frère, la leur refusa[163], ce qui fut confirmé par une ordonnance de Maugiron, du 14 septembre 1570[164].

M. le duc de Nivernois, passant par Vienne, 5 juin 1571, logea, avec toute sa suite, chez M. de Maugiron, et repartit, le lendemain, pour Valence. A son retour des bains de Lucques, il fut de nouveau reçu, dans les mêmes conditions, le 17 septembre, et fit à ses hôtes, le mardi 18, l'honneur de tenir, sur les fonts du baptême, leur fils Louis[165].

Cette même année, Laurent dut réparer les digues de son château d'Ampuis, ravagées par le Rhône. De grosses pierres, provenant de la démolition de l'église de la Reclusière, ayant été emportées, à cet effet, le corps de ville crut pouvoir s'opposer à cet enlèvement, sans tenir compte d'une autorisation du roi. Le consul François Charles raconte à ses collègues, 28 juillet, qu'ayant rencontré, le matin, dans la rue, M. de Maugiron, « celui-ci le menaça de lui faire couper les jarrets et, en même temps, le prit par la barbe ». L'affaire s'envenima de part et d'autre. « Messieurs de Vienne, le Roy m'a donné ung brevet signé de sa main pour prendre en paiant, des pierres circonvoisines de ma terre d'Ampuis qui ne servent de rien, pour reediffier les ruynes que le Rhosne m'a faict audict Ampuys, oultre que c'est pour faire chemin aux voyages de son sel ; et ayant achepté de Messieurs de Saint-Sevère certaines pierres de talhie, lequel achept et brevet je ferey paroistre en temps et lieu et lhors que l'on m'en vouldra taxer ; et parce que l'on a ordonné de par vous que nul ny alle sur peyne de fouet, suyvant mon achept et brevet de sa Mag<sup>té</sup>, je vous vais attendre à ladicte Reclusière pour attendre s'il vous plaict de m'y venir foueter. A Vienne, ce xxvi<sup>e</sup> de julhiet. Vostre voysin, Maugiron. » Les consuls lui répondent qu'ils ne sont point allés lui faire la révérence à cause de l'outrage fait à tout le corps, en la personne du consul Charles. « Neantmoings ils remonstrent qu'ilz ont cest honneur qu'il soit né de la dicte ville, à raison de quoy ilz ont tousjours actendu et esperé de luy et des siens toute faveur et plaisir, en recognoissance de ce que par cy devant

---

[162] Arch. consul. Vienne.
[163] Chorier. *Hist. de Dauph.*
[164] Arch. consul. Vienne.
[165] *Id.* — Voir Louis ou Ludovic X, D.

ilz ont esté et sont ses affectionnés serviteurs et desireux demeurer en sa bonne grace, qui est la cause qu'ilz le prient de remectre devant les yeux la pouvreté notoire de la ville et les grandes ruynes et charges d'icelle et reparations lesquelles de jour à aultre se presentent, notamment pour le pont du Rhosne, pour la reediffication et reparations duquel ilz avoient ja convenu, avec les sieurs de S¹ Sever, de la pierre de la Reclusiere. Et touteffois où mondict s¹ le g¹ fera apparoir du contenu de son bref et notamment du don du Roy, desclairent qu'ilz sont humbles et hobeyssantz à sa volonté, saufz à prier le Roy de leur balhier quelque provision de laquelle ilz avoient faict estat, lesdictes deffalhiant... » M. de Maugiron répond : « Quand à ce que ledict Charles, consul, dict que je luy ay voullu arracher la barbe, cela est faulx ; quand à monstrer brevet du Roy et achept que j'ay de Messieurs de S¹ Sever, je le monstrerey en temps et lieu et par devant telz qu'il appartiendra et non a l'hostel de ville pour n'estre juges ny dignes de ce. Et aussy que les pierres de la Reclusière ne leur appartiennent mais au chapitre de S¹ Sever. Et ne vouldroit le dict seig¹ faire que bien et plaisir à la ville en general et particulier, ainsi qu'il a montré de tout temps, luy et les siens, par effaict, et à present la ville luy est fort mal recognoissante et ingrate. Maugiron [166]. »

« Vos murailles d'Ampuys, le long du Rhône, s'achèvent cette semaine, écrit le juge Putod, le 30 septembre 1572, et a bien esté besoin qu'elles soient esté bonnes, pour la grosseur du Rhône qui a abattu partout des murailles, même du jardin du capitaine Saint-Marc [167]. » Il avait obtenu, par arrêt du conseil du roi, 29 mai 1566, la création de deux foires à Ampuis, le 20 mai et le 2 novembre [168], privilège fort important à cette époque.

La politique inconstante de Charles IX venait de mettre le pouvoir aux mains des princes lorrains. Henri de Guise réunissait les nombreux amis et serviteurs de sa puissante maison et les partisans hostiles à ceux de la R. P. R. se préparant à venger, sur Coligny, le meurtre de son père, François, duc de Guise, assassiné, devant Orléans, 1563, par Jean Poltrot de Méré, huguenot fanatique. Maugiron ne fut point oublié.

« ... Je vous ayme et estime autant que gentilhomme qui soit en France,

[166] Arch. consul. Vienne. — Un Charles, fils ou parent de ce consul, était secrétaire de L. de Maugiron, en 1586. — L'église de Saint-Etienne élevée au vᵉ s. sur les débris d'un temple romain, par saint Sevère qui y fut inhumé, et reconstruite au xıᵉ s., prit le nom de Saint-Severe. Elle était située au territoire d'Arpot, sur la rive droite de la Gère. Le faune du musée du Louvre fut découvert dans son voisinage en 1820. Dans sa dépendance se trouvait l'église de la Reclusière, placée non loin de là, joignant le pré de Macabrey, et démolie en 1567.

(Macabrey, Macabée, Macabiou, etc., noms dérivés de Machabée et appliqués, dans le Viennois, à des biens appartenant à des juifs.)

[167] Arch. Rhône. E.

[168] Id.

et votre amy s'il vous plaist tout ainsy que vous tenoit feu Monsieur mon père [169], en la mémoire duquel, sachant combien vous l'aimiez, je vous prie bien faire, Monsieur de Maugiron, que je soye heritier de la continuation de vostre bonne volonté. Et je vous promets bien que j'essayeray de la recompenser de toute ma puissance. ... 4 may 1572. (Et de la main.) Je vous prie vous asseurer tousjours de moy comme de l'un des plus affectionnés amis que vous ayez. Vostre amy, entierement meilleur. — Henry de Lorraine [170]. »

Laurent, en effet, se trouva parmi les fidèles du duc de Guise, dans la nuit de la Saint-Barthélemy, 24 août 1572. « Plusieurs gentilshommes qui avaient aimé l'air du faubourg (Saint-Germain), les uns par soupçon, les autres pour une autre cause, avertis du tocsin... demeurèrent sur les bords de la rivière, devant la porte de Nesle, jusqu'au grand jour... Divers empêchements leur sauvèrent la vie ; premièrement, les mille hommes que Marcel devait donner pour l'exécution, à Maugiron, qui en avait la charge, se mirent au pillage de leurs voisins [171]. » Il ne joua donc, avec répugnance, qu'un rôle fort effacé dans cette tragédie dont les violences ne se firent point sentir dans son gouvernement de Vienne, où il n'y eut aucune victime [172].

Une lettre écrite à Maugiron, au lendemain de la Saint-Barthélemy, par un protestant échappé au massacre, témoigne de la confiance inspirée par la loyauté et l'indépendance de son caractère. « Mons[r], dimanche matin, veint et quatriesme d'aoust, ayant entendu, dans mon logis, ce qui se passoit, soudain me lève et change de logis, à la bonne heure, avecque tout ; incontinant tout ce que j'y aves fut prins. Landemain, Dieu me secoureut, me donnant moyen de sortir, et tellement que j'ay peu me suis randu à ce lieu (Saint-Denis), dont je n'ay voulu partir sans vous escripre, pour vous entretenir des propos que tinmes ensemble, le samedi matin, en la cour du

---

[169] François de Lorraine, duc de Guise, dit Monsieur et d'Aumale, gouverneur du Dauphiné, 1547, marié, le 4 décembre 1549, à Anne d'Est-Ferrare, d'où six fils et une fille.

[170] Arch. Rhône. E. — Henri de Lorraine, duc de Guise, prince de Joinville, dit *le Balafré*, promoteur de la Ligue, tué à Blois, le 23 décembre 1588, par ordre de Henri III, ainsi que son frère Louis, cardinal de Guise.

[171] D'Aubigné. *Histoire Universelle*.

[172] Voir : Annet de Maugiron, IX. D. — Un écrivain protestant dit : « Au nombre des *massacreurs*, nous ne voyons de Dauphinois que Laurent de Maugiron, dont la haine pour les huguenots était connue. Il fut chargé de tuer les réformés logés dans le faubourg Saint-Germain, mais il agit lentement, dit Chorier, pour pallier son *crime*, et avec tant de négligence que les gentilshommes huguenots qui y étaient logés en grand nombre eurent le temps de monter à cheval et de se retirer. » Le texte exact de Chorier est : « mais *cette commission lui faisant horreur*, il agit lentement et avec tant de négligence que... » Le *massacreur* n'ayant massacré personne, comme le constatent d'Aubigné, Chorier et bien d'autres, le *crime* se réduit, ut vulgo dicitur, à un *tripatouillage* suggestif des mots, des faits et des textes, à joindre au dossier de M. le pasteur Arnaud, auteur d'une *Histoire des Protestants du Dauphiné*, 1587, coutumière de semblables faiblesses.

Louvre... Je m'aseure tant de vostre amitié que je ne crains point de vous prier de ferre pour moy, vu la necessité où je me voie, ayant tout perdu, sans savoir pour coy... Or donc, je vous suplye m'avertir si j'ay occasion de me cacher, ou si seuremént je oseré me montrer avec seureté de ma vie et mon bien, ensemble ce qu'il faut que je fasse à l'avenir, avec moyen de vous fere servisse... De Saint-Denis, ce 31 d'aoust 1572. V^re humble souldat, pour vous fere servisse. — Virieu [173]. »

Suivant une quittance du 8 mai 1572, Laurent de Maugiron est qualifié : « comte de Montléans, baron de Montbellet, seigneur de la principauté de Mortagnes, conseiller du Roi en son conseil d'Etat, chevalier de l'Ordre du Roi, capitaine de 50 hommes d'armes de ses ordonnances [174]. »

« En cest endroict et tous aultres pourray disposer de moy comme de l'ung de vos meilleurs et plus asseurés amys... » lui écrit le duc de Guise, du camp près la Rochelle, le dernier mars 1573 [175]. Cette promesse ne fut point illusoire, car par lettres de provisions données à Paris, 23 avril 1573, Laurent fut pourvu de l'office de sénéchal de la Haute et Basse-Marche et de Montaigut en Combraille, pour contenir les protestants, en cette province [176]. Il servit ensuite sous les ordres de Henri de Montmorency, gouverneur du Languedoc, et sa compagnie d'hommes d'armes eut beaucoup à souffrir, lors du blocus de Nîmes. « Monsieur de Maugiron, s'en retourne vostre marechal des logis avec les dix salades du reste qu'il en a peu radmener... je suis extremement marry de la blessure dudit marechal et encore plus de la mort de votre lieutenant [177], pour la perte singulière que sa Majesté a faicte d'ung si affectionné serviteur... Au camp de Rodillon (Rodilhan), 8 juillet 1573. Montmorency [178]. » — Damville.

Le roi, ayant conçu de violents soupçons contre la fidélité de Damville,

---

[173] Arch. Rhône. E. — Jean de Fay, sr de Virieu et de Malleval, en Forez, cheval^r de l'ordre du roi, gentilh. ordin. de sa chambre, fils de Noël de Fay, sr de Peyraud, et de sa seconde femme, Françoise de Saint-Gelais, veuve en 1533 ; il suivait alors le parti huguenot, mais, plus tard, il se fit catholique. Jean de Fay épousa, 29 mars 1551, Louise, fille d'Antoine de Varey, sr de Malleval et de Virieu, et d'Antoinette de Grolée, héritière de son père, par testament du 6 octobre 1553. On lit, dans sa lettre à Maugiron : « Je ne bouge de Virieu ans sequous je demeure avec m^er l'évesque d'Usès, mon oncle. » Jean de Saint-Gelais, évêque d'Uzès, 1531, embrassa le calvinisme, vers 1543, épousa une abbesse et mourut le 13 mars 1574.

[174] Bibl. Nation. *Pièces origin.*

[175] Archiv. Rhône. E.

[176] Bibl. Nation. *Pièces origin.* — *Id.* Le 15 novembre 1573, Maugiron était remplacé, dans cette charge, par Pierre Gentil.

[177] Claude de Poisieu, sr du Passage, lieutenant de la compagnie d'hommes d'armes de M. de Maugiron, son cousin, testa devant Nîmes, le 14 avril 1573, et fut tué, peu après, dans les environs de cette ville, laissant pour héritier son frère Aymar.

[178] Arch. Rhône. E.

au cours des négociations de ce dernier avec les religionnaires de Languedoc, joignit L. de Maugiron, en qualité de membre de son conseil privé, aux srs de Villeroy et de Saint-Sulpice, ses commissaires, qui se trouvèrent à Montpellier, en avril 1574. Peu après, la reine-mère et le roi inquiétés par la faction des *Politiques*, à la tête de laquelle se trouvaient le duc d'Alençon et les Montmorency, ordonnèrent à Joyeuse et à Maugiron d'arrêter le maréchal et de le conduire, à la cour, mort ou vif[179]. Mais celui-ci évita tous les pièges.

François de Bourbon, Dauphin d'Auvergne, gouverneur du Dauphiné[180], fit son entrée à Vienne, le 20 avril 1574, et y séjourna jusqu'au 22 mai[181], occupé de certaines négociations avec le maréchal de Damville qui le soupçonnait de vouloir le remplacer dans son gouvernement de Languedoc. Puis le prince descendit à Avignon, où Saint-Sulpice, Villeroy, Maugiron et une foule de gentilshommes vinrent le saluer et le reconnaître pour commandant dans le pays[182].

Le 30 mai 1574, Charles IX meurt, à l'âge de 24 ans, laissant la couronne à Henri III, son frère, duc d'Anjou et roi de Pologne. Le nouveau roi, se rendant à Avignon, pour réprimer les rebelles du Languedoc, « arriva à Vienne, par eau, le 15 novembre 1574, descendit au port des Molles et d'illec, à pied, fut dans le logis de M. de Maugiron, auquel lieu il dina et, incontinent, despartit sans se arrester et fut à Tournon. Estant avec ledit Roy la Reyne sa mère, Mgr d'Alençon son frère, le Roy de Navarre, madame sa femme et plusieurs seigneurs. » A son retour, accompagné des mêmes personnages, Henri III fut reçu à Vienne, le 18 janvier 1575, par l'infanterie de la ville qui l'accompagna chez M. de Maugiron où il logea, et repartit le lendemain pour Lyon[183].

La cour semble avoir fait état des services rendus, à cette époque, par Laurent, soit comme membre du conseil privé, soit comme agent diplomatique, en Languedoc, où Jacques de Crussol, duc d'Uzès, quoique religionnaire, s'était mis à la tête des catholiques, en haine des Montmorency, tandis que le maréchal de Damville, zélé catholique, avait pris le parti des protestants, pour contrecarrer les Guise. Le 22 novembre 1575, le roi faisait don, à Laurent de Maugiron, d'une somme de 6.000 l. t. payable par le receveur général des ventes extraordinaires de ses boys et forestz. Par mandement du

---

179 D. Vaissette. *Hist. de Languedoc.*

180 Lettres de provisions de gouverneur de la province de Dauphiné, pour François de Bourbon, prince dauphin d'Auvergne, fils unique de Louis de Bourbon, duc de Montpensier, du 11 décembre 1569. *Reg. officiariorum.*

181 Arch. consul. Vienne.

182 *Hist. de Languedoc.*

183 Arch. consul. Vienne.

trésorier de l'épargne, 22 avril 1578, à M⁰ Loys Malherbe, receveur général des finances à Montpellier, il était dit de payer au sʳ de Maugiron, conseiller du roy en son conseil privé, la somme de 12.600 l. t. à lui ordonnée par lettres patentes de S. M. du 8 avril précédent. Mais l'état des finances ne permettait point de faire rapidement honneur aux engagements royaux, car, par une nouvelle lettre du 23 mars 1580, Henri III rappelle au trésorier de son épargne d'avoir à payer, à son cher et bien-aimé cousin, le sʳ de Maugiron..., la somme de 7.833 écus 1/3 à lui due, en vertu des lettres patentes du 12 janvier et du 8 avril 1578, pour ses frais de voyage et sa pension. Le 2 novembre 1580, Maugiron donne quittance de la somme de 6.000 écus sol., pour sa pension des années 1575-76-77-78-79[184].

Bertrand-Raymbaud de Simiane, baron de Cazeneuve et de Gordes, lieutenant général au gouvernement de Dauphiné, miné par les chagrins causés par la mort de son fils et de son gendre[185], épuisé par les fatigues de la guerre, était tombé gravement malade, au cours de l'automne 1577. Maugiron, auquel sa disgrâce avait été fort pénible, expédia un de ses fidèles à la cour, dans l'intention d'utiliser les bonnes grâces de la reine-mère, son amie, et d'escompter l'héritage de de Gordes qui devait mourir, quatre mois plus tard. Cet envoyé écrit à Annet de Maugiron, sʳ de Leyssins, frère de Laurent, à propos de cette mission, la lettre suivante :

« Monsieur, tout aussy tost que je suis esté arrivé, j'ay deliberé ceste, pour vous advertir du succey de l'affaire pour lequel il avoit pleu à Monsieur de Maugiron me depescher en court. Leurs Maᵗᵉˢ, par advis de leur conseil, accordarent fort favorablement la demande de Monsieur votre frère[186], en cas de mort, sans toutes fois donner l'expédition et provision par escript, jusque à ce que leurs dites Maᵗᵉˢ feussent asseurées de la dite mort par la Court de Parlement ou de Messʳˢ du pays. Estant la coustume telle, lors que la mort de leur lieutenant y arrive. Je vous envoie ung double de la lettre que la roine mère du roy me fit ballier, estant arrivé à Chenonceau à dix heures du soir, pour porter au roy à Amboise. Quant à la compagnie de gendarmes pour Mʳ de Venes[187], nonobstant que j'eusse mis en advant la consideration des

---


[184] Bibl. Nation. *Pièces origin.*

[185] Gaspard de Simiane mort des suites de ses blessures, à Montélimar, 25 février 1575, à l'âge de 21 ans. Il se trouva à la bataille de Lépante et suivit le duc d'Anjou (Henri III) au voyage de Pologne. — Rostaing d'Urre, seigʳ d'Ourches, etc., chʳ de l'ordre du roi, colonel des bandes dauphinoises, gouverneur de Montélimar, épousa, 1571, Laurence de Simiane, et mourut, 30 août 1577, des suites des blessures reçues dans une rencontre entre Livron et Romans.

[186] Laurent de Maugiron.

[187] Jean de Veynes, sʳ de Chichilianne, et Isnard, son frère, servaient alors dans les troupes catholiques. Jean passa aux protestants, peut-être, à cause de ce refus, commanda dans le Royannais, en 1588, et servit fidèlement le roi Henri IV, contre la Ligue.

prières de Monsieur son frère et tout ce que j'avois peu estimer y estre bon, leurs Ma<sup>tés</sup> me dirent qu'ilz en avoient desjà promis à trois, lesquelz vouloient contanter advant tout autre. N'ayant d'alieurs fait semblant d'estre marris ny joieux de ladite mort. J'envois votre paquet par la poste à Paris. Je croy que M. de la Vallay est en allé devant, estant leurs dites Ma<sup>tés</sup> prestes à s'y acheminer, si la maladie de la roine regnante ne les retarde, quy va de piz en piz[188]. Le Roy de Navarre et le prince de Condé sont à Agen. Niort et les trois villes promises par le traitté de paix, en Guienne, ne font aucun semblant d'y recevoir ceux de la religion ; comme aussy les catholiques ne sont receux aux villes que ceux de la dite religion tiennent, de façon qu'on en doubte plus tost guare que paix. Je croy qu'auriez seu que le duc de Cazemil[189] et Monsieur de Guise ont conféré ensemble, en Champagne. Passant à Lion, Monsieur de la Mante[190] me chargea de ses afectionnés recomandations à vos bonnes graces, estant Monsieur de Mandelot allé du costé de Villefranche. Je sceu à Molins que Monsieur de Maugiron[191] avoit passé s'en allant à Paris, d'où je luy escrivis de se aster et prestement venir trouver Madame de Maugiron à Ampuys. Ne sachant autre digne de vous escripre, Monsieur, je supplie Dieu vous aseurer longue vie en toute prospérité et santé. Vostre très humble et obéissant serviteur. — De Foyssin[192]. — A Monsieur, Monsieur de Lessin, capp<sup>ne</sup> de cent hom. d'armes soubs Mons<sup>r</sup> le duc de Nivernois, chamberlan de Monseign<sup>r</sup>. — A. Beauvoir. »

(En note, d'une écriture du temps) : « L<sup>re</sup> de Mons<sup>r</sup> de Fossin du 20 novembre 1577[193]. »

La transcription de la lettre de Catherine de Médicis à Henri III, promise par M. de Foyssin, a été, elle aussi, précieusement conservée. On remarquera

---

[188] Louise de Lorraine, mariée, le 16 février 1575, au roi Henri III, mourut le 29 janvier 1601. « Le lundi 7 octobre 1577, le Roy partit de Poitiers, passa à Chenonceau et à Amboise où la roine, sa femme, demeura malade de fascherie qu'elle ne peut faire d'enfants. » P. de Lestoile.

[189] Jean-Casimir, comte palatin, fils de Frédéric III, duc de Bavière, 1543-1592, vint à plusieurs reprises au secours des protestants français ; il est appelé le duc ou le prince Casimir, par les historiens du temps.

[190] Michel-Antoine de Saluces de la Mante, gouverneur de la citadelle de Lyon, 1<sup>er</sup> mai 1570.

[191] Louis de Maugiron, un des mignons de Henri III, fils de Laurent de Maugiron et de Jeanne de Maugiron, dame de la Tivelière, sa cousine, qui habitaient au château d'Ampuis (Rhône, canton de Condrieu).

[192] Arnaud de Foyssin, archer dans la compagnie de Laurent de Maugiron, 1564 ; anobli par lettres de Henri IV, 17 juillet 1585 ; viguier de Sainte-Colombe-lez-Vienne, 1595 ; lieutenant général du prévôt des maréchaux en Dauphiné, par provisions du 19 janvier 1607, en même temps que Scipion de Polloud, s<sup>r</sup> de Saint-Agnin. Ce dernier épousa, vers 1610, Françoise, fille d'Arnaud de Foyssin et de Jeanne Morel ; Arnaud, un de leurs fils, ajouta, à son nom de Polloud, celui de Foyssin, en vertu d'une substitution. — Le prévôt des maréchaux touchait 4.000 l. ; ses lieutenants aux trois autres bailliages 240 l. ; ils avaient chacun quatre archers aux gages de 140 l. (1564).

[193] Biblioth. du château de Terrebasse. — Dans cette lettre se trouve la copie de celle de la reine-mère, Catherine de Médicis, reproduite ci-après.

que la reine n'a pas bien compris le rapport, fourni par le messager, et en a exagéré la portée en faisant mourir, dans l'intérêt de son protégé, le baron de Gordes, avant son heure.

« Au Roy, Monsieur mon fils.

« Monsieur mon fils, le s[r] de Maugiron me vient d'avertir que le s[r] de Guordes est mort, et me prie de vous supplier de luy octroyer le gouvernement de Daulphiné, estimant que je sois au près de vous, et pour ce que je l'ay tousjours cognu fort fidelle et affectionné à vostre service et que je l'ayme, estant homme qui peut beaucoup aux païs, j'ay pancé que vous ne sauriez guères choisir personne quy s'aquite mieux à vostre contentement de la dite charge, quy est cause que je vous supplie le plus affectueusement que je puis de le voloir gratiffier du dit gouvernement, pour l'amour de moy et, après avoir présenté mes affectionnées recommandations à vostre bonne grace, je prie le Créateur vous donner, Monsieur mon fils, en parfaite santé et prosperité, très longue et très heureuse vie. Escript à Chenonceau le xiie jour d'octobre 1577.

« Plus bas de la main de la roine est escrit : « Monsieur mon fils, d'autant que à la requeste du prince de la Roche Surion, l'on luy osta la dite lieutenance, il me semble que ne pouvoir moins faire pour luy que le vous recommander, en ceste occasion. Votre bonne et affectionnée mère. Caterine. »

Maugiron devait bientôt ressentir l'effet des amicales et chaudes recommandations de Catherine de Médicis, car la fin du baron de Gordes était proche. « Monsieur, avant hier, je vous fis entendre par ung de Vienne, que le chevaucheur m'asseura estre fidelle à vostre service, la maladie de feu Monsieur de Gordes. Tout presantement nous avons sceu, par l'arrivée du s[r] de Gessant[194], comme vendredi[195] à cinq heures de nuict, il a pleu à Dieu le prendre à soy, qu'est cause que je vous envoye ce porteur expres pour vous faire entendre la dite nouvelle... de Grenoble, ce xxiiie feb[r] 1578. — Franc. Flehard, eveq. de Grenoble. A Monsieur, M. de Lessins, à Beauvoir-de-Marc[196]. »

Maugiron n'était point seul à prétendre à ce bel héritage. « Monsieur ayant esté despeché, hier au soir tout tard, par Mes[rs] du pays pour m'acheminer en court, causant la mort de feu M. de Gorde, je fus chargé par le s[r] qui vous escript, passer par devers vous pour apvoir vos commandements et vous communiquer ma commission, qui est oultre la voulonté de quelques ung[s]

---

[194] Aymar de Chaste de Geyssans, de la maison de Clermont, enseigne de la compagnie des gens d'armes de Mr de Gordes. Il défendît Rouen contre Henri IV, 1591-1592.

[195] Vendredi 21 février 1578.

[196] Bibl. chât. Terrebasse. — François Fléhard, nommé évêque de Grenoble, en 1575, par le roi, dévoué à Maugiron et à sa politique, comptait sur l'influence de ce dernier pour se faire accepter par son chapitre qui résista jusqu'en 1586. — Annet, s[r] de Leyssins, frère de Laurent de Maugiron.

que pouvez panser. Lesquels on faict tout ce qu'ils ont peu pour rompre mondit voyaige, affin d'y faire aller quelque autre à leur dévotion. Mais cela ne s'est peu faire... De Bourgoin, ce xxvi⁰ fevrier 1578... Urb. Flehard[197]. »

Une nouvelle lettre signalait, à M. de Leyssins, les intrigues et le nom de ce compétiteur de marque... « Ceste lettre sera pour vous donner advis qu'une trame que j'ay descouvert faicte par le personnage que scavé, lequel tache de faire procurer l'estat de feu monseig¹ de Gordes à monsieur le mareschal de Bellegarde[198], soubs pretexte que monseig¹ de Montpensier est vieux et caduc ne pouvant longuement vivre et, le décès advenant, il pourroit demander le gouvernement, car Monseig¹ le prince demanderoit celuy de Bretagne et, par consequent, cestuy vacqueroit[199]. Il ne s'en ose descouvrir onnetement, mais celuy qui avoit charge de porter la parolle me l'adict, avec asseurance qu'il m'a faicte de n'en dire rien... de Grenoble, ce dernier fevrier 1578. Franc. Flehard, ev. de Grenoble[200]. »

Par lettres de provisions du 4 mars 1578, Laurent de Maugiron, comte de Montléans, chevalier de l'ordre du roy, conseiller en son conseil privé et capitaine de cinquante lances de ses ordonnances, fut pourvu de la charge de lieutenant général au gouvernement de Dauphiné, en l'absence de François de Bourbon, duc de Montpensier, gouverneur en titre, et, le 5 avril suivant,

---

[197] Bibl. chât. Terrebasse. — Lettre à M. de Leyssins. — Urbain Fléhard, s¹ de Saint-Martin-le-Vinoux, fils d'Ennemond, receveur g²¹ alternatif du taillon, 1572-1578, testa 1605 en faveur de sa sœur, Jeanne, mariée 14 juin 1563, à François du Faure, procureur général au parlement.

[198] Roger de Saint-Lary, dit le maréchal de Bellegarde, guerroyait alors contre les protestants du Languedoc, tout en recherchant l'amitié de Lesdiguières et l'appui du duc de Savoie, pour récupérer le gouvernement du marquisat de Saluces dont il avait été privé et qu'il reprit, à main armée, juin 1579 ; il était alors député, en Provence et en Dauphiné, pour veiller à l'observation des traités. Lesdiguières lui écrit : « Monseigneur, j'ay faict veoir vostre letre, du xxiiii⁰ du present, à l'assemblée des gentilhommes et desputtez de noz esglizes convoqués en ceste ville, lesquels vous ont faict la response que vous vairés, ayant pouvoir de ce faire comme assemblés par vostre commandement ; car quant à moy je ne puys rien en leur presence, comme particullier, ny en leur absance que par vostre commandement, et usant de la seule persuhasion qui m'est demeuré, ce par toutte force et auctorité, puysqu'il a pleu au roy nous donner la paix. Mais telle qu'elle est, je l'employrez tousjours pour disposer de plus en plus l'affection des dictz gentilhommes et embrasser tout ce qu'il partira de vous pour le respoz de ceste pro_vince et pour vostre cervice en particullier. Auquel je me veulx dedier entieremant, comme je vous ferey par ceste, par effaict en tout ce qu'il vous plarra de me commander. Priant dieu, Monseigneur, de vous maintenir en sa saincte et digne garde, d'Orpierre, ce xxvii⁰ febvrier 1578. V¹ª humble et hobeyssant serviteur. » Lettre inédite, conservée en copie de l'époque. Bibl. chât. de Terrebasse. *Dossiers Maugiron.* — *Id.* Copie de la lettre écrite d'Orpierre, 27 février 1578, par l'Assemblée de ceux de la Religion, à Monsieur le maréchal de Bellegarde.

[199] Louis de Bourbon, duc de Montpensier, né en 1513, mort en 1582, gouverneur du Dauphiné, après la mort de son frère Charles de Bourbon, prince de la Roche-sur-Yon, suivant lettres de prov. du 13 octobre 1565 ; gouverneur de Bretagne, 1569. — Son fils unique, François de Bourbon, duc de Montpensier, prince dauphin, lui succéda au gouvernement du Dauphiné, 11 décembre 1569, passa à celui de Normandie, 1588, et mourut en 1592. — Henri de Bourbon, duc de Montpensier, son fils, lui succéda au gouvernement du Dauphiné, 26 mai 1588, et à celui de Normandie en 1592, et mourut en 1656.

[200] Bibl. chât. Terrebasse.

recut des lettres de commission pour s'informer spécialement de l'état de la province[201], au sujet de laquelle Jean de Monluc écrivait à Catherine de Médicis, de son évêché de Valence, le 30 juillet 1577, « ... les maux que nous endurons tous les jours sont tels que si Vos Majestez en scavoient la moitié, vous passeriez par dessus toutes les difficultez pour mettre en repoz tout ce pauvre peuple à qui il ne reste que la parolle pour se plaindre[202]. » Peu après la nomination de Maugiron, le même personnage mandait à MM. de Pressins et de Maloc : « Messieurs, je suis astrologue puisque j'ay deviné ce qui est advenu, et s'y j'étois poëte, j'aurois un noble subject pour deplorer la misère et la ruine de ce pouvre pays de Dauphiné qui est en pire estat que nul aultre de ce Royaume et, pendant que l'on dispute depuis six mois qui sera le médecin, l'on n'y apporte aucun remède et les affligés approchent de leur entière ruine... A Pezenas, le 15 mai 1578[203]. »

Henri III ne mit point en oubli les bons et loyaux services de de Gordes. « Monsieur de Maugiron, écrit-il, désirant faire ressentir par tous moiens les enfans du feu sr de Gordes du merite de ses services et de la souvenance que j'en ay ; aussi que le sieur de Vennes, son frère[204], en consideration de ceulx qu'il m'a faictz de sa part et aux roys mes predecesseurs, soit recongneu et traicté comme il en est digne, je vous prie les vouloir, pour l'amour de moy, suporter et favoriser en tout ce qui les concernera, de façon qu'ils en rapportent toute la plus grande satisfaction qui sera possible, spéciallement vous employer favorablement, envers les gens de ma cour de parlement et des comptes de Daulphiné, à ce qu'ilz veriffient la continuation que j'ay accordée,

---

[201] *Reg. officiariorum*, ms. Bibl. ch. Terrebasse. — Les appointements du lieutenant général s'élevaient alors annuellement à *environ* 726 écus d'or au soleil. Cette évaluation approximative s'appuie sur une quittance donnée, au trésorier de l'épargne du roi, le 2 novembre 1580, par L. de Maugiron, d'une somme de 1.333 écus sol. 1/2, pour ses gages de lieutenant-général en Dauphiné pendant les années 1578-1579. (Bibl. Nation. *Pièces origin.*) Il faut observer que, sa nomination datant du 4 mars 1578, cette première année ne comporte pas tout à fait dix mois d'exercice. L'écu d'or sol, c'est-à-dire l'écu d'or ayant la couronne surmontée d'un soleil, avait, à cette époque, une valeur intrinsèque, au titre de tolérance, de 11 fcs, 02 cmes. (N. de Wailly.) En élevant à 4 le pouvoir de l'argent, 726 écus d'or sol représenteraient, de nos jours, environ 32.000 francs.

[202] Tamizey de la Roque. *Documents inédits sur J. de Monluc.* Paris, 1868.

[203] Bibl. chât. Terrebasse. — Cette lettre est adressée à MM. Gaspard Fléard, sr de Pressins, et Guillaume Gilbert, sr de Maloc, conseillers au parlement de Grenoble, par J. de Monluc, évêque de Valence, envoyé, par le roi, en Languedoc, pour engager les religionnaires à mettre bas les armes. Cet illustre prélat, dont la tolérance pour la Religion Réformée est restée suspecte, mourut à Toulouse, le 12 avril 1579, entre les bras des Jésuites.

[204] Bertrand-Raymbaud de Simiane, baron de Gordes, avait épousé, 1552, Guigonne, fille de Charles Alleman, seigr de Champs et de Laval et d'Anne d'Albigny, d'où : 1° Laurent, mort jeune ; 2° Gaspard tué, 1577 ; 3° Balthazard, tué, 1586 ; 4° Charles, tige de la branche de Pianesse ; 5° Laurence, femme de Rostaing d'Urre, seigr d'Ourches ; 6° Marguerite, femme d'Antoine de Clermont, seigr de Montoison. — Gaspard de Simiane, seigr d'Evenes (Evenos, Gard), etc., tige de la branche de Moncha, était frère de Bertrand-Raymbaud.

aux enfans dudit feu s[r] de Gordes, de ma terre et seigneurie de Grane[205], et le don que j'ai faict audit s[r] de Vennes du peage de Gonnaige[206], estant la grace que je leur ay faicte en cela si justement fondée qu'ilz n'ont occasion de la leur mettre en difficulté, oultre que mon intention est qu'elle sorte effect, ce que je desire que leur faciez si bien entendre qu'ilz congnoissent que je n'auray à plaisir s'ilz leur donnent la peine de recercher pour ce nouveau remede et provision de moy, leur asseurant que ferez, en ce faisant, chose qui me sera fort agréable[207]. »

Le 26 mars, Laurent étant arrivé à son château d'Ampuis, les consuls de Vienne allèrent lui faire la révérence. Le 6 avril, il se rend à Vienne, les consuls, à cheval, lui vont au devant jusqu'à Vezerance où il fut harangué par M. Mitalier[208], et le conduisent à son logis ; le lendemain, on lui fait présent d'un grand bassin et d'un vase en argent, à ses armes. La joie des Viennois était d'autant plus grande que Laurent était né dans leur ville[209]. Le nouveau lieutenant général fit enregistrer ses lettres de provisions par le parlement, le 18 avril, entra solennellement dans Grenoble, le 11 avril, et entama immédiatement des négociations avec Lesdiguières. Le 29 mai, il fut pompeusement reçu à Saint-Marcellin ; les notables de Saint-Antoine allèrent le saluer à Saint-Paul-les-Romans, où il dina, et lui portèrent un coq d'Inde, six chapons, douze poulets et deux levraults ; le 1er juin, la ville de Romans lui offrit deux goubeaux d'argent et lui fit une belle réception, ainsi que celle de Valence. A Montélimar on décida de faire « armoyries, chappeaux de triumphe, rondeaux, arquades et aultres choses plaisantes, à l'honneur et louange dudit seigneur auquel sera donné une tace de fin or et, en outre, 24 charges de vin blanc et claret, au prix de 144 l. ». Le 12 juin, il était à Jarrie où il passa, avec les commissaires huguenots, des conventions appuyées sur l'édit de Poitiers, approuvées par les états du Dauphiné, 4 juillet, mais désavouées par la cour, puis renouvelées par Catherine de Médicis, durant son séjour à Grenoble, dans la séance des états du 10 août 1579. Sur les instances des sieurs Calignon et de Fay-Gerlande, envoyés auprès de la reine-mère et du roi,

---

[205] Granne (canton de Crest-Sud, Drôme), dont la seigneurie avait été accordée, en viager, à de Gordes, 1570, fut ruiné par les protestants, 1574.

[206] Jonage (canton de Meyzieu, Isère), sur la rive gauche du Rhône.

[207] Bibl. Nation. *Collect. Dupuy.*

[208] Claude Mitalier, né à Vienne, savant dans les lettres grecques, latines et hébraïques, orateur fort apprécié, auteur de plusieurs ouvrages, vi-bailli de Vienne, suivant lettres du 18 octobre 1574, et remplacé par P. de Boissat, 8 juillet 1579, juge royal au même lieu, mari de Marguerite de la Tour, mourut, dit Chorier, à l'âge de 36 ans.

[209] Arch. consul. Vienne. — A consulter, sur cette période : Chorier, *Hist. de Dauph.* — Cte Douglas et J. Romans. *Correspondance de Lesdiguières.* — Brun-Durand. *Mémoire d'E. Piémond.* — J. Chevalier. *Mémoires des Frères Gay.* — *Varia.*

Henri III écrit à : « Monsʳ de Maugiron, chevalier de mon Ordre, conseiller en mon Conseil, cappitaine de cent hommes d'armes de mes ordonnances et mon lieutenant general en Dauphiné. — Après avoir veu les articles qui ont esté presentez à la Royne ma dame et mère, de la part de ceulx de la religion prettendue refformée de mon pays de Daulphiné, avec les responses qu'elle a faictes, et ouy sur eulx particulierement les sieurs Saulsac et Calignon[210], je les ay confirmés et arrestés, en la forme que verres par le double signé de ma main, que vous emporte ledit sieur de Saulsac, et faict expedier, la dessus, toutes les provisions pour effectuer se qui en depend et parvenir, en ce faisant, à l'entière execution de mon edict de paciffication... A Olinville, le xiiiᵉ jor de janvier 1579[211]. »

Les ravages exercés, dans les campagnes, par les bandes de gens de guerre, avaient exaspéré le peuple. Une ligue, composée de paysans et de bourgeois, se forma aux derniers mois de 1578. Le capitaine huguenot Laprade qui avait établi à Chateaudouble[212], en Valentinois, un formidable repaire de brigands, s'y vit assiéger par une troupe de 4.000 ligueurs. Maugiron qui se trouvait à Ampuis, le 23 février, crut devoir prendre la direction de ce mouvement. Parti de Grenoble, le 5 mars 1579, il s'empara de Chateaudouble, quelques jours après, et rentra à Grenoble où le manque d'argent l'obligea à licencier ses troupes. « Il ne faut pas, dit un député des états, dans la séance du 14 avril, donner la louange de la prise de Chateaudouble à la commune populace qui y était, mais à M. de Maugiron qui y a beaucoup et excessivement despendu du sien. » Il avait fait part aux états, le 2 avril, de ce qu'il avait fait pour le soulagement du pays, de ses conférences avec les protestants, et de sa résolution de ne désarmer qu'autant qu'ils désarmeraient eux-mêmes. Le 13 avril, il félicite les députés de leurs bonnes résolutions et leur témoigne l'aise et le contentement qu'auront le roy et la reyne en apprenant l'union et la sage conduite des trois états. Le 19 avril, il leur annonce son intention de se rendre à Serres où il doit avoir une conférence pour la paix avec Lesdiguières[213], et le 11 mai, qu'il propose à ce chef, une conférence entre Varces et Vif et non à la Mure, où cependant les commissaires se réunirent au courant du même mois, sans parvenir à s'entendre.

---

[210] Christophe de Fay, seigʳ de Gerlande, baron de Saulsac, maître d'hôtel du duc d'Anjou, fils de Raynaud de Fay, sʳ de Gerlande, épousa Gyonne, fille de Richard, baron de Saulsac, 21 février 1546, d'où postérité, et testa le 20 juillet 1586. Il appartenait au parti catholique.

Soffrey Calignon, d'une famille originaire de Voiron, né le 8 avril 1550, mort le 9 septembre 1606, jouissait d'une grande autorité auprès des protestants, ses coreligionnaires. Voir : *Vie de S. de Calignon*, in-4°, Grenoble 1874, par le cᵗᵉ Douglas.

[211] J. Romans. *La Chambre de l'Edit de Grenoble*, 1873.

[212] Châteaudouble, canton de Chabeuil, Drôme. — Antoine de la Salle, dit le capitaine Laprade.

[213] Arch. consul. de Vienne. Etats du Dauphiné.

Catherine de Médicis, après avoir traversé le Languedoc et la Provence, se dirigea sur le Dauphiné. Les sieurs de Maugiron et de Tournon se rendirent, au devant d'elle, à Montélimar, « avecque bonne trouppe de gentilshommes[214] », le 16 juillet 1579, et l'accompagnèrent, en passant par Valence et Romans, jusqu'à Grenoble, où elle arriva le 22 juillet. Ce voyage avait pour but d'apaiser les luttes, entre les catholiques et les protestants, et de donner satisfaction aux doléances du peuple. Mais la reine, quoiqu'ayant mis en jeu toutes les ressources de sa diplomatie experte, ne put ni entrer en négociation directe, avec le rusé Lesdiguières, ni imposer un frein aux progrès des armes huguenotes, elle eut même à subir les premières secousses des émotions populaires, et dut quitter Grenoble, le 16 octobre, en laissant ses instructions à Maugiron. Ce dernier fut assez habile et assez conciliant pour signer, le 4 novembre, au Monestier-de-Clermont, un traité avec Lesdiguières et les principaux chefs protestants.

La Ligue des Vilains, suscitée, dès 1578, par les souffrances inhérentes aux guerres incessantes, prit en 1580 une couleur révolutionnaire, en s'attaquant à l'autorité du roi et à celle des seigneurs. Dans la séance des états, du 6 mai 1579, M. de Leyssin fait savoir aux députés que M. de Maugiron, son frère, ne passe pas une heure sans avoir avis du côté de Clérieu et de la Valloire, par lesquels il connaît que le peuple se veut échauffer ; il désirerait qu'on y envoyât le conseiller Thomé pour tâcher de le calmer[215]. Maugiron, peu confiant dans la sagesse de la population de Vienne, mit une garnison dans le château de Pipet et désarma les habitants[216]. A la suite de l'échauffourée de Romans, les Ligueurs, secrètement excités par Lesdiguières, se rassemblèrent à Roybon, à Moras et à Beaurepaire d'où ils se portèrent sur Grenoble. Pour parer à ce danger, Mandelot, conduisant 3.000 soldats du Lyonnais, vint à Vienne, le 15 mars, renforcer les troupes de Maugiron et, le 16, les deux capitaines, à la tête de forces imposantes, marchèrent contre les rebelles, mirent le siège devant Moirans où ceux-ci s'étaient établis, emportèrent la place et passèrent 900 hommes au fil de l'épée[217]. Lapierre, leur chef, et bon nombre d'autres furent pendus, 26-28 mars 1580. Maugiron publiait, le

214 Arch. consul. Vienne. — Just-Louis de Tournon, comte de Roussillon, sénéchal d'Auvergne, bailli et gouverneur du Vivarais, capitaine de gendarmerie, mari de Madeleine de la Rochefoucauld, 4 février 1583, mourut le 5 septembre 1617.

215 Arch. consul. Vienne. Etats de la province. — Michel Thomé, s^r de Sablières et de Barcelonne, issu d'une famille fort ancienne dans la ville de Romans, procureur du roi au bailliage de cette ville, 1560, et à celui de Saint-Marcellin, 1563, conseiller au parlement de Grenoble, 1569, mort en 1586, marié à Barbe Plovier, appartenait au parti catholique.

216 Arch. consul. Vienne.

217 Roybon (Isère), à peu de distance de Moras (Drôme), et de Beaurepaire (Isère). Moirans (canton de Rives, Isère). — François de Mandelot, gouverneur de Lyon, mort le 24 novembre 1588.

12 avril, à Saint-Marcellin, une ordonnance prescrivant le désarmement et engageant la noblesse et le tiers-état à vivre en paix, et réunissait à Vienne, le 15 avril, les états de la province.

Les affaires, écrivait alors Henri de Lorraine, « sont tout ce qu'il se peut altérées en Dauphiné », réputé le boulevard des Huguenots de France. Jaloux d'y rétablir son autorité, le roi se détermina à lever une armée, et la plaça sous la direction de Charles, duc de Mayenne[218]. Ce généralissime, arrivé à Vienne le 23 août 1580, y resta trois jours et, confiant dans l'organisation préparée par Maugiron, prit la route de Valence, s'empara de Châteaudouble, le 3 septembre, de Saint-Nazaire, le 5, et du Pont-en-Royans. Arrivé le 9, devant le château de Beauvoir, Mayenne, légèrement blessé à l'œil, laissait le commandement à Maugiron qui, après avoir reçu la place à composition, prenait Izeron, le 16, d'où il conduisait l'armée à Grenoble, ayant soumis la vallée de l'Isère, depuis Châteaudouble jusqu'à Saint-Quentin. Le duc, ayant résolu de porter la guerre dans le Haut-Dauphiné, vint, le 1er octobre, mettre le siège devant la Mure. Maugiron s'y trouvait, à la tête de sa compagnie « où il y avait de vaillants gentilshommes[219] ». Chorier en indique la composition et cite, parmi les officiers, Jacques de Grôlée, sr de Viriville, Michel de Chissé, sr de la Marcousse, Jacques de Bellefin, et au nombre des hommes d'armes, Louis de Putrain, sr d'Amblérieu, René de Lanfrey, Jacques des Granges, François de Ventes, sr de la Very, Pierre Noir, sr de la Chabaudière[220]. Le 28 octobre, en une alarme causée par une sortie des assiégés, M. de Maugiron, désarmé et tout seul, donna à cheval sur des masures et en retira les gens de pied. Le 6 octobre, les sieurs de Saint-Jullien, lieutenant de sa compagnie d'hommes d'armes, et Crucilieux, son maréchal des logis[221],

[218] Charles de Lorraine, duc de Mayenne, second fils de François, duc de Guise, né en 1554, mort en 1611, marié à Henriette de Savoie, marquise de Villars, 23 juillet 1576, d'où postérité. Il succéda, comme chef de la Ligue, à Henri de Guise, son frère, tué à Blois, 23 décembre 1588.

[219] *Ample discours du siège et prinse de la Meure...* Lyon. J. Patrasson, 1580. — Abbé A. Dussert. *Histoire de la Mure.* Grenoble, 1902.

[220] Jacques de Grôlée, enseigne de la cie de Maugiron, 1581, comte de Viriville, baron de Gresse, gentilhomme de la chambre du roi, capitaine de cinquante hommes d'armes, épousa Marie d'Urre de la Baume-Cornillanne, et testa le 10 janvier 1612. — Michel de Chissé, sr de Marcousse, succéda à J. de Grôlée comme enseigne de la compagnie de Maugiron, 1581. Il fut gouverneur de Tallard, épousa Claudine de Monteynard, 17 février 1582, testa le 18 octobre 1585, et fut assassiné, par le capitaine protestant, Jean de Moustiers, avril 1588. — Jacques de Bellefin, sergent-major de la cie de Maugiron, 1576, commandait, en 1587, une petite troupe à Crémieu, dont il était originaire. — Louis de Putrain, sr d'Amblérieu, mari de Claudine, fille de Balthazar de Disimieu, teste en 1583. — René de Lanfrey, d'une famille de la Côte-Saint-André anoblie en 1644. — Jacques des Granges, épousa Claudine de Galbert. — François de Ventes, sr de la Véhérie. — Pierre Noir, sr de la Chabaudière, épousa en 1591, Isabeau de la Fontaine, dame de Bourcieu, sur Mianges, en Viennois.

[221] Guillaume du Rivail. *Le siège et prinse de la ville de la Mure.* — Gabriel de la Poype, sr de Saint-Jullin, baron de Réaumont, mari 1° de Catherine d'Arces; 2° de Marguerite de Creyers. Homme

furent donnés en otages, jusqu'au retour de Montjoux, frère de Blacons[222], prisonnier à Grenoble. Après une vaillante défense, la ville de la Mure capitula le 6 novembre, confirmant à Mayenne son surnom de *Preneur de ville.* Cet échec n'abattit point le courage des réformés dauphinois qui ne voulurent point accepter le traité de Fleix, 26 novembre 1580, et Mayenne, après avoir assisté, à Grenoble, en compagnie de MM. de Maugiron, de Tournon, de Bressieu, etc., aux noces de Balthazard de Simiane de Gordes, avec Anne de Saint-Marcel d'Avançon, février 1581[223], retourna à la cour laissant au lieutenant général et au parlement le soin de continuer les négociations. Mais elles n'aboutirent point, malgré une conférence tenue à Grenoble le 1er juin, entre Maugiron et les commissaires de Lesdiguières, et le roi dut renvoyer le duc de Mayenne, en Dauphiné, avec une nouvelle armée. Le 29 juin, le duc arriva à Vienne, avec sa femme et logea chez M. de Maugiron[224] où, le 10 juillet, il tint une assemblée, ratifiée, le 19, par celle de Bourdeaux qui rétablit la paix, avec les protestants du Bas-Dauphiné, et fut suivie d'un traité entre Mayenne et Calignon, 26 juillet, conforme à l'édit de pacification. Après une marche triomphale, au travers du Dauphiné, le duc prit ses quartiers d'hiver à Grenoble où il publia solennellement l'édit de paix, 21 octobre 1581[225]. Le 22 décembre, Maugiron écrivait à M. de Saint-Marc que, la paix étant faite, il n'y avait plus lieu de maintenir les gouverneurs dans les villes. Ce dernier se démit de sa charge de gouverneur de Vienne, et les consuls lui adressèrent leurs remerciements pour les peines et les soins qu'il avait pris durant son gouvernement[226]. Lesdiguières qui était venu faire visite au duc, à Grenoble, y fut l'objet de deux tentatives criminelles ; Maugiron en avertit Mayenne, et tous deux dissipèrent ces desseins assez bien conçus pour que Lesdiguières ait eu à remercier le lieutenant général de lui avoir sauvé la vie.

Le 16 janvier 1582, Laurent était à Die où il rétablissait, comme gouver-

d'armes, 1564, puis guidon, 1571-1572, enseigne, 1573, et lieutenant de la compagnie de Maugiron, 1575-1582, nommé gouverneur de Gap en 1583. — Antoine de Clermont, baron de Montoison, est dit lieutenant de la compagnie de 100 hommes armés de Monseigneur de Maugiron, dans un acte du 22 juillet 1584. — Claude de Lay, sr de Crucilieux, devint lieutenant de G. de la Poype, au gouvernement de Gap. Il était maréchal des logis de la cie de Maugiron, 1581.

[222] Hector de Forest, sr de Blacons, dit Mirabel, du chef de sa femme Françoise de Mirabel. Son frère Jean de Forest, sr de Montjoux, mourut en 1590.

[223] Balthazard-Raymbaud de Simiane, baron de Gordes, fut tué au Monestier-de-Clermont, le 30 mai 1586, à l'âge de 24 ans. Anne de Saint-Marcel d'Avançon, sa femme, après avoir testé le 16 février 1586, mourut le 25 du même mois, laissant un fils Guillaume-Raymbaud.

[224] Arch. consul. Vienne.

[225] Il y eut de grandes fêtes à Grenoble pour célébrer la naissance du second fils du duc de Mayenne, Charles-Emmanuel, comte de Sommerive, né dans cette ville, le 19 octobre 1581.

[226] Arch. consul. Vienne. — La charge de gouverneur, en temps de troubles, était attribuée à un personnage spécialement rémunéré, pour un temps limité.

neur, Claude de l'Hère, s$^r$ de Glandage[227], et ordonnait la construction d'une citadelle ; après avoir visité les nouvelles fortifications de Valence, il s'arrêtait à Vienne, le 22 janvier, et rentrait à Grenoble d'où il écrivait au roi :

« …Sire, je vous supplie qu'il vous plaise de commander que vous voulez que la moitié de ma compagnie soit ordinairement près de moi, et votre prevot payé, car c'est tout ce que j'ai pour vous faire obeir… Quant à mon particulier, je ne sais pas ce que V. M. estime de moi, car depuis que je suis pensionnaire du feu Roy et votre lieutenant, tout m'est-ce. Il y a deux ans que ma femme est à vos pieds pour me faire payer ; tout mon bien est engagé pour servir le Roi, et il semble qu'il n'y a pas que moi, en votre royaume, à qui la malediction soit pareille, car tous sont riches et moi belitre, qui n'ai eu ni benefice, ni office, moins payement de mes gages, et si ne suis larron comme d'autres, je ne puis apprendre ce mystère… Le desespoir, où je me trouve, de me voir detruit et chargé d'enfants, me fait parler ainsi, et pour vous etre si determiné serviteur que je vous suis. Donc, Sire, au nom de Dieu, que votre clemence ait pitié et égard de moi, et m'aimez toujours[228]… » Les doléances de Laurent semblent légitimes, à en juger par la vente de sa principauté de Mortagne dont le prix, 40.000 écus d'or sol., fut versé entre les mains de ses créanciers[229], quelques années plus tard.

Au commencement du mois de février, il accompagnait le duc de Mayenne retournant à la cour, et se rendait à Vienne où les consuls refusèrent de lui céder la place du Saule, pour agrandir sa maison, 7 février 1582. Les habitants d'Ampuis le recevaient solennellement, le 5 mai, et lui faisaient un présent de leur vin renommé[230]. Au mois d'août, on le trouve à son château du Molard dont la situation, aux portes de Saint-Marcellin, lui rendait plus faciles la garde et l'administration de la province. Cette même année, il obtenait, pour le diocèse de Vienne, une décharge de 2.000 écus, sur ses imposi-

---

[227] Claude de Lhère, s$^r$ de Glandage, vaillant capitaine catholique, 1560-1585, mari de Philippine de Guiffrey, d'où Hugues de Lhère, dit le jeune Glandage, capitaine catholique, passé aux protestants en 1570, au service de Damville, 1576 ; ayant épousé Claire, fille de Faulquet Thollon, s$^r$ de Saint-Jaile, ardent soldat catholique, il revint au parti de son beau-père et servit au siège de la Mure, 1580. Son frère Charles de Lhère, s$^r$ de Chaudebonne, fut tué au siège de Livron, 1574, dans les rangs catholiques.

[228] Bibliot. de Grenoble.

[229] Arch. de la Drôme. E. Vente de la principauté de Mortagne au maréchal de Matignon, 22 novembre 1588, au prix de 40.000 écus d'or sol. attribués ainsi qu'il suit : 15.150, à Pierre de Ségur, s$^r$ de Ligonnez, mari et donataire de Marie de Montberon, fille de Jeanne Lhermite, pour le capital et les intérêts d'une somme de 12.500, à lui adjugée par sentence arbitrale du 14 septembre 1585 ; 15.000, à Joseph Arnolphini, lucquois, banquier à Lyon, qui avait fait saisir les terres de Montbellet et d'Igé ; et 9.850, à divers créanciers. — L'écu d'or au soleil ayant alors une valeur intrinsèque de 11 francs 2 centimes, en mettant à 4 le pouvoir actuel de l'argent, 40.000 écus d'or sol. représenteraient environ 1.760.000 francs.

[230] Arch. consul. Vienne.

tions [231]. Le 12 janvier 1583, il présida à l'ouverture des états du pays réunis à Grenoble ; on y exposa au roi, qui réclamait un don gratuit de 26.000 l., la grande misère du Dauphiné. Maugiron remercia l'assemblée, le 2 du même mois, d'un don de 2.000 écus accordé pour l'entretien de sa garde, dans laquelle se trouvaient beaucoup de Suisses [232]. Malgré une tranquillité relative, il n'en surveillait pas moins les intrigues protestantes. « Vous verrez, écrit-il aux consuls de Vienne, qu'il y a une entreprise sur votre ville... il faut que vous y ayez l'œil... Faites ce que mon frère (Annet) vous ordonnera, pour être un sage seigneur qui est un autre moi-même... Au Molard, 5 avril 1583 [233]. » Henri III s'étant rendu dans sa bonne ville de Lyon, le 27 août, Laurent, accompagné de son fils Timoléon, de son frère Annet, de M. de Tournon et de bon nombre de gentilshommes, partit de Vienne, le 28, pour l'aller saluer [234]. Cette même année, fut établie, à Grenoble, une confrérie de Pénitents, appelés aussi Flagellans, à l'imitation de celle constituée par le roi, à Paris. Le jour de N.-D. des Avents, cent-vingt pénitents, presque tous gentilshommes, habillés de linge blanc, n'ayant que deux pertuis pour les yeux, dont était chef le lieutenant général Maugiron, firent une procession magnifique, de la Madeleine à Notre-Dame, de nuit, et chantant en musique. On le retrouve le 10 mai 1584, à la tête des Pénitents de Romans venus dans la petite ville de Saint-Antoine, en Viennois, pour prendre part à la procession en l'honneur de saint Antoine. Le lieutenant général, comme représentant le roi, fut un des quatre seigneurs commis, suivant la tradition, à porter la châsse contenant les reliques du saint. Le 23 avril, les consuls de Vienne étaient venus le visiter, à son château d'Ampuis, où il les reçut fort bien et leur fit faire bonne chère. Henri d'Angoulême, grand prieur de France et gouverneur de la Provence, très lié avec Laurent dont il partageait les idées loyales et sages, peu pratiquées en ces temps troublés, descendit en l'hôtel de M. de Maugiron, à Vienne, le 9 août 1584 [235]. Le 14, ces deux personnages allèrent saluer le roi Henri III, en séjour à Lyon, 12-27 août. MM. le grand prieur, de Joyeuse, de Mandelot, de Maugiron et un grand nombre de gentilshommes coururent à la rencontre du duc d'Epernon arrivant par la route de Tarare. La monture du favori effrayée tomba à la renverse dans un précipice, entraînant son cava-

---

[231] Bibl. Nation. *Fonds français*. Lettre de Henri III à Ph. de Castille, receveur général du Clergé de France, 15 septembre 1582.

[232] Arch. consul. Vienne. *États du Dauphiné*.

[233] *Id*.

[234] Arch. de Lyon. — Arch. de Vienne.

[235] Arch. consul. Vienne. — Henri d'Angoulême, grand prieur de France, gouverneur de Provence, fut tué, à Aix, 2 juin 1586, par Ph. Altoviti, baron de Castellane. Il était fils du roi Henri II et d'une demoiselle écossaise nommée Leviston.

lier, tellement que l'on tint M. d'Epernon pour mort, pendant quatre ou cinq jours, au grand déplaisir du roi [236].

L'héritage de la couronne advenu à Henri de Navarre, par le décès du duc d'Anjou, frère de Henri III, 10 juin 1584, inquiéta les catholiques, pour le plus grand profit de la Ligue. Dans « Mémoire et instructions de ce qu'il plairra Monsieur d'Ilins remonstrer au Roy, » le lieutenant général fournit quelques détails sur la situation, à Grenoble et dans la province.

« La ville de Grenoble est la capitale de la province de Dauphiné où resident Messieurs de la cour de parlement, Chambre des Comptes, les gens des estatz dudit pays et financiers, et dans ladite chambre des comptes sont tous les tiltres et documentz du Roy et de toute la noblesse et communaultez d'icelluy.

« Laquelle ville se retrouve aujourd'huy en frontière des pays et terres de Monsieur de Savoye et n'est située qu'à six ou sept petites lieues de Chambery et Montmeillan [237], n'ayant aucune place ny forteresse entre deux, pour la couvrir, ayant été par cy devant, à l'occasion des guerres civiles et seditions populaires, les chastaulx de la Buissière, Avallon et Montbonod razés et desmolys [238].

« Sa Majesté est assés advertye des praticques, menées et entreprinses qui se sont faictes, en Savoye et ailleurs, pour troubler son estat et s'emparer de quelques places et villes, mesmes par Anselme et Spiart [239].

« Il seroit aisé de surprendre ladite ville de Grenoble, pour estre icelle sans aucune fortiffication, d'aultant qu'en moing de six heures l'on pourroit faire descendre des forces, tant du costé de Savoye que d'ailleurs, et d'artillerye par la rivière de l'Ysare et chasteau de Montmeillan, là où il y en a bon nombre.

« Comme aussy pourroit advenir accident et surprinse de ladite ville, si l'on retomboit aux troubles, guerres civiles et seditions populaires.

[236] Arch. Lyon. — Péricaud, *Notes et Documents.*

[237] La lieue de pays couvrait environ 7 kilomètres. Chambéry est à 56 k. et Montmélian, place forte appartenant alors au duc de Savoie, sur la rive droite de l'Isère, à 40 k. de Grenoble.

[238] La Buissière, sur la rive droite de l'Isère, à 32 k. de Grenoble ; on y voit encore les ruines d'un ancien château delphinal. A 4 k. en amont, le duc de Savoie construisit, 1597, le fort de Barraux dont Lesdiguières s'empara, en 1598, lorsqu'il le trouva suffisamment pourvu. — Avallon, commune de Saint-Maximin, sur la rive gauche de l'Isère, à 42 k. de Grenoble. Suivant autorisation royale du 4 mars 1404, Pierre Terrail construisit une tour au lieu de Bayart, au-dessous du château delphinal d'Avallon. — Montbonnot, à 7 k. de Grenoble, sur la rive droite de l'Isère ; les ruines d'un vieux château, ayant appartenu aux Dauphins, dominent ce village.

[239] Pierre d'Anselme lié « d'ancienne cognoissance et singulière amitié » avec Lesdiguières, 1578, s[r] de Blauvac en Languedoc, épousa Marie des Achards, 12 novembre 1566. — Spiart ou Espié. Le s[r] Espié fut député par la ville de Grenoble, vers le roi, en 1604. — Ces personnages pouvaient avoir accompagné soit Maugiron, soit Sébastien de Lionne, premier consul, « controlleur aux greniers à sel, 2 mars 1584 », et Marcel, avocat de la ville de Grenoble, députés pour aller saluer Henri III durant son séjour à Lyon, 12-27 août 1584.

« Par quoy sera supplyé Sa Majesté de pourveoir à la garde et seureté de la citadelle et mettre une bonne garnison de cent hommes, licentiant les Suisses, ainsy que le s[r] de Maugiron a escript à Sa Majesté, par le s[r] de Chastel [240], ou bien s'il luy plaist y laisser les cinquante Suisses y establys d'acroistre la compaignye de Françoys qui y est aussy, et n'est que de trente hommes, jusques au nombre de soixante. »

(On lit en marge la réponse suivante à cet article :) « *Le Roy ne peult entrer en ceste augmentation de trente francoys laquelle ne pourroit pas donner grande asseurance à la susdicte ville.* »

« Sera aussi supplié Sa Majesté, suivant ce que ledit s[r] de Maugiron en a ja escript, de faire construir et bastir ung fort à une demy lieue au dessoubs de Montmeillan, au lieu appelé les Mortes [241] ou l'assiette est toute propre, et se recouvrera, sur le lieu, boys, sable, pierre et eau pour la construction dudit fort, et lequel fut deseigné, l'année passée, par le comandement de Sadicte Majesté, et par le moyen duquel la ville de Grenoble sera couverte et la frontière des terres du Roy munye et assurée ; et plairra à Monsieur d'Illins, premier president de se vouloir souvenir du faict que dessus pour le remonstrer à Sa Majesté. »

(Et en marge :) « *Ceste fortification, bien qu'elle soit utile, ne se peult entreprendre que avec les moiens non seulement de la commancer, mais aussi de la parachever d'un mesme traict, de peur que estant my faicte elle ne fust plus tost pour porter dommaige que profict, partant, deffaillant presentement les moiens, il faut surceoir ceste entreprise.* »

« Remontrera à Sa Majesté les grandes et plus preignantes que jamais dolleances des cappitaines et soldatz establys en garnison, en ceste province, sur les arrerages qui leur sont deubz, speciallement de cinq moys de la presente année, ayant le jour d'aujourd'huy, pour cest effect, envoyé exprès devers le s[r] de Maugiron, lequel est en très grande peyne de leur y pouvoir satisfaire, faulte de moiens, craignant qu'en ceste saison si doubteuse, sur les advis que l'on a, lesdictz soldatz feissent quelque faux bon, et si par cy devant ilz ne l'on faict, il ne fault qu'une heure mauvaise ; par ainsy il plairra à Sa Majesté d'y pourveoir, tant pour ceste année que la prochaine.

« Fera aussy entendre à Sa dicte Majesté que les s[rs] Desdiguieres et Gou-

---

[240] Guillaume de Chastel. Le roi Charles IX lui fait don de 1938 l. provenant de divers lods, 16 janvier 1567. Le s[r] de Chastel, commissaire général des vivres, est envoyé par Maugiron et Lesdiguières, aux catholiques et à ceux de la prétendue religion pour les engager à mettre bas les armes, 1585. (Jean du Chastel est nommé châtelain de la Balme et de Quirieu, 19 juillet 1457.)

[241] Les Mortes, mas sur Chapareillan, à 40 k. de Grenoble, sur le Glandon, affluent de l'Isère, commandant la route de Grenoble à Montmélian.

vernet pressent aussy infiniment d'estre payés pour les garnison de Serres et de Nyons[242], comme ilz disent que celles de pareille religion, en autres provinces, le sont ; et monstrera une lettre que ledit sʳ de Gouvernet en escrivit ces jours passés audit sʳ de Maugiron, lequel a faict response qu'il n'y pouvoit rien sans les moyens du Roy, mais qu'ayant ung peu de patience, Sa Majesté y pourvoiroit, mesme ayant ouy les deputés qui s'en vont devers elle par deliberation de l'assemblée de Montauban.

« Faict à Vienne, le viiiᵉ jour de décembre 1584. — Maugiron[243]. »

En même temps, Maugiron recommandait au roi un curieux personnage, avocat hardi aux armes, catholique ardent, Jacques Colas, dont la fortune devait grandir, avec les troubles prochains. « Sire, despuys le depart du sʳ d'Illins, il n'y est rien survenu de nouveau, en ce pays, sinon le faict du Saint-Esprit, dont je vous ay escript aujourd'huy par le visceneschal de Montelimart. Ce n'est a autre fin que pour supplier très humblement Vostre Majesté de licensier au plus tost ledit sʳ d'Illins, pour revenir en cedit pays, où sa presence ne peult que beaucoup prouffiter, tant pour le faict de sa charge que pour la tenue des Estatz prochains... Je ne veu là aussy obmettre ledit visseneschal de Montelimart, lequel vous a faict de bons et recommandables services, tant en son etat, qu'en d'autres occasions où il a esté employé, dont il s'est tousjours fort fidellement et dignement acquitté, ce qui me faict supplier aussy très humblement Voste Majesté de le vouloir gratiffier de quelques bienfaictz, pour luy donner moyen et l'inviter de continuer de bien en mieulx, priant le Créateur... Ce xiiiᵉ décembre 1584. — Maugiron[244]. »

Laurent s'efforça de calmer les agitations causées par la mort du duc d'Anjou et réunit, à Grenoble, le 18 mars 1585, les députés de la province qui lui accordèrent, le 22, un don de 2.000 écus, en récompense des chevauchées qu'il avait faites pour le bien et avantage du pays[245]. Néanmoins l'effer-

---

[242] Serres, Hautes-Alpes. — Nyons, Drôme. — Ph. de Mornay, sʳ du Plessis-Marly, dit dans ses *Mémoires* qu'à la suite des expéditions de Mayenne les protestants étaient réduits, en Dauphiné, officiellement à ces deux places et couvertement à quelques autres.

[243] Bibl. Nation. *Mss. français.*

[244] Bibl. Nation. *Mss. franç.* — Ennemond Rabot, sʳ d'Illins. — Jacques Colas, né à Montélimar, vers 1547, vice-sénéchal de Montélimar, 1577, s'attacha à Mayenne, joua un rôle important dans les guerres de la Ligue, fut nommé grand prévôt de France et gouverneur de la Fère, 1591, qu'il livra au roi d'Espagne, 1594. Nommé, en récompense, comte de la Fère, il défendit cette ville contre Henri IV, 1595, continua à servir dans les rangs espagnols, fut blessé à la bataille de Nieuport, 2 juillet 1600, et mourut quelques jours après, prisonnier à Ostende. Sa fille unique, Marguerite, épousa, le 11 septembre 1600, Onufre, comte d'Escriva, et n'ayant pas eu d'enfants, laissa pour héritiers Juan et Diego de Colas, officiers au service de l'Espagne, fils de Jean Colas, frère puîné de Jacques. — Voir E. Colas de la Noue. *Un Ligueur. Le comte de La Fère.* Orléans, 1892. — Brun-Durand. *Dictionnaire biog. de la Drôme*, Grenoble, 1900. — Bᵒⁿ de Coston. *Hist. de Montélimar.*

[245] Arch. Vienne. *États du Dauphiné.*

vescence protestante et l'influence de la Ligue grandissaient en Dauphiné et, le 20 mars, Henri III écrivait au lieutenant général « d'avertir MM. de la noblesse de ne point se laisser entraîner par le parti des agitateurs. » — « L'on cognoistra, lui dit-il, dans une nouvelle lettre du 26, par l'effaict en leurs entreprinses, que belles et pernissieuses colleurs qu'ils donnent, leurs dictes entreprinses tandent plus tôt à la ruyne et dissipation de mon Estat que à la conservation d'iceluy [246]. » Le 28 mars, Laurent se rendait à Romans et de là à Valence, pour en imposer, par sa présence, aux entreprises des Huguenots. Le 3 avril, il était à Paris d'où il engage le noblesse à ne pas se laisser entraîner par l'exemple des religionnaires qui avaient repris les armes. De l'avis de S. M., il lève des troupes, met Grenoble en état de défense et, le 24 mai, empêche les troupes du Bas-Dauphiné de rejoindre les protestants des montagnes. Au mois de juin 1585, Lesdiguières entrait de nouveau en campagne. « Yer, les troupes du Passage passarent à Givor le Rosne, ayant commis actes étranges par le Lyonois; vous pouvez pencer d'où procède [247]... L'ondit que moss[r] de la Vallete vient. Il y a quelque anguille soubs roche... Vous ne vites jamez plus alarmés messieurs de Grenoble. Ceux de la rellilion passent l'Isère, ils ont emmené tout le bestail d'une maison à moss[r] le premier president. Moss[r] de Maugiron ha mandé partie de sa compagnie à moss[r] de la Vallete le venir prendre au Molard... en Malbec, le xv aoust 1585. Malbec [248]. »

Maugiron se trouvait à Grenoble, souffrant d'une blessure à la jambe, lorsqu'il apprit la prise de Die, par Gouvernet, et celle de Montélimar, par Lesdiguières, 20 et 25 août; il se rendit aussitôt à son château du Molard, d'où il réunit, à Saint-Marcellin et à Crest, une armée composée de huit cents chevaux et de deux mille cinq cents arquebusiers, à la tête de laquelle il s'avança au secours du château de Montélimar dans lequel les catholiques s'étaient réfugiés, sous les ordres de Pracomtal [249], après la prise de la ville; mais il dut se retirer, au bout de huit jours, faute d'artillerie et dans la crainte de quelque accident. La garnison capitula le 12 septembre [250]. Il établit à Romans, le 7 septembre, un service de poste, à son usage et à celui des par-

<hr>

[246] Arch. municip. Grenoble. — Arch. du Mis Puy-Montbrun. B[on] de Coston, *Hist. de Montélimar.*

[247] Péricaud. *Notes et Documents.* — Le duc d'Epernon, fort désireux de posséder le gouvernement du Lyonnais, dont Mandelot ne voulait pas se « devestir », fit nommer gouverneur de la citadelle de Lyon, en 1584, Aymar de Poisieu, s[r] du Passage qui lui était dévoué. Mandelot, ayant convoqué Poisieu en son logis, profita de cette absence pour faire occuper la place par ses soldats, après quoi il renvoya, en sa maison de Dauphiné, du Passage fort honteux.

[248] Bibl. chât. de Terrebasse. Lettre de Jacques Raymond, de Maubec, de Montlor, à Annet de Maugiron. Voir X. E. Marie, fille de Laurent.

[249] Jean de Pracomtal fut tué, avec tous ses hommes, à la prise d'Ancone par les protestants, 1588.

[250] B[on] de Coston, *Hist. de Montélimar.*

ticuliers [251], et partit de cette ville, le 1er octobre, pour aller à Grenoble menacé par les réformés. De retour à Romans, il recevait la nouvelle de l'échec de Condé, devant Angers, de quoi il fut fait une grande procession, le 10 décembre. Justement alarmé par le succès de Lesdiguières, en Dauphiné, Henri III y envoya une armée, sous le commandement de Bernard de Nogaret seigneur de la Valette, frère du duc d'Epernon [252], avec mission de combattre, ouvertement, les protestants et de ruiner, par dessous main, l'influence de la Ligue, non moins redoutable.

Ce général écrivait à « Monsieur de Maugiron... Monsieur, d'aultant que je viens d'estre adverty tout presentement que les ennemys, s'estant quasy tous mis ensemble, s'estoient approchez aux environs de Grenoble, pour y faire quelque progrès, mesme pour s'emparer et forcer s'ils le peuvent la maison de monsieur du Monestier [253] et Lamure, il m'a semblé que ce faict meritoit d'y pourveoir promptement. Et pourtant je vous supplie de vouloir faire acheminer, droict à Grenoble, le plus tost qu'il se pourra, le corps du regiment du sr de Ramefort [254], qui est en garnison de delà, avec deux cents soldatz qui se prendront aux compagnies du sr du Passage [255], ainsy que je luy escris, et y faire joindre aussy toute ma compagnie, s'il vous plaist, comme je le mande maintenant à monsieur de St Jullain [256]. Vous suppliant au reste, puisque vous estes resoleu de vous acheminer à Grenoble, de pourveoir, selon que vous jugerez estre necessaire, aux garnisons des places qui sont de

[251] U. Chevalier, *Annales de Romans.*

[252] Bernard de Nogaret, seigneur de la Valette, fils aîné de Jean de Nogaret et de Jeanne de Saint-Lary de Bellegarde, né en 1553, servit longtemps en Dauphiné dans les armées royales, 1583-1592 ; il remplissait les fonctions et prenait le titre de gouverneur de cette province, quoique le prince Henri de Bourbon-Montpensier, successeur de son père François pourvu du gouvernement de Normandie, eût été régulièrement nommé titulaire en 1588... « Lettres de commission au gouvernement de la province, en l'absence du sieur de la Valette gouverneur et Ornano, lieutenant général, en faveur d'Ennemond Rabot, sr d'Illins, 21 mars 1592. » *(Reg. offic.)* Soit par suite de la mort de la Valette, soit par le passage du prince de Bourbon au gouvernement de Normandie, le maréchal d'Aumont fut nommé gouverneur du Dauphiné, 2 juin 1592. La Valette fut tué au siège de Roquebrune, 11 février 1592, sans laisser d'enfant de son union avec Anne de Batarnay du Bouchage qu'il avait épousée le 13 février 1582. — Son frère puîné, Jean-Louis de Nogaret, marquis de la Valette, duc d'Epernon, pair et amiral de France, gouverneur de Provence, etc., fut un des plus puissants favoris du roi Henri III.

[253] Balthazar de Comboursier, sr du Monestier et de Rattier, au mandement de la Mure, mort en 1599. Vaillant capitaine catholique, fort ennemi de Lesdiguières qui prit son château du Monestier, en 1573, le reprit et le démolit, en 1587, et s'empara la même année de celui de Rattier. — Abbé A. Dussert. *La Mure et son mandement.*

[254] Onuphre d'Espagne, sr de Ramefort (rameau de la maison de Comminges), maître de camp, capitaine de chevau-légers, sous M. de la Valette, mourut le 14 janvier 1589 ; il se distingua à la prise de Montélimar par les protestants.

[255] Aymar de Poisieu, sr du Passage, enseigne de la cie de Maugiron, son cousin, 1575-1577, capitaine de gens de pied, 1584-1585. Voir note, *infra.*

[256] Gabriel de la Poype, sr de Saint-Jullin.

dela, à ce que durant vostre absence et après le partement des forces que nous en tirons maintenant, il n'y puisse arriver aulcun inconvenient. Et pour ce qu'il me semble que durant ce temps la il seroit bien besoing de commectre de dela quelque digne personnage qui eust la principalle charge des affaires et auquel les aultres peussent respondre, il me semble que cela conviendroit bien à monsieur de Gessen[257] auquel j'en escrit pour cest effect. Vous ayant voulu en addresser la lettre affin que, sy vous le treuvez bon, vous la luy faciez rendre, ou bien que vous en usiez comme vous verez estre à prepos. Sur quoy je prieray le createur, Monsieur, qu'il vous donne heureuse et longue vye. De Lyon, le xviii° de decembre 1585. (Et de la main), Monsieur puis qu'il vous plect venir à Grenoble, je penseroi qu'il seroit très à proupos que les troupes qui sont necessaires de ce costé vinsent quand et vous. Je vous supplie donc de les conduire, laissant bon ordre d'alieurs à ce qui est du dela. Vtre bien humble à vous servir. — La Valette[258]. »

Le général arrivé à Grenoble, le 23 décembre 1585, y fut rejoint par Maugiron. Bien qu'il y eût un pied de neige par tout le pays, ces deux chefs descendirent à Valence, le 7 janvier 1586, marchèrent dans la direction de Crest, à la tête de 3.000 fantassins et de 500 cavaliers, et s'emparèrent de Mirabel et de Vachères. Après avoir assisté, à Grenoble, à la tenue des états qui votèrent 10.000 écus par mois et un emprunt de 100.000 l. pour les frais de guerre, la Valette vint coucher au Molard, chez M. de Maugiron, le 5 février, et le lendemain rejoignit Valence et son armée. Les troupes royales prirent, sur les protestants, Eurre, Allex, Saillans, Saoû et se reposèrent à Livron et à Loriol[259], tandis que Laurent se trouvait, le 14 mars, à Valence, malade depuis deux ou trois jours[260]. Réduites, par mesures d'économie, elles se reformèrent, en mai, mais lentement, au gré de Maugiron qui écrivait à son frère Annet : « Vous desirez que je vous mande quand Monsieur de la Valette partira. Il dit que ce sera demain... Sy je scavoys quelques nouvelles, je vous en escriroys. Mais, par ma foy, je n'en scay poinct, sinon que je me fasche tant,

[257] Aymar de Clermont-Chatte, sr de Gessans.

[258] Bibl. château de Terrebasse.

[259] Crest, chef-lieu de canton, arrondt de Die, Drôme. — Mirabel-de-Blacons, comne du canton de Crest-Nord, à 37 kil. de Valence. François de Forest, sr de Blacons, avait hérité de cette seigneurie, en 1571, de Claude de Mirabel. — Vachères, sur Montclar, canton de Crest-Nord, château appartenant aux Grammont. — Eurre, comne du canton de Crest-Nord, à 26 kil. de Valence. La seigneurie appartenait aux Glane de Cugy, héritiers des d'Eurre, en 1540. — Allex, comne du canton de Crest-Nord, à 22 kil. de Valence, du patrimoine de cet évêché. — Saillans, chef-lieu de canton, arrondt de Die, à 43 kil. de Valence. Les Lambert avaient acquis cette seigneurie de l'évêque de Die, en 1580. — Saoû, comne du canton de Crest-Sud, à 43 kil. de Valence. La seigneurie appartenait aux Blain-de-Saint-Marcel-du-Poët. — Livron, comne du canton de Loriol, à 18 kil. de Valence, du patrimoine de cet évêché. — Loriol, chef-lieu de canton, arrondt de Valence, Drôme, à 21 kil. de Valence, du patrimoine de cet évêché.

[260] Bibl. chât. Terrebasse. Lettre de M. Leyssins à M. de la Valette.

que je voudroys que le diable eust emporté le gouverneur, et sy je pouvoys despatouiller, avec mon honneur, il y a deux moys que je me fusse allé du tout... à Grenoble, le xxiii° may 1586 [261]. » A en croire ces lignes et certains autres indices, le découragement du lieutenant général pouvait provenir, soit de son état de santé, car il était alors malade, soit de l'omnipotence attribuée au favori du roi dans la direction des affaires du Dauphiné. « Capitaine Beaulieu, écrit-il, je ne vous scaurey aultre chose dire de la lectre que Monsieur de la Valette vous a faict du licentiement de vos soldats, sinon qu'il faut que vous et moy prenions patience. Vous scavez en quel terme j'en suis, mais j'espère qu'il se presentera quelque autre occasion où j'auray plus de moyen et d'authorité pour en faire part à mes amys et spéciallement à vous et à tous ceulx qui appartiennent à ma sœur... Vostre bon amy, Maugiron, à Vienne, ce iiii° juillet 1586 [262]. » L'armée royale se dirigea, au mois de juin, sur les montagnes où elle battit les soldats de Lesdiguières, au Monestier-de-Clermont [263]. Une peste effroyable s'ajouta aux malheurs de la guerre et arrêta les opérations de la Valette qui, pourtant, s'empara de Chorges [264], le 4 décembre. Ce général logeait à Vienne, le 10 janvier 1587, chez Monsieur de Maugiron, d'où il descendait à Valence [265], convoquait, en février, à Romans, l'assemblée des villes de la province et continuait, avec succès, la guerre dans le Bas-Dauphiné. Les projets de Lesdiguières, contre Grenoble, le ramenèrent dans cette ville, au mois de mars, en compagnie de Maugiron.

Préoccupé du soulèvement huguenot et inquiet de la conservation de Vienne, Laurent écrivait aux consuls : « Messieurs mes amys, j'escript presentement et particulierement à mon fils aisné pour chose qui ja porte au service du Roy et à vous, je vous prie de le croyre comme celuy qui est né en vostre ville, et que nous saccriffierons tousjours tous deux et ce qui despend de nous, noz biens à vie pour tout ce qui vous touchera, et me remectrai sur luy... a Grenoble le xxii° jour de febvrier 1587. Vostre bien bon et asseuré amy. Maugiron. » Peu après il leur témoignait sa satisfaction de leur zèle. « Messieurs, je fus dernièrement très ayse d'entendre par le sieur de Foyssin, present pourteur, le bon devoir auquel vous vous estes mict pour regler la garde de vostre ville et du bon ordre que vous y avez donné, du commandement du sieur de Saint-Marc à qui vous obeirez tousjours comme à moy-

---

[261] Bibl. chât. Terrebasse. Lettre à « M. de Leyssins, ch^r de l'Ordre du Roy, cap^ne de cinquante hommes d'armes des ordonnances de S. M. »

[262] Bibl. chât. de Terrebasse. Lettre « au capp^ne Beaulieu, commandant pour le service du Roy à Saint-Marcellin ». — Le capitaine Beaulieu était un soldat de fortune attaché aux Maugiron.

[263] Le Monestier-de-Clermont, chef-lieu de canton, arrond^t de Grenoble, Isère.

[264] Chorges, chef-lieu de canton, arrond^t d'Embrun, Hautes-Alpes.

[265] Arch. consul. Vienne.

mesme ; trouvant très bon que vous ayez faict nomination des honnestes personnes que le dict s<sup>r</sup> de Foyssin m'a nommé pour commander aux citoyens de vostre ville. Je vous prie de leur monstrer ceste lectre et de continuer de bien en mieulx, ainsy que doibvent tous bons et fidelles subjectz du Roy, les estimans si prudans et bien advisés qu'ils auroient l'œil sougneusement ouvert à la conservation d'icelle, en sorte qu'il n'en mesaviendra au prejudice du service de sa Magesté que je leur accomande surtout et à vous, sellon que nous sommes naturellement obligés et que vous vous y estes de tout temps demonstrez telles et entierement affectionnez, vous asseurans que comme natifz de vostre ville, j'ayme son repos et soulagement tout de mesme que le bien et advantage de ma propre mayson, et vous cheris et honore tous en particullier, en general comme si vous estiez mes propres enfans, ainsy que je vous le ferez tousjours paroistre par effaict, quand les occasions s'en presenteront et que vous vouldrez gouster du fruict que debvez esperer de la bonne volonté que je vous porte... à Grenoble, le xix<sup>e</sup> jour d'apvril 1587. Vostre bon amy et très affectionné, Maugiron [266]. » Ces lignes mettent en évidence la loyauté politique de Laurent et son amour pour ses compatriotes. Mais ces bonnes paroles ne suffisant pas à stimuler l'ardeur militaire des Viennois, il dut rendre l'ordonnance suivante. « Sur la remonstrance à nous faicte par les consulz de la ville de Vienne de ce que aulcuns des habitans d'icelle feroient difficulté d'y faire garde ainsy que l'avons cy devant ordonné pour la sureté et conservation de la dicte ville soubz l'obeyssance du Roy, faisant paroistre par ce moyen le peu d'affection qu'ilz ont au service de sa Magesté. Nous avons de rechef ordonné et ordonnons que tous lesdictz habitans, sans exception de personne, feront la garde à tour de rolle, soubz la charge de leurs centeniers et sans y commectre qui que ce soit à leur nom, sur peyne au premier qui y contreviendra d'ung escu d'amande pour la première foys, et pour la seconde d'estre declarés rebelles à l'obeyssance à sa dicte Magesté. Mandons au s<sup>r</sup> de Saint-Marc, gouverneur, et consulz de la dicte ville, d'y tenir la main, de tant que le faict merite pour le bien des affaires du Roy et pour le repos de la patrye. Ce 22<sup>e</sup> septembre 1587 [267]. »

Le 11 décembre il était à Vienne où, le 31 du même mois, les consuls lui font présent de deux pièces de vin, l'une de blanc et l'autre de clairet, pour le remercier d'avoir exempté la ville du logement des gens de guerre pendant toute l'année [268].

---

[266] Arch. consul. Vienne. — Arnaud de Foyssin. Voir *supra*.
[267] *Id.*
[268] *Id.*

La continuation de la guerre fut marquée par la défaite des Suisses huguenots, à Vizille, le 19 août. Consulté par Maugiron, qui désirait une suspension d'armes rendue nécessaire par les calamités publiques, Henri III, encouragé par les victoires de Vimory et d'Auneau, lui répond : « ... Dieu m'ayant
fait la grace de dissiper cette grande armée etrangère qui était rentrée en mon
royaume..., je vous prie aussi donner ordre, incontinent la presente recue,
qu'il en soit loué et remercié par toutes les principales eglises de votre gouvernement... au camp de Nevers, ce 15 decembre 1587. Henry. » Le roi
ajoute, dans une seconde missive : « Monsieur de Maugiron, je ne veux que
l'on prête l'oreille au traité que recherche Lesdiguières artificieusement. J'ay
moyen encore de proteger et de defendre mes sujets d'injures, sans luy et ses
inventions. Je n'y veux rien epargner, et veux même avoir soin, plus que
jamais, de mon pays de Dauphiné, parce que c'est la partie du corps de mon
royaume qui est plus malade et qui a, par cette occasion, le plus grand
besoin de secours... A Cosne, le 15 decembre 1587. Henry. » A la même
date, Neufville lui confirme les intentions de ces deux lettres[269].

A la fin de cette année, Maugiron était à Vienne d'où, par lettres du
31 décembre, il confie le gouvernement de Briançon au sieur des Crottes,
« estant besoin de donner cette charge à quelque gentilhomme d'honneur, de
valleur et de merite[270]. » Le 5 janvier 1588, il recevait M. de la Valette, dans
sa maison de Vienne[271]. Le 10 janvier suivant, Lesdiguières essaya de surprendre Grenoble, et Maugiron s'en fut à Lyon chercher des secours pour le
chasser du pays, mais il ne put y réussir, car, le 20 mars, les protestants
renouvelaient leur entreprise contre la capitale du Dauphiné et pillaient le
faubourg Très-Cloître. La compagnie de Maugiron, sous la conduite de Disimieu, se faisait battre à Vif, le 25 avril, tandis que son chef guerroyait sur les
rives de l'Isère, à la tête de huit cents arquebusiers et de trois cents chevaux
qu'il avait fort affaire à entretenir. Il écrivait de Grenoble, le 19 août, aux
consuls de Vienne, de remettre les châteaux de Pipet et de la Bâtie au chapitre et à l'archevêque[272].

Laurent de Maugiron, éprouvé par l'âge et les violences « de ce siècle
endiablé », ne se sentait plus la force ni le courage d'endurer les fatigues des
guerres incessantes et les complications de la politique des royalistes, des

---

[269] Arch. de Briançon. — Fauché-Prunelle. *Le Livre du Roi (Bul. Acad. Delph.* 1846).

[270] Arch. Briançon. *Le Livre au Roi.* — Antoine de Rame, s^r des Crottes, passa du parti protestant
à celui du roi et des catholiques, en 1583; gouverneur d'Embrun, 1585; chevalier de l'ordre du roi ;
mort en 1592; père de Mathieu de Rame, gouverneur de Digne, 1593, qui tenait pour Henri IV.

[271] Arch. consul. Vienne.

[272] *Id.*

protestants et des ligueurs. Toujours fidèle au roi, malgré son attachement aux Guise, il obtint de Henri III, à la date du 23 mars 1588, en faveur de son fils Timoléon de Maugiron, des lettres pour commander en Dauphiné, par suite de l'indisposition de Monsieur son père [273]. Revenu de la cour, au mois de juillet, Timoléon le suppléa, dès lors, dans l'exercice de sa charge de lieutenant général dont la survivance lui fut accordée par lettres royales du 4 août 1588. Pourtant Laurent assista à l'assemblée des états de la province, réunis à Grenoble, et y fit une remontrance, le 30 juin, sur les affaires du pays. Les députés proposèrent, le 7 juillet, de lui faire un don pour reconnaître les services qu'il avait rendus au Dauphiné et payer ses dépenses [274]. Par une lettre écrite de Grenoble, le 21 août 1588, et signée « votre inthime amy à jamais, Maugiron », il engageait les consuls de Vienne à faire bonne garde, et présidait, le 7 septembre, la séance du parlement en laquelle furent publiées les lettres données, par le roi, au duc de Mayenne, pour commander en Dauphiné, peu avant le meurtre de son frère, le duc de Guise, 23 décembre.

Laurent, aux derniers mois de sa vie, dut se préoccuper de la main mise sur Romans et Valence, par le baron de la Roche et le s^r du Passage, gouverneurs de l'une et de l'autre de ces villes. L'impuissance et les tergiversations du pouvoir royal, à l'encontre des protestants et de la Ligue, les abus de la force armée secondant les ambitions particulières, sont officiellement établis par une correspondance assez explicite pour jeter quelque lueur sur la pénombre de ces temps troublés.

« Sire, la dernière lettre que j'ay escrite à Vostre Majesté faisoit mention comme j'estois desparty de ceste ville, pour aller parler au Passage [275] et au baron de la Roche [276] qui ont saisi voz villes de Valence et Romans, ainsi que

---

[273] Arch. Rhône, E.

[274] Arch. consul. Vienne. *États de la Province.*

[275] Aymar de Poisieu, s^r du Passage, de Saint-Georges-d'Esperanche, de la maison forte de Bellegarde, sur Virieu, etc., chevalier de l'ordre du roi; gentilhomme de sa chambre, capitaine de 50 hommes d'armes; gouverneur de la citadelle de Lyon, par lettres du 18 novembre 1584; de Valence, par commission de M. de la Valette, 1586, puis par lettres du roi du 17 mars 1590; lieutenant général en Provence, par lettres du 20 décembre 1593; au marquisat de Saluces, 25 avril 1598; testa au château de Bellegarde, le 7 juin 1600. Il avait épousé, 1576, Françoise, fille de Jean Flotte et d'Antoinette Artaud du Montauban et sœur de Balthazard Flotte, comte de la Roche. De cette union vinrent : 1º Scipion qui a continué la lignée; 2º Jacques, s^r de Bellegarde, mort sans enfants; 3º Gaspard, chevalier de Malte, tué en 1626; 4º Marguerite, femme de Vincent Alleman, s^r de Montcarra; 5º Marthe, femme de Charles du Fau; 6º Antoinette, femme de Louis de Galles, s^r de la Buisse, maréchal des camps et armées du roi; 7º Hélène, femme de Jean de Grôlée, s^r de Gerboule. Il était allié aux Maugiron.

[276] Balthazard Flotte de Montauban, baron de Montmaur, comte de la Roche-des-Arnauds, 1593, capitaine sous Maugiron, cheval^r de l'ordre du roi, capit. de 50 hom. d'armes, mestre de camp de cavalerie, gouverneur de Romans, 1587-1597. Il s'était rendu indépendant dans cette ville qu'il voulut, en désespoir de cause, livrer au duc de Savoie, mais assiégé par d'Ornano et Lesdiguières, il dut se rendre le 25 octobre 1597. Passé en Savoie, où il devint conseiller et grand écuyer du duc, rentré en France à

Vostre Majesté aura entendu particulièrement par le s<sup>r</sup> du Motet[277]. Despuis j'ay escrit à Vostre Majesté comme ils me priarent par lettres, estant près dudit Romans, de ne vouloir passer plus oultre, et que en mesme temps je fus adverty que, si je me fusse allé presenter à leur porte accompagné, ilz ne m'eussent laissé entrer, et si je y fusse allé avec peu de personnes, ils m'eussent faict cognoistre qu'ilz estoient en ceste province, plus que moy; qui fut cause que le s<sup>r</sup> d'Illins[278], premier president en vostre cour de parlement de ce pays, et le s<sup>r</sup> de Chevrières[279], advocat général, s'y acheminarent et firent, ausdiz Passage et baron, les remonstrances les plus persuasives dont ilz se peurent adviser, pour essaier de remetre les choses en quelque bon estat ; mais elles ne servirent de rien, car ilz les resolurent que, si Vostre Majesté envoioit personnage exprès, ilz feroient ce qu'elle leur commanderoit ; et

diverses reprises, convaincu d'intrigues et d'assassinat, il fut décapité en place de Grève, le 6 août 1614. Du vivant de sa première femme, Isabeau des Astars, dont il avait eu deux enfants, il épousa, 30 octobre 1590, Marthe de Clermont d'Amboise, cousine du duc de Savoie.

[277] Charles du Mottet, s<sup>r</sup> d'Oulle, Séchilienne, Champier, Nantoin, gentilhomme ordinaire de la chambre du roi, 1606, marié 1° à Alix Stuard, 2° à Hippolyte Emé de Saint-Julien, testa le 28 novembre 1617, laissant deux fils, Charles et Octavien, et plusieurs filles.

[278] Ennemond Rabot, s<sup>r</sup> d'Illins et de Cornillon, joua un rôle fort important dans la politique du Dauphiné. Conseiller clerc au parlement de Grenoble, par lettre du 20 janvier 1570; premier président pour trois ans, par la démission de J. de Bellièvre, son beau-père, suivant commission du 20 octobre 1584; premier président, par lettres du 19 octobre 1585 ; commis au gouvernement de Dauphiné, en l'absence de M. de la Valette, par lettres du 21 mars 1592; il mourut le 11 novembre 1603. De son union avec Anne, fille de Jean de Bellièvre, s<sup>r</sup> de Hautefort, et de Madeleine de Prunier, il n'eut qu'une fille mariée à Christophe de Harlay, comte de Beaumont.

[279] Jean de la Croix, un des plus illustres membres de cette famille, originaire de Romans, qui a fourni plusieurs personnages remarquables; seigneur de Chevrières, Brie, Chantemerle, les Cottanes, Faramans, Lieudieu, Ornacieux, Pisançon, baron de Serve et de Clérieu, comte de Saint-Vallier et de Vals; né le 10 août 1555; conseiller au parlement de Grenoble, par lettres du 25 juin 1578 ; avocat général, 29 octobre 1585; intendant des finances de l'armée de Mayenne, en Dauphiné, 29 novembre 1588; conseiller honoraire au parl<sup>t</sup>, 27 décembre 1591 ; suivit le parti de la Ligue, et se rallia à Henri IV qui le nomma surintendant des finances, en Dauphiné, 13 septembre 1595, et le pourvut d'un brevet de conseiller d'État; garde des sceaux au parlement de Savoie, septembre 1600-octobre 1601 ; il eut un second brevet de conseiller d'État, 18 décembre 1601, fut commis pour traiter de la paix avec le duc de Savoie, et nommé président au parl<sup>t</sup> de Grenoble, par lettres du 31 décembre 1603, et ambassadeur extraordinaire en Savoie, 27 mai 1665. Devenu veuf, il fut appelé par le roi à l'évêché de Grenoble et accepté par bulles du 11 juillet 1607. Il résigna son office de président, mais le roi le maintint dans le droit de siéger, à son rang, soit au parlement de Grenoble, soit dans les autres parlements du royaume. La reine Marie de Médicis l'admit dans son conseil, par brevet du 25 juin 1611, et il fut créé conseiller d'État ordinaire, avec pension de 2.000 l. par brevet du 17 septembre 1612. Il déploya un grand zèle pour la conversion des protestants de son diocèse et mourut à Paris, le 8 mars 1619. Jean de la Croix avait épousé, le 7 septembre 1577, Barbe, fille de Joachim d'Arzac, s<sup>r</sup> de la Cardonnière, et de Claudine de Costaing de Pusignan ; elle testa le 3 février 1581 et mourut en 1594. De cette union vinrent : 1° Félix, qui continua la branche aînée des marquis de Saint-Vallier et de Chevrières; 2° Alphonse, seig<sup>r</sup> d'Ornacieux, qui succéda à son père comme évêque de Grenoble, 1619, se démit en 1620, et mourut en 1637; 3° Jean III, tige de la branche des marquis de Pisançon ; 4° Catherine, femme de Pierre de la Baume, conseiller au parlement; 5° Marguerite, femme de Laurent Rabot, s<sup>r</sup> de Vessilieu et de Buffières, conseiller au parlement. Cette famille est encore représentée par les marquis de Saint-Vallier et de Sayve.

ainsi que, sur ce subject, j'estois au point d'envoier, à Vostre dite Majesté, en dilligence ledit advocat général, le cappitaine Cadet[280] est arrivé, avec les instructions qu'il a pleu à Vostre dite Majesté luy avoir donné, que nous avions desja, pour la plus part, suyvies, estant toutesfois bien venu à propos pour se veoir lesdits Passage et baron satisfaictz de ce qu'ilz demandoient. Ledit Cadet s'en va le treuver avec le s^r de S^t Julien[281], quatriesme president en vostre dicte cour, et ledit advocat général, pour veoir à quoy ilz se deliberont et les inviter à obeyr à voz commandemens. Mon fils fust allé avec eux là, n'eust esté que ilz sont plains d'une mauvaise volonté à l'encontre de luy, au moien de ce que il leur declara, à son retour de la court, que Vostre Majesté estoit resolue à la paix avec les catholiques de vostre royaume, et qu'elle seroit extremement marrye contre ceux qui vouldroient, tant soit peu, atanter de remuer ou traverser ses intentions et promesses jurées pour l'extirpation de l'heresie ; le pretexte duquel lesdits Passage et baron se couvrent maintenant est, qu'ilz demandent estre paiez de quelques arrerages qui leur sont deuz, que Monsieur le duc de Mayenne vient pour les chasser et s'emparer de ce pais, et qu'ilz n'obeiront, après Vostre Majesté, qu'à Monsieur le duc de Montpencier ou à moy, par la bouche toutesfois du s^r de la Valette, diversifians ainsi leurs voluntez, ores d'une façon, puis d'une autre. Nous prendrons advis de deça sur l'arrivée et retour devers eulx desdits Cadet, president de St Julien et advocat general, n'y estant peu retourner vostre premier president[282], pour l'extrême maladie à laquelle il est tumbé, de laquelle, si Dieu l'apeloit, il vous suplie très humblement, Sire, qu'il plaise à Vostre Majesté de se ressouvenir qu'il n'y a personne en ce pais que je scache estre digne de sa charge, non pas que je veuille dire qu'il n'y ent ayt de très sufizans au faict de la justice, mais presque tous ignorans aux affaires d'estat, affin que si Vostre Majesté se trouvoit importunée de pourvoir audit estat, en faveur de quelqu'un de deça, elle se ressouvienne, s'il luy plait, de metre quelque personnage nourry près d'elle et en son Conseil, plus tost pour trois ans, et en ce faisant son service en iroit mieu là. Aucune chose, Sire, ne me faict vous dire cela que la devotion que j'ay à vostre dit service, encores que,

---

[280] Jean Berne, dit le capitaine Cadet, chevalier de l'ordre du roi, habitait à Romans, en 1601.

[281] Octavien Emé, s^r de Saint-Julien, Montbaly, Vaulx, Milieu, Saint-Didier, conseiller au parl^t, 1^er décembre 1575 ; président, 31 décembre 1585 ; mourut le 19 mars 1624. De son union avec Diane de Monteynard, 3 mars 1588, vinrent neuf enfants, dont l'aîné, Guy-Balthazar, conseiller au parlement, 11 septembre 1622, mari : 1° de Lucrèce Barral ; 2° d'Eléonore Ferrand, a continué la filiation de cette famille dauphinoise, représentée, au château du Touvet, Isère, par Henri Emé, marquis de Marcieu. — Voir : L. Charvet. *La maison forte de Montbaly*, Vienne, 1878.

[282] Ennemond Rabot, s^r d'Illins, mort le 11 novembre 1603. Il eut pour successeur Artus Prunier de Saint-André.

par les instructions qu'a aporté ledit Cadet, je vois avoir esté taxé, avec mondit fils, par aucuns envieulx et medisans, de favoriser lesdits Passage et baron de la Roche, adherans audit s<sup>r</sup> de la Valette, me reputant, sur ceste calompnie, très heureux que Vostre Majesté ayt estimé le contraire de nous, qui n'avons jamais esté aultres que très zellez à vostre service. Les tesmoignages que j'ay randus, tant à l'encontre de Monseigneur vostre frère qui ne me sceut fere changer d'affection contre Vostre Majesté, le devalizement et autres choses que j'ay faictes à ceux qui l'aloient trouver, contre vostre volunté, me justifient assez. Criant aussi qu'elle sera memorative de l'asseurance que le feu roy, vostre frère, avoit de moy, entre tous ceux qui estoient auprès de luy, et qu'elle aura souvenance que, pour toutes les traverses qui m'ont esté faictes, je n'ay pour cela laissé de vous suyvre aux batailles, et n'ay jamais cessé de servir là où il a pleu, aux roys voz predecesseurs et vous, de me commander. La Royne, vostre mère, scait aussi les bons services que j'ay faitz à vostre couronne, en vostre enfance, et que lorsque l'on m'a faict le plus de mal, voire de m'avoir osté tous les biens d'église que le feu roy, vostre grand père, avoit donnez au mien, que ung de mes frères tenoit, cela ne m'a pas pourtant si refroidy que je n'ay continué à ma fidelité et determinaiz de bien servir, comme je feray toute ma vie. Si les affaires de ceste province ne sont passez, jusqu'à present, comme Vostre Majesté desire, je diray, Sire, que ce n'est pas à moy à qui il s'en fault prendre, car despuis unze ans et demy que je y suis, je n'y ay eu nul commandement, pouvoir ny moiens, m'aiant tousjours donné Vostre Majesté des superieurs et coadjuteurs. Toutesfois j'ay plié les espaules et ay souffert et enduré que ledit s<sup>r</sup> de la Valette, qui n'estoit pas nay lorsque j'estois cappitaine, m'ayt commandé et usé envers moy de tant de sortes de mespris, que je n'en ay rien dit ny ozé plaindre, tant j'ay eu à cueur de desplaire à Vostre Majesté, mais plus tost de patir et mourir miserable. Voilà, Sire, où j'en suis, estant tout blanc avec soixante ans, aussi povre de biens que lorsque je sortis hors de page du feu roy, vostre père [283]. J'adjousteray, pour fin de ma lettre, que ce pays s'achève de perdre, si Vostre Majesté n'envoie promptement les moiens necessaires, comme elle m'a escrit. Celuy qui viendra de sa part, je l'accompagneray de cueur et d'affection, n'aiant rien dans l'âme, sinon tout ce qu'il vous plaira, suppliant

---

[283] Aux mêmes temps, les huguenots, amorcés par les pillages des églises, des couvents, des villes, des châteaux et des villages, couraient après la fortune, sous les enseignes expérimentées de Lesdiguières. Cette marche ascendante est nettement indiquée, à l'abord et aux débuts du xvii<sup>e</sup> siècle, par le transfert, des catholiques aux protestants, des terres et des seigneuries, dont les protocoles des notaires et les procès-verbaux des commissaires préposés à l'aliénation du domaine delphinal nous offrent un tableau dépourvu d'artifice.

Vostre Majesté de se ressouvenir de la très humble suplication que je luy ay faicte, par un gentilhomme exprès, touchant la survivance de vostre lieutenance au gouvernement de ce païs, pour mon fils. Sire, je supplie le Createur donner à Vostre Majesté, en très bonne et parfaite santé, très longue et très heureuse vie. De Grenoble, le xv<sup>e</sup> aoust 1588. Vostre très humble et très obeissant subjet et serviteur. Maugiron[284]. » La dernière partie de cette missive contient, en quelques mots émus, le testament politique de Laurent de Maugiron, indique les résultats obtenus au déclin d'une longue et périlleuse carrière, et constate, une fois de plus, l'oubli dans lequel Henri III tenait les vieux serviteurs de sa couronne, obstiné à complaire à ses favoris représentés alors par le duc d'Epernon.

« Sire, j'ay faict entendre à Vostre Majesté, par ma dernière despêche du xv<sup>e</sup> de ce mois, comme le cappitaine Cadet estoit arrivé de deça, avec les instructions qu'il a pleu à Vostre Majesté luy avoir données, concernant le baron de la Roche et le Passage, et que ledit Cadet estoit au point de les aller trouver, avec les s<sup>rs</sup> de S<sup>t</sup> Julien, president en vostre cour de parlement, et de Chevrières, advocat general, qui avoient esté nommez et choisis par vostre dicte court, à cest effect, lesquelz en sont de retour ce jourd'huy, sans avoir raporté autre chose de leur negociation que les mesmes resolutions que j'ay faict entendre à Vostre dicte Majesté, et oultre que ledit baron leur a encores declaré, comme elle verra par le procès verbal que les dits president de S<sup>t</sup> Julien et advocat general en ont dressé, qu'il desire garder la ville de Romans soubz vostre obeissance, avec le nombre d'hommes qu'il a faict mettre dedans, excedant de beaucoup les deux tiers de ce qu'il avoit auparavant la surprinse d'icelle, et la citadelle qu'il y faict ediffier en grande diligence, la baptisant de ce nom d'une maison qu'il fait faire pour sa seurté, s'estant resolu d'en escrire à Vostre Majesté, par un gentilhomme qu'il a deliberé de luy envoyer exprès, pourveu que de nostre cousté nous en facions autant, à celle fin qu'il entende avec plus de certitude ce qui est de l'intention d'icelle, et se dispose d'y obeir; remetant par ce moien tousjours les affaires en plus grande longueur, pour avoir plus de loysir de se fortiffier et parachever ladicte citadelle, avec trois bastions et ung à ladicte ville qu'il y a tracez. Et d'autant, Sire, que entre autres propos tenus par ledit baron de la Roche, il a declaré que, sy Vostre Majesté lui commande de remetre ladite ville de Romans en l'estat qu'elle estoit avant qu'il s'en fut saisy, qu'il la quitera plustost, pour ne s'y sentir asseuré, avec peu de forces, sans citadelle, et que Vostre Majesté n'entend pas qu'aucun gentilhomme, particulier,

---

[284] Bibl. Nation. *Mss. français.*

ny aultre de son royaulme, ediffie des maisons fortes dans les villes et places d'importance, comme est ledit Romans, j'ay pensé, Sire, devoir advertir Vostre Majesté de ceste declaration affin, qu'avant l'arrivée de celluy qu'il y envoyra et de celluy qu'y s'y en yra de vostre part, elle sache les propositions et demandes qu'il faict, suppliant très humblement Vostre Majesté, si tant estoit qu'elle voulust permettre audit baron de garder la dicte ville, avec ledit nombre d'hommes et en l'estat qu'elle est à present, de croire que ce luy sera ung subject de remuer toutes fois et quantes qu'il vouldra en ceste province, soit à faulte de paiement pour l'entretenement de ses gens de guerre, querelles particulières, que aultrement, qui n'avanceront en aucune façon vostre service de deça. Et tant est qu'il plaise à Vostre Majesté ordonner qu'il remetra les choses au premier estat, et qu'il n'y vueille obeir, de luy declarer ouvertement, par lesditz gentilzhommes qui luy seront envoiez, son intention, affin que nous la puissions suyvre et executer, en cas de contravention, et que le peuple soit esclarey des doubtes qu'il pourroit avoir que ledit baron ayt entreprins ce qu'il a faict, de vostre auctorité, comme il leur a faict entendre. Et en ce que concerne le Passage, il a aussi declaré ausditz Cadet, president de St Julien et advocat general qu'il avisera, lorsque Vostre Majesté luy escrira de remetre la citadelle de Vallence au sr de Gessans, ce qu'il aura à faire, qui est ung evident tesmoinage de desobeissance à voz commandemens.

« Aussi, Sire, j'ay bien voulu faire entendre, à Vostre Majesté, comme ce jourd'huy Lesdiguieres, avec toutes ses forces et sept ou huit cens pionniers, s'est venu loger à une lieue près de ceste ville, faisant faire ung fort de là le bort de la riviere du Drac[285], et comme j'ay escrit et prié Monsieur de Mandelot de m'envoier sa compagnie avec celle du sr de Botheon[286] et quelques autres, s'il en a, et mandé au sr de Ponsonas[287] de faire avancer, en grande diligence, son regiment, affin d'essaier, avant que ledit Lesdiguieres aye guieres avancé, si je me puis trouver des forces que puissent à peu près esgaller les siennes, de luy rompre ses desseins, n'ayant à present, comme j'ay cy devant fait entendre à Vostre Majesté, aucunes compagnies de gens de pied, pour s'estre revoltées toutes celles des Gascons qui sont de deça. Vous pouvez juger par là, Sire, le besoing que nous avons de veoir au plus tost, en ce pais, l'armée que Vostre Majesté a promis de nous envoier ; remerciant très humblement

---

[285] Le 13 août 1588, Lesdiguières traitait d'une alliance offensive et défensive, avec la Valette et le duc d'Epernon, son frère, contre les Guise et à l'insu de Maugiron ; le 19, il était à Claix où le capitaine Jean traçait le fort de Bosansi.

[286] François de Mandelot, lieutenant-général au gouvernement de Lyonnais, Forez et Beaujolais, capitaine de 100 hom. d'armes, mourut à Lyon, le 23 novembre 1588. — Guillaume de Gadagne, sr de Bothéon, sénéchal du Lyonnais, mort en 1600.

[287] Jean Borel, sr de Ponçonas. (Voir IX. F. Jeanne, fille de Guy. Notes.)

Vostre dicte Majesté du bien et honneur qu'elle m'a faict, en consideration de mes services passez, d'avoir accordé la survivance de ma charge en ce gouvernement, en faveur de mon filz ayné, ainsi que j'ay veu par la lettre qu'elle m'a faict, du quatriesme de ce mois, par le gentilhomme que je luy avois envoié. Je prie Dieu qu'il me face la grace, et à mondit filz, de nous randre dignez d'un si grand benefice, par la continuation de nostre fidelité. Sire, je supplie le Createur donner à Vostre Majesté, en très bonne et très parfaicte santé, très longue et très heureuse vie. De Grenoble, le xixe aoust 1588. Sire, Vostre Majesté verra aussi le procès verbal faict par le s[r] d'Illins, premier president en vostre dicte court, et ledit advocat general, sur le voiage qui a esté fait devers ledit baron de la Roche et le Passage. Vostre très humble et très obeissant subjet et serviteur. — Maugiron[288]. »

Les lettres suivantes adressées à « Monsieur de Villeroy, conseiller du Roi en son conseil privé, premier secretaire d'estat et des finances de sa Majesté », corroborent ces renseignements, en dénonçant le rôle du duc d'Epernon et de son frère la Valette, en ces affaires.

« Monsieur, vous verrez par la lettre que j'escris au Roy et par les procès-verbaulx que les s[rs] d'Illins et de St Julien, presidens, et de Chevrieres, advocat general, en ceste court de parlement, ont faict, le peu d'esperance qu'il y a de remettre les affaires de Romans et Vallence, suyvant l'intention de Sa Majesté et les instructions que le capitaine Cadet nous a aporté, qui ne me faict rien estimer autre chose que le dernier but de la ruyne de ceste miserable province, si Sa Majesté n'en a pitié et ne declare franchement, au baron de la Roche et au Passage, ce qui est de son intention, par celluy que ledit baron a deliberé de luy envoier au plus tost, que je feray accompagner par ung autre que ladicte court et moy choisirons. Vous verrez aussi comme Lesdiguieres s'est venu loger, ce jourd'huy, avec toutes ses forces et bon nombre de pionniers, à une lieue près de ceste ville, faisant bastir ung fort sur le bort de la riviere du Drac, qui nous fait grandement souhaiter la venue de Monsieur du Mayne, avec l'armée que le Roy nous a promis. Monsieur, je suplie le Createur vous donner en très bonne et parfaicte santé très longue et heureuse vie. De Grenoble, le xixe aoust, 1588. Vostre tres humble servyteur. — Maugiron[289]. »

«... Nous n'avions, à l'arrivée du s[r] de la Valette, à faire qu'aux heretiques, et a present les divisions de Romans et de Vallence nous troublent plus que le reste... de Grenoble xxvie aoust 1588. — Maugiron[290]. »

[288] Bibl. Nation. *Mss. français.*
[289] *Id.*
[290] *Id.*

« J'ay receu, ces jours passez une letre de monsʳ de la Valette, laquelle j'envoye au Roy. Vous verrez par ladite letre que ce qui s'est fait à Romans et Valence est par son commandement, et que les sʳˢ du Passage et baron de la Roche ne peuvent rien que par son consentement... J'ay aussi receu une letre des consulz de Romans, cy enclose, par laquelle vous verrez que, contre l'intention du Roy, ilz veulent traiter et composer d'une tresve et suspention d'armes avec les heretiques, qui est autant les fortiffier et donner moien de resister à l'armée que Sa Majesté a promis de nous envoier et que nous atandons en grande devotion. — Maugiron[291]. »

Laurent de Maugiron mourut à Vienne, âgé de soixante et un ans, le 5 février 1589; ses restes, inhumés provisoirement dans l'église de Saint-Martin, furent transportés, le 5 novembre 1595, dans la cathédrale de Saint-Maurice, au tombeau de ses ancêtres[292].

Suivant son testament du 30 juin 1588, fait à Grenoble, en la trésorerie, par devant Mᵉ Basset, notaire, Laurent de Maugiron, chevalier des ordres du roy, etc., sain de corps, sens et mémoire, élit sépulture à Saint-Maurice de Vienne, au tombeau de son père; lègue : à l'hôpital de Saint-Marcellin 170 éc. 40 s.; à demoiselles Jacqueline, Marie et Marguerite de Modène, filles du sʳ comte de Montlor et de Marie de Maugiron, sa fille, à chacune 100 éc.; à Marguerite et Anne, ses filles, religieuses à Saint-Pierre de Lyon, une pension annuelle de 10 éc., outre celle déjà constituée; à Jeanne, sa fille, 13.333 éc. 20 s., lorsqu'elle se mariera ; à Ludovic, son fils, ayant le doyenné de Saint-Maurice, une comté et prébende à Saint-Jean de Lyon, le prieuré de N.-D. de l'Isle, l'abbaye de Saint-André-le-Grand, la chapelle des Liatard, audit Saint-Maurice, l'abbaye de Thiers, etc., une pension de 400 éc. jusqu'à ce qu'il possède 1.333 éc. 20 s. de revenus, en bénéfices; à Scipion, son fils, tout ce qui dépend de la Thivelière, engagée au comte de Montlor, pour partie de la dot de Marie, sa femme, qui sera dégagée; la seigneurie du Molard et de Varacieux, à rendre à son héritier universel, lorsqu'il aura rendu la Thivelière; prière à Annet de Maugiron de vouloir bien faire ledit Scipion son héritier universel; héritier universel Thimoléon, son fils aîné; substitution en faveur de Scipion et de ses enfants... et, à défaut de mâles, en faveur des filles. Parmi les témoins, Antoine de Flotte, commandeur de Saint-Jean-de-Jérusalem d'Avignon, gouverneur de Grenoble[293].

Il avait épousé, suivant contrat reçu par P. Plantier et P. Lambert notaires

[291] Bibl. Nation. *Mss. franç.* — A. Lacroix. *Romans et le bourg du Péage.* Valence, 1897. — H. Chevalier. *Annales de la ville de Romans.* Valence, 1876. — J. Roman. *Le comte de la Roche.* Valence, 1883.

[292] Arch. consul. Vienne. — Mermet. *Chronique de Vienne.*

[293] Arch. Rhône. E. — Arch. de M. le cᵗᵒ de Cibeins. Factum.

à Vienne, le 19 mai 1550, sa cousine Jeanne, fille de Gabriel de Maugiron, seigneur de la Tivelière, et de Jeanne de Gotafrey, héritière des biens de la branche de la Tivelière, et des seigneuries du Molard, de Varacieux et de Plan provenant de Guillaume de Gotafrey, son grand-père, mort en 1557[294]. Du chef de Guy de Maugiron, son père, Laurent possédait les seigneuries de Montléans, d'Ampuis, les maisons fortes de la Roche, de la Magdeleine, de Louvre, et des biens à Condrieu, Tupin, Vaugris, Reventin, Auberive, Beauvoir-de-Marc, Charantonay, Pinet, Saint-Georges-d'Espéranche, etc. De sa mère, Ozanne l'Hermite, il eut les seigneuries de Beauvais et de Moulins-sur-Charente, en Poitou, pour partie, et de sa tante Jeanne l'Hermite, femme d'Antoine de Montberon, la principauté de Mortagne-sur-Gironde, conjointement avec Annet de Maugiron son frère. De sa nièce, Anne, fille de Guillaume de Maugiron il hérita, en 1572, des seigneuries de Montbellet, d'Igé, de Flacé, de la Charbonnière, en Mâconnais, et donna en compensation, à Annet de Maugiron, son cohéritier, les biens de Charantonay, de Beauvoir-de-Marc et la maison de Montléans, à Vienne. Il céda la principauté de Mortagne au roi, et reçut en échange la place de Saint-Symphorien-d'Ozon, par acte du 30 juin 1578 ; mais cette cession n'eut pas son effet, car par acte reçu à Bordeaux, le 22 novembre 1588, Laurent et Annet de Maugiron vendirent à Jacques de Matignon, maréchal de France, cette principauté, au prix de 40.000 écus d'or sol[295]. Il acquit, le 19 mai 1550, une portion de la seigneurie de Sainte-Colombe-lez-Vienne, et vendit celle de Flacé, en 1584, à Antoine de Pise, l'ancien[296].

Les traditions de la famille disent que : « Laurent de Maugiron fut au nombre de ceux qui furent premièrement gratifiés de l'Ordre du Saint-Esprit » établi par Henri III au mois de décembre 1578. Son nom ne se trouve pas sur les listes des promotions dressées par ordre du roi. Mais, à l'appui de cette prétention, on lit en tête d'un arrêt de la chambre des comptes de Grenoble enregistré le 2 décembre 1587, « sur la demande du proffit du deffaut de Mᵉ Jeoffrey Pachet, commis à la reception des laods contenus au don faict par Sa Majesté au seigʳ de Maugiron *chevalier des deux ordres* de sa dite Majesté, gouverneur et lieutenant d'icelle en ce pays de Dauphiné[297]... » Il est qualifié « *chevalier des Ordres du Roy* », dans l'acte de vente de la

---

294 Arch. Rhône. E. — Voir : branche de la Tivelière, Gabriel de Maugiron, X.

295 Arch. Drôme. E. — Mortagne-sur-Gironde (Charente-Infʳᵉ). Cette petite ville fut érigée en principauté, en faveur de la maison de Montberon, d'où elle passa à Laurent de Maugiron, au maréchal de Matignon et au cardinal de Richelieu.

296 Arch. Rhône. E. — Antoine de Pise, président en l'élection de Mâcon, 1591.

297 Bibl. chât. de Terrebasse. *Pièces*.

principauté de Mortagne, 1588[298], et dans son testament. Un ordre donné, le 22 août 1588, au s[r] Barral, commandant du château de Voyron, par Laurent de Maugiron, « *Chevalier des Ordres du Roy...* » est scellé, en placard, du sceau de ses armes entourées des deux colliers des ordres de Saint-Michel et du Saint-Esprit[299]. Il avait été, certainement, désigné, par Henri III, pour être reçu chevalier du Saint-Esprit, à la promotion du 31 décembre 1587, la dernière faite par ce roi ; mais n'ayant pu assister à la cérémonie et accomplir, en personne, les formalités requises, sa réception fut ajournée à un temps que la mort ne voulut point attendre, et il n'eut réellement à jouir ni du titre ni des prérogatives attachés à cet ordre insigne.

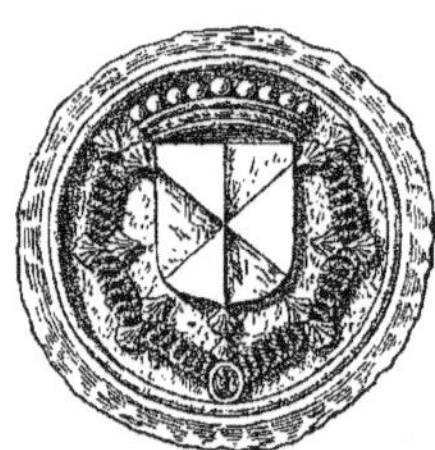

Sceaux de Laurent de Maugiron, 1544-1556-1571.

Ses enfants, au nombre de huit, furent :

*A.* **Louis de Maugiron,** favori du roi Henri III, dit le marquis de Saint-Saphorin. Louis, né en 1560, était le fils aîné de Laurent de Maugiron, comte de Montléans, et de Jeanne de Maugiron, dame de la Tivelière. Il dut sa précoce et brillante fortune à un voyage de Henri III qui, se rendant à Avignon, pour réprimer les rebelles du Languedoc, coucha à Vienne, 15 novembre 1574, chez M. de Maugiron. La cour, à son retour, s'arrêta de nouveau à Vienne, 18 janvier 1575, et le roi et son frère, ayant pris leur logis chez M. de Maugiron, purent y remarquer ce beau jeune homme, que le duc d'Alençon[300] voulut bien attacher à sa personne. Il était, en 1576, chambellan de ce prince, aux gages de 800 livres[301] et, quoique plus connu sous le nom de Maugiron, prenait parfois aussi le titre de marquis de Saint-Saphorin[302].

---

[298] Arch. Drôme. E.

[299] Bibl. Nation. *Cab. d'Hozier.* — Louis Barral ; Gaspard, son fils, fut anobli en 1643.

[300] François, duc d'Alençon 1566, d'Anjou 1576, mort 10 juin 1584, frère des rois : François II, Charles IX, Henri III.

[301] Etat des gages... des officiers de la maison de Monseigneur, fils de France, frère unique du roi, 5 août 1576. Gomberville, *Mémoires de M. le Duc de Nevers.*

[302] Titre de courtoisie également pris par Laurent de Maugiron, père de Louis. La terre de Saint-

Gentilhomme de grande allure, vaillant, ambitieux, accommodant ses qualités naturelles aux vices à la mode, il devint vite un des maîtres de la glorieuse et folle jeunesse, ornement d'une cour débauchée. A la veille de la reprise des hostilités contre les huguenots, Monseigneur de Maugiron, absent, convient par procuration, avec Jacques de Ges, contre poincteur de Lyon, le (samedi) 23 mars 1577, qu'il lui sera livré, le vendredi suivant, au matin, au prix de cent soixante-dix livres, ung pavillon carré de guerre de pleyne de fil, de la grandeur de huit pas, avec un cabinet derrier, de deux pas de largeur et de quatre pas de long, avec les bandes de bogran bleu, bois, cordages, fers, etc., le tout bien conditionné[303]. Il suivit le duc au siège de la Charité-sur-Loire, 18 avril-1er mai 1577, et à celui d'Issoire, 20 mai-12 juin. Le neuvième jour, ce prince ayant su le désordre faict par la noblesse à la brèche de M. de Guise, envoya M. de Maugiron à M. de Nevers pour lui commander que la noblesse ne donnât point. Ce dernier, vers les cinq ou six heures du soir, envoya cent harquebuziers à la brèche. Ceux-ci s'y étant logés, quelques gentilshommes se joignirent à eux, sur le rapport que M. de Nevers le permettait, ce qui était faux, et parmi ceux-ci Maugiron, Blanieu, Leyssin, etc. Le jeune Maugiron y fut blessé d'un coup de flèche qui lui emporta l'œil droit[304], d'où lui vinrent le nom de *brave borgne* et la faveur du roi Henri III. Le portrait de Louis de Maugiron est reproduit d'après un dessin du temps, aux crayons de couleurs, portant le nom de Maugiron et la date 1577, conservé dans la collection des estampes, à la Bibliothèque Nationale[305]. Suivant Ronsard et l'abbé Desportes, comme on le verra plus loin, l'œil gauche fut crevé; d'après le dessin et le récit de du Rivail, la blessure aurait atteint

Symphorien-d'Ozon ou de Saint-Saphorin-d'Ozon, dépendait du domaine delphinal. Les Maugiron y possédaient des biens importants provenant de Claude Lambert, femme de Hugues III de Maugiron. La seigneurie de Saint-Symphorien, reprise par le roi à Jean de Chastellier pourvu, en échange, de celle de Châteaudouble, fut cédée à Laurent de Maugiron qui avait abandonné, au roi, sa principauté de Mortagne-sur-Gironde, 30 juin 1578. Ces mutations ne conservèrent point leur effet. La tradition, à défaut de lettres d'érection, conserva le titre à cette seigneurie, car les commissaires préposés à l'aliénation des terres du domaine, peut-être pour en augmenter la valeur, vendirent, en 1637, la terre et le marquisat de Saint-Saphorin-d'Ozon, à Nicolas de Neuville, marquis de Villeroy, au prix de 21.000 livres. Arch. Isère. B. — Arrondissement de Vienne (Isère). La tour de Saint-Symphorien-d'Ozon, construite au xiiie s., s'est écroulée le 26 novembre 1840.

[303] Minutes de Bernard, nre à Lyon.

[304] *Discours des sièges d'Issoire... et de la Mure... selon qu'en a veu pour y avoir esté tout au long,* mre Guillaume Rival, sr de Blanieu. (Ms. chez M. le mis de Sieyès. Communication de M. A. Lacroix, archiviste de la Drôme.)

[305] Bibl. Nation. *Estampes.* — Le portrait de Maugiron, joint à ceux de Quelus et de Saint-Maigrin, de la même facture, a été reproduit dans : Niel, *Portraits des personnages français les plus illustres du XVIe siècle.* Paris, 1840, in-fo.

Héliog. Dujardin.

l'œil droit. On voyait, en 1850, dans une salle du château d'Ampuis, le portrait en pied de Louis de Maugiron, remarquable par le naturel de la pose, la perfection des détails, et sortant de la main d'un des plus habiles peintres de l'époque[306]. Il a été vendu et sa trace a disparu.

« Les mignons, qui étaient auprès du roi, avaient fait pratiquer quatre ou cinq des plus honnêtes hommes qu'eût le duc d'Alençon, qui étaient Maugiron, La Valette, Mauléon[307], Livarot[808] et quelques autres, pour quitter son service et se mettre à celui du roi[309]. » Fier de cette royale amitié, il oublia trop les bontés de son ancien maître, en cherchant à édifier sa fortune sur l'animosité existant entre les deux augustes frères. « Maugiron, qui lors possédait le roi et qui, ayant quitté le service du duc d'Alençon, croyait qu'il s'en dût ressentir (ainsi qu'il est ordinaire que qui offense ne pardonne jamais), le haïssait d'une telle haine, qu'il conjurait sa ruine en toutes façons, le bravant et méprisant sans respect; comme l'imprudence d'une folle jeunesse, enflée de la faveur du roi, le poussait à faire toutes ces insolences, s'étant ligué avec Quelus, Saint-Luc, Saint-Maigrin, Gramont[310], Mauléon, Livarrot et quelques autres jeunes gens que le roi favorisait, qui, suivis de toute la cour, à la façon des courtisans qui ne suivent que la faveur, entreprenaient toutes choses qui leur venaient en fantaisie. De sorte qu'il ne se passait jour qu'il n'y eût nouvelle querelle entre eux et Bussy[311]. Mais celui-ci étant parti, la persécution ne cessa pas pour cela, et on connut alors, qu'encore que ses belles qualités apportassent beaucoup de jalousie à Maugiron et à ces autres jeunes gens qui étaient près du roi, que la principale cause de leur haine contre Bussy était qu'il était serviteur du duc; car depuis qu'il fut parti, ils bravent et morguent le duc avec tant de mépris et si apparemment, que tout le monde le connaissait. » Lors du mariage de Saint-Luc[312], le duc d'Alençon

[306] A. de Terrebasse. *Vie de Salvaing de Boissieu.*

[307] Jean-Louis de Nogaret, de la Valette, duc d'Épernon en 1581, gentilhomme de la chambre du duc d'Alençon. — Giraud de Mauléon, seigneur de Gourdan, mort en 1593.

[308] Guy d'Arces, dit Livarot, écuyer d'écurie du duc d'Alençon. Voir sur ce personnage, l'article consacré à Jeanne, fille de Guy de Maugiron, IX. F., femme de Jean d'Arces. Il signe : Livarrot.

[309] Marguerite de Valois, *Mémoires et Lettres.*

[310] Philibert, comte de Gramont, et de Guiche, un des mignons du roi, sénéchal de Béarn, mort en août 1580, à l'âge de 28 ans, des suites d'une blessure reçue au siège de la Fère. Il avait épousé Diane d'Andouins, dite *la belle Corisande.*

[311] Louis de Clermont, de Bussy d'Amboise, dit *le brave Bussy,* premier gentilhomme du duc d'Alençon, gouverneur de l'Anjou, abbé commandataire de Bourgueil, fut tué, le 19 août 1579, au château de la Coutancière (Brain-sur-Allonnes, Maine-et-Loire), par Charles de Chambre, comte de Montsoreau. « Il fut crainct du Soleil, bien aymé de la Lune. » (Le roi. — Marguerite de Valois.)

[312] François d'Espinay de Saint-Luc, marié à Jeanne, fille de Charles de Cossé, comte de Brissac, maréchal de France, fut tué au siège d'Amiens, 1597.

s'étant trouvé au bal, pour complaire au roi, 10 février 1578, « Maugiron et autres de sa cabale commencèrent à le gausser avec des paroles si piquantes qu'un moindre que lui s'en fût offensé, l'attaquant de sa laideur et petite taille [313] ». Les excès de cette arrogance sont pourtant la preuve de la faveur dont il jouissait auprès du roi et de son autorité à la cour et dans le cercle des mignons.

« Ce nom de *mignon* commença, en 1576, à trotter par la bouche du peuple, auquel il était fort odieux, tant pour leurs façons de faire qui étaient badines et hautaines, que pour leurs fards et accoutrements efféminés et impudiques, mais surtout pour les dons immenses et les libéralités que leur faisait le roi, que le peuple avait opinion être la cause de sa ruine. Ces beaux mignons portaient leurs cheveux longuets, frisés et refrisés par artifices, remontant par-dessus leurs petits bonnets de velours, comme font les p..., et leurs fraises de chemises de toiles d'atour empesées et longues de demi-pied, de façon qu'à voir leur tête dessus leur fraise, il semblait que ce fût le chef de Saint-Jean dans un plat. Le reste de leur habillement fait de même ; leurs exercices étaient de jouer, blasphémer, sauter, danser, volter, quereller et paillarder, et suivre le roi partout, ne faire, ne dire rien que pour lui plaire ; peu soucieux, en effet, de Dieu et de la vertu, se contentant d'être en la bonne grâce de leur maître, qu'ils craignaient et honoraient plus que Dieu [314]. »

L'intervention de Louis de Maugiron, dans le fameux duel de trois contre trois, lui a conservé une certaine célébrité. Une querelle, suscitée au Louvre, par quelques propos échangés, au sujet d'une dame douée de plus de beauté que de chasteté, entre Quelus [315], mignon du roi, et d'Entragues [316], favori des Guise, en fut la cause futile. « Ils firent complot de se vouloir battre et de se trouver le lendemain, dimanche matin, à quatre heures, 27 avril 1578, au parc des Tournelles, près la Bastille de Saint-Antoine, avec l'épée et le poignard pour toutes armes, et chacun deux seconds seulement pour empêcher qu'aucun tort ou supercherie ne fût fait ni à l'un ni à l'autre. Quelus prit pour les siens Maugiron, non moins beau que brave gentilhomme, aussi favori du roi, et Livarot ; quant à Entragues, il choisit Riberac [317] et Schomberg [318], plutôt toutefois pour y

---

[313] Marguerite de Valois, *Mémoires*.

[314] Pierre de Lestoile, *Registre-Journal de Henri III*.

[315] Jacques de Levis, comte de Quélus.

[316] Charles de Balsac, seigneur de Dunes, comte de Graville, dit *le bel Entraguet*, mort le 20 février 1599, sans laisser de postérité de son union avec Catherine Hennequin d'Assy.

[317] François d'Aydie, vicomte de Ribérac.

[318] Georges de Schomberg, d'origine allemande, fils de Wolfang de Schomberg, seigneur de Scho-

mettre la paix que la guerre. Si bien que se voyant de loin, Riberac s'avance vers Quelus et, parlant à Maugiron, lui dit : Il me semble que nous devrions plutôt accorder et rendre amis ces deux gentilshommes que de les laisser entre tuer. Sur quoi Maugiron, que la Furie Alecton possédait déjà, répondit en ces termes : Par la mort de Dieu, Riberac, je ne suis pas venu ici pour enfiler des perles, et résolument je veux me battre. L'autre, plus modéré, lui répartit : Contre qui te voudrais-tu battre, Maugiron ? Tu n'as point d'intérêt dans la querelle, et qui plus est, il n'y a personne ici qui soit ton ennemi. Alors Maugiron, jurant encore plus fort, réplique : C'est contre toi que je veux me battre. Alors Riberac, qui était brave gentilhomme et qui ne put endurer l'audace de ce jeune fou, répondit : A moi ! Et soudain, comme l'autre mit l'épée à la main, il tira aussi la sienne du fourreau et son poignard, et les croisant à terre l'un sur l'autre, dit à Maugiron : Prions Dieu et nous nous battrons puisque tu le veux. Et lors, se jetant à genoux, il fit sa prière assez courte, et toutefois trop longue au gré de Maugiron, qui en jurant encore lui dit que c'était trop prier. Alors Riberac, prenant son épée et son poignard, s'en alla à Maugiron, et tout d'abord lui enfonce furieusement un coup d'estoc ; lequel, se sentant blessé, recule en arrière, le plus vite qu'il peut, poursuivi toujours par son ennemi, jusqu'à ce que, tombant par terre, et tendant la pointe de son épée contre l'autre, il mourut. Mais, par malheur, Riberac pensant qu'il ne tomberait pas si tôt, comme il le poursuivait avec un grand courage, s'enferra lui-même dans les armes de son ennemi[319] » et trépassa le lendemain. D'Entragues ne reçut qu'une égratignure, au bras, mais dut s'enfuir « pour éviter la colère et la fureur du roi, qui l'eût fait mourir, pour la grande affection qu'il portait à Quelus », mort le 29 mai des suites de dix-neuf blessures. « A la vérité, le roi portait à Maugiron et à lui une merveilleuse amitié, car il les baisa tous deux morts, fit tondre leurs têtes et emporter et serrer leurs blonds cheveux[320]. » Livarot, cousin germain de Maugiron, eut la joue gauche ouverte et resta six semaines malade, mais renversa Schomberg, mort sur place, d'un coup d'estocade.

« Le beau mignon, Maugiron, mourut sur le champ du combat et expira en reniant Dieu, car sa dernière parole, que notre maître Poncet[321] appelait

nau et d'Anne de Minkuitz, frère de Gaspard qui s'attacha à la cour de Charles IX et de Henri III et reçut des lettres de naturalité, en 1570.

[319] Marc de Wulson, sieur de la Colombière, *Le vray Théâtre d'honneur et de chevalerie.*

[320] P. de Lestoile, *Registre-Journal.*

[321] Maurice Poncet, curé de Saint-Pierre des Arsis, fameux prédicateur fort goûté des bourgeois de Paris affectionnés à la Ligue.

son testament, fut : Je renie Dieu. De quoi les prédicateurs de Paris, grandement offensés et non sans cause, criaient tout haut publiquement en leurs chaires, qu'il le fallait déterrer et traîner, lui et ses compagnons, à la voirie. Nonobstant lesquelles remontrances, le roi l'honora, lui et les autres, de superbes convois, services et sépultures de princes, et voulut que les plus grands de sa cour assistassent à leur enterrement et service. Ce que la plupart firent par contrainte et à regret [322]. »

> *Chacun dit que c'est grand dommage*
> *Qu'il n'y en est mort davantage.*

Louis de Maugiron avait alors dix-huit ans. Henri III garda la chambre plusieurs jours sans se laisser voir et fit élever, à la mémoire de ses mignons, de magnifiques tombeaux ornés de leurs statues en marbre, dans l'église de Saint-Paul [323]; mais le 2 janvier 1589, le peuple de Paris, animé par les curés et par les prédicateurs de la Ligue, « abattit et démolit les sépulchres et figures de marbre que le roi avait fait élever auprès du grand autel de l'église Saint-Paul, à défunts Saint-Maigrin [324], Quelus et Maugiron, ses mignons, disant qu'il n'appartenait pas à ces méchants athées, morts en reniant Dieu, sangsues du peuple et mignons du tyran, d'avoir si braves monuments et si superbes, en l'église de Dieu [325] ».

Le roi n'oublia point ses favoris, dans ses nombreuses prières, et inscrivit, sur une page de son livre d'heures, les vers suivants :

> *Dieu veuille avoir en ses élus*
> *Maugiron, Saint-Maigrin, Quelus.*
> *Dieu veuille avoir dedans son sein*
> *Maugiron, Quelus, Saint-Maigrin.*
> *Dieu veuille avoir en son giron*
> *Quelus, Saint-Maigrin, Maugiron.*

Les sépultures de ces trois mignons étaient placées dans le chœur de l'église de Saint-Paul, contre la clôture, à côté du maître autel ; on y voyait l'inscription suivante, consacrée à Maugiron :

---

[322] P. de Lestoile, *Registre-Journal.*

[323] J. Rabel, *Antiquitez et singularitez de Paris.* — On y trouve la description et la représentation des tombeaux élevés à Saint-Paul, par Henri III.

[324] Paul Estuer de Caussade de Saint-Maigrin, « qu'on a cru père de feu M. de Guise, parce qu'il était camus comme lui, était le galant de la duchesse. M. de Mayenne, qui n'entendait pas raillerie, le fit assassiner », le lundi 21 juillet 1578, à onze heures du soir, en sortant du Louvre. Le roi eut soin de l'enterrer, avec la même magnificence que les autres, dans l'église de Saint-Paul, sérail des mignons. (Tallemant des Reaux. — P. de Lestoile. — Brantôme.)

[325] P. de Lestoile, *Registre-Journal.*

LUDOVICI MAUGERONII
CLARISS. AC GENEROSISS.
ADOLESCENTIS
EPITAPHIUM.
ANTE TEMPUS DECESSIT FLOS,
ET PRÆMATURA MORS SPEM
PATRIÆ PRINCIPIS ET PARENTUM
FEFELLIT.
IN EXPUGNATIONE ISORIÆ
PRO RELIGIONE ET PATRIA
DIMICANS, ANNOS NATUS SEXDECIM,
OCULUM PERDIDIT,
PRO AMICO VITAM DEDIT.
MONUMENTUM HOC CORPUS,
CŒLUM ANIMAM, POSTERITAS
FACTI MEMORIAM SERVAT.
OBIIT 1578, QUINTO CALEND. MAII,
NATUS ANN. 18.

De l'autre côté du tombeau, au derrière du chœur, on lisait :

MAUGERONIS IN HOC SUNT OSSA REPOSTA SEPULCHRO,
CUI VIRTUS ANNOS CONTIGIT ANTE SUOS,
OCTO NAMQUE DECEM NATUS NON PLURIBUS ANNIS,
ALTER ERAT COCHLES, HANNIBAL ALTER ERAT.
TESTIS ERIT TANTÆ IUVENALI ISORIA CAPTA
VIRTUTI TESTIS PERDITUS HUIC OCULUS[326].

Pierre de Ronsard, dans ses *Épitaphes*, a consacré un sonnet à la mémoire de ce jeune et beau courtisan.

*La déesse Cyprine avoit conceü des Cieux,*
*En ce siècle dernier, un enfant dont la veuë*
*De flames et d'esclairs estoit si bien pourveuë,*
*Qu'Amour, son fils aisné, en devint envieux.*

*Despit contre son frère et jaloux de ses yeux.*
*Le gauche luy creva, mais sa main fut deceuë ;*
*Car l'autre qui restoit, d'une lumière aiguë*
*Perçoit, plus que devant, les hommes et les Dieux.*

*Il vint, en soupirant, s'en complaindre à sa Mère ;*
*La Mère s'en moqua ; luy, tout plain de colère,*
*La Parque il supplia de luy donner confort.*

[326] *Tombeaux et épitaphes des personnes illustres… inhumées dans les églises de la ville et fauxbourgs de Paris.* Bibliothèque Nationale, ms.

*La Parque, comme Amour, en devint amoureuse,*
*Ainsy Maugeron gist, soubs cette tombe ombreuse,*
*Tout ensemble vaincu d'Amour et de la Mort.*

L'abbé Desportes, dont le roi mettait à haut prix les rimes, s'empressa de s'associer à la douleur de son illustre maître, en dédiant à Maugiron une nouvelle épitaphe poétique. Ces vers, pour le fond, diffèrent peu des précédents, et les louanges accordées, par les poètes, aux agréments physiques, au détriment des qualités morales, établissent, par trop, l'insuffisance de ces dernières.

*Amour ayant, là-haut, quelque malice faite,*
*Courrouça Jupiter, et fut banni des Cieux.*
*Luy qui cherche, en la terre, un beau lieu pour retraite,*
*Comme il voit Maugiron, vient loger en ces yeux.*

*Là, plus chauds que les siens, des brandons il advise*
*Et des traits acérés d'un plus aigre soucy ;*
*De quoy fier et content, tout l'Olympe il mesprise,*
*Et veut forcer les Dieux à luy crier mercy.*

*Mais devant, se jouant des feux dont il abonde,*
*Dès qu'il en tire, aux cœurs, un essay seulement,*
*On croit que Phaëton vient rebrusler le monde ;*
*Fors que chascun se plaît en son embrasement.*

*Jupiter, qui voit tout, son malheur considère*
*S'il ne rompt les desseins de l'enfant Cyprien.*
*Je scauray ce, dit-il, d'une ardente cholère,*
*Qui sera le plus fort de ses feux ou du mien ?*

*D'entre tous les esclairs de tonnerre et d'orage,*
*Choisissant un long trait, de trois pointes ramé,*
*L'eslance à Maugiron qui, plein d'ardent courage,*
*Marchait lors à l'assaut, pour son Roy tant aymé.*

*Ceste divine foudre, ainsy roide jetée,*
*Longtemps contre l'esclair de ses yeux combattit,*
*Tous deux estoient du ciel, enfin elle est domptée,*
*Mais devant, de ses yeux le gauche elle amortit.*

*Après ce grand combat, Amour crût en audace,*
*Car il recognoit bien, dès qu'il s'est rasseuré,*
*Qu'il n'a pas moins d'attraits, ny d'amour et de grace*
*Et que toujours son coup, droit au cœur, est tiré.*

*J'asseure un fait certain, bien que tel il ne semble,*
*Despuis, il fust plus beau, plus clair, plus redouté,*
*Car le feu de ses yeux s'unit lors tout ensemble*
*Et perça tous les cœurs de plus vive clarté.*

*Le grand Jupiter même en eust l'âme ravie,*
*Mais pour punir Amour, à regret et forcé,*
*Enjoint à Lachésis de luy trancher la vie.*
*Un Dieu, sans se venger, n'endure estre offensé.*

*Ceste fatale sœur, qui jamais ne repose*
*Et n'ayme que le sang, la tristesse et l'ennuy,*
*Comme pour son amy, généreux, il s'expose,*
*L'estend mort dessus l'herbe, et l'Amour quant et luy.*

*Plusieurs ont soustenu que la Mort rigoureuse*
*Pour plaire à Jupiter n'avança son trespas,*
*Mais que de ses beautés elle estoit amoureuse,*
*Et voulant en jouir, le ravit d'ici bas.*

Ronsard et Desportes, fort habitués à la cour, déclarent, en ces vers, que Maugiron perdit l'œil *gauche*, à Issoire, ce qui est contraire à la déclaration du Dauphinois du Rivail et à l'aspect sous lequel se présente le portrait reproduit dans cet ouvrage.

Amadis Jamyn, secrétaire et lecteur du roi, composa vingt-quatre *Sonnets Courtizans à la mémoire des trois mignons*, et, le 10 août 1578, en fit présent à Henri III qui les serra lui-même, en son cabinet.

*Quelle pitié c'estoit quand la nouvelle aurore*
*Regardoit au matin, contre terre estendu,*
*Maugeron, qui avoit desja le sang perdu,*
*Et Quelus son ami qui combattoit encore !*

*Le vif disoit au mort : « Compagnon que j'honore,*
*Puisque tu as ton sang pour le mien respandu,*
*Et que j'ai trop longtemps pour te suivre attendu,*
*Que la terre se fonde et qu'elle me devore. »*

*Quelle pitié c'estoit de le voir emporter*
*A cheveux tout sanglants, et voir desconforter*
*Ses plus loiaux amis transis de l'aventure ;*

*Le voir tout froid, tout nud, tout sanglant et desfait,*
*Et les peintres auprès derobber son pourtrait,*
*Pour contrefaire Amour sur sa belle peinture* [327].

En outre on distribua, dans Paris et à la cour, un grand nombre de poésies latines et françaises, pour ou contre les mignons, suivant l'humeur des gens.

B. **Timoléon** qui suivra.

C. **Scipion de Maugiron,** seigneur du Molard, de Varacieux, de Leyssin, de Chimilin et d'Aoste, gentilhomme de la chambre du roi, capitaine de gens de pied, lieutenant de la compagnie des cent suisses, dit le baron de Montbellet, puis du Molard.

Scipion, troisième fils de Laurent de Maugiron, vint jeune à la cour, attiré par la faveur dont avait joui son frère Louis. Il était, en 1585, au nombre des gentilshommes de la chambre du roi, servant aux gages de deux cents écus [328]. Il combattit aux côtés de son père, en Dauphiné, comme capitaine de plusieurs compagnies de gens de pied, 1586-1587, sous le nom de Montbellet [329]. L. de Maugiron mandait de Grenoble, le 23 may 1586 : « J'ay escript aux capp<sup>nes</sup> Jacques et Gaultier de faire venir à Vinay les deux comp<sup>ies</sup> de mon second fils pour les y achever de dresser [330]. » Au mois de septembre 1589, lors du siège de Moirans, par d'Ornano, il se jetait dans Beaurepaire, à la tête de deux compagnies de gens de pied et des gens d'armes de M. de Maugiron, son frère, et le 5 novembre, avec trois compagnies, entrait dans le château de Pipet, assiégé par

---

[327] Ces sonnets ont été publiés, pour la première fois, dans l'édition des manuscrits de P. de Lestoile donnée, en 1837 par J.-J. et A. Champollion-Figeac. — Les deux derniers vers peuvent donner la date précise du portrait de Maugiron conservé au *Cabinet des estampes* et reproduit dans ce volume.

[328] Abbé Brizard. *Hist. de la mais. de Beaumont.* — Officiers domestiq. de la mais. du Roy Henri III.

[329] La seigneurie de Montbellet était venue à Guillaume de Maugiron (IX. A) par sa femme Philippe de Lugny ; leur fille unique, Anne, veuve de Jean d'Amoncourt et de Bernard de Bassompierre, étant morte sans enfant, laissa pour héritiers ses oncles Laurent et Annet de Maugiron. Montbellet vint par partage à Laurent ; son fils Scipion pouvait donc en prendre le nom, conformément aux coutumes de l'époque. Pourtant à la mort de Laurent, la terre de Montbellet fut attribuée à Timoléon, son fils aîné, et celle du Molard à Scipion son troisième fils. Voir pour la suite : Claude de Maugiron XII<sup>bis</sup> et Louis de Maugiron XII <sup>ter</sup>. — E. Piémond, *Mémoires.*

[330] Bibl. chât. Terrebasse.

les ligueurs, maîtres de Vienne. M. de Saint-Jullin [331], gouverneur de Crémieu, pour l'Union, s'étant emparé de la Tour-du-Pin, janvier 1590, où
se trouvait la compagnie de M. de Montbellet, tua un capitaine du nom
de la Place et deux soldats. A la fin du mois de février, Timoléon de Maugiron et Scipion, son frère, rejoignirent Lesdiguières à Bourgoin, d'où les
troupes royales, tombant sur huit cents hommes envoyés par les Lyonnais à Grenoble, les battirent à Pont-de-Chéruy. Le 19 avril suivant, les
sieurs d'Ornano, Maugiron, Blacons, Lesdiguières, Montbellet et bien
d'autres sortirent de Vienne et passèrent à Sainte-Colombe, accompagnés de 4 ou 500 hommes, pour charger l'armée qui, sous la conduite
de Henri de Savoie, marquis de Saint-Sorlin, menaçait la ville de ce côté.
La rencontre fut chaude, car d'Ornano fut fait prisonnier et, entre autres,
le lieutenant de M. de Montbellet et M. de Montlor, son parent, y furent
blessés. Scipion continua à guerroyer, dans le Viennois, on le trouve, au
mois de septembre, à la Côte-Saint-André, organisant trop tardivement le
secours du château de Morestel. Le 24 février 1591, trois compagnies du
régiment de M. de Montbellet, sous les ordres des capitaines Garcin,
Pinard et Beaulieu, ravagent le bourg de Saint-Antoine ; il fallut leur donner 41 écus pour les éloigner. A la fin de cette année, il rejoignit l'armée
conduite par Henri IV au siège de Rouen, que le duc de Parme parvint à
faire lever, 20 avril 1592, et rentra au château du Molard, au mois de janvier 1593, ayant quelques soldats auprès de lui [332]. Il fut mêlé aux négociations entreprises, par Henri IV, avec le duc de Nemours tenu prisonnier par les Lyonnais et le marquis de Saint-Sorlin, son frère, commandant à Vienne. Le consulat lyonnais écrit au duc de Mayenne, le 13 octobre
1593, « nous vous supplions très humblement de ne permettre que le s<sup>r</sup>
d'Albigny, l'ung des principaulx conseillers du duc de Nemours, puisse
s'emboucher avec le roy de Navarre, vers lequel le sieur de Montbellet,
frère du sieur de Maugiron, a esté envoyé par leurs excellences [333] ». On
lit, à ce sujet, dans l'*Instruction* donnée à Monsieur de la Fin, s'en allant
en Lionnois, « que sa Majesté a esté et est encore recherchée de la part
du duc de Nemours et marquis de Saint-Sorlin ; qu'elle ne leur a voulu
refuser, pour leur faire prendre autre addresse par desespoir, qui seroit

---

[331] Gabriel de la Poype, seigneur de Saint-Jullin, gouverneur du Gapençais, 1584, chevalier de
l'ordre du roi, capitaine de 50 hommes d'armes, mari 1° de Catherine d'Arces, dame de Réaumont,
2° de Marguerite de la Villette, dame de Creyers et de Veynes.

[332] E. Piémond. *Mémoires*. — Scipion est souvent cité, par ce chroniqueur, sous le nom de M. de
Montbellet.

[333] Arch. de Lyon. — Péricaud. *Notes et Documents.*

mettre la ville de Lyon en plus grande peine et danger ; à cette occasion elle envoye le baron de Maugiron, qui leur auroit apporté quelque parole de leur part [334]. »

Scipion de Maugiron s'attacha, dès lors, à Henri IV et suivit fidèlement sa fortune. Le roi le nomma lieutenant, au titre français, de la compagnie des cent suisses attachés à sa personne, « charge possédée par des personnes qualifiées, comme les sieurs de Pardaillan et de Maugiron [335] ».

Au mois d'octobre 1598, Henri IV étant malade au château de Monceaux, dont il avait fait don, en 1595, à Gabrielle d'Estrées, les plus galants de la cour proposèrent d'aller, de Paris, y danser un ballet, pour le réjouir. Ils s'accordèrent douze, et parmi eux le comte d'Auvergne [336], de Jainville [337], de Sommerive [338], le Grant [339], Gramont [340], Termes [341], le jeune Schomberg [342], Saint-Luc [343], Pompignan [344], Messillac [345], Maugiron et Bassompierre [346]. « Ce que j'ay voulu nommer, parce que c'estoit une elite de gens qui estoient lors sy beaux et sy bien faits, qu'il n'estoit pas

[334] *Mémoires du duc de Nevers*. Paris, 1665. — Jean de la Fin, seig[r] de Beauvoir-la-Nocle.

[335] R. P. Daniel. *Hist. de la milice franç.* — Antoine-Arnaud de Pardaillan, s[r] de Gondrin, marquis d'Antin et de Montespan, chevalier du Saint-Esprit, maréchal de camp, etc., vaillant homme de guerre, mort le 28 mai 1624.

[336] Charles, bâtard de Valois, duc d'Angoulême, comte d'Auvergne, etc., colonel général de la cavalerie de France, fils naturel du roi Charles IX et de Marie Touchet, « très excellente en beauté, » naquit en Dauphiné, le 28 avril 1573, au château du Fayet (commune de Barraux, canton du Touvet, Isère) appartenant alors à Hector de Maniquet, s[r] du Fayet, maître d'hôtel du roi, qui possédait toute la confiance de son maître. Charles mourut le 24 septembre 1650. Marie Touchet épousa François de Balsac, seigneur d'Entragues, dont elle eut la belle marquise de Verneuil, maîtresse de Henri IV.

[337] Claude de Lorraine, prince de Joinville, duc de Chevreuse, mort le 24 janvier 1657, fils puîné de Henri de Lorraine, duc de Guise, et de Catherine de Clèves.

[338] Charles-Emmanuel de Lorraine, comte de Sommerive, etc., 1581-1609, fils de Charles, duc de Mayenne, et de Henriette de Savoie.

[339] Roger de Saint-Lary, seigneur puis duc de Bellegarde, 1619, grand écuyer de France, dit Monsieur le Grand, mort le 13 juillet 1646, âgé de quatre-vingt-trois ans.

[340] Antoine, comte de Gramont, de Guiche, etc., vice-roi de Navarre, fils de Philibert et de Diane d'Andouins, dite *la belle Corisande*, mari 1° de Louise de Roquelaure, 2° de Claude de Montmorency, mourut en 1643.

[341] César-Auguste de Saint-Lary, baron de Termes, grand écuyer de France, par la démission du duc de Bellegarde, son frère, fut blessé au siège de Clérac et mourut le 22 juillet 1621.

[342] Annibal de Schomberg mort en Hongrie, 1602.

[343] Timoléon d'Espinay, seigneur de Saint-Luc, comte d'Estelan, maréchal de France, 1628, mort le 12 septembre 1644.

[344] Blaise de Monluc-Montesquiou, seigneur de Pompignan, accompagna le duc de Nevers dans la guerre contre les Turcs, et mourut en Hongrie, 1602.

[345] Bertrand Chapt de Rastignac, seigneur de Messillac, chevalier de l'ordre du roi, vivait en 1630 ; il était fils de Raymond, lieutenant général en la Haute-Auvergne, tué à la Fère, 26 janvier 1596.

[346] François de Bassompierre, né le 12 avril 1579, mort le 12 octobre 1646, maréchal de France, 1622, fut emprisonné à la Bastille, par Richelieu, 1631-1643. « Il a été l'homme de son temps le mieux fait et le plus galant. » L'anecdote du ballet est extraite de ses *Mémoires*.

possible de plus. Ils représentoient des barbiers, pour se moquer, à mon avis, du roy, qu'une carnosité, qu'il avoit lors, avoit mis entre les mains de gens de ce mestier, pour s'en faire panser.

« Après que nous eusmes appris le ballet, nous nous acheminasmes à Monceaux pour le danser. Mais comme le roy fut averti que nous y allions, il envoya par les chemins nous dire que n'ayant point de couvert pour nous loger à Monceaux, quy n'estoit en ce temps là gueres logeable, nous nous devions arrester à Meaux, où il envoyerait le soir mesme six carrosses pour ammener avesques nous tout l'esquipage du ballet. Nous nous habillames donc à Meaux, et nous mismes avesques la musique, pages et violons dans les carrosses quy nous avoint menés, ou que le roy nous envoya, et dansames ledit ballet, après quoy, comme nous ostames nos masques, le roy se leva et vint parmi nous. Nous demeurasmes jusques à une heure après minuit à Monceaux, et puis nous en revinsmes coucher à Meaux, et le lendemain à Paris.

« Madame la duchesse[347] eut congé du roy pour venir à Paris le voir danser encore une fois cheux Madame à l'hostel de la reine mère[348], où il se dansa un jour après ; et les douse masques prindrent pour danser les branles Mlle de Guyse[349], madame la duchesse[350], Caterine de Rohan[351], Mlle de Luce[352], madame de Villars[353], de la Pardieu[354], mesdemoyselles

[347] Gabrielle d'Estrées, dite *la belle Gabrielle*, mariée à Nicolas d'Amerval, seigneur de Liancourt, 1591, marquise de Monceaux, 1595, duchesse de Beaufort, 1597, née en 1565, morte le 9 avril 1599.

[348] On appelait ainsi le château des Tuileries construit par Catherine de Médicis, feu la reine mère. — Catherine de Bourbon, sœur de Henri IV, née en 1559, mariée à Henri de Lorraine, duc de Bar, 31 janvier 1599. Elle était appelée Madame.

[349] Louise-Marguerite de Lorraine, fille du Balafré, née en 1577, morte en 1631. Elle était fort galante et le roi Henri IV dit un jour d'elle, en riant : « elle auroit esté reyne si elle eust esté sage ». Elle épousa, le 24 juillet 1605, François de Bourbon, prince de Conti. Elle s'était gouvernée de telle sorte qu'il n'y avait que ce prince capable de l'épouser. « C'estoit un stupide. »

[350] La duchesse de Beaufort, maîtresse du roi (?).

[351] Catherine de Rohan, fille de René, vicomte de Rohan, et de Catherine de Parthenay, dame de Soubise, épousa Jean de Bavière, duc des Deux-Ponts, 28 août 1604, et mourut le 10 mai 1607. Elle répondit au roi Henri IV qu'elle était trop pauvre pour être sa femme et de trop bonne maison pour être sa maîtresse.

[352] Jeanne de Coesme, fille de Louis, seigneur de Lucé, et d'Anne de Pisseleu, épousa : 1° Louis, comte de Montafier, en Piémont ; 2° François de Bourbon, prince de Conty, gouverneur du Dauphiné, le 1er janvier 1582, et mourut le 26 décembre 1601. Elle avait eu de son premier mariage : Anne de Montafier, dame de Bonnestable et de Lucé, dite Mlle de Lucé, qui épousa, 28 décembre 1601, Charles de Bourbon, comte de Soissons, gouverneur du Dauphiné, frère d'un second lit du susdit François de Bourbon, prince de Conty ; elle mourut le 17 juin 1644.

[353] Julienne-Hippolyte d'Estrées, sœur de la duchesse de Beaufort, épousa, le 7 janvier 1597, Georges de Brancas, marquis puis duc de Villars, et mourut vers 1657. Elle était fort galante, avait les yeux petits et la bouche grande, mais sa taille, ses cheveux et son teint étaient incomparables.

[354] Judith, fille de Georges de Clermont d'Amboise, marquis de Gallerande, et de Marie Clutin,

de Rets[355], de Bassompierre[356], de Haraucourt[357], d'Antragues[358], de la Platrière[359] et de Mortemer[360] ; lesquelles j'ay voulu nommer parce que, quand ces vingt-quatre hommes et dames vindrent à danser les branles, toute l'assistance fut ravie de voir un choix de sy belles gens ; de sorte que, les branles finis, on les fit recommencer encores une autre fois sans que l'on se quittat. Madame sœur du roy ne dansa point, parce qu'elle avoit un peu de goutte à un pied ; mais elle retint l'assemblée depuis dix heures du soir jusques au lendemain qu'il estoit grand jour[361]. » La présence de Scipion de Maugiron, en cette noble et galante compagnie, est un témoignage flatteur de la considération accordée aux agréments et aux qualités de sa personne.

Se trouvant à l'abbaye de Saint-Antoine, non loin de son château du Molard, en 1603, il fut un des porteurs de la châsse du Saint et assista à la même cérémonie, en 1604[362].

En vertu d'une transaction passée par Timoléon de Maugiron et Scipion, son frère, avec Marguerite de la Baume, veuve et héritière d'Annet

dame de Villeparisis, épousa : 1º Centurion de Pardieu, sieur de Boudeville-en-Caux ; 2º Pierre de Croismare. Des Reaux dit qu'elle n'avoit pas mal usé de sa beauté, pendant son veuvage.

[355] Hippolyte, fille d'Albert de Gondy, duc de Retz, et de Claude-Catherine de Clermont, baronne de Retz, épousa, le 18 janvier 1607, Léonor de la Magdeleine, marquis de Ragny ; elle testa le 20 juin 1643, en faveur d'Anne, sa fille, mariée à François de Créquy, duc de Lesdiguières, 11 décembre 1632.

[356] Henriette, fille de Christophe de Bassompierre, sœur du maréchal, mariée, en 1603, à Timoléon d'Espinay, seigneur de Saint-Luc, maréchal de France, 1628, « un plaisant homme en fait de femelles » ; elle mourut en 1609. — Catherine, sa sœur, épousa, le 21 août 1608, Tanneguy le Veneur, comte de Tillières, ambassadeur en Angleterre, 1619.

[357] La famille de Haraucourt, illustre en Lorraine, était alors représentée par plusieurs branches. Charles de Haraucourt, baron de Gircourt, marié à Anne d'Ennetières, s'attacha à Henri IV et mourut pendant les guerres de la Ligue.

[358] Henriette de Balsac d'Entragues, marquise de Verneuil, succéda à la duchesse de Beaufort, dans la faveur du roi. Elle avait de l'esprit et était assez fière.

[359] Probablement une sœur de Jacques l'Enfant, seigneur de la Patrière, marié à Françoise d'Alonville, 12 octobre 1609, et une petite fille de Georges l'Enfant, seigneur de la Patrière et de Cimbré, marié, le 8 novembre 1539, à Françoise du Plessis, grand-tante du cardinal de Richelieu. Cette famille était originaire du Maine.

[360] Françoise d'Aydie, fille d'Odet, vicomte de Riberac, avait épousé, le 27 avril 1515, François de Mortemer, seigneur d'Ozillac ; cette demoiselle peut appartenir à cette famille originaire de Normandie.

[361] Maréchal de Bassompierre. *Mémoires.*

[362] Le jour de l'Ascension, on vénérait le corps de saint Antoine et on portait sa châsse en procession. De toute ancienneté les quatre porteurs étaient le baron de Châteauneuf, le duc de Milan, et de ce chef le roi de France, le comte de Vintimille, le baron de Bressieu, et, en leur absence, les plus grands seigneurs de la province. (G. Allard.) Dans l'hopital, joint à l'abbaye, on soignait le mal des ardents, ou feu de Saint-Antoine. L'église, devenue paroissiale est, en Dauphiné, un des plus beaux spécimens de l'architecture du xiiie siècle. Les bâtiments adjacents sont occupés par la municipalité. Une communauté de chanoines réguliers de l'Immaculée-Conception, qui veillait pieusement à l'éclat et à la conservation de ces monuments, a été récemment expulsée. — Saint-Antoine, commune du canton de Saint-Marcellin, Isère. — E. Piémond. *Mémoires.*

de Maugiron, 3 septembre 1596, les terres et seigneuries de Leyssins, Chemilin et Aoste parvinrent à Scipion qui les vendit, au prix de 26.000 l., à
François de Grattet, s[r] de Granieu, 7 février 1604[363]. Le train de la cour ne
semble pas avoir été favorable à sa fortune, car la terre de Croquetaine,
en Brie, fut saisie sur lui et Madeleine de Lugoli, sa femme, 1602-1606[364];
il avait, à cette époque, beaucoup de créanciers, parmi lesquels M. de Disimieu, gouverneur de Vienne, auquel il avait engagé un diamant.

Scipion de Maugiron épousa, à Paris, suivant contrat du 17 octobre
1600, reçu par Charlet et Crosse, notaires, Madeleine, fille de Pierre de
Lugoli, seigneur de Châteaufort et de Croquetaine, en Brie, lieutenant
général en la prévôté de Paris, et de dame de Gentien[365]. Par son testa-
tament, du mois de mai 1600, P. de Lugoli laissa pour héritières ses deux
filles, Madeleine, femme de Scipion de Maugiron, et Marguerite, femme
de Josias Mortier, s[r] de Choisy[366].

Scipion mourut à la fin du mois de mai 1625, laissant six enfants :

*a.* **Annet,** fils aîné de Scipion de Maugiron, naquit vers 1601, et fut
pourvu du prieuré de N.-D. de l'Isle, de l'ordre de Saint-Ruf, 20 septembre 1611, par suite de la résignation de Guillaume du Hamel[367].
Suivant les lettres de provisions du 14 mai 1618, le roi, vu le décès de
Ludovic de Maugiron, abbé de Saint-André-le-Bas, accorde cette abbaye
à Annet de Maugiron, chanoine de l'Église de Vienne, son neveu[368].
Simple abbé commandataire, vu son jeune âge, il fut régulièrement
nommé, par brevet du roi, 28 mai 1625, accordant à Annet de Maugiron, chanoine de Vienne, l'abbaye de Saint-André-le-Bas, de l'ordre
de Saint-Benoît, vacante par le décès de Charles de Martel[369], ou de
Ludovic de Maugiron, frère du baron de Maugiron[370]. Il mourut en
1629[371]. Il est l'auteur de deux poésies latines placées parmi les pièces
liminaires de l'*Histoire de Vienne* de J. Le Lièvre[372]. Son frère Louis,

---

[363] Arch. Rhône. E. — Les terres d'Aoste, Chimilin et Leyssins furent érigées en comté, par lettres
de juin 1727, en faveur de Sébastien Guillet, conseiller au parlement de Grenoble.

[364] Arch. Rhône. E.

[365] *Id.*

[366] *Id.* — Voir XII[bis] Claude de Maugiron.

[367] *Id.* — G. du Hamel, premier chevalier de l'église de Vienne, docteur en droit, 1623.

[368] *Id.*

[369] Charles de Martel, abbé de St-A.-le-B., 1571, nommé évêque d'Autun, 1585, mourut avant
d'avoir pris possession de son siège. La famille de Martel, originaire de Septême, en Viennois, a fourni
cinq abbés, se succédant à Saint-André-le-Bas, 1439-1585.

[370] Arch. Rhône. E. — Voir Louis, X, D.

[371] *Gal. Christ.* — Chorier, *Etat Politiq.*

[372] Jean Le Lievre *Histoire... de la cité de Vienne.* Vienne, J. Poyet, 1623, in-8°.

en faveur duquel il résigna plusieurs de ses bénéfices, préféra suivre la carrière militaire. Lors du mariage de son frère Claude, 1624, il avait abandonné à ce dernier tous ses droits héréditaires.

*b.* **Claude** a continué la branche aînée, voir XII *bis.*

*c.* **Louis** a continué la branche aînée, voir XII *ter.*

*d.* **Virginie,** dont le père était attaché à la cour, fut élevée en Dauphiné, où un bel esprit viennois, Timoléon Mestral, dédia, en 1613, à très belle, très sage et très vertueuse Damoiselle, Mademoiselle Virginie de Maugiron, son *Miracle d'Amour,* dans lequel il attribue à l'héroïne le nom de Virginie [373]. Elle fut ensuite nourrie parmi les filles d'honneur de la reine Anne d'Autriche et fit, par sa beauté et les grâces dont elle était douée, l'admiration de l'entourage royal [374]. Le 4 mai 1620, suivant commandement de la reine, S. M. fit don à D[lle] Virginie de Maugiron, l'une des filles d'honneur, pour l'aider à se marier, de la somme de 30.000 l. ; au cas où elle décéderait ou entrerait au couvent, ladite somme reviendrait à Claude de Maugiron et, à son défaut, à Louis, ses frères. Elle devait, en attendant son mariage, habiter en Dauphiné ou en Languedoc, où on lui payerait les intérêts du capital déposé entre les mains de Charles de Neuville, marquis de Villeroy et d'Alincourt, gouverneur de Lyon [375]. Cette sorte d'exil ne l'empêcha point d'entrer dans une des plus illustres familles qui aient tiré leur origine de la ville de Metz, en épousant à Saint-Germain-en Laye, 1623, Charles de Gournay, seigneur de Ladonchamps et de Goin, capitaine au régiment de Marchéville. Il mourut, à Metz, d'une maladie contagieuse, 1636, ne laissant qu'une fille, Françoise, mariée 7 janvier 1650, à Gobert d'Aspremont, baron de la Neuville, comte de Marchéville, capitaine de cavalerie, tué à Philipsbourg, 1676 [376].

*e.* **Françoise-Sylvie,** religieuse bénédictine au prieuré de Sainte-Colombe-lez-Vienne, puis abbesse de Saint-Honorat de Tarascon, 1638-1678, où elle succéda à Anne de Maugiron, sa tante, et résigna sa dignité en faveur de Jeanne de Maugiron, sa nièce [377].

---

[373] Timoléon Mestral, littérateur viennois, négligé par les bibliographes, est auteur de : *Le Miracle d'Amour.* Lyon, L. Muguet, 1613, in-12. — *Le Triomphe de l'Humilité.* Vienne, A. Pansard, 1635, in-12. Dédié à Mr Talon, intendant des Provinces de Dauphiné, Lyonnois et Provence.

[374] *Généalogie* ms.

[375] Arch. Rhône. E. — Charles de Neufville, marquis de Villeroy, gouverneur de Lyon, mort le 17 janvier 1642. Nicolas de Neufville, duc de Villeroy, gouverneur de Lyon, etc., mort le 28 novembre 1685 ; il était appelé marquis d'Alincourt du vivant de son père.

[376] D. Calmet, *Hist. de Lorraine.* — D'Hozier, *Registres.*

[377] *Gallia Christ.*

*f.* **Marie-Jeanne,** fut reçue, à l'âge de quatorze ans, à l'abbaye royale
de Saint-Pierre de Lyon, le 6 octobre 1623 ; Scipion de Maugiron, son
père, lui fournit une dot de 1800 l., suivant quittance du 16 du même
mois [378].

*D.* **Louis** ou **Ludovic,** fils cadet de Laurent, baptisé à Vienne, le 18 septembre 1571, eut pour parrain Louis de Gonzague, duc de Nevers, de passage en cette ville et logé chez M. de Maugiron, et pour marraine madame
de Vinay, sa tante [379]. Il embrassa l'état ecclésiastique et fut, jeune encore,
chanoine du chapitre de Saint-Maurice de Vienne. Son père écrivait, le
23 mai 1586, à Annet de Maugiron : « Vous remercie humblement de la
bonne souvenance qu'il vous a pleu avoir du bien de vostre jeune nepveu,
ayant envoyé le capitaine Bernard [380] devant Messieurs du Chapitre de
Saint-Maurice de Vienne pour le prier de le pourveoir et préférer du canonicat en titre de precenteur [381] vacquant par la mort du chanoyne Putod [382].
C'est l'obliger et moy à vous honorer et rendre humblement service, oultre
que nous y sommes obligez de debvoir de nature [383] ». Il était doyen de
ce chapitre, prieur de N.-D. de l'Isle [384], recteur de la chapelle des Liatard,
1588, abbé commendataire de Saint-Symphorien de Thiers, et de Saint-
André-le-Bas de Vienne, après le décès de Charles de Martel, 1585 [385].

Louis de Maugiron fut pris par les Ligueurs, lors de la surprise de

[378] Arch. Rhône. E. — L'abbaye royale de Saint-Pierre, de l'ordre de Saint-Benoît, fondée au ve s.,
reconstituée par l'archevêque Leydrade au ixe s., fut saccagée par les protestants, en 1562, et reconstruite au xviie s. Les bâtiments sont actuellement affectés aux musées de la ville de Lyon. Les religieuses
étaient tenues de justifier de leur noblesse et plusieurs de ces dames appartenaient aux maisons souve-
raines de France, de Savoie, de Lorraine, etc.

[379] Arch. cons. Vienne. — Le duc de Nevers revenait de Lucques, en Italie, où il était allé prendre
les eaux.

[380] Le capitaine Jacques Bernard, dont on retrouve souvent le nom, était un soldat de fortune attaché aux Maugiron ; il figure comme homme d'armes, à la montre de la compagnie de Laurent de Maugiron faite à Vienne, en 1564.

[381] Le précenteur, ou premier chantre, entonnait le chant ; il était le second dignitaire du Chapitre,
venait après le doyen et précédait le chantre.

[382] Les chanoines Puthod, Dupuis et Maximi étaient détenteurs des clefs du trésor de Saint-Maurice, lorsqu'il fut forcé et pillé par les huguenots, 17 juin 1562.

[383] Bibl. chât. de Terrebasse.

[384] Le prieuré de N.-D. de l'Isle, situé dans la plaine, au sud de Vienne, sur les bords du Rhône,
fut fondé, vers 1130, et occupé par des chanoines réguliers ; il passa, en 1202, à l'ordre de Saint-Ruf,
fut saccagé par les huguenots, 1562, vendu nationalement à l'époque de la Révolution, et acquis, en
1869, par l'évêque de Grenoble qui y établit des Pères Trinitaires, aujourd'hui expulsés.

[385] Le Moustier de Thiers, abbaye de l'ordre de Saint-Benoît, au diocèse de Clermont, en Auvergne. — Saint-André-le-Bas, abbaye de l'ordre de Saint-Benoît, dans la ville de Vienne, fondée par le
duc Ansemond vers 542. Suivant le *Mémoire* de l'intendant Bouchu, 1698, les revenus de l'abbé s'élevaient alors à 2.000 l. L'église dont la fondation remonte au xie s. est devenue celle d'une paroisse de
la ville. — Charles de Martel, nommé évêque d'Autun, 1585, mourut peu après.

Vienne, 15 octobre 1589, et gardé comme otage, jusqu'à la paix du 9 décembre suivant, dans les articles de laquelle il fut stipulé que M. l'abbé de Saint-André serait tenu, en toute sûreté, en sa maison, ainsi que ses parents. Il dut songer, en ces temps de troubles, à l'exemple de son archevêque Pierre de Villars, à abandonner cette ville où le bruit des armes interrompait trop souvent ses pacifiques labeurs.

« Messieurs, écrivait-il, aux consulz de la ville de Lyon, il y a quelque temps que je me devois acheminer devers Monsieur le Cardinal de Bourbon[386] pour luy parler de quelques particulières affaires dont la commodité ne s'estoit pas encore presentée si propre que maintenant, pourveu que j'aye ung passeport de vous autres Messieurs, qui est occasion que sur l'asseurance que j'ay que vous me desnierez ceste faveur, je vous ay bien voulu despecher ce porteur exprès pour vous supplier bien humblement me gratiffier dudit passeport pour aller à Tours, et qu'il soit s'il vous plaist en bonne forme et dans lequel soit mentionné mon traing composé de trois chevaux. Cela m'obligera de vous faire à jamais service en general et en particulier en toutes les occasions qui s'offriront, d'aussi bonne volonté qu'après m'estre humblement recommandé à vos bonnes grâces, je supplie le Créateur vous donner, Messieurs, en très bonne santé longue et heureuse vye. A Vienne, ce xiie jour de septembre 1591. Vostre très humble et plus affectionné serviteur, Louis de Maugiron, abbé de Thiers[387]. »

Au testament de son père, 1588, Louis est signalé comme ayant « une comté et prébende à Saint-Jean de Lyon ». Cette même dignité est l'objet d'une lettre adressée par Timoléon, son frère, à :

« Messieurs les consulz et eschevins de la ville de Lyon. Messieurs, il y a quelques jours que je despechis Columbier[388] à Messieurs du chapitre de Sainct-Jehan pour la prise de possession du canonicat et conté de laquelle il a pleu à Messieurs de ceste compagnie honorer mon frère. Et ayant entendu par luy à son retour qu'ung nommé le sieur de l'Isle luy defendit et fit defendre de la part de Messieurs de sortir et ne rentrer en ladicte ville, et ne pouvant croire que cela viene de vostre part pour ne vous en avoir donné aucun subject, ayns estime avoir assez monstré par mes effectz en parolles la mesme affection que ceux de mon nom vous

<hr>

[386] Charles de Bourbon-Condé, 1562-1594, archevêque de Rouen, 1582, cardinal, 1583, était le neveu de Charles de Bourbon-Vendôme, mort en 1590, cardinal et roi pour la Ligue, sous le nom de Charles X, après la mort de Henri III.

[387] Bibl. de Lyon. *Fonds Coste.*

[388] Jean Pascal, sr de Colombier et de Malatrait, mari d'Angèle du Mottet. Jean-François, son fils, épousa, en 1593, Anne de Prunier. — Voir sur cette famille, originaire du Viennois, H. de Terrebasse. *Poésies Dauphinoises du XVIIe s.*

ont porté. Je vous en ay bien voulu faire ce mot y renvoyant ledict porteur pour m'en esclaircyr avecques vous. Et n'estime celle-cy à aultre effect, je priray le créateur, après m'estre humblement recommandé à voz bonnes graces, Messieurs, vous donner en santé très heureuse et longue vie. De Vienne ce xxvie de juillet 1589. Vostre plus humble voysin à vous servir. Maugiron[389]. »

Nonobstant ces affirmations, les agitations de la guerre, ou bien encore les ardeurs des passions politiques ne permirent point à Louis de prendre officiellement rang au chapitre, car son nom ne se retrouve point au *Tableau des Comtes de Lyon*[390].

Louis de Maugiron mourut, vers 1592, suivant un brevet de l'abbaye de Saint-Symphorien, au Moustier de Thiers, en Auvergne, vacante par le décès de Louis de Maugiron, donné au baron de Maugiron, son père, pour en pourvoir personne capable. Signé Henri, 17 août 1592[391]. Une bulle du pape Clément VIII, 7 mars 1597, portant nomination de Pierre David, chanoine de Saint-Maurice de Vienne, en qualité d'abbé commendataire de l'abbaye de Saint-Symphorien de Thiers, de l'ordre de Saint-Benoît, rappelle son prédécesseur feu Ludovic de Maugiron, successeur de Joseph de Veny[392]. L'abbaye de Saint-André-le-Bas fut accordée, beaucoup plus tard, à Annet de Maugiron, par suite du décès de Louis, son oncle, suivant lettres de provisions, du 14 mai 1618, signées par le roi Louis XIII[393].

E. **Marie,** fille de Laurent de Maugiron, épousa, suivant contrat reçu à Vienne par Ph. Chausonnier et G. Gugnet, notaires, le 18 août 1577, Louis-Guillaume Raymond-de Mormoiron-de Maubec-de Montlor, baron de Modène et d'Aubenas, comte de Montlor, marquis de Maubec, etc., bailli du Viennois, chambellan de François duc d'Alençon, conseiller du roi, capitaine de 50 hommes d'armes, etc.[394]. Elle lui apporta les biens et la maison forte de la Tivelière venus de sa mère. M. de Montlor servit, en Dauphiné, sous les ordres de L. de Maugiron, son beau-père ; à l'armée de Mayenne et au siège de la Mure, à la tête du régiment de son nom, 1580 ; au secours infructueux de Montélimar 1585 ; il se joignit aux

<hr>

389 Bibl. de Lyon. *Fonds Coste.* — Voir la réponse à cette lettre : Timoléon, XI. 1589.

390 J. Barbier de Lescoët. *Tableau chronologique des comtes de Lyon,* ms.

391 Arch. Rhône. E.

392 Bibl. chât. Terrebasse. — Joseph Veyny d'Arbouse, né le 11 février 1526, trésorier de la Sainte-Chapelle de Riom, abbé de Thiers, mort à Paris, 26 septembre 1584.

393 Arch. Rhône. E.

394 Bibl. de Lyon. *Fonds Morin-Pons.* — On lit aussi *Mourmoiron* et *Montlaur,* dans divers actes.

troupes royales commandées, en Dauphiné, par d'Ornano, 1589, et fut
pris, avec ce général, et de plus blessé, par les Ligueurs lyonnais, à l'affaire de Sainte-Colombe, avril 1590. A la fin de la même année, 22 décembre, on le trouve au nombre des négociateurs chargés de traiter de
la remise de la ville de Grenoble au roi[395]. Il s'attacha au duc de Nemours,
en compagnie de son beau-père Timoléon de Maugiron, après la prise de
Vienne, par ce prince, 1592, et suivit sa fortune en Viennois et en Forez[396].
Henri IV ne lui tint pas rigueur, car suivant les lettres de provisions du
18 mai 1596, il fut pourvu de la charge de bailly du Viennois, vacante par
le décès de son oncle, Annet de Maugiron[397]. Il mourut en 1604, laissant
trois filles dont les illustres alliances rehaussèrent encore le glorieux éclat
de la maison de Maugiron dont elles étaient issues.

*a.* **Marie,** comtesse de Montlor, baronne d'Aubenas et de Maubec,
épousa : 1° par contrat du 8 octobre 1604, Philippe de Montauban
d'Agoult, comte de Sault, mort sans postérité[398] ; 2° Jean-Baptiste
d'Ornano, comte de Montlor, colonel général des Corses, maréchal
de France, compromis dans les intrigues de Monsieur, frère du roi,
mort au château de Vincennes, 2 septembre 1626, à l'âge de 45 ans[399].
Sa veuve, ayant obtenu du roi la remise du corps du maréchal, le fit
embaumer et transporter à Aubenas où elle lui éleva un tombeau magnifique, subsistant encore dans la sacristie de l'église paroissiale. On
trouva, dans le caveau, ouvert en 1869, ses restes parfaitement conservés, et « *la tête attachée au tronc par un fil d'or* », de telle sorte que
l'on a cru pouvoir diagnostiquer une décapitation[400]. Le maréchal, dit

---

[395] Douglas et Roman. *Actes et Corresp. de Lesdiguières.*

[396] Chorier. *Hist. de Dauphiné.* — E. Piémond, *Mémoires.* — A. Bernard. *Les d'Urfé*, et *varia.*

[397] Bibl. chât. de Terrebasse. *Reg. officiariorum.* ms. — *Id.* Lettres de provisions de bailly de Viennois pour M^re Charles de Créquy, par le décès du comte de Montlor, 20 may 1604.

[398] La maison de Montauban, souveraine aux Baronnies, s'éteignit, en 1310, avec Raymond dont
les biens passèrent à Mabille de Montauban, sa nièce, femme de Guillaume Artaud qui prit le nom de
Montauban. Les Artaud non moins illustres étaient issus des comtes de Die. Les lettres d'anoblissement,
concédées par les Montauban et les Artaud, furent admises lors des recherches sur la noblesse, en 1666. —
Louis Artaud de Montauban joignit à son nom ceux de d'Agoult et de Sault, comme héritier, 11 février
1511, de sa mère Louise, fille de Guillaume d'Agoult, héritier de son frère Fouquet d'Agoult, baron de
Sault. — Louis Artaud de Montauban, d'Agoult, baron de Sault, frère de Philippe, mari de Marie de
Montlor, mourut lui aussi sans postérité, laissant pour héritière sa mère, Chrestienne d'Aguerre, veuve
en premières noces d'Antoine de Créquy ; elle testa, le 6 mai 1611, en faveur de son fils, du premier lit,
Charles de Créquy, à charge de faire porter, par les aînés, le titre de comte de Sault.

[399] Le second mari de Marie de Montlor était de moins bonne maison. Les d'Ornano, originaires
de Corse, vinrent en France, sous François 1er, avec Sampiétro, dit Bastelica, colonel des Corses ; son fils
Alphonse, élevé à la cour de Henri II, fut maréchal de France et lieutenant général en Dauphiné ; Jean-
Baptiste d'Ornano était fils aîné d'Alphonse et de Marguerite de Pontevez.

[400] Ce problème historique est ainsi scientifiquement résolu par le D^r H. Vaschalde, dans son étude

des Réaux, avait un plaisant scrupule, il n'osait toucher à pas une femme qui eût nom Marie, tant il avait de dévotion pour la Vierge. Il n'eut pas d'enfants, de son union avec Marie Montlor.

« Les eaux médecinales de Vals, en Vivarez, ont esté découvertes seulemant depuis huit ans, dit Expilly qui était venu s'y soigner de la gravelle, en 1609-1610. Cele qui est du coté du bourg, regardant le soleil levant, s'apele la fontaine Marie : l'autre qui est au dela du ruisseau, regardant le couchant, se nomme la fontaine Marquize, en l'honneur de haute et puissante dame Marie de Montlor, baronne d'Aubenas et haute dame de Vals, du tans de laquelle elles ont esté reconnües et renommées. »

> *O Dieux, de qui les mains chiches*
> *Tenoient caché ce trezor,*
> *Dieux ! que vous nous faites riches*
> *Sous Marie de Montlor.*

(Chanson des Filles de Vals[401].)

*b.* **Marguerite,** baronne de Maubec, mariée : 1° à Claude, comte de Grolée, par contrat du 13 juin 1600 ; 2° à Henri-François-Alphonse d'Ornano, s^gr de Mazargues, colonel des Corses, frère puîné du maréchal, par contrat du 28 janvier 1615. Elle hérita des biens de la Tivelière, venus de sa mère.

Ses enfants furent : 1° Jean-Paul, dit l'abbé d'Ornano ; 2° Marguerite, mariée 20 mai 1628, à Louis-Gaucher Adhémar, comte de Grignan ; 3° Marie, abbesse de la Ville-Dieu ; 4° Anne, comtesse de Montlor, marquise de Maubec, donataire de sa tante Marie, épousa le 12 juillet 1645, François-Louis de Lorraine, tige des comtes d'Harcourt, fils de Charles de Lorraine, duc d'Elbeuf, et de Catherine-Henriette, légitimée de France, fille naturelle du roi Henri IV et de Gabrielle d'Estrée. François de Lorraine et sa femme Anne, comme héritière de sa mère, vendirent la Tivelière à Aymar de Vallin, 21 novembre 1662.

*c.* **Jacqueline,** mariée par contrat du 27 juillet 1599, à Jacques de

sur *Le tombeau du maréchal d'Ornano à Aubenas* (Ardèche). — Divers auteurs content que d'Ornano fut empoisonné, d'autres qu'il fut étranglé. M^lle de Montpensier disait que la chambre du maréchal, à Vincennes, où furent aussi enfermés le duc de Beaufort et le prince de Condé, valait son pesant d'arsenic.

[401] *Les Poèmes de Messire Claude Expilly*. Grenoble. Verdier, 1624, in-4°. — Le président Expilly voulait que l'on écrivît les mots comme on les prononçait, il publia à cet effet : *L'Ortographe françoise selon la prononciation de notre langue.* Lyon, 1618, in-f°.

Grimoard, comte du Roure, gentilhomme ordinaire de la chambre du roi, capitaine de 100 hommes d'armes, d'où postérité.

Suivant Barcilon de Mauvans, la noblesse de la famille Raymond, originaire du Comtat, est utérine et établie par des alliances et non par des titres[402]. Philippe, fille de Latil de *Mormoiron* qui hommagea la terre de *Modène*, en 1368, porta cette terre à son mari Geoffroid de Venasque, viguier de Marseille en 1417. Jean Raymond épousa, en juin 1480, Marie de Venasque, dame de Modène, et adjoignit à son nom ceux de *Mormoiron* et de *Modène*, seigneuries au diocèse de Carpentras. — Aymon de Bocsozel épousa, vers 1230, Marie de Maubec et succéda au nom et aux armes de *Maubec*. Hugues de Bocsozel-Maubec épousa, 2 janvier 1425, Jeanne, fille et héritière de Louis de *Montlor*, dont il prit le nom. Florye, fille et héritière d'Antoine de Bocsozel, de *Maubec*, de *Montlor*, épousa 1° Jean de Vesc, baron de Grimaud ; 2° Jacques Raymond de *Mormoiron*, baron de *Modène*, 1551 ; Florye testa, 2 février 1576, en faveur des enfants de son second mari, à condition de porter les noms et les armes de *Maubec* et de *Montlor*, d'où la dénomination complexe : *Raymond*-de *Mormoiron*-de *Modène*-de *Maubec*-de *Montlor*. La seigneurie de Maubec, quatrième baronnie du Dauphiné, alternant avec celle de Bressieu, fut érigée en marquisat, 1572, en faveur de Jacques Raymond, père dudit Louis-Guillaume[403]. Cette famille possédait plusieurs seigneuries en Dauphiné, notamment celles de Maubec, de Serpaize, des Esparres, en Viennois, de Curnier, aux Baronnies.

**F.-G. Marguerite** et **Anne,** religieuses bénédictines à l'abbaye royale de Saint-Pierre, à Lyon[404], accompagnèrent Laurence de Simiane et Claudine de Mitte de Chevrières[405] nommée prieure du monastère de Sainte-Colombe-lez-Vienne[406], ruiné par les protestants, et contribuèrent au rétablissement de cette communauté, du couvent et de l'église situés sur la rive du Rhône[407]. Claudine de Chevrières, étant morte en 1612, fut rem-

---

[402] *Critique du Nobiliaire de Provence,* ms. (Par Barcilon de Mauvans, archiviste à la chambre des comptes du parlement d'Aix.)

[403] G. Vellein. *Le marquisat de Maubec au XVII<sup>e</sup> s.* Grenoble, 1898.

[404] *Supplément aux Mazures de l'Isle-Barbe.* Lyon, 1846. In-4°.

[405] M. de Boissieu. *Généal. de la maison de Saint-Chamond.* 1887, in-8.

[406] Sidoine Apollinaire parle des couvents, dits « Grenencenses » ou « Grinianenses », dont le village de Grigny (Rhône), a conservé le nom, ils furent détruits par les Sarrasins, 726, et sur leurs débris fut établi un prieuré, sous l'invocation de Sainte-Colombe qui avait été baptisée en ce lieu. Octave de Bellegarde, archevêque de Sens où cette sainte avait été martyrisée, envoya aux religieuses, suivant procès-verbal du 17 juillet 1626 : « os parvum manus aut pedia sanctæ Columbæ ».

[407] Cochard. *Stat. de Sainte-Colombe.*

placée, comme prieure, par Laurence de Simiane qui continua son œuvre[408]. Marguerite de Maugiron fut nommée abbesse de Saint-Honorat de Tarascon, en 1626, et Anne, sa sœur, en 1630; elle résigna, 1638, en faveur de sa nièce Françoise-Sylvie[409].

*H.* **Jeanne,** quatrième fille de Laurent de Maugiron, fut faite prisonnière et gardée comme otage par les Ligueurs, lors de la surprise de Vienne, 1589, en compagnie de son oncle Annet de Maugiron et de plusieurs de ses parents. Une lettre, sans date, adressée à M. de Flévins, dans laquelle cette jeune fille témoigne une vive irritation contre les chanoines de Vienne, semble avoir été inspirée par cet événement. « ... Je prie Dieu qu'il conserve sa grasse en vous, mais non pas à messieur les chanoyne, car il ne merite poin de faveur de sa main. J'ay veu le byliet de leur par, il ne son pas guyere fint; il vaut mieus estre leurs ennemis que leurs amis, à cette condytion, et suys bien marye tamps de paine que prenes pour heus, il ne le valle pas, je vous jure, que ayes la teste ronpeus d'eus, fusse tis tous, les mechans, au pilloutis du pont du ronne, avecque les forsas... Jane de Maugiron[410]. »

Elle épousa, par contrat du 26 décembre 1595, Georges de la Baume de Suze, baron d'Aps, seigneur de Plaisians et de Villeneuve, capitaine de 50 hommes d'armes, fils de François de la Baume, comte de Suze, gouverneur de Provence, un des plus vaillants capitaines du parti catholique, mort en 1587 des blessures qu'il avait reçues au siège de Montélimar, et de Françoise de Levis. La maison de Vienne, les seigneuries de Beauvoir-de-Marc et de Meyrieu vinrent à Jeanne, du chef de son oncle Annet de Maugiron, mari de Marguerite de la Baume, tante de son mari. Elle mourut en 1631. Ses enfants furent[411] :

[408] Chorier. *Antiq. de Vienne.*

[409] *Suppl. aux Mazures de l'Isle-Barbe. — Gallia Christiana.* — Le monastère de Saint-Honorat de Tarascon, dépendant de l'abbaye de Lérins, fut fondé en 1358. La noblesse dauphinoise était, depuis longtemps, habituée en ce couvent où florissaient, au xvie s.; dans les lettres humaines et les sciences, Scholastique de Bectoz, abbesse, morte en 1547, à laquelle François Ier et sa sœur, la reine de Navarre, se plurent à rendre une visite, et au même temps, Catherine de Bectoz, Delphine de Tournet, Gabrielle de Boissière, originaires de la vallée du Grésivaudan, « toutes les quatre d'un esprit si excellent qu'elles peuvent être, non seulement comparées, mais préférées aux plus savants hommes et méritent d'être placées au rang des Muses ». — Paradin. *Memoriæ Nostræ.* Lyon, 1548.

[410] Collection de M. Baux, à Lyon. — Antoine de Buffevent, sr de Flévins et de Buffières, chr de l'ordre du roi, et sa femme, Anne de Comboursier, sont présents au contrat de mariage de leur fille Méraude avec Pierre de Gauteron, 3 avril 1588; leur fils Claude de Buffevent, sr de Flévins, teste en 1627.

[411] La famille de la Baume, illustre par sa valeur militaire, ses charges et ses alliances, est connue depuis Hugues, mari d'Aalgardis, père de Pierre, Hugues et Arnaud, qui fit une donation, sur Noyarey, à l'église de Grenoble, 21 avril 1111 (*Cart. St-Hugues.*) — Voir IX, D, Annet fils de Guy de Maugiron. — Pithon-Curt. *Nobl. du Comté Venaissin.* — Dans une lettre du 10 décembre 1595, Marguerite de Suze, vve d'Annet de Maugiron, invite Timoléon de Maugiron à s'occuper du mariage de sa sœur Jeanne.

*a.* **Timoléon de la Baume de Suze,** baron d'Aps, marié le 10 août 1633, à Catherine de Polignac, d'où François mort jeune, à Paris, étant aux académies.

*b.* **Annet,** seigneur de Meyrieu, de Beauvoir-de-Marc, de Moidieu et de la maison de Vienne, fut tué à Asti, 3 août 1625, laissant, par testament du 2 janvier précédent, ses biens à sa mère et lui substituant Scipion son frère.

*c.* **Scipion** racheta, au domaine, la seigneurie de Beauvoir-de-Marc, en 1643, au prix de 12.000 l. Il fut tué à la bataille de Nordlingen et, par testament militaire du 8 août 1645, laissa ses biens du Dauphiné à son cousin Claude de Maugiron qui eut à soutenir de nombreux procès, à ce sujet, contre François neveu de Scipion et fils de Timoléon de la Baume[412].

*d.* **Marguerite,** femme, en 1631, de Charles de Bourbon-Busset, baron de Vésigneux, mort sans enfant, en 1632. Par son testament du 26 novembre 1644, Marguerite laissa les fonds nécessaires à l'agrandissement de la maison de Charité, unie à l'hôpital de Vienne, dont elle est considérée comme la bienfaitrice[413].

---

[412] Factums. Pièces diverses. — Voir XII*bis*, Claude fils de Scipion; XII*ter*, Louis.

[413] Bourbon-Busset, famille venue de Louis de Bourbon d'Auvergne élu, à l'âge de 18 ans, évêque de Liège, 1456, tué à l'attaque de Liège, 1482, par Guillaume de la Marck-Aremberg, dit le Sanglier des Ardennes, et de Catherine de Gueldres(?). Représentée, de nos jours, en Auvergne. — Chorier. *Antiq. de Vienne.* — Mermet. *Chron. de Vienne.* — Arch. de l'hôpital de Vienne.

# XI *Degré*.

## Timoléon de Maugiron, *comte de Montléans, baron de Montbellet, d'Igé et d'Auberive, seigneur d'Ampuis, la Garde, la Magdeleine, Flacé, etc.*
*Lieutenant général au gouvernement de Dauphiné et à celui de Forez, capitaine de cinquante hommes d'armes, maréchal des camps et armées de S. M., conseiller en son conseil d'État, chevalier de l'ordre de Saint-Michel, etc.*

Timoléon, second fils de Laurent de Maugiron, né en 1561, et destiné à l'état ecclésiastique, fut d'abord clerc du diocèse de Vienne et prieur commendataire de N.-D. de l'Isle; ces titres lui sont attribués dans un acte de 1583[1], mais le titulaire, alors aux armées, se contentait de toucher les revenus de son bénéfice. Devenu l'aîné de la famille, par la mort de son frère Louis, 1578, il prit le parti des armes et servit dans les armées catholiques et royales, au cours des guerres de Religion et de la Ligue, sous la conduite de son père, lieutenant général en Dauphiné. On lit dans *l'Echo Dauphinois*, œuvre d'un poète viennois :

> *La Mure luy devoit jadis donner effroy;*
> *Qui luy fait d'un plastron se ceindre la courroy?*
> *Roy*[2].

Il se distingua, en effet, au siège de la Mure, dirigé par Mayenne qui prit

---

[1] Savigneu, notaire à Vienne. — Le prieuré de N.-D. de l'Isle, aux portes de Vienne, fondé vers 1130, et occupé par des chanoines réguliers, fut réuni, en 1202, à l'abbaye de Saint-Ruf; incendié par les huguenots, en 1562; acquis par les consuls et donné au collège de Vienne, en 1628; vendu par la Nation, donné à l'hôpital de Vienne, et brûlé, en 1822; il devint, en 1869, la propriété de l'évêché de Grenoble qui le répara et y établit des pères Trinitaires, aujourd'hui expulsés.

[2] On retrouve deux éditions de ce petit poème composé de distiques dont le dernier son est répété par une monosyllabe. La première, sans titre spécial, comporte 7 pp. in-8° s. n. de l. et d'imprim. En tête : *L'Echo Dauphinois, sur le congé donné à M^me la Connestable de sortir de la Cour.* (Ce dont il n'est pas question.) La seconde a pour titre : *L'Echo Dauphinois, sur les présents remuements de la France. Avec ses regrets sur la mort de M. le Comte de Maugiron. Par C. D. Viennois* (Charles Dumont?) *Dédié à M. des roses cheffées, fascées et pointées.* (César de Disimieu, suivant ses armes.) 1622. s. l. et n. 8 pp. in-8°. Sauf quelques légères variantes, cette deuxième édition reproduit la première. L'éloge de Maugiron est augmenté de deux vers.

la ville sur les protestants, le 6 novembre 1580, comme volontaire dans le régiment de son cousin, Guy d'Arces, s[r] de Livarot, « garni de hardis capitaines et de braves soldats. Le 23 octobre, à la nuict, feult blescé, à la tranchée, le jeune Maugiron, d'une harquebuzade, entrant par la nuque et sortant soubs l'oreille gauche[3]. »

Au début des guerres de la Ligue, le régiment de la Baume d'Hostun[4], après avoir ravagé le Valentinois, entra dans le Viennois, et fut mis en déroute près de Beaurepaire, juillet 1585, où Timoléon, à la tête des gens d'armes de son père, eut un cheval tué sous lui ; la Valette, généralissime de l'armée royale, le voyant en danger, courut lui-même à son secours, et le dégagea[5]. Quelques jours plus tard, il était envoyé, en mission, à la cour. « ... Monsieur de Maugiron est sur le poinct de despecher au Roy Monsieur le comte vostre nepveu, pour luy representer l'estat des affaires de ceste province et supplier très humblement sa Mag[té] y vouloir donner le remède necessaire, pour le salut et conservation d'icelle, soubs son hobeyssance... ce 4e aoust 1585. Dyllins[6]. » Le jeune seigneur s'attarda en route. A en juger par quelques lignes adressées à Annet, son frère, Laurent semble peu satisfait de la conduite de son fils qui, moins politique que son père, se montrait peut-être trop ouvertement favorable aux Guise. « ... Je n'ay poinct de nouvelles de voz nepveux ; j'ay peur que l'aisnée gastera tout et qu'il ne s'embrouille et embrouille ses amys et son père, surtout par le parler de cest homme icy. Il a grand tort de tant demeurer. Je luy envoye ce lacquais pour le haster, s'il est à la Palisse, ou plus en là... à Grenoble, le 23e may 1586[7]. »

La Ligue dominait, alors, à Grenoble, à Valence, à Embrun, à Montélimar et dans la plupart des villes importantes du Dauphiné, à l'exception de celle de Vienne, sous la garde des Maugiron. Inquiété par les agissements des

---

[3] G. du Rivail, s[r] de Blagnieu. *Le siège et prinse de la Mure.* ms. publié par A. Lacroix, dans le *Bulletin de la Société d'Archéologie de la Drôme,* 1867. — Guy d'Arces. Voir IX. F.

[4] Antoine d'Hostun, seig[r] de la Baume d'Hostun (canton du Bourg-de-Péage, Drôme), se prononça pour la Ligue, à la mort du duc d'Anjou, frère du roi, 1584, fit sa soumission à Henri IV, 1594, fut sénéchal du Lyonnais, 1601, et maréchal de camp, 1614. Il épousa, 22 mai 1584, Diane, fille de Guillaume de Gadagne, s[r] de Bothéon, et de Jeanne de Sugny, et testa le 20 janvier 1616. Il fut l'aïeul de Camille d'Hostun, comte de Tallard, lieutenant général au gouvernement de Dauphiné, maréchal de France, en faveur duquel le marquisat de la Baume-d'Hostun fut érigé en duché, sous le nom d'Hostun, par lettres patentes du 9 mars 1713. Le maréchal acquit le duché de Lesdiguières, en 1719.

[5] Chorier, *Hist. de Dauphiné.*

[6] Bibl. chât. de Terrebasse. *Lettre d'Ennemond Rabot,* s[r] d'Illins, premier président au parlement de Dauphiné, à Annet de Maugiron.

[7] Bibl. chât. de Terrebasse. — Par la mort de Charles de Chabannes, son père, et par celle d'Antoine, son frère, Éléonore de Chabannes, mariée à Just III de Tournon, comte de Roussillon, mort en Italie, 1568, devint héritière de la seigneurie de la Palice. Timoléon pouvait d'autant mieux s'attarder dans ce château, auprès de cette dame, qu'il devait épouser, peu après, 1587, Françoise sa fille.

ligueurs du Lyonnais, le lieutenant général mandait aux consuls de Vienne : « Messieurs mes amys, j'escript presentement à mon fils aisné (Timoléon), pour choses qui ja portent au service du Roy et à vous. Je vous prie de le croire, comme celui qui est né en vostre ville, et que nous sacrifierons tousjours, tous deux, ce qui depend de nous, nos biens et vie, pour tout ce qui vous touchera, et me remectrai sur luy. Vostre bien bon et assuré amy. Maugiron. De Grenoble, ce xiie fevrier 1587[8]. »

Arrivé à Vienne, Timoléon déclara, aux consuls, qu'il y avait une entreprise contre les châteaux de Pipet et de la Bâtie, et demanda à y mettre sa compagnie, pour les garder ; ce qui fut fait le soir, par l'autorité et commandement de M. de Saint-Marc[9]. Le consulat lyonnais, peu satisfait de cette méfiance, écrit, le 28 février, à ses députés à la cour, qu'au lieu de faire la guerre aux Huguenots, on a fait passer la rivière à certaines compagnies qui se sont saisies des châteaux de Pipet et de la Bâtie et ont mis garnison dans Vienne, on ne sait à quelle intention. Le 24 mars, un pétard était placé à la porte de Pipet, pendant la nuit. Inculpé du méfait, le consulat lyonnais proteste, auprès du roi, par lettre du 1er avril, contre cette calomnie, l'assurant de sa fidélité, de son innocence et de la bonne intelligence qu'il a toujours entretenue avec ses bons voisins de Vienne[10]. De son côté, L. de Maugiron félicite, de Grenoble, le 19 avril, ses compatriotes, de leur bonne garde[11].

Suivant lettres de provisions du roi Henri III données à Paris, le 29 mars 1588, Timoléon de Maugiron, « par suite de l'indisposition de Monsieur son père » lui fut adjoint pour exercer la charge de lieutenant général au gouvernement de Dauphiné[12]. Le 25 avril suivant, trente sallades et vingt-cinq harquebusiers à cheval huguenots, sous la conduite du sr de Cecillienne[13], défirent la compagnie de M. de Maugiron, commandée par le sr de Disimieu, et deux cent cinquante harquebusiers à pied, aux environs de Vif ; ils tuèrent quinze armés, vingt-cinq harquebusiers et prirent cinquante chevaux[14]. Disimieu reçut sept ou huit coups d'épée et de pistolet[15]. Après avoir conclu une trêve de six mois avec les Désunis, 18 juillet 1588, qui ne fut point acceptée par Lesdiguières et ses partisans, Maugiron rassembla des .

---

[8] Arch. consul. Vienne.

[9] *Id.*

[10] Arch. de Lyon. — *Notes de l'abbé de Sudan.* — Péricaud. *Notes et Documents.*

[11] Arch. consul. Vienne.

[12] Inventaire du Viennois.

[13] Jean de Veynes, sr de Chichiliane, dont il rendit hommage le 14 décembre 1541, avait abandonné le parti catholique. Il avait épousé Louise de la Colombière.

[14] Cte Douglas et J. Roman. *Actes et Corresp. de Lesdiguières.*

[15] Jean Martin, sr de Disimieu, fut tué à la prise de Givors, 1591.

forces, à Valence, pour secourir la ville de Laudun, en Languedoc, menacée par Montmorency ; il en fit lever le siège et rentra à Grenoble, pour la tenue des états de la province, août 1588. Il alla, ensuite, négocier, à Romans, avec le comte de la Roche qui, après s'être établi le maître dans cette ville, soi-disant au nom du roi, s'y maintenait, sans tenir compte du désaveu de la cour et des ordres du lieutenant général[16]. D'un autre côté, le duc de Mayenne ayant rassemblé, à Lyon, au nom du roi, une armée forte de dix mille gens de pied et de mille chevaux, en fit passer une partie à Grenoble, sous les ordres de Maugiron. Ce dernier marcha immédiatement contre les protestants, prit Saint-Egrève et mit le siège devant le Bourg-d'Oisans. Cette place, vigoureusement défendue par Comboursier[17], fut aussi secourue par Lesdiguières. En diverses rencontres, au cours desquelles Timoléon « profita du temps comme un habile capitaine..., les deux armées s'affrontèrent et se saluèrent furieusement[18] ». Lesdiguières dut se retirer et la place capitula au bout de trente jours.

Devenu le chef de la Ligue, par la sanglante tragédie de Blois, 22 décembre 1588, le duc de Mayenne quitta Lyon quelques heures avant l'arrivée d'Alphonse d'Ornano chargé de l'arrêter et de le remplacer au commandement de l'armée de Dauphiné. Maugiron qui surveillait, à Saint-Marcellin, les huguenots du Royannais, rejoignit à Grenoble, le 14 janvier 1589, ce général avec lequel il ne s'entendait guère. Le capitaine de Saint-Marc, adepte de l'Union, mais en secret, par crainte de Maugiron, au nom duquel il commandait à Vienne, écrivait au consulat lyonnais passé ouvertement à la Ligue, dès le 24 février : « Pour le regard de M. le comte de Maugiron, nous veillons tousjours et prenons garde à ses actions. Je vous diray que ledit comte a une grande querelle sur ses bras, contre le seigneur Alphonse (d'Ornano) et je vous promets qu'il est bien empesché. M. le chevalier du guet (Lescot) vous racontera la querelle par le menu. J'ay bien pourveu à la garde de vostre tour (de Sainte-Colombe)... le 18e de mars 1589[19]. » Pourtant Timoléon se

16 A. Lacroix, *Romans et le Bourg-de-Péage.* — Voir Laurent de Maugiron, X.

17 Jacques de Comboursier, sr de Beaumont, épousa Isabeau de Bérenger, veuve de Gabriel de Forest, sr de la Jonchère, fille de Giraud de Bérenger de Morges et de Georgette de Bérenger du Guâ, sœur de Claude, femme de François de Bonne, sr de Lesdiguières. Jacques de Comboursier testa le 3 août 1589, et mourut peu après, étant gouverneur de Corps, tué par mégarde par un de ses cavaliers. L'influence de Lesdiguières, son oncle, l'avait attaché au parti protestant.

18 Louis Videl, *Hist. de Lesdiguières.*

19 Arch. de Lyon. — Pierre de Saint-Marc, « originaire de Tarascon », soldat de fortune au service des Maugiron, fut témoin au testament de Guy de M., 1554 ; sergent-major d'une compagnie d'harquebusiers, 1562 ; homme d'armes de la compagnie de Laurent de M., 1564, commanda à diverses reprises, à Vienne, en l'absence des Maugiron, et fut fait chevalier de l'ordre de Saint-Michel. Pratiqué par les Ligueurs lyonnais, il trahit Timoléon, 1589, et fut commis, par le duc de Nemours, à la garde

présenta, au nom du roy, devant Saint-Marcellin; mais cette ville ayant refusé de le recevoir, il s'établit, non loin de là, dans son château du Molard, puis rejoignit, à la Côte-Saint-André, d'Ornano chassé, le 5 mai, de Grenoble, par les Ligueurs, afin de s'entendre avec lui pour le service du roi.

Le consulat lyonnais, dévoué à la Ligue, tenait cependant, en bonne et valable considération, ce puissant voisin viennois, et ménageait prudemment l'avenir en entretenant avec lui des rapports courtois.

« A Monsieur de Maugiron, chevalier de l'Ordre, cappitaine de cinquante hommes d'armes des anciennes ordonnances de France, et lieutenant général en Dauphiné. Monsieur, pour respondre à vostre lettre du jour d'hier concernant les défenses qui furent faictes au sieur du Colombier de plus venir en ceste ville, nous vous dirons que ayans eu advis de plusieurs de noz concitoyens que ledict Colombier avoit tenu quelques propos au desadvantage de Messieurs les princes catholiques, et craignans qu'il ne soit icy pour y brasser ou praticquer au prejudice de nostre repos, nous priasmes le sieur de Lisle, nostre cœschevin, qui disoit le cognoistre, de le prier de nostre part de sortir de ladicte ville et de n'y plus venir. Mais maintenant qu'il s'est advoué de vous, quand il luy plaira d'y venir il y sera en bonne faveur, bien veu et ne luy sera faict aucun arrest ny desplaisir, tant nous sommes desyreux de vous gratifier en tout ce que nous cognoistrons vous estre aggreable, de quoy nous vous prions.... Voz biens humbles et très affectionnez serviteurs. Les Consulz. A Lyon, ce 28e juillet 1589[20]. »

Henri III, frappé d'un coup de couteau par Jacques Clément, le 1er août, mourut le 2, laissant la couronne à Henri IV. Contrairement aux désirs des catholiques, la lieutenance générale au gouvernement du Dauphiné, devenue vacante par la mort de Laurent de Maugiron, 5 février, quoique exercée eń fait par Timoléon, fut accordée à d'Ornano, par lettres du 26 août 1589[21].

Maugiron dut se contenter de sa compagnie d'hommes d'armes et du gouvernement du Viennois, de fort mauvaise grâce, tout en restant cependant

de la tour de Sainte-Colombe. Malgré la garantie stipulée, à son profit, dans le traité du 10 décembre 1589, il jugea prudent de se retirer à Lyon où il réclama au consulat des indemnités pour les dommages qu'il avait éprouvés à Vienne. On le trouve, en 1591, commandant, à Rouen, un fort, pour la Ligue. Ses services sont pompeusement énumérés sur la pierre du tombeau qu'il s'était préparé dans l'église de Saint-Maurice de Vienne. Il subsiste encore quelques traces de son effigie sur un mur de la chapelle de Saint-Blaise, où son corps n'avait point été déposé. A. de Terrebasse. *Inscriptions de Vienne*. —
— Jean Lescot, de Saint-Chamond, établi à Vienne, 1557, des moulins à filer la soie. Catherin Lescot consul, 1570 ; Jean, le Jeune, *id.* 1575 ; Jean, *id.* 1587. — Claude de Lescot, président au parlement de Grenoble, obtint du roi d'Angleterre des lettres patentes, 8 juillet 1637, le certifiant issu de la maison de Scott, en Écosse.

[20] Bibl. de Lyon. Fds Coste. — Jean Pascal, sr du colombier. — Nicolas de Chaponay, sr de l'Isle-Méan.

[21] Inventaire du Viennois.

officiellement au service de la cause royale, ce dont on doit lui savoir gré, attendu ses accointances avec la maison de Guise et les facilités offertes aux ambitions diverses, en ces temps de troubles et de révoltes.

En effet, au mois de septembre, il occupait Beaurepaire mais, insinue le chroniqueur Piemond, « l'on ne scavoit si c'estoit pour le Roy ou pour les Princes. » Le 16 octobre, Aymar de Poisieu, s[r] du Passage, son cousin, gouverneur de Valence, lui écrit de se saisir, au nom du roi, de la ville de Vienne et du capitaine de Saint-Marc[22]. L'avertissement arrivait après coup, car, la veille 15 octobre, les Ligueurs lyonnais, commandés par Chevrières[23] et guidés par le capitaine Saint-Marc, créature des Maugiron, passé à l'ennemi, s'étaient rendus maîtres dans Vienne, en plein midi, et avaient fait prisonniers le comte de Maugiron, son oncle Annet, s[r] de Leyssins, l'abbé de Saint-André, son frère, et Jeanne, sa sœur. Ils n'avaient pu, toutefois, empêcher cinq cents royalistes de la garnison de se jeter dans le château de Pipet[24], de s'y fortifier et de s'y défendre. Timoléon, conduit au pied des murs pour engager les soldats à se rendre, eut l'adresse d'échapper à ses gardiens et d'entrer dans la forteresse ravitaillée, peu après, par d'Ornano et Lesdiguières. Il rejoignit les troupes royales établies dans la Valloire d'où, s'approchant jusqu'à Auberive[25], elles tinrent la ville de Vienne en respect. « Au mois de novembre l'an 1589, le s[r] de Chevrières s'estant emparé de Vienne, pour le parti de la Ligue, avec les forces de la ville de Lyon, Monsieur d'Ornano, assisté de Mons[r] de Maugiron et de touttes les forces du s[r] de Lesdiguières et des cappiteynes de la Religion, tant de Dauphiné que de Vivareis, s'estant logé près de Vienne, pensant y entrer par le moien du chasteau de Pipet que tenoit à sa devotion ledit s[r] de Maugiron ; ce que n'ayant pu executter, ayant traversé le Rhône, entre Auberive et Chonas, il amena touttes sesdites trouppes assieger Coyndrieu

---

[22] Arch. consul. Vienne.

[23] Jacques Mitte de Chevrières, dit le s[r] de Miolans et de Saint-Chamond, un des plus vaillants capitaines de la Ligue, chevalier de l'ordre du Saint-Esprit, 1599, épousa 1°, 15 avril 1577, Gabrielle, fille et héritière de Christophe de Saint-Chamond; 2° 26 février 1601, Gabrielle, fille de Guillaume de Gadagne. Il mourut le 19 mai 1606, dans son château de Septème, en Viennois.

[24] Le château de Pipet, Eumedium vel Pompeiacum, quod dicitur Pupet, construit par les Romains, dominait la cité de Vienne, dont l'enceinte, de même origine, était appuyée sur les fortifications du mont Arnaud, mons Arnoldi ; du mont Salomont, Sospolium, Salutis mons ; du mont Saint-Just, Crappum. Ces vestiges de la puissance romaine, entamés par les invasions des Barbares et les assauts du Moyen Age, fournirent un dernier témoignage de leur résistance, au cours des guerres de Religion et de la Ligue. Le château de Pipet et celui de la Bâtie élevé, par l'archevêque Jean de Bernin, sur le mont Salomont, furent rasés par ordre du cardinal de Richelieu, hostile à tous les souvenirs de la féodalité.

[25] Auberive, Alba Ripa, canton de Roussillon, Isère, à 13 kil. de Vienne. Louis de Châlons, prince d'Orange, seigneur d'Auberive, ayant pris parti, avec le duc de Savoie, contre le Roi-Dauphin, vit son château d'Auberive assiégé, pris, 26-27 mai 1430, et démantelé par Raoul de Gaucour, gouverneur du Dauphiné qui battit ce prince à Anthon, le 11 juin suivant. Quelques ruines pittoresques dominent encore cet antique village. — Chonas, canton de Vienne-Sud, à 8 kil. de Vienne.

qui fust battue par quatre gros canons qu'ils avioint amené de Vallance. Ils abatirent une tour, apellée de la Valette, qu'ettoit au coing de la ville, du cousté venant du port, firent une grande bresche, donnarent assaut general et entrarent (dans la nuit du 20 au 21 novembre) en ladite ville qu'ils pilliarent entierement, rompirent tous les meubles et emportarent tout ce qu'ils peurent charier; avec l'ayde des peisans d'Ampuis et de Daulphiné qui pilliet comme les soldats. Les habitans, hommes et femmes, se retirarent dans le chasteau et vieulx fort apellé le Hault de Ville, avec le s$^r$ de Villars qui y commandoit et environ soixante soldats estrangiers que Mons$^r$ de Chevrières avoit envoyé de Vienne. Lesdits ennemys, ayant demeuré, deux jours entiers, dans ladite ville et faubourgs, se retirarent, craignant le ramfort qu'estoit arrivé dans Vienne, venu de Grenoble [26]. » Malgré une convention, intervenue entre d'Ornano et Chevrières, 9 décembre 1589, lui enlevant toute autorité dans Vienne, Maugiron, dont le parti était puissant en cette ville, « s'y accommoda, peu après, par le moyen du chanoine du Savel et de Luce, braves hommes [27] », y entra, le 13 février 1590, avec sa compagnie et celles de MM. de Montlor et de Viriville, occupa la tour de Sainte-Colombe remise par le capitaine Carier, le château de la Bâtie, et fit réparer celui de Pipet [28]. Sur la fin du même mois, Lesdiguières, descendu en Viennois, établit son camp à Bourgoin où Timoléon et Scipion, son frère, vinrent le rejoindre. A la Noël précédente, M. de Saint-Jullin avait pris cette petite ville défendue par la compagnie de Maugiron qui y perdit son lieutenant, mais il n'avait pas pu s'y maintenir.

Les troupes royales battirent, à Pont-de-Chéruy, un parti de huit cents

---

[26] *Le Livre des comptes de la ville de Condrieu.* Cabinet de M. le marquis de Rochetaillé. — Condrieu, Rhône. — Claude III de Villars, fils de Pierre III et de Suzanne Jobert, mort le 23 février 1596, capitaine châtelain de Condrieu, se distingua en ce pays, au cours des guerres de Religion et de la Ligue. Il fut le trisaïeul du maréchal duc de Villars. H. de Terrebasse. *Hist. généal. de la famille de Villars*, ms.

[27] Videl. *Hist. de Lesdiguières.* — Chorier. *Hist. de Dauph.* — Jean d'Arzac du Savel, chanoine du chapitre de Saint-Maurice de Vienne, fils d'Humbert et d'Antoinette Servient du Savel, frère de Jacques, homme d'armes de la compagnie de Maugiron, 1573. — Julien de Leusse, s$^r$ du Puy, au mandement de Moras (Drôme), fils de François de Leusse et de Claude de Fétan, eut, par testament de son père, 23 juin 1568, la terre du Puy qui, après sa mort, revint à son frère aîné, Ennemond-François, s$^r$ de Fétan, maréchal des logis de la compagnie de Maugiron, en 1586. La maison forte du Puy était venue dans la famille de Leusse par le mariage, 14 août 1536, d'Anne, fille de noble Louis du Puy, de la paroisse de Saint-Sorlin de Valloire, mandement de Moras, diocèse de Vienne, avec noble Etienne de Leusse de la paroisse de Varacieux, diocèse de Vienne. Julien de Luce, dit le s$^r$ Dupuis, capitaine et secrétaire de la ville de Vienne, est nommé, 8 avril 1582, capitaine du château de Pipet qu'il avait déjà commandé, en 1580. Il fut tué, en 1592. (Voir plus bas.) Leusson, Leuczon, Lusse, Leusse, antique famille originaire de Theys, en Grésivaudan, dont il existe encore plusieurs branches représentées, en Dauphiné, par Elzéar, comte de Leusse, et par Robert, baron de Leusse de Syon, auteur d'une *Hist. Généal. de la famille de Leusse*, Lyon, 1885, in-4°.

[28] Arch. consul. Vienne. — François Carier était consul de Vienne, en 1590.

Lyonnais, en route pour Grenoble. Le 5 avril 1590, Lesdiguières, après avoir réuni ses troupes, à la Côte-Saint-André, vint à Vienne, où il trouva tout tranquille sous l'autorité de Maugiron, et poussa jusqu'à Millery, aux portes de Lyon. A son retour, « pour terrir ceux de Vienne », Timoléon fit tuer M. Grillet, sergent major de la ville, sur son refus de lui rendre les clefs, sans l'ordre des consuls [29]. Après une tentative contre le Pont-de-Beauvoisin, sur le bruit que les Lyonnais se dirigeaient vers Vienne, l'armée revint sur ses pas et attaqua l'ennemy à Sainte-Colombe. « Le jeudy sainct, 19<sup>e</sup> du moys d'avril 1590, sortirent de Vienne le s<sup>r</sup> Alphonse d'Ornano, Maugiron, Blacons, Lesdiguières, Montbellet, Gouvernet et autres [30], accompagnez de quatre ou cinq cents hommes, lesquels vouloyent charger l'armée du s<sup>r</sup> marquis de Saint-Sorlin qui faisoit les approches de Vienne, et fut prins ledict Alphonse, prisonnier, le lieutenant dudict Maugiron et Montlour [31], parent dudict Maugiron, tuez avec autres. » Le chroniqueur Piemond dit, plus exactement : « le lieutenant de Maugiron fut pris et M. de Montlord y fut bien blessé ».

La capture du lieutenant général d'Ornano amena la dislocation de l'armée royale. Maugiron, désireux de maintenir son autorité dans le Viennois et de ne point être tenu, par les divers partis, pour une quantité négligeable, leva des troupes en son particulier, tout en faisant montre de sa fidélité au roi. Il acheta, de ses deniers, au duc de Ventadour, pour fortifier le château de Pipet, le 6 septembre 1590, deux canons, au prix de 3.000 écus, et des balles à un écu d'or chacune, au prix de 660 écus d'or [32].

« Timoléon de Maugiron, comte de Montlians, capp<sup>ne</sup> de cent hommes d'armes des ordonnances du Roy, au capp<sup>ne</sup> Beaulieu, salut. — Comme pour nous opposer aux desseings des ennemys et rompre leurs desseings qu'ils ont sur les places qui sont soubz l'obeyssance de sa Ma<sup>té</sup> en ce pays, sur les advis que nous avons, de jour à autre, des practiques, menées et intelligences qu'ils ont avecque plusieurs des habitans des lieux mal zelez et devotionnez au repos publiq, il soit besoing mettre promptement sur pied le plus grand

[29] Antoine de Serre, s<sup>r</sup> de la maison forte de la Mure de Biol, dit le capitaine Grillet, sergent-major de la ville de Vienne, par commission de Laurent de Maugiron, du 5 septembre 1586. Expilly dit dans ses *Arrets* : « la Cour, par arrêt du 20 decambre 1593, a receu et admis les faits avancez par ledit Grillet. » Le procès aurait eu plus longue vie que le plaideur, à en croire les *Mémoires de Piémond*.

[30] Hector de Forest, s<sup>r</sup> de Blacons, mari : 1° de Louise de Priam, 2° de Françoise de Mirabel ; gouverneur d'Orange, connu sous les noms de Mirabel et de Blacons ; son père Mathieu de Forest, mort en 1570, est dit le s<sup>r</sup> de Blacons ; tous les deux s'illustrèrent dans les rangs des armées huguenotes. — Scipion de Maugiron, dit Montbellet, frère de Timoléon. X. C. — René de la Tour, s<sup>r</sup> de Gouvernet et de Montauban, marquis de la Charce, « l'Ajax des Protestants ».

[31] Louis Raymond-de Mormoiron-de Maubec-de Montlor, avait épousé Marie, fille de Laurent de Maugiron ; il mourut en 1604. Voir Marie X. E.

[32] Certificat de César de Disimieu, gouverneur de Vienne attestant que les deux canons qui sont dans le château de Pipet ont appartenu à Timoléon de Maugiron. 2 mars 1638. Arch. Rhône. E.

nombre de gens de guerre qu'il nous sera possible, pour les employer à la conservation desdictes places. Pour ces causes, à pleine confiance de votre affection et fidellité au service de sa Ma[té], prudence, diligence et bonne experience au faict des armes, nous vous avons comys et comectons, par ces presentes pour, en la plus grande diligence qu'il vous sera possible, mettre sur pied, soubs vostre charge et commandement, une compagnie de cent hommes de guerre à pied, des plus fidelles à icelluy service et mieux agueris que vous pourrez choysir; lesquelz vous assemblerez au lieu de Septème, où il vous sera fourny et distribué tous vivres necessaires pour les nombres d'hommes, tant et si longuement que besoing sera, par le chatelain et consulz dudit lieu; auxquelz nous mandons et ordonnons ainsi le fere, jusqu'à ce qu'aultrement en soit ordonné; le tout soubz bon et loyal compte, pour estre, en après, pourveu à leur solagement et degrevement de ceste despence, ainsy qu'il sera advisé estre raisonnable. Vous donnant pouvoir de commander dans lesdicts lieux, avecque ladicte compagnie, pour la garde et conservation d'icelluy soubs l'obeyssance susdite, pour tel temps que ledit secours le requiera; enjoignant très expressement audits chatelain, consulz et habitans dudict lieu, et en ce qu'il appartiendra, de vous obeyr et entendre comme le second de nous present, sur peyne de rebellion. Fait à Vienne, ce xxviie jour d'apvril 1590. Maugiron [33]. »

L'arrivée à Lyon du duc de Nemours [34], 25 avril, donna une nouvelle vigueur à la Ligue. Les commissaires du Mis de Saint-Sorlin, son frère, et M. de Chaponay [35], agissant au nom du consulat lyonnais, entamèrent des négociations à Saint-Genis-Laval, 24 juin, avec MM. de Ventadour [36], de Bothéon [37]

---

[33] Bibl. du château de Terrebasse. — Septème, village à 14 kil. de Vienne, par la route actuelle, d'origine romaine, *ad septimum lapidem*, c'est-à-dire situé au septième mille de cette ville, sur la voie romaine. Le mille équivalait à 1481 m. La seigneurie appartenait alors à Jacques Mitte de Chevrières. Le château avait été rebâti, au xve s. sur les ruines d'une antique forteresse.

[34] Charles-Emmanuel de Savoie, duc de Nemours, 1567-1595, joua un grand rôle, au cours des guerres de la Ligue, en Lyonnais, en Forez et en Viennois. Il avait rêvé de se tailler un gouvernement indépendant, en ces pays, à la faveur des troubles. Il était fils de Jacques de Savoie, duc de Nemours, qui avait épousé, le 26 avril 1566, Anne d'Est-Ferrare, veuve de François de Lorraine, duc de Guise, et mère de Henri de Guise, dit le Balafré, de Charles, duc de Mayenne, devenu le chef de la Ligue, en 1589, et de Louis, dit le cardinal de Guise. Charles-Emmanuel, voyant son ambition déçue, mourut de chagrin, en 1595. Henri de Savoie, marquis de Saint-Sorlin, son frère, le seconda dans ses entreprises, succéda à son titre de duc de Nemours, et mourut en 1632.

[35] Nicolas de Chaponay, s[r] de l'Isle-Méan, consul de Lyon, 1588-1591, mari de Catherine de Gabian, 17 janvier 1582, testa à Vienne, le 12 mai 1615. Cette famille illustre, en Dauphiné et en Lyonnais, est représentée, de nos jours, au château de Laflachère, Rhône, par Pierre, marquis de Chaponay.

[36] Gilbert de Levis, duc de Ventadour, était gouverneur pour le roi, en Lyonnais, Forez et Beaujolais; à la conférence de Saint-Symphorien-le-Châtel, 19 mai 1590, les Ligueurs refusèrent de lui reconnaître ce titre. Son quartier était à Annonay. Il mourut en 1591.

[37] Guillaume de Gadagne, s[r] de Bothéon, lieutenant de M. de Ventadour, en son gouvernement,

et de Maugiron. On demandait la remise de la ville de Vienne à ses consuls, du château de la Bâtie à l'archevêque, de Sainte-Colombe et de Condrieu au duc de Nemours, de Septême à M. de Chevrières ; en outre, 4.000 écus pour les conséquences de la rupture du traité de 1589, satisfaction du saccagement fait au plat pays et aux habitants de Lyon s'élevant à plus de 100.000 écus, et récompense au capitaine de Saint-Marc de ses meubles, provisions et démolitions de maisons. Maugiron ne voulut point accepter ces conditions et se retira. Il signa pourtant une trêve, le 1er juillet, mais elle ne fut pas observée.

La ville de Grenoble, occupée par les Ligueurs, le 5 mai 1589, fut reprise par Lesdiguières, le 22 décembre 1590. Le consulat lyonnais écrit, le 13 février 1591, au duc de Mayenne : « Desdiguieres, depuis la prinse de Grenoble, se promet tout le reste du Dauphiné, par le moyen des Maugiron, du Passage et de la Roche[38]... » Au mois de mars, de nouvelles négociations furent entamées, avec les Maugiron de Vienne, par les consuls de Lyon offrant de céder leurs places fortes du Viennois, contre Sainte-Colombe et Condrieu, mais elles n'aboutirent point, non plus qu'une sommation faite en avril, au nom du duc de Nemours, de rendre la ville de Vienne[39]. Lesdiguières arrivé, le 26 juin, à Heyrieu, où Maugiron avait rassemblé des troupes, se porta, avec lui, sous les murs de Lyon, du côté de la Guillotière, sans pouvoir décider les Ligueurs à sortir. Le 20 juin, l'armée royale, sous la conduite de Maugiron, passa le Rhône sur un pont de bateaux, au-dessus de Ternay, avec trois pièces d'artilleries, et mit le siège devant Givors ; battue par le canon, cette ville fut prise d'assaut, le 1er juillet, et le sr de Disimieu, lieutenant de Maugiron, fut tué sur la brèche, en présence de Lesdiguières qui vint, le soir, coucher à Vienne[40].

Le bruit s'étant alors répandu que les bandes italiennes et savoyardes, des-

était fort détesté par les Ligueurs. *Discours au vray de la desloyale trahison et détestable conjuration brassée par le sr de Botheon sur la ville de Lyon.* 1590. S. n. de l. et d'imp. in-8° 28 pp.

[38] Aymar de Poisieu, seigneur du Passage, chevalier de l'ordre du roi, gentilhomme de sa chambre, capitaine de 50 hommes d'armes, gouverneur de la citadelle de Lyon, par lettres du 18 novembre 1584, de la ville et citadelle de Valence, par lettre du 17 mars 1590, lieutenant général au gouvernement de Provence, 20 décembre 1593, et au marquisat de Saluces, 25 avril 1598, testa le 16 juin 1600. Il avait épousé Françoise de Flotte de la Roche, sœur de Balthazar de Flotte, baron de Montmaur, comte de la Roche, et était allié aux Maugiron.

[39] Arch. de Lyon. — *Notes de l'abbé de Sudan.* Ms. — Péricaud. *Notes et Documents.*

[40] *Journal des guerres de Lesdiguières.* — Ternay, canton de Saint-Symphorien-d'Ozon, sur la rive gauche du Rhône, à 13 kil. de Vienne. — Jean Martin, sr de Disimieu, était fils de Balthazard Martin, sr de Disimieu, et de Claude, fille de Philibert de Clermont, sr de Vaulserre et de Saint-Béron ; il épousa, 18 janvier 1589, Laurence, fille de Claude de Clermont-Montoison, et de Louise, fille de Jean de Rouvroy et de Louise de Montmorency. Laurence devenue veuve de Jean de Disimieu, « ni jeune, ni jolie, » épousa secrètement Henri I, duc de Montmorency « qui la trouva sous sa main, » après la mort de sa seconde femme, Louise de Budos, 1599. Le mariage fut régulièrement contracté, à Beaucaire, le 19 juin 1601, avec dispenses de Rome, du 18 novembre 1599. Mais, « au bout de trois mois, le connétable en fut las, » et obtint le divorce. Laurence mourut, au château de Villiers-le-Bel, le 24 septembre

tinées à renforcer l'armée de l'Union, voulaient tenter leur passage, au travers du Dauphiné, Maugiron se prépara à la résistance, en assemblant, à Vienne, de nombreux soldats ; mais il n'en fut pas besoin, car Lesdiguières défit complètement, à Pontcharra, le 18 septembre, ces forces étrangères. Aux premiers jour de décembre, à la tête de 300 chevaux, de quelques arquebusiers et gens de pied, levés de ses propres deniers[41], Timoléon se dirigea sur le Bourbonnais et rejoignit, devant Rouen, l'armée commandée par Henri IV, forcé après un long siège, novembre 1591-avril 1592, de céder le terrain au secours conduit par le duc de Mayenne et le duc de Parme. Le s[r] Dupuis, commandant à Vienne, en l'absence de M. de Maugiron, « pour lors au voyage de Rouan », fut tué, en la semaine de Pâques, mars 1592, par le s[r] de Mure, pour quelque inimitié particulière[42]; ce dernier sortit de la ville, par la porte d'Avignon et se réfugia dans son château de Chonas.

La place de Vienne était trop importante, trop voisine de celle de Lyon et, depuis trop longtemps, l'objet des convoitises de la Ligue, pour ne point tenter, à nouveau, l'ambition du duc de Nemours. En l'absence de Lesdiguières, occupé à la guerre de Provence, Maugiron réduit à ses propres forces et menacé par la puissante armée du duc, crut devoir faire quelques concessions et pouvoir se tirer de ce mauvais pas en offrant, au travers de la ville, le passage aux troupes destinées à rejoindre celles du duc de Savoie pour entreprendre, de concert, la conquête des régions du Dauphiné joignant le Rhône et l'Isère. Mais le Prince, connaissant la faiblesse de la garnison et l'impossibilité où elle était d'être secourue, fit les approches de la place, en général expérimenté et en fin diplomate, et força le gouverneur à la rendre intégralement, crainte de pis.

Un mémoire du temps, adressé au roi, par un témoin oculaire, de l'entourage de Maugiron, éclaircit considérablement cette affaire. A la suite de trois ou quatre entrevues, avec le duc de Nemours, à Saint-Genis et à la Motte[43], Maugiron laissa, à Lyon, le comte de Montlor, son beau-frère, qui

---

1654, à l'âge de quatre-vingt-trois ans. César de Disimieu, frère de Jean, épousa, 1598, Marguerite de Budos, tante de la seconde femme de Montmorency.

[41] Cochard. *Notes ms.*

[42] Julien de Leusse, s[r] du Puy, objet d'une précédente note, était alors âgé de quarante-deux ans. — Humbert de Bourellon, seigneur de Chonas (canton sud de Vienne), puis de Mure, par le décès de Jean, son frère, 1583, baron d'Auberive qu'il acheta de la maison de Joyeuse, 16 juin 1595, épousa : 1° Claudine, fille de Jean Richard de Saint-Priest, mais ce mariage fut cassé, vers 1565 ; 2° Marguerite de Bourges, et mourut à la fin de 1595, laissant pour héritière sa fille Antoinette, femme de Charles de la Tour, seig[r] de Gouvernet. Un des plus braves compagnons de Lesdiguières, il se distingua à la bataille de Pontcharra, 1591, et à celle de Salbertrand, 1593. *(Poèmes* de Cl. Expilly.) Cette famille avait son tombeau dans l'église de Saint-Bonnet-de-Mure, en Viennois. (A. de Terrebasse. *Inscriptions de Vienne*).

[43] Saint-Genis-Laval, Rhône, à 9 kil. de Lyon. — Le château de la Motte (la Mothe) se trouvait à

y demeura sept à huit jours, croit-on, comme otage. Le duc, ayant préparé l'acheminement de ses troupes, renvoya, le mercredi au soir, à Vienne, le comte de Montlor auquel il avait donné un très beau cheval, avec la mission de faire en sorte que M. de Maugiron vînt le trouver, le lendemain jeudi 9 juillet, à la Motte, près de Lyon. Ce dernier partit de Vienne, le jeudi, sur les huit heures du matin, accompagné de son beau-frère et d'environ douze honnêtes hommes. Ayant passé Saint-Symphorien et étant près d'une maison appelée la Bégude[44], il rencontra le s[r] d'Albigny[45] qui venait au devant de lui, avec seulement six chevaux ; il est vrai, qu'ayant cheminé vingt-cinq pas, ils rencontrèrent vingt-cinq cuirasses qui les suivaient ; et ayant encore passé plus oultre, ils croisèrent quatre compagnies de chevau-légers s'acheminant sur Vienne. Entre temps, plusieurs messagers vinrent avertir Maugiron que les troupes du duc s'étaient emparées de Sainte-Colombe, sans coup férir. Il rencontra, à la Guillotière, le Prince qui allait coucher à Saint-Symphorien. Toutes ses troupes étant entrées en Dauphiné, et les portes de Vienne étant comme investies, il dit à Maugiron qu'il ne pouvait passer à Vienne, sans être maître des deux châteaux, pour sa sûreté. Il y a grande apparence que Maugiron trouva ce parler de dure digestion, ayant estimé que le Prince ne demanderait que le passage. Il s'en retourna, le soir, à Vienne, assez mal content, faisant semblant de vouloir se défendre plutôt que de rendre les châteaux qu'il trouva merveilleusement bien disposés à résister. Mais la nuit lui donna un tel conseil que, le lendemain, vendredi matin, il alla trouver le duc, à Saint-Symphorien, pour s'en tirer au meilleur marché et obtenir de lui qu'il se contentât d'un seul des châteaux. Il n'y eut pas de remède, et il fallut promettre les deux. Le s[r] d'Albigny, envoyé pour en prendre possession, mit dans celui de Pipet le s[r] Disimieu[46], avec quatre compagnies, et dans celui de la Bâtie un capitaine, avec deux compagnies. Pendant cetre opération, le duc de Nemours, en armes, à la tête de ses troupes napolitaines, attendit, durant quatre heures, à Montrozier[47], se refusant à pénétrer

l'extrémité de la Guillotière, faubourg de Lyon, sur la rive gauche du Rhône. La reine Marie de Médicis, avant la célébration de son mariage avec Henri IV, y entendit la messe et y dîna le 3 décembre 1600.

[44] La Bégude, hameau de Feyzin, canton de Saint-Symphorien-d'Ozon, Isère, à 17 kil. de Vienne.

[45] Charles de Simiane, seig[r] d'Albigny, marquis de Roat et de Maret, troisième fils du lieutenant général de Simiane de Gordes, après avoir suivi le parti du duc de Nemours, passa au service de Charles-Emmanuel, duc de Savoie, dont il épousa, en 1607, la sœur légitimée, Mathilde, marquise de Planezze, et mourut, le 17 janvier 1608, laissant un fils posthume, Emmanuel-Philibert.

[46] César Martin, s[r] de Disimieu, gouverneur de Vienne, 1592-1615, chevalier de l'ordre du roi, 1613, maréchal de camp, 1615, marié, en 1598, à Marguerite de Budos, tante de la seconde femme de Henri de Montmorency. La seigneurie de Disimieu, près de Crémieu, Isère, fut érigée en comté, en sa faveur, par lettres de juin 1613. Lesdiguières lui avait cédé, 6 juillet 1602, les seigneuries de Quirieu, Crémieu et la Balme. Il testa le 10 octobre 1617. Voir la note 40.

[47] Montrosier, hameau sur la route de Lyon à Vienne, à environ 1 kil. 1/2 de cette dernière ville,

dans la ville, avant la remise complète des châteaux. Cela fait, il entra dans Vienne, le 10 juillet 1592, assista à un *Te Deum*, à la cathédrale, et prit son logis chez M. de la Colombière[48]. Après dîner, accompagné de son frère, le marquis de Saint-Sorlin, qu'il disait être gouverneur du Dauphiné, il s'achemina à Pipet où, trouvant le capitaine Jacques qui en était le commandant, il lui fit observer qu'il aurait mieux fait de prendre les dix mille écus qu'il lui en avait offerts. Le capitaine Jacques[49] lui répondit, en présence de Maugiron, qu'il aimerait mieux que l'épée qu'il portait au côté lui eût percé le corps, que s'il avait fait une telle méchanceté. Réponse, peut-être sans y penser, merveilleusement piquante, pour Maugiron, dite par un de ses serviteurs, en telle compagnie. Il y a divers avis sur la somme reçue par ce seigneur, pour la reddition ; le bruit commun, à Lyon, est qu'il a reçu quarante mille écus ; les autres disent qu'il n'a reçu que des promesses. On sait que le duc de Nemours n'a point d'argent et, même à Vienne, il a prié des particuliers de lui prêter cent écus, et a dépêché des commissaires, partout où il a pu, pour avoir de l'argent. Son armée se composait de huit à neuf cents maîtres, de trois mille cinq cents à quatre mille hommes de pied, napolitains, bourguignons et savoyards, de six canons et de deux couleuvrines[50].

Ces détails précis, tout en constatant la faiblesse de Maugiron, semblent indiquer qu'il fut plutôt la victime que le complice de Nemours. Cependant, on doit le constater, les historiens généraux et particuliers, plus préoccupés des conséquences de la reddition de Vienne que des difficultés de la situation, sont unanimes à blâmer sa trahison. « Maugiron, contre la fidélité qu'il devait au Roy, prenant pour plainte et sujet qu'on lui avait refusé un brevet de quelque bénéfice qu'il avait demandé pour un des siens, nonobstant tout le bon accueil que lui avait fait S. M. peu de jours auparavant, entra en pratique avec le duc de Nemours et lui promit de lui livrer les forts de Pipet, de Sainte-colombe et de la Bâtie qui sont dans Vienne, moyennant, ainsi que plusieurs ont écrit, nombre de deniers. Le dix juillet, les troupes du duc de Savoie et celles de Nemours, faisant bien dix mille hommes de pied et plus de quinze-cents maîtres, s'acheminèrent vers Vienne, et Maugiron ayant

à l'embranchement de deux routes conduisant à Lyon. On y voyait une tour sur laquelle on exposait, jadis, les corps des suppliciés.

[48] M. Annet de la Colombière, chanoine et chantre du chapitre de Saint-Maurice, capitaine du château de Pipet, 1580.

[49] Le capitaine Jacques était au service de Laurent de Maugiron, 1586.

[50] *Discours au vray de ce qui s'est passé à Vienne, depuis le neuviesme jour de juillet jusques au treizième*. Bibl. Nation. Fonds franc. ms. Les nombreuses indications fournies par ce document permettent de croire que l'auteur anonyme est un Viennois, témoin oculaire, probablement un des « douze honnestes gens, » de la suite de Maugiron. On lit, sur l'original, au verso du second feuillet et en marge : « *Discours de Vienne envoié au Roy, du 5 août 1592.* »

livré les forts qui commandaient la ville, les habitants furent contraints de changer de parti et de recevoir le marquis de Saint-Sorlin pour gouverneur, et le sʳ de Disimieu pour lieutenant. Tous les gouverneurs des places qui tenaient pour le Roi blasphémèrent l'acte de Maugiron et délibérèrent tous de se bien défendre s'ils étaient attaqués[51]. » — « Ayez la face honnie et le front ulcéré contre les infidèles concierges du Pont-Audemer et de Vienne, frottez-vous un peu les yeux de ce divin electuaire, il vous sera advis que vous serez preudh'homme et riche », lit-on dans la *Vertu du Catholicon d'Espagne*[52].

Pour toute récompense, Timoléon fut nommé maître de camp de l'armée du duc de Nemours. Le 16 juillet, il marchait, avec trois ou quatre cents chevaux, sur Saint-Marcellin où on ne voulut point le recevoir, s'établissait à son château du Molard, à une harquebuzade de la ville, et y était peu après rejoint par Nemours. « Messieurs, écrit ce prince aux consuls de Lyon, je pris, hier, Saint-Marcellin, sur les gens du colonel Alphonse..., de l'Albenc, le 18 juillet 1592[53]. » De là, ils allèrent mettre le siège devant les Echelles et entrèrent dans la ville le 31 juillet. Le 20 août, Lesdiguières et d'Ornano reprenaient Saint-Marcellin et recevaient le Molard de celui qui y commandait pour Maugiron[54].

Celui-ci suivit les troupes de l'Union, en Auvergne et en Forez, à la tête d'une compagnie de cent hommes d'armes[55]. Cette campagne fut marquée par la prise d'Ambert, 19 novembre, et la surprise de Montbrison, 5 décembre. Sa compagnie, sous les ordres de M. de Foyssin, s'établit à Feurs, où elle reçut des renforts venus de Vienne, au mois de septembre 1593. Suivant une quittance du 20 octobre 1593, Maugiron aurait été pourvu, par Nemours, de la lieutenance au gouvernement de Forez[56]; cette même charge avait été accordée à Anne d'Urfé, par lettres de Henri IV du 27 janvier 1593. Le duc de Nemours, soupçonné, à justre titre, de vouloir se tailler une principauté indépendante, dans la région, et s'emparer, à cet effet, de la ville de Lyon, trahissant, à la fois, le roi et la Ligue, fut mis prisonnier à Pierre-Scize, le 21 septembre. Son frère, le marquis de Saint-Sorlin, n'en continua pas moins

---


[51] V. Palma Cayet, *Chronologie novenaire*, Paris, 1608, 3 vol., in-8°. — *Mémoires de la Ligue.*

[52] *La vertu du Catholicon*. Tours, J. Mettayer, 1593, in-8°. (*Satyre Ménippée.*)

[53] Arch. consul. Lyon. — Péricaud. *Not. et Doc.*

[54] Videl. *Hist. de Lesdiguières.* — E. Piemond. *Mémoires.*

[55] Quittance du 28 avril 1593, par T. de Maugiron, capitaine de 100 hommes d'armes des ordonnances de France, à Michel Severat, receveur du taillon à Lyon, de 2.683 écus d'or sol. 1/3, pour la solde et entretenement de sa compagnie, de janvier à mars 1593. Bibl. Nation. *Pièces origin.*

[56] Quittance du 20 octobre 1593. par T. de Maugiron lieutenant au gouvernement de Forestz, en l'absence de Mgr le duc de Genevois et de Nemours, à M. André Corneille, commis à l'exercice de la recette générale des finances, à Lyon, de 300 écus, pour son dit état, pendant les mois de juillet à septembre 1593. Bibl. Nation. *Pièces origin.*

la guerre en Forez. Maugiron et Montespan [57] s'emparèrent de Saint-Germain-la-Val qu'ils tenaient encore, en septembre. H. d'Urfé écrivait au consulat de la ville de Lyon qui, le 7 février 1594, avait reconnu l'autorité du roi Henri IV, « j'ay maintenant sur les bras tout le fort de la guerre, en ces quartiers, M. le marquis de Saint-Sorlin, Maugiron, Montespan, Gimel... mars 1594 [58]. » Le duc de Nemours, s'étant sauvé des prisons de Pierre-Scize, à Lyon, le 26 juillet, arriva à Vienne, le 27 « au matin, environ deux heures après minuit [59], » il y leva une petite armée et entra dans le Lyonnais. Resserrée par d'Ornano et Lesdiguières, dès le mois de mars 1595, la position de Vienne devenait critique ; le 24 avril, la ville était livrée au connétable de Montmorency, par César Martin de Disimieu, son gouverneur, dont la fidélité ne résista pas à 60.000 l. [60]. Peu après, Charles-Emmanuel de Savoie, duc de Nemours, rongé par le chagrin, mourait dans son château d'Annecy, le 31 août 1595, âgé de vingt-huit ans.

Le rôle de Timoléon est assez effacé, à cette époque ; il dut faire sa soumission au roi, lors de la prise de Vienne, car Piemond, dans ses *Mémoires*, cite M. de Maugiron au nombre des députés du Dauphiné qui traitèrent d'une trève, avec ceux du duc de Savoie, à Barraux, le 15 juillet 1595. On le trouve au siège de la citadelle de Romans que Balthazar de Flotte, comte de la Roche, voulait livrer au duc de Savoie ; la place fut rendue à d'Ornano, le 25 octobre 1597 [61]. La future reine, Marie de Médicis, étant arrivée à Vienne, le 30 novembre 1600, fut conduite, au son des trompettes et des violons, jusqu'à la maison de M. de Maugiron, où elle logea et demeura le lendemain, tout le jour et, le 2 décembre, partit pour Lyon [62] ; Henri IV l'y rejoignit, le samedi 9, et les époux reçurent la bénédiction nuptiale, le 17 du même mois, dans la cathédrale de Saint-Jean.

Timoléon servit en la guerre heureusement soutenue, par Lesdiguières, en Savoie, et close par le traité du 17 janvier 1601 cédant, à la France, la Bresse, le Bugey et le pays de Gex, en échange du marquisat de Saluces. A cette occasion, « le comte de Cheverny, avec le comte de Maugiron furent des hostaiges de la part du Roy [63] », et prirent une part active aux négociations,

---

[57] Antoine-Arnaud de Pardaillan, sr de Gondrin, marquis d'Antin et de Montespan, se soumit, peu après, à Henri IV, non sans en avoir loyalement prévenu le duc de Nemours.

[58] A. Bernard. *Les d'Urfé*. Paris, 1839 in-8º. — François, baron de Ginel, en Limousin.

[59] Arch. consul, Vienne.

[60] Pour payer cette somme, on établit, par ordonnance du 6 mai 1595, un péage à Vienne, connu sous le nom de douane de Valence, qui subsista jusqu'en 1790. Cochard. *Not. ms.*

[61] A. Lacroix. *Hist. de Romans*.

[62] Arch. consul. Vienne.

[63] Ph. Hurault de Cheverny, chancelier de France. *Mémoires*. — Henri Hurault de Cheverny, fils aîné du chancelier.

comme l'indique une lettre collective adressée à Monseigneur le duc de Mont-morency, connétable de France. « Monseigneur, soudain après nostre arrivée en ceste ville, Monsieur le legat s'est resolu de partir, après nous avoir remis ez mains de Messieurs les vislegat et general, par acte [attendant la ratiffica-tion] dont nous vous envoyons coppie et advis de toutes choses, bien au long, par le courrier du Roy qui partira demain que nous aurons lesdictes coppies expédiées. Cependant il a voullu que nous ayons accompaigné ce courrier de ces deux lignes, pour vous supplier lui envoyer l'original, ou une coppie du traicté qui fust faict, à Lyon, à son depart, qui face mention de sa signature, ensemble et des depputez de sa Majesté et de Monsieur de Savoye, comme il luy avoit esté promis, bien que nous luy en ayons baillé celle que nous avions signé de Monsʳ de Villeroy. Neanmoins, il la desire en la forme susdite, et nous remettans à la despeche que nous vous faisons, bien au long, nous ne vous faisons ceste plus longue, après avoir prié Dieu, Monseigneur, vous donner, en santé, longue et heureuse vie. D'Avignon, ce vᵉᵐᵉ fevrier 1601. Vos très humbles et très obeissans serviteurs, Maugiron. Cheverny [64]. »

Il fut pourvu de la charge de conseiller du roi, en son conseil d'état, et se maintint en assez bonne posture pour être honoré, par le roi Louis XIII, de la lettre suivante. « A Monsʳ le comte de Maugiron, conseiller en mes conseils d'estat, capⁿᵉ de cinquante hommes d'armes de mes ordonnances. — Monsʳ le comte de Maugiron, encore que j'aye receu assez de preuves de l'affection que vous avez tousjours portée au bien de mon service, neantmoins j'ay eu à plaisir le particulier tesmoignage qui m'en a esté rendu par mon cousin le duc de Nemours [65], et vous ay bien voulu faire ce mot, pour vous dire le bon gré que je vous en scay. Et sur ce qu'il m'a faict entendre que vous avez in-tention de me venir trouver, je vous diray que j'auray bien agreable de vous voir prez de moy, comme estant du nombre de ceux que j'estime et à qui je desire faire ressentir les effects de ma bonne volonté, aux occasions qui s'en offriront. Et n'estant celle cy à autre effet, je prie Dieu, Monsʳ le comte de Maugiron, vous avoir en sa saincte garde. Escript à Paris, le 6ᵉ de juing 1617. Louis. — Phelypeaux [66]. »

Nommé maréchal de camp, par brevet du 17 novembre 1621 [67], il suivit Lesdiguières contre les protestants soulevés, en Languedoc, par le duc de Rohan. Il descendit le Rhône, à la tête d'une flottille, débarqua près du Pouzin

[64] Bibl. Nation. *Mss. franc.*

[65] Henri de Savoie, duc de Nemours, marquis de Saint-Sorlin, prit le titre de duc de Nemours, après la mort de son frère, Charles-Emmanuel, et fit sa soumission au roi. Il était fort bien en cour.

[66] Bibl. de Lyon. *Fonds Morin-Pons.*

[67] Arch. Nation. *Fonds Maugiron.*

et se saisit, le lendemain au matin, d'une colline où se trouvaient quelques soldats, puis s'étant avancé vers une église ruinée, fort proche de la ville, il fut atteint d'un coup de mousquet qui lui trancha la veine jugulaire, 4 mars 1622, et mourut le 8 du même mois, à l'âge de soixante ans; son corps fut transporté à Vienne, et inhumé, le 12, dans l'église de Saint-Maurice, au tombeau de ses ancêtres[68].

L'*Echo Dauphinois*, déjà cité, publié peu après cette mort, consacre, à sa mémoire, plusieurs vers et ce quatrain :

> *De l'Achille grégeois si le talon mortel*
> *N'eust saigné, son renom seroit incomparable.*
> *La France Maugiron rendroit tout immortel,*
> *Si nature son col eust faict invulnérable*[69].

On lit dans : *Pusinensis Obsidio*, de l'académicien P. de Boissat : « Malgiro... vir primario loco, apud Allobroges Viennæos natus, et aulicis bellicisque virtutibus insignis[70]. » Lesdiguières a rendu, à Timoléon de Maugiron, ce témoignage, « qu'il ne connaissait pas d'homme en France qui eut de plus grandes parties de capitaine[71] ». L'histoire n'a point conservé le souvenir de tous les actes qui ont fourni la matière à cet éloge glorieux.

Après la mort de Louis, son frère aîné, Timoléon prit le titre de marquis de Saint-Symphorien, durant quelques années; une portion de cette seigneurie lui fut vendue, en 1601, par Hippolyte de Scharavelli, veuve de Jean de Chastellier[72]. Par transaction du 3 septembre 1596, Marguerite de la Baume, veuve d'Annet de Maugiron, lui céda la seigneurie de Leyssins. Il vendit celle de Flacé, à Antoine de Pise qui en fit le démembrement le 19 novembre 1603[73]. Il testa le 3 mars 1622[74].

Timoléon de Maugiron avait épousé : 1° Françoise, fille aînée de Just III de Tournon et d'Eléonore de Chabannes, 1587, qui mourut sans enfant, 1592[75];

[68] Arch. Rhône. E. — Ordonnance de Lesdiguières. — *Commentaires du soldat du Vivarais.*

[69] *L'Echo Dauphinois*, déjà cité.

[70] P. de Boissat, *Opera.*

[71] Videl. *Hist. de Lesdiguières.*

[72] Arch. Rhône. E. — Hippolyte de Scharavelli, dame de Cérisolles, veuve, 1589, de Jean de Chastellier, sgr de Milieu, Saint-Symphorien, etc., intendant général des finances.

[73] Arch. Rhône. E.

[74] Arch. Rhône. E.

[75] Cte H. de Chabannnes. *Hist. de la maison de Chabannes*, 8 vol., in-4°, fig. Dijon, 1892-1899. — Tournon, famille du Vivarais, illustre par son antique origine, ses services et les charges qu'elle a occupées. La filiation interrompue par la mort, sans postérité, de Just-Louis de Tournon, comte de Roussillon, tué à Philipsbourg, le 6 septembre 1644, laissant pour héritière de ses biens considérables Marguerite de Montmorency, duchesse de Ventadour, sa grand'mère, fut reprise par la branche des

2° Jeanne, quatrième fille d'Antoine, baron de Sassenage, et de Louise de la Baume-Suze, 1er octobre 1616, suivant contrat reçu par Guerre, notaire [76]. Il en eut deux fils, placés, après sa mort, sous la tutelle de Jean Duboys, avocat et gardier de Vienne, 1622 [77].

*A.* **François,** qui suit.

*B.* **Georges,** mort en 1624.

---

Tournon, seigneurs de Meyres venue d'Alexandre, fils naturel de Jacques de Tournon, légitimé par lettres de Louis XII, données à Angers au mois de février 1498, et marié à Marguerite de Meyres. Cette maison est représentée, de nos jours, à Montmelas, Rhône, par Philippe-Antoine-François de Tournon-Simiane, comte de Tournon, marié à Louise-Hélène-Léonie de Tournon, d'où une fille unique, Françoise de Tournon-Simiane, mariée, le 27 avril 1892, à Jean, comte de Chabannes-la-Palice; et au château du Vergier, Ardèche, par Just, comte de Tournon-Simiane, marié à M^lle de Villégas de Saint-Pierre.

Cette maison possédait, en Dauphiné, le comté de Roussillon, les seigneuries des Côtes-d'Arey, Montseveroux, la Tour-du-Pin, Quinsonnas, Châteauvilain, Cessieu (Isère), Claveyson, Mureil, Tain, Albon (Drôme).

[76] Arch. Rhône. E. — Chorier. *Hist. maison de Sassenage.* — Sans remonter à la fée Mélusine et aux comtes de Forez, on peut commencer la filiation de la maison de Sassenage avec Hector, seigneur souverain de Sassenage, en 1030. La première branche s'éteignit avec Albert II, baron de Sassenage, mort en 1339; une deuxième branche, venue de Hugues de Sassenage, seigneur de Montrigaud, vivant en 1295, tomba en quenouille vers 1550. — Béatrix de Sassenage, sœur d'Albert II susdit, épousa Aymar de Bérenger, seigneur du Pont-en-Royans, mort en 1327; leur fils Henri devint la tige de la seconde race, dite de Bérenger-Sassenage, tombée en quenouille avec les filles de Charles-François, baron de Sassenage, marquis du Pont-en-Royans, comte de Montélier, marié à sa cousine Marie-Françoise-Casimire de Sassenage, d'où, entre autres, Marie-Françoise, femme du marquis de Maugiron, et Marie-Françoise-Camille mariée, en 1755, à Raymond-Pierre, marquis de Bérenger, comte du Guâ. Marie-Françoise-Casimire de Sassenage, susdite, devenue veuve, fit donation à son petit-fils Raymond-Ismidon-Charles, marquis de Bérenger, des terres de Sassenage et de Pont-en-Royans, 14 mars 1775, observant « que sa famille et celle de Berenger ont une origine commune, que ces deux maisons se sont toujours soutenues et perpétuées l'une par l'autre, et que celle de Sassenage étant prête à s'éteindre, elle est dans l'intention, à l'exemple de ses ancêtres, de la renouveler par celle des Berenger ». (Bibl. chât. de Terrebasse. *Recueil de procédure* de N. F. Cochard de Margniola, procureur à Vienne. 1784. In-4°, ms.) Cette famille est représentée par Raymond, marquis de Bérenger, au château de Sassenage.

[77] Arch. Rhône. E.

# XII *Degré.*

## François IV de Maugiron, *comte de Montléans, baron de Montbellet et d'Igé, seigneur d'Ampuis, etc.*
### *Maître de camp d'un régiment d'infanterie.*

Il servit, jeune encore, en Italie, sous les ordres du maréchal de Créquy, en qualité de volontaire et de lieutenant, dans le régiment commandé par Claude de Maugiron, son cousin. Le comte de Maugiron contribua à la défaite de vingt-quatre compagnies de cavalerie espagnole, 25 août 1635, devant Brême, en Milanais[1], et prit part aux diverses phases de la guerre marquée par la bataille du Tésin, 1636, et le siège de Brême où le maréchal de Créquy fut tué, 1638. Il avait reçu une commission, signée du roi, le 8 juillet 1636, pour lever un régiment de vingt compagnies, destiné à passer en Italie[2].

François de Maugiron, maître de camp d'un régiment d'infanterie, atteint d'une maladie pestilentielle, testa, à Turin, le 5 novembre 1638, par-devant Louis Maladra, notaire ducal. Legs à Louis de Mortier, dit Montgazon[3], de Paris, son capitaine, 1.800 l. de France. Héritier universel Claude de Maugiron, fils de Scipion, son cousin germain, pour la moitié de ses biens meubles et immeubles, avec substitution en faveur de Gaston, fils aîné dudit Claude. Héritier, pour l'autre moitié, Louis de Maugiron, frère de Claude, avec substitution en faveur dudit Gaston[4]. Il mourut peu de jours après, à l'âge de vingt et un ans. Chorier a consacré, à ce jeune homme plein d'espérances, une épitaphe élogieuse, mais fort insignifiante[5].

La suite de la branche aînée des Maugiron, comtes de Montléans, continue par Claude, XII[bis].

---

[1] *Gazette de France.*

[2] Arch. de M. le c[te] de Cibeins.

[3] Louis Mortier de Montgazon, parent de Henriette Mortier de Choisy, femme de Claude de Maugiron. XII[bis].

[4] Arch. Rhône. E. — Arch. de M[r] le c[te] de Cibeins. Suivant une transaction du 5 février 1639, François IV de Maugiron possédait 25 à 30.000 l. de revenus.

[5] Chorier, *Antiquités de Vienne. — Carmina.*

---

# XII<sup>bis</sup> *Degré.*

## Claude de Maugiron, *comte de Montléans, baron de Montbellet et d'Igé, seigneur de : Ampuis, Beauvoir-de-Marc, Croquetaine, Châteaufort, Varacieux, le Molard, etc.*
*Maréchal de camp, lieutenant général des armées de S. M. et son conseiller en ses conseils.*

Claude, second fils de Scipion de Maugiron, devint le chef de la famille, après le décès de François IV de Maugiron, son cousin germain, 1638. Ses services militaires n'ont pas laissé de traces jusqu'au jour où il acquit le régiment d'infanterie du baron de Leuville[1], 1er mars 1633, qui s'était distingué au siège de la Rochelle et servait en Italie, depuis 1629. En qualité de maître de camp de ce régiment, dit de Maugiron, il rejoignit l'armée commandée par Henri de Nogaret, comte de Candale[2], généralissime des troupes de Venise dans la Valteline, 1633, puis passa en Milanais, au même titre, sous les ordres du maréchal de Créquy[3], et fut blessé devant Valence, le 10 septembre 1635[4]. Au cours de ce siège levé le 29 octobre, parmi les Dauphinois, le comte de Maugiron, Disimieu, Girard de Saint-Paul, la Baume, Simiane, Boissat qui y perdit Avernais, son frère, firent tout ce que des gens de cœur peuvent faire et soutinrent dignement l'honneur de leur nation[5]. Son régiment, ayant

---

[1] Louis Olivier, baron de Leuville, fils de Jean et de Madeleine de l'Aubespine, fut compris dans la disgrâce de Charles de l'Aubespine, m<sup>is</sup> de Châteauneuf, garde des sceaux, son oncle, et emprisonné, le 26 février 1633, par ordre de Richelieu.

[2] Henri de Nogaret de la Valette, comte de Candale, fils de Jean-Louis, duc d'Epernon, mourut à Casal, 11 février 1639.

[3] Chorier. *Histoire de Charles de Créquy*, Grenoble 1683, 2 vol. in-12. — Charles de Créquy-Blanchefort, comte de Sault, duc de Lesdiguières, lieutenant général au gouvernement de Dauphiné, maréchal de France, mort à l'ennemi le 17 mars 1638, épousa : 1° en 1595, Madeleine de Bonne, fille de Lesdiguières et de Claudine de Bérenger du Guâ ; 2° le 3 décembre 1623, Françoise de Bonne, fille légitimée de Lesdiguières et de Marie Vignon.

[4] *Gazette de France.* — Valence, ville forte sur le Pô.

[5] Chorier. *Hist. de Ch. de Créquy.* — Jérôme de Disimieu, capitaine de cavalerie, g<sup>d</sup> m<sup>e</sup> des Eaux et Forêts de Dauphiné, bailli du Viennois, épousa, en 1636, Anne de Puy du Fou. — François Girard de Saint-Paul, capitaine de chevau-légers, commandant d'un rég<sup>t</sup> d'infanterie, tué au siège de Roses où il reçut vingt-cinq blessures, 1645. — Anne de la Baume-Suze, comte de Rochefort, marié, le 8 mars 1631, à Catherine de la Croix-Chevrières. — Gaspard de Simiane, de la Coste-Moirans, lieutenant général de l'artillerie en Dauphiné, marié, le 27 novembre 1617, à Louise du Peloux. François-Alphonse, son fils, lui succéda dans sa charge. — André de Boissat, s<sup>r</sup> de Licieu, maître de camp de cavalerie,

reçu le drapeau blanc, en 1635, dut quitter le nom de Maugiron pour prendre celui d'Auvergne, sur l'ordre de Richelieu hostile à ces souvenirs du régime féodal. Au passage du Tésin, ou bataille de Buffarola, dont l'action dura dix-huit heures, il fut atteint d'un coup de mousquet et perdit l'œil gauche, 23 juin 1636[6]. Il se trouvait au secours du fort de Brême, assiégé par le marquis de Leganez, lorsque le maréchal de Créquy y fut tué d'un coup de canon, le 17 mars 1638.

Maugiron disait, de cet illustre capitaine, qu'en voyant sa bravoure et le mauvais état de ses troupes, le peu de courage de Leganez et la bravoure des soldats espagnols, à la journée du Tésin, qu'une armée de cerfs commandée par un lion est plus redoutable qu'une armée de lions commandée par un cerf[7]. Il eut beaucoup de part à la reprise de Chivas, en Piémont, par le cardinal de la Valette, juillet 1639[8], puis sous les ordres du comte d'Harcourt et sous la conduite de Turenne, en qualité de maître de camp du régiment d'Auvergne, contribua à la victoire de la route de Quiers remportée sur les Espagnols, le 20 novembre 1639[9]. A la tête du même régiment, il assiste au combat et au ravitaillement de Casal, 29 avril 1640, et le 11 juillet suivant se trouve, quoique malade, à la bataille de Turin[10]. Sa santé l'obligea à rentrer à son château d'Ampuis où il passa un acte le 29 août 1640. Il céda son régiment, 16 mars 1641, à Balthazard, comte de la Roue[11].

Nommé maréchal de camp, le 27 septembre 1643, le comte de Maugiron passa à l'armée d'Allemagne, avec un secours de 5.000 hommes de pied et de 2.000 chevaux que le duc d'Enghien, le récent vainqueur de Rocroy, tira de son armée pour renforcer celle du maréchal de Guébriant[12]. Il commanda, le 6 novembre, une des attaques contre la ville de Rotweil[13] prise le 19 par Guébriant, mort des suites des blessures reçues à ce siège, le 24 du même mois. Le comte de Rantzau, son successeur, se laissa surprendre à Tüttlingen, le 25 novembre, par le duc de Lorraine, Jean de Wert et Merci ; ce géné-

maréchal de camp, 1646, se distingua aux guerres du Milanais et d'Espagne. Abel de Boissat, s[r] d'Avernais, son frère fut tué au siège de Valence, le 11 septembre 1635.

[6] Chorier. *Hist. de Créquy.* — *Généalogie*, ms.

[7] *Id.*

[8] *Gazette de France.*

[9] François-de-Paule de Clermont, m[is] de Monglat. *Mémoires.*

[10] *Gazette de France.*

[11] Le comte de la Roue, maître de camp du régiment d'Auvergne, fut blessé au siège de Tortone, 1642. — Le régiment d'Auvergne prenait rang immédiatement après les vieux corps. Son cri de guerre était : « Toujours Auvergne sans tache », et le dévouement du chevalier d'Assas lui a conservé une illustration populaire. Il est devenu le 17e régiment d'infanterie. — L. de Contenson. *Mémoires de Jean de Gangnières, comte de Souvigny.*

[12] Mis de Montglat. *Mémoires.*

[13] *Gazette de France.*

ral, ses trois maréchaux de camp, Noirmoutier, Maugiron, Sirot, et plus de six mille soldats furent faits prisonniers[14]. Charles de Lorraine renvoya en France Rantzau et Maugiron en les chargeant de faire sa paix avec la cour, et sachant ces deux seigneurs liés avec mademoiselle d'Hautefort, amie de la reine Anne, il ajouta galamment « qu'il ne leur demandait d'autre rançon que l'honneur de savoir qu'ils avaient baisé, de sa part, le bas de la robe de cette belle demoiselle[15] ».

Dès les premiers jours de 1644, le conseil du roi, ayant examiné les ouvertures de Charles IV, décida de lui envoyer M. du Maurier et le comte de Maugiron. Suivant les instructions de Mazarin, ils devaient proposer au prince de revenir purement et simplement au traité de Paris auquel il avait refusé de souscrire, en 1641[16]. Les envoyés rejoignirent, à Worms, Charles de Lorraine, malade dans cette ville. Ces propositions n'avaient rien de bien séduisant; la négociation n'aboutit point et le prince congédia les deux gentilshommes, en leur confiant une belle lettre de protestation pour la reine[17].

Vers 1646, Claude de Maugiron succéda au marquis de Vitry en la charge de maître de camp du régiment de cavalerie de la Reine[18], et servit en Allemagne et en Flandres, sous les ordres de Gassion et de Turenne. Ses services furent récompensés, le 12 juin 1652, par le grade de lieutenant général. Il ne se compromit point dans les intrigues de la Fronde et des Princes, et resta dévoué au roi et fidèle à Mazarin.

[14] M<sup>is</sup> de Montglat. *Mémoires.*

[15] C<sup>te</sup> d'Haussonville. *Hist. de la réunion de la Lorraine à la France.* — Bibl. Nation. *Vie de Madame d'Hautefort.* Anne, fille de Charles, marquis d'Hautefort, et de Renée du Bellay, épousa, 24 septembre 1646, Charles de Schomberg, duc de Halwin. Elle était fille d'honneur de la reine Anne. Bassompierre dit que, le 12 avril 1630, il eut avis de la nouvelle amour (platonique) du roi Louis XIII, avec cette belle demoiselle.

[16] *Instruction pour M. M. de Maugiron et du Maurier allant trouver le duc de Lorraine, 29 mars 1644.* Arch. Aff. Etrang. — C<sup>te</sup> d'Haussonville. *Réunion de la L. à la Fr.* — Aubery du Maurier, famille protestante originaire du Maine. Benjamin du Maurier, résident en Hollande, fut employé, 1609-1623, aux affaires du roi en ce pays qu'il quitta, en 1624, pour rentrer en France où il mourut conseiller d'État, 1636. Son fils aîné, Maximilien Aubery du Maurier, né en 1608, fut longtemps attaché à la cour du prince d'Orange. Après la mort de son père, il revint en France où il épousa, 1640, Louise, fille de Jean de Beauveau, maréchal de camp, de la R. P. R. Son frère, Daniel Aubery du Maurier, né en 1612, aide de camp dans l'armée du duc d'Enghien, très habile mathématicien, fut tué à la bataille de Nordlingen, 3 août 1645. Le poète Saint-Amant déplore sa perte en ces termes :

> *Puisque la mort d'un tragique laurier*
> *A couronné nostre cher du Maurier,*
> *Nous a ravi dans une aspre meslée*
> *Ce grand secours du fameux Galilée...*

[17] Du Plessis-Besançon. *Mémoires.* — C<sup>te</sup> d'Haussonville. *Réunion de la L. à la Fr.*

[18] François-Marie de l'Hôpital, marquis puis duc de Vitry. — Actes divers, 14 janvier 1646, 23 mai 1647. Claude de Maugiron habitait alors, à Paris, place Royale, paroisse Saint-Paul, dans une maison appartenant à sa femme.

Au mois de mai 1652, il se fit plusieurs voyages, de la part de Leurs Majestés, auprès du duc de Lorraine[19] venu au secours du prince de Condé, avec 9.000 hommes, et campé à Villeneuve-Saint-Georges d'où ses soldats ravageaient les environs de Paris. Le comte de Maugiron, à raison de ses anciennes relations avec Charles IV, fut envoyé pour traiter avec lui ; le prince promit de retirer ses troupes et peu après se dirigea vers la Lorraine. Sur l'ordre de Mazarin, le comte de Maugiron s'achemina à nouveau vers Charles de Lorraine dont l'armée était campée près de Châlons-sur-Marne et qui, éludant ses engagements, cherchait à s'accorder sous main avec Condé, 30 août. Au cours de ce voyage, Claude de Maugiron, tombé malade dans son château de Croquetaine, y mourut, le 2 septembre 1652, d'une hémorragie causée par la fatigue.

Le cardinal Mazarin écrivit, à cette occasion, une lettre fort élogieuse adressée à Monsieur Linaget. Ce personnage semble devoir être identifié avec Pierre de Linage, avocat à Paris, employé par Maugiron dans ces négociations et qualifié de curateur de Jean-Baptiste-Gaston de Maugiron, son fils, dans un acte du 25 novembre 1652[20].

« Monsieur Linaget.

« A Bouillon, le 22 septembre 1652. — J'ay veu que vous m'avez escrit touchant feu M. de Maugiron et les intérêts de sa famille. Il me seroit malaisé d'exprimer ma douleur pour la perte d'un amy de cette qualité là dont je cognoissois le zèle pour le bien de l'estat et les bonnes volontés pour moy, en mon particulier. Au premier advis que j'eus de sa mort, je me donnay l'honneur d'escrire aussy tost à leurs M[tés] pour les supplier, très humblement, de conserver à M. son fils (Jean-Baptiste-Gaston) le regiment de la reyne et de le considerer en tout comme l'heritier de la fidelité et du zèle de son père qui a été, sans doute, un des plus passionnez serviteurs qu'elles ayent jamais eu. Vous me consolez en m'aprenant qu'il resort aussy de son service, par les belles esperances qu'il donne de soy, ayant commencé dès bonne heure à servir le roy, puisqu'il a deja fait deux campagnes. Au reste si vous avez lieu d'entretenir les correspondances que le deffunt avoit establi, pour le service de

---

[19] César, duc de Choiseul, comte du Plessis-Praslin, maréchal de France. *Mémoires.*

[20] Mazarin peut s'être trompé sur le nom exact de ce mince personnage, ou, comme l'indiquent les nombreux pseudonymes répandus dans ses carnets, en ces temps de Fronde, au cours desquels sa prudence était fort en éveil, avoir usé de Linaget comme d'une feinte discrète. Pierre de Linage est auteur de divers ouvrages relatifs aux événements de cette époque. (Bibl. du P. Lelong. — Bibl. Nation.) Chorier l'avait connu à Paris, en 1647, et lui avait confié la rédaction du prologue de sa *Philosophie d'un honnête homme.* Linage, dit-il dans ses *Adversaria,* avait beaucoup d'érudition et d'usage des choses ; il était né en Picardie. Agité par la violence de la tempête d'une mauvaise fortune, il s'était réfugié tout nu dans le port des lettres. Il était donc très apte à tenir l'emploi de secrétaire d'un grand seigneur.

sa M^te, dans la province, il est bon que vous en preniez soin, avec asseurance qu'on vous scaura le gré qui vous en sera deubt. Vous pourrez me donner part de ce que vous ferez en cela, affin que je m'employe pour faire recognoitre le merite que vous en avez. Estant bien juste que j'aye soin de ceux que feu M. de Maugiron aymoit, puisque je faisois profession d'estre si fort de ses amis que je puis dire qu'il n'en avoit point de meilleur que moy. S'il reste à executer quelque chose de ce qu'il avoit promis, de la part du roy, à M. d'Arpajon [21], dont vous ayez cognoissance, je vous prie de m'en continuer la sollicitation à la cour, et de faire savoir à mondit s^r d'Arpajon que cet accident ne change rien à ce que le deffunt auroit fait avq luy.

« Le card^l Mazarini. » — Cachet aux armes de Mazarin [22].

Par son testament du 12 juin 1629, reçu par J. Neys, notaire royal à Saint-Marcellin, Claude de Maugiron, en bonne santé de son entendement et de son corps, considérant l'incertitude de la vie humaine, notamment de ceux qui font profession de l'art militaire, ayant invoqué le nom de Dieu et fait le signe de la croix, le priant de vouloir recevoir son âme en Paradis... lègue 10.000 francs à Damoiselle Henriette du Mortier, sa bien aymée femme ; lègue au posthume ou posthumes duquel ou desquels ladite damoiselle est ou sera enceinte, savoir au masle ou masles, la somme de 20.000 l. lorsqu'ils auront atteint l'âge de vingt-cinq ans, et aux filles la somme de 10.000 l. lorsqu'elles seront en âge de se marier... Il nomme son héritière universelle dame Magdeleine de Lugoly, sa mère, et venant ladite dame à mourir, entend que tous ses biens parviennent à ses enfants masles posthumes ; et après eux venant à décéder sans enfants, le testateur substitue sondit héritage à Louis de Maugiron, son très cher frère [23].

Claude de Maugiron était devenu le chef de la famille par le décès, 1638, de François IV, fils de Timoléon, son cousin, qui lui avait légué les biens de Montléans, de Montbellet, d'Igé et d'Ampuis. La seigneurie de Beauvoir-de-Marc et la maison de Vienne lui vinrent, 1645, de son cousin Scipion de la Baume-Suze dont il était légataire pour les biens du Dauphiné sortis de la maison de Maugiron. Il eut, de ce fait, de nombreux procès à soutenir contre François, neveu dudit Scipion et fils de Timoléon de la Baume-Suze. La terre de Meyrieu passa, momentanément, dans la maison de Polignac [24].

Il reprit du domaine, au prix de 13.000 l., en qualité de seigneur enga-

---

[21] Louis, duc d'Arpajon, marquis de Séverac, avait été gouverneur de Nancy et de la Lorraine.

[22] Arch. de M. le c^te de Cibeins. — Cette lettre est entièrement de la main du cardinal, qui avait dû sortir du royaume et était, pour lors, établi à Bouillon.

[23] Bibl. chât. de Terrebasse. *Factums. Actes.* — Arch. c^te de Cibeins. *Id.*

[24] Voir Louis de Maugiron. XII^ter ; Jeanne de Maugiron. X. H.

giste, la terre de Beauvoir-de-Marc, 23 octobre 1646[25]. Il était seigneur de Croquetaine et de Châteaufort, en Brie, terres provenant des Lugoly, du chef de sa mère et de sa femme, et jouissait, à sa mort, d'environ 20.000 l. de rentes, outre ses appointements.

Claude avait épousé, par contrat du 6 juillet 1624, Henriette Mortier de Choisy, dame de Croquetaine et de Châteaufort, fille de Josias Mortier de Choisy et de Marguerite de Lugoly, sœur de Madeleine femme de Scipion de Maugiron[26]. D'où :

**Jean-Baptiste-Gaston 1** qui suit.

[25] Invent. du Viennois.
[26] Arch. Rhône. E.

# XIII *Degré.*

## Jean-Baptiste-Gaston I de Maugiron, *comte*
*de Montléans, baron de Montbellet et d'Igé, seigneur d'Ampuis,*
*la Roche, Beauvoir-de-Marc, Croquetaine, Châteaufort, etc.*
*Maître de camp du régiment de la Reine, gouverneur de Vienne.*

A peine âgé de dix-huit ans, et ayant fait déjà deux campagnes, au décès
de son père Claude, il eut pour curateur Louis de Maugiron, son oncle, et
Pierre de Linage[1]. Capitaine d'une compagnie de chevau-légers, en Italie,
maître de camp du régiment de cavalerie de Ferron, puis de celui de la Reine,
on le trouve à la prise de Vervins et de Rethel, 1653 ; à celle de Bedfort, à la
levée du siège d'Arras conduite par Turenne, à la prise du Quesnoy, 1654 ; à
la prise de Landrecies, de Condé, de Saint-Guilain où se trouvait le jeune roi
Louis XIV, 1655 ; à la belle retraite de Valenciennes et à la prise de la Capelle,
1657, sous les ordres de Turenne[2]. Il fut nommé gouverneur de Vienne, de
Sainte-Colombe et du bailliage de la Tour, par lettres de provisions du 15 novembre 1658[3].

Jean-Baptiste-Gaston de Maugiron épousa, suivant contrat du 11 février
1653, Françoise-Madeleine, fille de César, duc de Choiseul, comte du Plessis-
Praslin, pair et maréchal de France, et de Colombe le Charron[4], dame d'honneur de madame la duchesse d'Orléans.

> *Mademoizelle du Plessis*
>
> *D'humeur sage et d'esprit rassis,*
>
> *Fille d'un maréchal de France,*
>
> *Fait pareillement alliance*
>
> *Avec Monsieur de Maugiron ;*
>
> *Je ne scai pas s'il est baron,*
>
> *S'il est marquis ou s'il est comte*
>
> *Mais je scay qu'il a, de bon compte,*
>
> *Au moins si j'ay bien retenu,*
>
> *Dix-mil écus de revenu[5].*

[1] Arch. Rhône. E. — Voir à Claude, son père, XII*bis*. Note sur P. de Linage.
[2] Pinard. *Chronologie militaire.*
[3] Bibl. chât. Terrebasse. *Reg. officiariorum.* Ms. — Divers actes.
[4] *Gazette de France.*
[5] J. Loret, *La Muze historique.* Lettre du samedi 8 février 1653.

Il mourut, à Paris, où il demeurait sur la place Royale, à l'âge de trente-cinq ans, sans laisser d'enfant, le 23 janvier 1669[6]. La vie des camps et celle de la cour avaient fait brêche à la fortune considérable venue de son père et comprenant :

| | | | | |
|---|---|---|---|---|
| la terre d'Igée | | valant | 1.500 l. de revenu. | |
| — | de Montbellet | — | 4.000 l. | — |
| — | de Montléans | — | 3.000 l. | — |
| — | d'Ampuis | — | 8.000 l. | — |
| — | de Meyrieu et de Beauvoir | — | 2.000 l. | — |
| la maison de Vienne | | — | 400 l. | — |
| le moulin de Saint-Romain | | — | 300 l. | — |
| et les effets mobiliers évalués | | | 40.000 l.[7]. | |

Par son décès, la substitution établie sur les biens du Dauphiné, par le testament de son père, fut ouverte en faveur de son oncle, Louis de Maugiron. Madeleine de Choiseul, sa veuve, suscita de longs procès, aux héritiers substitués, soutenue par les créanciers, et alla jusqu'à s'inscrire en faux, mais sans succès, contre le testament de Claude de Maugiron[8]. Par acte du 11 mai 1684, elle vendit la seigneurie et baronnie de Montbellet, au prix de 78.000 l., à Jean-Baptiste Giraud de Saint-Try[9], et mourut, à Paris, âgée de soixante-dix ans, le 14 octobre 1698. La terre d'Igé avait été précédemment acquise par le s[r] Louis Drouin ; celle d'Ampuis fut saisie par les créanciers[10].

---

[6] P. Anselme. *Histoire généalogique et chronologique de la M. R. de France.*
[7] Arch. de M[r] le c[te] de Cibeins.
[8] Bibl. chât. de Terrebasse. *Factums.* — Bibl. de Mr L. de Longevialle. *Id.*
[9] Arch. Rhône. E.
[10] Archives de M. le c[te] de Cibeins, au château de Cibeins (Ain), provenant du château d'Ampuis.

# XII<sup>ter</sup> *Degré*.

## Louis de Maugiron, *comte de Montléans, baron de Montbellet et de Pierregourde, seigneur de : Ampuis, Beauvoir-de-Marc, Meyrieu, Châteaubourg, la Marette, le Bousquet, Varacieux, le Molard, Plan, etc.*
*Conseiller du roi, bailli du Viennois, grand maître des eaux et forêts de Dauphiné, maréchal de camp des armées de S. M., etc.*

Louis, dit le chevalier de Maugiron, fut destiné à entrer dans les ordres. Annet de Maugiron résigne son prieuré de N.-D. de l'Isle, en faveur de Louis, son frère, clerc du diocèse de Vienne, le 7 septembre 1613, et renouvelle le même acte le 16 mars 1617 et le 13 avril 1620[1]. Malgré ces encouragements, entraîné par sa passion pour les armes, Louis passa en Hollande, à peine âgé de quinze ans[2], probablement sans l'assentiment de sa famille, car il porta, pendant deux ans, le mousquet, dans la compagnie colonelle des deux régiments entretenus en ce pays, par le roi, sous les ordres de Gaspard de Coligny, duc de Chastillon[3]. Après cette campagne, Annet, son frère, essaya encore de l'engager dans les ordres, en résignant, en sa faveur, son abbaye de Saint-André-le-Bas, mais le jeune guerrier préféra une compagnie dans le régiment de Tallard[4] qui se distingua au siège de Gavi et au cours de la campagne conduite, par le connétable de Lesdiguières, dans la Valteline occupée par les Espagnols, 1625. Il passa, ensuite, avec le régiment de Claude de Maugiron, son frère aîné, au service des Vénitiens, sous les ordres de Henri de Nogaret-la-Valette, comte de Candale.

Après avoir suivi, aux Pays-Bas, comme capitaine de cavalerie, les bandes commandées par le général de Cray, il rentra en France, leva une compagnie

[1] Arch. Rhône. E. — Contrairement au droit canonique, certains bénéfices ecclésiastiques étaient transmis, par le titulaire, comme un patrimoine, à condition que le donataire en fût pourvu ; sinon la résignation était nulle et le titulaire rentrait en possession. Cette transmission n'était, souvent, qu'une libéralité déguisée, une cession des revenus du bénéfice.

[2] *Généal. ms.*

[3] Gaspard de Coligny, seig<sup>r</sup> de Chastillon, colonel général de deux régiments de gens de pied, en Hollande, 1614-1622.

[4] Etienne de Bonne d'Auriac, vicomte de Tallard, leva un régiment d'infanterie de son nom, par commission du 6 mars 1597, qui servit en Bresse et en Savoie, 1624-1625. — J. Romans, *Généal. de la famille de Bonne.*

de chevau-légers, par commission de M. le duc du Maine, du 15 avril 1628, et se joignit à l'armée conduite, par le m[is] d'Uxelles, au secours du duc de Mantoue[5]. Mais ces troupes s'étant dissipées, il leva, par commission du roi, du 12 septembre 1628, une compagnie de cavalerie de cinquante maîtres, à la tête de laquelle il tenait garnison dans le Montferrat, le 4 avril 1629, et qui fut augmentée de trente maîtres, par commission du 28 novembre 1629[6]. Il y servit sous les ordres de Toiras, un des plus fameux capitaines de son temps, par lequel il fut dépêché en mission à la cour, suivant une quittance, du 10 décembre 1629, donnée par Louis de Maugiron, chevalier, capitaine d'une compagnie de chevau-légers, d'une somme de 1090 l., à lui comptée pour être venu, de Casal à Paris, apporter des dépêches de la part du s[r] de Toiras, et pour son retour, en diligence et sur chevaux de poste[7]. Il était dans Casal, lors du siège vaillamment soutenu par Toiras, à la tête de trois régiments d'infanterie et de six compagnies de chevau-légers, contre le marquis de Spinola commandant 12.000 fantassins et 1.500 cavaliers espagnols, mai-septembre 1630[8]. Eprouvé par les fatigues de la guerre, le chevalier de Maugiron, commandant une c[te] de chevau-légers, obtint du maréchal de Schomberg, lieutenant général de l'armée du roi en Italie, un laissez-passer pour rentrer en France, attendu son indisposition, étant hors d'état de pouvoir servir, avec son train composé de quatre personnes et de six chevaux, 22 nov. 1630[9].

On le retrouve en Allemagne, à l'armée du cardinal de la Valette, envoyée au secours du duc de Weimar. Cette campagne fut marquée par la fameuse retraite de Mayence, septembre-octobre 1635, au cours de laquelle, combattant à l'arrière-garde, avec ses chevau-légers, il fut fait prisonnier[10]. Rendu à la liberté, il suivit en Piémont le cardinal de la Valette et, sous le commandement du comte d'Harcourt, son successeur, s'y distingua, notamment au combat de la Route de Quiers, 20 novembre 1639. Il fut récompensé par la charge de maître de camp du régiment de cavalerie de Joud[11], par commission du dernier décembre 1639; puis le c[te] d'Harcourt lui ayant

---

[5] *Généal. ms.* — Le m[is] d'Uxelles conduisit 10.000 hommes de pied et 2.000 chevaux au secours du duc de Mantoue. Le Vassor, *Hist. de Louis XIII.*

[6] Bibl. Nation. *Pièces orig.* — Bassompierre. *Mémoires.*

[7] Bibl. Nation. *Pièces origin.* — Jean de Saint-Bonnet, s[r] de Toiras, en récompense de ses belles actions, reçut le bâton de maréchal, le 13 décembre 1630. Il joignait l'esprit au courage. « Tes père et mère honoreras, afin de vivre longuement, » répondit-il à un officier qui lui demandait un congé, pour aller voir son père malade, au cours du fameux siège de l'île de Rhé, 1627.

[8] Dupleix, *Hist. de Louis XIII.* — Casal, ville forte d'Italie sur le Pô.

[9] Arch. de M. le c[te] de Cibeins.

[10] Montglat. *Mémoires.* — *Généal. ms.* — Louis de Nogaret, cardinal de la Valette, fort attaché au cardinal de Richelieu.

[11] *Généal. ms.*

confié le commandement du régiment de son nom, composé de quinze compagnies, il contribua au ravitaillement de Casal, 29 avril 1640, et au gain de la bataille de Turin, 11 juillet, où il donna des preuves de son courage [12].

Louis fut employé au siège de Tortone qui capitula le 26 novembre 1642; l'armée, en se retirant, eut beaucoup à souffrir des pluies et des attaques des Espagnols, et son régiment perdit tout son bagage [13]. Appelé en Flandres, il assista à la célèbre bataille de Rocroy, 19 mai 1643, où, à la tête du régiment de cavalerie d'Harcourt, il combattit à l'aile gauche et, le 10 août, se trouva à la prise de Thionville [14]. A la suite du c[te] d'Harcourt, nommé vice-roi en Catalogne, Louis de Maugiron servit au siège de Roses, mai 1645, puis promu sergent de bataille, par brevet du 15 juin 1645, contribua à la victoire de Lhorens, 28 juin, et à la prise de Balaguer, 20 octobre [15]. L'année suivante, le chevalier de Maugiron se signala en passant à la nage, à la tête de la cavalerie, la rivière de Noguere-Ribagorce, lors des préliminaires du siège malheureux de Lérida, qui dut être levé par le c[te] d'Harcourt battu, le 21 novembre 1646, par le marquis de Leganez [16]. Il avait été nommé maréchal de camp, par brevet de S. M. du 8 juin 1646, et il continua, en cette qualité, à faire la guerre en Catalogne. Le comte d'Harcourt ayant été pourvu du gouvernement de la Normandie, Maugiron s'attacha à sa fortune en servant le roi et Mazarin contre les Princes et la Fronde, jusqu'au jour où ses fatigues et ses blessures l'obligèrent à quitter le service. Pourtant, au fort des troubles, et pour le service du roi, par commission du 6 mars 1652, il leva un régiment d'infanterie de son nom qui fut licencié après la campagne [17].

Par lettres de provisions, du 28 juin 1660, Louis de Maugiron, baron du Molard, seigneur de Varacieux, de Plan, de Châteaubourg, maître de camp d'un régiment de cavalerie, maréchal des camps et armées du roi, fut pourvu des charges de bailli de Viennois et d'enquêteur général et réformateur des eaux et forêts du Dauphiné [18].

Dans les combats autour de Tortone, il avait arraché aux profanations du pillage un morceau de la Sainte Croix dont il fit don, en 1643, au couvent des Récollets de Saint-Marcellin, auprès duquel il habitait dans son château du Molard. En reconnaissance, il fut affilié à l'ordre des Frères mineurs récollets de la province de France, par brevet donné, au couvent de Saint-

---


[12] *Gazette de France.* — Henri de Lorraine, comte d'Harcourt, dit Cadet la Perle.

[13] Tortone, place forte, sur la Scrivia, Piémont. — Bibl. chât. Terrebasse. *Mémoire.* Ms.

[14] Montglat. *Mémoires.*

[15] *Gazette de France.*

[16] *Id.* — Montglat. *Mémoires.*

[17] Pinard. *Chronologie militaire.*

[18] Bibl. chât. Terrebasse. *Regist. officiariorum.* Ms. — Arch. Isère.

Joseph-lez-Montfarand, 28 juillet 1643, par le provincial F. Isidore de Thiers, et renouvelé, le 13 mars 1655, par F. Louis de Lyon, provincial de France, en faveur de Louis de Maugiron et de Louise de Pierregourde, son épouse, « à raison du précieux trésor et don inestimable que vous avez fait à ce couvent de Saint-Marcellin, à votre retour de la guerre, d'une relique considérable du vrai bois de la Sainte-Croix, nous vous affilions et agrégeons à notre religieuse confraternité [19] ». Cette relique est décrite, en ces termes, dans l'acte de donation : « une boite d'argent carrée de la longueur de huit pouces et une ligne... le bois tirant sept pouces et demi de longueur, et demi pouce d'épaisseur sur le milieu... lequel bois est de couleur de gris cendré et fort doux [20]. » Elle disparut à l'époque de la Révolution.

Louis de Maugiron recueillit les titres et les biens de la maison de Maugiron dont il devint le chef, à la fin de sa vie :

1° Par le décès, 1635, de François IV, fils de Timoléon de Maugiron, qui fit héritiers ses cousins germains Claude et Louis de Maugiron, avec substitution, de mâles en mâles. En vertu d'une transaction du 5 février 1639, Louis céda sa part dans la succession à Claude, son frère, et reçut en échange les terres du Molard, de Plan et de Varacieux attribuées audit Claude dans le partage des biens de Scipion, leur père [21] ;

2° Par la mort de Jean-Baptiste-Gaston I, fils de Claude susdit, donnant ouverture aux substitutions établies par François IV et par Claude. Louis eut de nombreux procès à soutenir, à ce sujet, contre la veuve de J.-B.-G. de Maugiron, continués par Louise de Pierregourde, sa veuve, et par François V, son fils [22]. En conséquence d'un premier jugement du 8 février 1672, les biens situés en Dauphiné lui furent attribués [23]. Suivant un dénombrement [24], fourni le 8 juin 1672, Louis de Maugiron est dit : comte de Montléans, baron de Montbellet [25], seigneur d'Ampuis et de Beauvoir-de-Marc (à raison de ladite substitution) ; baron du Molard, seigneur de Plan et de Varacieux (biens provenant des successions de Laurent et de Scipion de Maugiron) ; baron de Pierregourde, seigneur du Bousquet, de la Marette et de Châteaubourg (du chef de sa femme).

Par son testament du 30 janvier 1670, il donne 4.000 l. à chacun de ses

[19] Arch. Rhône. E. Placard in-f°, grav. de Saint-François.
[20] Bibl. chât. de Terrebasse. — *Mémoire*. Ms.
[21] Arch. de M<sup>r</sup> le c<sup>te</sup> de Cibeins.
[22] Bibl. Nation. *Factums*.
[23] Arch. Rhône. E.
[24] Id.
[25] La terre de Montbellet était déjà acquise à la veuve de J. B. G. de Maugiron, en vertu d'un jugement qui ne devint définitif que postérieurement.

quatre fils ; 300 l. outre sa dot à Françoise-Sylvie, sa fille ; et nomme héritière Louise, sa femme, à charge de rendre l'hérédité à François, leur fils aîné[26]. Louis de Maugiron mourut le 16 août 1672[27]. Suivant un état dressé après sa mort, sa fortune personnelle se composait de :

|                                               |          |            |
|-----------------------------------------------|----------|------------|
| Terre et seigneurie de Varacieux              | rendant. . | 1.417 l. |
| Château du Molard, terre de Plan              | — . .    | 1.400 l. |
| Comté de Montléans et Pierre du Bâcon         | — . .    | 220 l.   |
| Maison de Vienne                              | — . .    | 500 l.   |
| Terre de la Roche                             | — . .    | 500 l.   |
| Terre de Rivière                              | — . .    | 550 l.   |
| Seigneurie de Beauvoir-de-Marc               | — . .    | 1.000 l. |

La terre de Meyrieu donnée en payement de :

|           |       |                                               |
|-----------|-------|-----------------------------------------------|
| 40.000 l. | . . . . . | dues par l'abbé de Polignac[28].          |
| 850 l.    | . . . . . | Obligations à Varacieux.                   |
| 560 l.    | . . . . . | — —                                        |
| 1.000 l.  | . . . . . | Arrérages —                                |
| 1.500 l.  | . . . . . | Obligations de M^lle de Saint-Just[29].    |
| 2.467 l.  | . . . . . | Somme en argent.                           |
| 1.000 l.  | . . . . . | Obligation.                                |
| 10.000 l. | . . . . . | Prix des deux charges de bailli et de grand-maître des eaux et forêts. |

[26] Arch. Rhône. E.

[27] Arch. Nation. *Papiers séquestrés.*

[28] La terre de Meyrieu (Mérieu, canton de Saint-Jean-de-Bournay, Isère), acquise par Guy de Maugiron (IX), sortit de cette maison, par le mariage de Jeanne, fille de Laurent de Maugiron (X. F), nièce et héritière d'Annet de Maugiron, seig^r de Meyrieu (IX. D) avec Georges de la Baume-Suze, 26 décembre 1595 ; de cette union vinrent entre autres : Annet de la Baume-Suze, seig^r de Meyrieu, de Beauvoir-de-Marc, et propriétaire de la maison de Vienne, du chef de sa mère, tué à Asti, 3 août 1625, laissant, par testament du 2 janvier précédent, ses biens à sa mère qui mourut en 1631, lui substituant Scipion son frère, et à ce dernier Timoléon, leur frère aîné. Scipion de la Baume racheta au Domaine, 1643, la seigneurie de Beauvoir-de-Marc, au prix de 12.000 l. ; il fut tué à la bataille de Nordlingen, laissant, par testament militaire du 8 août 1645, ses biens situés en Dauphiné, à Claude de Maugiron, son cousin. Celui-ci eut à soutenir de nombreux procès, à ce sujet, avec François de la Baume, fils de Timoléon et neveu de Scipion. La maison de Vienne et la seigneurie de Beauvoir-de-Marc furent attribuées à Claude de Maugiron qui reprit, en qualité de seigneur engagiste, la terre domaniale de Beauvoir-de-Marc, au prix de 13.000 l., 23 octobre 1646. (Invent. du Dauph.) Celle de Meyrieu passa dans la maison de Polignac, par Catherine de Polignac, veuve de Timoléon de la Baume-Suze, et héritière de François son fils. Elle était cousine germaine de Melchior de Polignac, abbé de Montebourg, mort le 8 juillet 1699, âgé de quatre-vingt-huit ans, devenu seigneur de Meyrieu, qui céda cette terre en payement à Louis de Maugiron. François V et Jean-Baptiste-Gaston II de Maugiron, ses fils, vendirent Meyrieu, en 1698, à Hierosme Bertal, de Vienne, conseiller au parlement de Metz. (Arch. Rhône. E.) — F. Gaspard et A. Piollat, *Histoire de Saint-Jean-de-Bournay.* Vienne. 1889. In-8.

[29] N..., fille de Gaspard Alleman, s^r de Saint-Just, de Chatte et de Puvelin, marié, en 1622, à Guicharde de Chastellet.

10.000 l. . . . . . . Vaisselle d'argent.
— . . . . . Tapisseries en cuir doré.
— . . . . . Lits.
— . . . . . Meubles de la maison de Vienne[30].

Louis de Maugiron avait épousé, par contrat du 17 février 1645, reçu par Mes A. Guichard et I. Devaux, notaires à Valence, Louise, fille unique et héritière de Jean-Annet de Barjac, seigneur de Pierregourde, Chasteaubourg, le Bousquet, la Marette, Turnis, au diocèse de Viviers, gentilhomme ordinaire de la chambre du roi, et de Marguerite d'Urre du Puy-Saint-Martin. La maison de Barjac, fort illustre en Vivarais, avait hérité du nom et des biens de celle de Pierregourde[31]. De cette union vinrent dix enfants :

30 Arch. Rhône. E.

31 Pierregourde, formant une communauté du Haut-Vivarais avec Beauchâtel (canton de la Voulte, Ardèche), a donné son nom à une famille qui tenait cette terre, à foi et hommage, des seigneurs de la Voulte. — Le Bousquet, sur Pierregourde. — Châteaubourg, terre et château sur les bords du Rhône (canton de Saint-Péray, Ardèche). — La Marette (sur Gluiras, canton de Saint-Pierreville, Ardèche), a donné son nom à une famille éteinte dans celle de Pierregourde.

Les seigneurs de Clérieu, en Dauphiné (Silvion 931 ; Silvion « princeps » 967, « magnificus vir » 994), ont été les premiers possesseurs connus de la seigneurie de la Voulte. Guillaume de Clérieu, seigneur de la Voulte et de Châteaubourg, abbé de Saint-Félix de Valence, 1123-1174 ; Silvion, son frère, seigneur de la Voulte, 1130-1160, d'où : Guillaume, seigneur de la Voulte, 1178-1196 ; et Roger, son frère, aussi seigneur de la Voulte, 1173-1215, père de N..., dame de la Voulte, femme de Guillaume de Fay, de Fayno, mort en Syrie, 1248, ne laissant qu'une fille, Philippa de Fay, mariée à Aimar I de Poitiers, auquel elle apporta la terre de la Voulte ; leur fille, Josserande de Poitiers, épousa Pierre de Bermond d'Anduze, d'où un fils puîné, Roger de Bermond d'Anduze, donataire de son aïeule, Philippa, du château de la Voulte, 30 mai 1246.

1217. Terrier des rentes dues au seigneur de Pierregourde.

1237, novembre. Hommage par Hugon I de Pierregourde à Philippa de Fay, dame de la Voulte, femme d'Aymar I de Poitiers, comte de Valentinois.

1280, 28 avril. Hugon II, chevalier, seigneur de Pierregourde. Acte. — 1293, 19 septembre. Hugon II de Pierregourde ; Poncet de la Rouveure, mari de Luquette de Pierregourde. Acte.

1304, 30 octobre. Hommage, par Hugon III de Pierregourde, seigneur de Pierregourde, à Roger de Bermond d'Anduze, seigneur de la Voulte.

1311, 21 février. Hommage par Hugonnet, seigneur de Pierregourde, à Bermond d'Anduze.

1325. Hommage, par Giraud, seigneur de Pierregourde, fils de Hugon III, pour partie de Pierregourde, à Jean Bastet, seigneur de Crussol, mari de Béatrix, dame de Beaudiné et de Beauchastel, fille de Guillaume de Poitiers.

1325, 20 novembre. Hommage par Hugon IV, seigneur de Pierregourde, fils de Giraud, pour partie, à Bermond d'Anduze, seigneur de la Voulte. Hugon IV avait épousé Diane de la Marette qui lui apporta la seigneurie de ce nom, d'où plusieurs Pierregourde dits de la Marette.

1340. Hommage, par Hugon V, seigneur de Pierregourde, à Louis de Poitiers, comte de Valentinois, pour partie de Pierregourde ; Hugon V avait épousé Judic, fille de Jean Bastet de Crussol et de Béatrix de Poitiers.

1348, 20 janvier. Hommage à Bermond, seigneur de la Voulte, par Judic, veuve de Hugon V de Pierregourde et tutrice de Hugon VI, leur fils.

1367, 27 juillet. Hommage à Louis d'Anduze, seigneur de la Voulte, par Hugon VI, seigneur de Pierregourde, mari d'Aygline de Labiac.

1394. Hugon VII, seigneur de Pierregourde, marié à Catherine de Montagut, 20 mars 1395. Acte.

1416, 31 mai. Acte de rédibilité, par François Béraud, châtelain de la Voulte, au nom d'Antoinette

*A.* **François V,** qui suivra.

*B.* **Anthoine,** dit le baron de la Marette, mort sans alliance.

*C.* **Jean-Baptiste-Gaston II,** seig[r] de la Marette, capitaine-lieutenant du régiment de la Commissaire, 22 août 1685 [32], exempt des gardes du corps de S. M. de la c[ie] du maréchal de Villeroy, 1692 [33]. Il testa, le 18 juin 1717, en faveur de son neveu Denis-Louis-Timoléon de Maugiron [34], mourut sans alliance, à Vienne, le 8 août 1717, âgé d'environ soixante ans,

d'Anduze, fille et héritière de Louis d'Anduze, seigneur de la Voulte, mariée à Philippe de Levis, 19 juin 1395, à Hugon VIII, nouveau seigneur de Pierregourde, fils de Hugon VII.

1460. Hommage à Louis de Crussol, seigneur de la Voulte, par Claude de Pierregourde, pour partie ; il avait épousé Françoise de Grignan.

1508, 14 septembre. Hommage à François de Crussol, par Alexandre de la Marette, prieur de Lusson, au nom de Hugon IX de Pierregourde, son frère.

1523, 6 septembre. Gaspard de Pierregourde, mari de Françoise du Roure. Acte.

1540, 14 avril. Dénombrement par Alexandre de la Marette, baron de Pierregourde ; Claude de la Margouse, sa veuve, dans un acte de 1560 ; il teste, 14 juillet 1558.

1552-1568. Louis de la Marette, fils d'Alexandre, est dit seigneur de Pierregourde, dans divers actes. « Pierregourde, page de la chambre du roy, gentil jeun'homme provançal, brave et vaillant, » combattit à Dreux, 1562, dans les rangs catholiques, puis passa aux protestants. Il se trouvait dans l'armée conduite, par Paul de Richien de Mouvans, au secours de Condé, qui fut battue par les troupes catholiques à Mensignac, près de Périgueux, 25 octobre 1568. Mouvans fut tué, sans que son corps pût être retrouvé. « Son compaignon Pierregourde se trouva bien mort, avecque une chemise bien blanche, desja despouillé, et surtout une fort belle fraise, bien et mignonnement froncée et goldronnée, comme on portoit alors, car il s'aymoit et se plaisoit fort ; aussi estoit-il un fort beau gentilhomme, et de fort bonne grace et fort vaillant. » (Brantôme.) On attribue à tort les exploits de ce dernier rejeton mâle de la race de Pierregourde à son beau-frère, François de Barjac qui suit, devenu seigneur de Pierregourde après la mort dudit Louis.

1572. Acte. François de Barjac, seigneur de Pierregourde, mari de Claudine de la Marette, dame de Pierregourde, fille d'Alexandre, qui avait hérité, à cette époque des biens et du nom de sa maison tombée en quenouille par le décès de Louis, son frère, cité plus haut. François de Barjac, dit Pierregourde, commandait pour les protestants, dans le Haut-Vivarais, 1572-1575.

1605. Acte. Claudine de la Marette, dame de Pierregourde, est dite mère d'Isaac de Barjac, seigneur de Pierregourde et de Châteaubourg. Isaac épousa : 1º Louise de Rochebaron, 1592, d'où Jean-Annet ; 2º Françoise d'Arbalestrier.

1622. Terrier pour Jean-Annet de Barjac, baron de Pierregourde.

1637. Acte. Jean-Annet de Barjac est dit seigneur de la Marette, Châteaubourg, le Bousquet, et maître de camp d'un régiment d'infanterie. Il avait épousé, 11 mai 1620, Marguerite d'Urre du Puy-Saint-Martin, d'où Louise, héritière des biens de la branche des Barjac, seigneurs de Pierregourde et de la Marette, femme de Louis de Maugiron.

1659. Terrier au profit de Louis de Maugiron, seigneur de Pierregourde.

Viennent ensuite les descendants de Louis de Maugiron. (Arch. Rhône, E. — *Varia.*)

[32] Arch. de M. le c[te] de Cibeins. Acte. — Le commissaire-général commandait la cavalerie, à l'armée, en l'absence du colonel général et du maistre de camp général ; son régiment s'appelait le Commissaire. R. P. Daniel. *Histoire de la milice françoise.*

[33] Bibl. Nation. *Pièces origin.* Jean-Baptiste-Gaston de Maugiron, exempt des gardes du corps, donne quittance de 33 l. pour ses appointements des onze derniers jours de mai 1693. Ces officiers avaient le titre de capitaine.

[34] Arch. Rhône. H.

et fut enterré à Saint-Maurice, au tombeau de ses pères, le 9, après avoir reçu les sacrements [35].

D. **Just-Henri-Didace,** chevalier de Malte, commandeur de Sainte-Anne, mourut au château du Molard, le 25 décembre 1720 [36], laissant pour héritier son neveu et filleul Denis-Louis-Timoléon [37].

Le 3 décembre 1692, messire J.-B.-G. de Maugiron, sr de la Marette, exempt des gardes du corps de S. M. et messire J.-H.-D. de Maugiron, chevalier de Saint-Jean-de-Jérusalem, frères, firent un testament mutuel, s'instituant réciproquement héritiers, sous condition de remise de l'héritage, par le survivant, au comte de Maugiron, leur frère, ou à ses descendants [38].

E. **Françoise-Sylvie,** mariée à Louis de Fassion, sr de Sainte-Jay, fils aîné de Charles-Antoine de Fassion et de dame Anne de Vachon, par contrat du 10 août 1667 ; dot : 3.000 l. par son père, 1.700 l. par sa mère, 4.000 l. pour ses coffres et cassettes [39]. Sa grand-mère, Marguerite d'Urre, lui avait laissé 140 l. par son testament du 7 novembre 1661 [40]. Elle eut de longs procès, 1668-1710, en supplément de légitime et au sujet de ses prétentions sur les héritages de son père et de sa mère [41]. François V de Maugiron, son frère, lui céda la terre de Varacieux, par acte du 5 octobre 1686 [42]. De cette union viennent :

a. **Jean-Baptiste de Fassion,** seigneur de : Sainte-Jay, Brion, Varacieux, officier de cavalerie, marié, le 10 août 1700, à Magdeleine d'Agoult, d'où postérité.

b. **Claude,** lieutenant au régiment de Poitou, tué en Flandres, 1707.

c. **François,** chanoine de Saint-Pierre de Vienne.

d. **Joseph,** chevalier de Malte, 13 novembre 1700.

e. **Anne,** mariée, le 14 août 1697, à Just-Balthazard de Bertrand de Chartronnières.

f. g. **Marguerite** et **Françoise,** religieuses bernardines au monastère de N.-D. de Grâce, à Tullins [43].

---

[35] Reg. paroiss. Saint-Ferréol, à Vienne.

[36] Sainte-Anne-Saint-Priest (canton d'Eymoutiers, Hte-Vienne).

[37] Arch. Rhône. H.

[38] *Id.*

[39] *Id.*

[40] *Id.* — Marguerite d'Urre du Puy-Saint-Martin mariée, 11 mai 1620, à Jean-Annet de Barjac.

[41] Arch. Rhône. E.

[42] E. de Lagrée, *Mémoire sur la forêt de Chambaran.*

[43] Le couvent de Bernardines fut fondé, à Tullins (Isère), en 1624. — *Notes généal.* de Mathieu de Fassion, vivant en 1720, communiquées par M. Brossard, de Chatonnay. La famille de Fassion,

Françoise-Sylvie, devenue veuve, épousa en secondes noces, 1686, Damien de Gotafrey, père d'Amblard et d'Aymar.

*F.* **Jeanne,** religieuse à l'abbaye royale de Saint-Honoré, de Tarascon, y succéda, comme abbesse, à sa tante Françoise-Sylvie de Maugiron, en juillet 1678, et fut remplacée, en 1713, par N... de Bressieu [44]. Elle porta plainte, au conseil du roi, contre ses religieuses qui lui disputaient les revenus de l'abbaye et vivaient, en désobéissance ouverte, tant pour le spirituel que pour le temporel, oubliant tout ce qu'elles devaient à son titre. Ces religieuses, appuyées sur leurs nombreux parents siégeant au parlement de Provence, y obtenaient toujours gain de cause. Par arrêt donné à Fontainebleau le 16 juin 1680, elles durent reconnaître leur abbesse et lui obéir, conformément à la règle [45].

*G.* **Marie,** religieuse de l'ordre de Sainte-Ursule, au couvent de Saint-Marcellin [46].

*H.* **Françoise,** religieuse à l'abbaye de Tarascon.

*I.J.* **Marguerite** et **Jeanne-Justine,** religieuses ursulines au couvent de Saint-Marcellin.

---

établie dans les bailliages de Vienne et de Saint-Marcellin, a fourni, à la France et à Malte, un grand nombre de vaillants officiers. Pierre de Fassion, s[r] de Beauvinay, capitaine de Grenadiers, tué au siège de Tournay, 1709, à l'âge de vingt-deux ans, « avait le don de guérir des écrouelles, ayant la fleur de lys et étant le cadet de sept mâles, et était en coutûme de se confesser et de communier, les jours qu'il devait toucher les malades ; il en guérissait autant qu'il lui en était présenté. »

[44] Bibl. Nation. *Pièces origin.* — *Gallia Christiana.*

[45] Arch. Nation. Maugiron.

[46] Les Ursulines furent établies, à Saint-Marcellin, en 1630, par Marie Petit. Suivant un dénombrement du diocèse de Vienne, cette maison comptait trente-deux religieuses, en 1774.

# XIII<sup>bis</sup> *Degré.*

## François V de Maugiron, *comte de Montléans, baron de Pierregourde, seigneur d'Ampuis, Beauvoir-de-Marc, le Molard, Plan, Varacieux, la Marette, le Bousquet, Château-bourg, etc.*
*Maître de camp des armées du roi, conseiller en ses conseils, bailli du Viennois.*

Ses services militaires qui ne furent pas de longue durée lui obtinrent le grade de maître de camp des armées du roi, et, après la mort de Louis, son père, il fut pourvu de la charge de bailli de Viennois, par lettres de provisions données à Saint-Germain, le 7 février 1675[1]. François dut continuer contre Françoise de Choiseul, veuve de J.-B.-G. de Maugiron, son cousin germain, le procès en revendication des biens substitués par Claude de Maugiron, soutenu par Louis et par sa veuve Louise de Pierregourde (XII). Son avocat, M. Severt, a laissé la note suivante écrite sur un factum produit à cette occasion : « Je gagnay cette question, pour M<sup>r</sup> le comte de Maugiron, à la troisième des Enquêtes (parlement de Paris), le 3 septembre 1693, au rapport de M. Bouvard de Fourqueux. La demande emportoit tous les immeubles du Dauphiné et la restitution des fruits de 30 années[2]. »

Il prêta hommage, 23 juillet 1683, pour le comté de Montléans, les seigneuries de Plan, Varacieux, le Molard et Beauvoir-de-Marc; « la terre et le comté de Montléans, au bailliage de Vienne, en toute justice, haute, moyenne et basse, confrontant les paroisses de Saint-Sorlin et de Jumans (Gemens), du mandement de Pinet, de vent et parties de bize et soir, la terre des Costes-d'Arey aussi de vent, le comté de Vienne du vent, matin et bize; la dite terre composée d'une seule paroisse. Le château du dit Montléans est une vieille mazure, autour duquel est une garenne contenant environ 12 bicherées[3]. »

François V de Maugiron, comte de Montléans, épousa, suivant contrat du 27 août 1679, Fontelnier notaire, Angélique-Catherine-Thérèse, fille de

---

[1] Arch. Nationales.

[2] Bibl. du chât. de Terrebasse. *A Nosseigneurs du Parlement.* In-f°, 11 pp.

[3] Arch. Rhône. E. — La bicherée delphinale comportait 12 ares 56 centiares.

Charles-Louis-Alphonse, baron de Sassenage, marquis du Pont, et de Christine de Salvaing de Boissieu [4].

Catherine-Thérèse, non moins belle que bien douée, avait fort grand air et n'était plus une toute jeune fille lorsque François de Maugiron, âgé de trente ans, s'éprit d'elle. Tous deux étaient dignes de se comprendre et de s'aimer. Le président de Boissieu favorisa cet amour, en dotant sa petite-fille et « præclarissima virgo præclarissimo juveni collocata est [5] ». Philippe de Pourroy, conseiller à la chambre des comptes de Grenoble, un des beaux esprits du temps, composa, à cette occasion, un épithalame en latin conservé par Chorier dans sa *Vie de Boissieu.*

A ce propos Denis de Salvaing de Boissieu dit dans ses *Mémoires :* « Un grand sujet de joye a esté le mariage de Catherine-Thérèse de Sassenage, ma petite-fille, avec François de Maugiron, comte de Monléans, arrière-fils de Laurent de Maugiron, lieutenant du roy en Dauphiné, qui s'est fait à Valence, le vint-septième du mois d'aoust (1679), où M. le marquis de Sassenage fit paroitre la grande satisfaction qu'il en avoit par la dépense qu'il fit jusques au vint-unième de septembre, qu'estant allé à Montelliez, il y fut surpris d'une fièvre continue qui finit sa vie le vint-cinquième suivant, après qu'il eut reçu tous les sacremens de l'Eglise nécessaires en cet estat [6]. »

François mourut à Vienne, où il avait établi sa résidence, le 7 mars 1719, âgé de soixante-dix ans [7]. Par son testament du 15 septembre 1717, il avait institué son fils aîné, Denis-Louis-Timoléon, héritier, à charge de substitutions qui, faute de mâle, devaient avoir lieu au profit des filles [8]. Il laissa quatre fils et neuf filles, un seul et une seule d'entre eux furent mariés.

*A.* **Denis-Louis-Timoléon** qui suivra.

*B.* **François-Ismidon,** baptisé le 16 janvier 1686 [9], mort jeune, religieux aux Grands-Augustins de Crémieu.

*C.* **Guy-Joseph** baptisé le 27 mai 1689 [10], seigneur de Châteaubourg, prêtre, bachelier de Sorbonne, prieur de Saint-Laurent de Beauvoir-de-

---

[4] Arch. Rhône. E. — Chorier, *Histoire de la Maison de Sassenage.* Grenoble, 1679.

[5] Chorier. *De D. Salvagnii Boessii… vita.* In-12. Grenoble. F. Provensal, 1680.

[6] Bibl. du chât. de Terrebasse. *Registre contenant divers mémoires relatifs aux affaires de Denis de Salvaing de Boissieu, premier président à la chambre des comptes de Grenoble, accompagnés d'une relation des principaux événements de sa vie.* Le tout écrit et paraphé de sa main, en 163 feuillets mss. — *La Relation des principaux événements de la vie de D. Salvaing de Boissieu* a été publiée par A. de Terrebasse. Lyon, L. Perrin, 1850. In-8.

[7] Reg. paroiss. Saint-Ferréol, de Vienne.

[8] Arch. Nationales. Maugiron.

[9] Reg. paroiss. Saint-Ferréol de Vienne.

[10] *Id.*

Marc, vicaire général de l'archevêque de Vienne, secrétaire de l'assemblée du clergé, 1729, agent général du clergé de France, 1730, fut pourvu en commande par le roi, le 24 juin de cette année, de l'abbaye de N.-D. d'Ambournay, en Bugey[11], de l'ordre de Saint-Benoît. Cette faveur fut confirmée par un indult de Clément XII donné à Rome le 25 septembre 1736, et enregistré au grand conseil le 20 mars 1737[12]. Guy-Joseph avait été reçu, fort jeune encore, chanoine-comte de l'Église de Lyon, le 8 novembre 1708; il mourut le 7 septembre 1750[13]. Il ne semble pas avoir géré, avec habileté, ses affaires et celles de Timoléon-Guy-François, son neveu et son pupille; il vendit par contrat du 16 janvier 1720, la terre et seigneurie de Châteaubourg, en Vivarais, au sieur Jean André[14] qui en rendit hommage le 26 juin 1728[15].

Reliure aux armes de G.-J. de Maugiron, chanoine-comte de Lyon.

**D. Achille-Benoît-Louis de Maugiron de Pierregourde,** baptisé le 20 janvier 1691[16], devint religieux profès au couvent des Grands Augustins de Crémieu[17], mais ses graves infirmités ne lui permettant pas

[11] *Gazette de France.*

[12] Arch. Nation. — Ambronay, Ain. Cette abbaye de l'ordre de Saint-Benoît fut établie par Bernard, depuis archevêque de Vienne, 810-842, qui en fut le deuxième abbé, 803, et fonda celle de Romans (Drôme), dans les dernières années de sa vie; elle fut unie à la congrégation de Saint-Maur, 1647; ses revenus étaient de 8.000 l.

[13] J. Barbier de Lescoët. *Tableau chronolog. des comtes de Lyon.* Ms.

[14] Arch. Nation. Maugiron.

[15] Aubais. *Pièces fugitives.*

[16] Reg. paroiss. Saint-Ferréol, à Vienne.

[17] Le couvent des Augustins de Crémieu fut fondé par le dauphin Jean II, antérieurement à 1318. Suivant le dénombrement du diocèse de Vienne en 1774, il comptait alors sept religieux.

de supporter les austérités de la règle, il demanda à être transféré dans le monastère de Saint-André-le-Bas, à Vienne, de l'ordre de Saint-Benoît; autorisation qui lui fut accordée, à Avignon, le 26 août 1716[18]. Il était à sa mort, vers 1744, diacre et sacristain de cette abbaye[19].

E. **Jean-Baptiste-Gaston III,** baptisé le 21 octobre 1700[20], reçu chevalier de Malte, 21 octobre 1712[21], mort avant 1717.

F. **Françoise-Sylvie,** religieuse bénédictine, prieure de N.-D. des Colonnes. François de Berton de Crillon, archevêque de Vienne, bénit le 26 septembre 1717, dans la chapelle de son palais, Françoise de Maugiron, abbesse de l'abbaye royale de Saint-André de Saint-Geoire. Quelques vers acrostiches rappellent ses travaux et ses vertus :

*A Madame de Maugiron, abbesse de Saint-Geoire.*

*Faire en moins de six mois, ce que n'ont fait cent ans ;*
*Réparer sa maison, illustrer son église,*
*Ajouter un autel, le dehors, le dedans,*
*Ce sont-ce pas effets d'amoureuse maitrise?*
*C'est vraiment un prodige, et prodige bien grand,*
*On ne peut qu'on n'admire ouvrière et ouvrage,*
*Ils ont marqué tous deux leur zèle fort ardent,*
*Soumis et signalé par un très noble hommage.*
*En vain travaillez-vous, peintres et orateurs,*
*D'enrichir une abbesse, en lustre plus sortable ;*
*Elle n'a pas besoin d'emprunter des couleurs.*
*Maîtresse d'un grand cœur, elle est en tout aimable.*
*Ayant choisi son Dieu pour son unique appuy,*
*Vous la voyez agir d'une vigueur docile,*
*Gardant un calme entier, sans trouble et sans ennuy,*
*Jusqu'icy son génie a trouvé tout facile,*
*Rendons cette justice à sa fidélité.*
*On sait qu'elle répond à la voix qui l'inspire*
*Ne cherchant plus qu'à plaire avec activité.*
*N'est-ce pas l'amour franc qui soutient cet empire[22]?*

---

[18] Arch. Nationales. Maugiron.

[19] Provisions de sacristain de l'abbaye de Saint-André-le-Bas, office vacant par le décès de Dom A. B. L. de Maugiron, dernier titulaire, pour Dom Charles-Louis de Crevant, religieux profès de l'ordre de Cluny, du 3 octobre 1744. Min. de Silvant n^re à Vienne.

[20] Reg. paroiss. Saint-Ferréol.

[21] Arch. Rhône. H. Malte.

[22] Cabinet de M. le baron de Franclieu. Château de Longpra, à Saint-Geoire.

Ce dernier vers donne une partie d'un anagramme fait pour Françoise de Maugiron : *O Génie, dis amour franc !* Elle mourut, dans son couvent de Saint-Geoire dont elle fut la dernière abbesse, en 1730[23].

G. **Justine-Virginie,** baptisée le 8 octobre 1682[24], religieuse bénédictine au monastère royal de Sainte-Colombe-lez-Vienne[25]. Par testament du 15 septembre 1717, François V de Maugiron, son père, lui attribue une pension de 150 l. augmentée de 50 l. et d'une charrette de gros bois à la Toussaint, par Denis-Louis-Timoléon, son frère, suivant acte du 14 janvier 1725[26].

H. **Françoise-Christine,** née le 11 octobre 1683, prieure du monastère de Sainte-Colombe, morte le 11 mai 1724, inscrite pour une pension de 150 l. au testament de son père.

I. **Françoise-Justine-Thérèse,** baptisée le 24 décembre 1684, religieuse au monastère de Saint-Honorat de Tarascon, dont sa tante Jeanne (XII, F) était abbesse. Son père, François V de Maugiron, lui avait légué une pension de 150 l. augmentée de 100 l. par son frère.

J. **Marguerite-Adélaïde,** baptisée le 29 mars 1687, religieuse bénédictine de l'abbaye de Saint-Jean-l'Évangéliste transférée de Soyons à Valence[27].

K. **Henriette-Elisabeth,** baptisée le 23 février 1693, religieuse au même monastère, puis abbesse, 1757, et remplacée, en 1770, par Anne-Gabrielle de Sassenage.

L. **Marie-Anne-Louise,** baptisée le 10 novembre 1699, religieuse au même monastère.

Ces trois sœurs avaient hérité, de leur père, d'une pension de 150 l. chacune, augmentée de 50 l. par leur frère Denis-Louis-Timoléon, pour leur permettre d'avoir une femme de chambre à elles trois. Elles avaient été attirées dans ce couvent par leur grand-tante Marie-Marguerite de Sassenage, abbesse, 1661-1703, et par Paule-Catherine de Sassenage, sœur de leur mère, abbesse, 1703-1736.

---

[23] Charvet. *Hist. Egl. de Vienne.* En 1736, l'abbaye de Saint-Geoire fut supprimée et unie à celle de N.-D. des Colonnes, à Vienne. — Voir VIII, F, note. — Saint-Geoire, arrond^t de la Tour-du-Pin, Isère.

[24] Le baptême et les suivants sont extraits des registres paroissiaux de l'église de Saint-Ferréol, de Vienne. Arch. Municip.

[25] Voir VIII, F.

[26] Arch. du Rhône. E. Familles.

[27] L'abbaye des bénédictines de Soyons, en Vivarais, existait dès le xiie s. Ce monastère, incendié deux fois par les Huguenots, fut transféré à Valence, 1628, par l'abbesse Antoinette de Sassenage. — Arch. Drôme. — Nadal. *Hist. hagiolog. du diocèse de Valence.*

*M*. **Thérèse de Maugiron,** baptisée le 11 juillet 1698 [28], épousa le 13 octobre 1718 [29], Charles de Gratet, marquis de Dolomieu, fils de François de Gratet en faveur de qui la terre de Dolomieu fut érigée en marquisat, par lettres de juillet 1688 enregistrées au parlement le 15 janvier 1691, et de feu Catherine de Virieu. Il fut reçu président à la chambre des comptes, 1717, en remplacement de son père et mourut le 18 octobre 1738. De cette union vinrent :

*a.* **François,** marié, mai 1746, à Marie-Françoise de Bérenger, d'où, entre autres : Adolphe-Guy-François de Gratet, marquis de Dolomieu, marié le 28 mai 1804, à Marie-Camille-Henriette de Manuel, née le 1er juin 1768, morte, au château de la Côte-Saint-André, Isère, le 30 mars 1869 ; avec lui s'éteignit la branche de Dolomieu [30] ; et Déodat-Sylvain-Louis-Tancrède, chevalier de Malte, dit le chevalier de Dolomieu, fameux géologue, mort le 28 novembre 1801 ; et une fille mariée à Etienne de Drée auquel elle porta le château de Dolomieu.

*b. c.* **Joachim** et **Guy-Joseph,** chevaliers de Malte.

*d.* **Claire-Sylvie,** femme de Pierre de Borel, comte d'Hauterive.

[28] Reg. paroiss. de Saint-Ferréol.

[29] Reg. paroiss. de Saint-Georges, de Vienne.

[30] La branche aînée des seigneurs de Granieu et du Bouchage a fourni de nombreuses illustrations et continué la filiation de la famille de Gratet, originaire de La Tour-du-Pin, représentée de nos jours, au château de Triors, canton de Romans, Drôme, par Joseph-Flodoard de Gratet, comte du Bouchage, et par Léon-Joseph, frères jumeaux nés le 8 mars 1858. Voir Annet de Maugiron. IX, D. Note sur P. Gratet, s<sup>r</sup> de Granieu. — Rochas. *Biograph. du Dauphiné.*

Plat en faïence de Moustiers. (Collection de M. Benoît d'Entrevaux.)

# XIV *Degré.*

## Denis-Louis-Timoléon, *comte de Montléans, seigneur d'Ampuis, Beauvoir-de-Marc, Sainte-Colombe, la Marette, Pierregourde, le Bousquet, Plan, le Molard, etc.*
### *Conseiller du roi en ses conseils, bailli aux bailliages de Vienne, Grenoble et Saint-Marcellin.*

Baptisé le 19 juin 1681, dans l'église de Saint-Ferréol[1], il ne semble pas avoir suivi, à l'exemple de ses ancêtres, la carrière militaire. Après la mort de son père, il fut pourvu de la charge de bailli de Viennois, suivant les lettres de provisions données à Paris le 19 juillet 1719[2], et rendit hommage au roi de la terre et seigneurie d'Ampuis, mouvant de son château de Pierre-Scize, 18 août 1719[3]. Il acquit, par acte du 26 août 1723, du s$^r$ Joseph Coulondre, bourgeois de Paris, la terre de Montlys, près d'Ampuis[4]. Le 2 juin 1720, Denis-Louis-Timoléon de Maugiron épousa, dans l'église de Saint-Ferréol de Vienne[5], Catherine, fille de feu François de Chalus de Saint-Priest et de Catherine-Françoise des Friches de Brasseuse de Persigny[6]; elle eut en dot 50.000 l. Par son testament reçu par Molier, notaire à Condrieu, le 24 novembre 1721, D.-L.-T. de Maugiron fait héritier son fils Timoléon-Guy-François,

---

[1] Reg. Paroiss.

[2] Arch. Nation. Maugiron.

[3] *Id.*

[4] Arch. Rhône. E. — Montlys, commune de Saint-Cyr-sur-Rhône, Rhône. — Le château avait été bâti, vers 1700, par J.-B. Jacquemin, seig$^r$ de Sainte-Foy-l'Argentière.

[5] Reg. Paroiss.

[6] Chalus, illustre famille d'Auvergne connue dès le XII$^e$ s.

Louis de Saint-Priest, marquis dudit lieu, baron de Cousan, seigneur de Saint-Etienne, en Forez, etc., fit donation des seigneuries de Saint-Priest et de Saint-Etienne à Gilbert de Chalus, son neveu, fils de Claude de Chalus, baron de Cordais et d'Orcival, et d'Antoinette de Saint-Priest, sœur du donateur, 26 août 1641. Gilbert aîné, et Gilbert puîné de Chalus, frères, furent condamnés, par Nosseigneurs des Grands jours siégeant à Clermont, et par arrêts du parlement, à avoir la tête tranchée, et furent exécutés en effigie. Tous les deux étant morts sans enfants, les seigneuries de Saint-Priest et de Saint-Etienne passèrent à leur frère cadet François de Chalus marié, le 27 octobre 1687, à Catherine-Françoise des Friches de Brasseuse de Persigny ; il mourut le 30 juillet 1695. Son fils, François II de Chalus, vendit les seigneuries de Saint-Priest et de Saint-Etienne, au prix de 420.000 l. à Abraham Peyrenc, dit de Moras, commis de M. Farge, entrepreneur des vivres de l'armée de Piémont, dont il épousa la fille Marie-Anne-Joseph. Peyrenc fit une fortune scandaleuse dans les trafics de la banque de Law. — Voir : Bouillet, *Armorial d'Auvergne.* — J. de Bétencourt, *Noms féodaux.* — De la Tour Varan. *Châteaux du Forez.*

avec substitution, en cas de décès sans enfant mâle, en faveur de son frère Guy-Joseph, chanoine de Lyon, puis à défaut de mâles, en faveur des filles[7]. D'une santé délicate, il mourut, jeune encore, en 1724. Ses enfants furent :

*A.* **Timoléon-Guy-François** qui suit ;

*B.* **Marie-Thérèse-Françoise,** baptisée à Ampuis, le 29 mai 1724 et enterrée dans l'église de ce lieu le 21 juin 1726[8].

Il fut, à un âge déjà raisonnable, trente-trois ans, acteur dans un drame, à propos duquel il dut réclamer des lettres de grâce dont la transcription fournit de curieux détails sur les mœurs de l'époque, tout en tenant compte, pour plus complète information, de la sévérité des édits contre les duels, et de l'indulgence applicable à une rencontre fortuite, toujours invoquée, en pareil cas.

« Louis, par la grace de Dieu... Nous avons reçu l'humble supplication de Denis-Louis-Thimoléon, marquis de Maugiron, faisant profession de la religion catholique, apostolique et romaine, contenant que le 17 juin 1714, le s[r] comte de Maugiron, père du suppliant, étant à jouer au piquet à écrire[9], chez la dame Daveynes[10], avec le s[r] abbé de Pernan[11] d'une part, la dame comtesse de Montmartin[12] et le s[r] Pierre-Avitte de Trivio, avocat et colonel de la milice bourgeoise de la ville de Vienne, d'autre part. Sur ce que ledit s[r] de Trivio se plaignant de sa mauvaise fortune au jeu, on s'empressa de l'en vouloir consoler et, entre autres, le père du suppliant lui ayant dit qu'il était trop heureux d'ailleurs pour avoir lieu de s'impatienter, à moins qu'il ne fût fâché de n'être pas ailleurs ; le s[r] de Trivio, au lieu de prendre ces paroles en bonne part, répondit durement au père du suppliant en lui disant que c'était là des

---

[7] Arch. Nation. *Papiers séquestrés.*

[8] Reg. paroiss. d'Ampuis.

[9] Ce jeu se jouait à trois ou quatre personnes.

[10] Joannes Avene, habitator de Chaponayo, fut anobli par lettres du Dauphin Louis (Louis XI) données à Grenoble le 6 décembre 1447. François-Joseph d'Aveyne, s[r] du Colombier, épousa, le 23 avril 1703, au château des Côtes-d'Arey, Françoise, fille de défunt Louis de Leusse, seigneur des Côtes-d'Arey et de Givret, et de Suzanne Pélisson. Il eut, par son mariage, la charge de vi-bailli de Vienne et mourut, en 1722, laissant sa femme pour héritière. — B[on] de Leusse de Syon, *Hist. généal. de la famille de Leusse,* Lyon, 1885, in-4°.

[11] Jean-François de Boffin, chanoine puis doyen du chapitre de Saint-Pierre de Vienne, fils de François de Boffin, s[r] de Parnans, et de Jeanne de Revol, laissa pour héritier Nicolas de Boffin, son frère, ch[r] de Saint-Louis, habitant à Vif, suivant une quittance dressée par Me Gounon, notaire à Vienne, le 31 octobre 1752.

[12] Pierre Alleman, s[r] de Montmartin, lieutenant du roi en Viennois, 1698, quoique n'ayant jamais servi, épousa : 1° N...; 2° le 2 mai 1697, Catherine-Françoise, fille de Roger Brûlard, marquis de Sillery, et de Claude Godet, dame de Reyneville. Le seigneur de Montmartin mourut le 7 janvier 1713, et sa femme le 20 septembre 1750, à l'âge de soixante-dix ans. Leur fille unique, Anne-Félicité, épousa, en 1724, Claude-Gabriel-Amédée de Rochefort d'Ailly, comte de Saint-Point, et mourut, en 1751, au château de Saint-Point, laissant cinq filles et un fils mort jeune.

discours crochus et ordinaires au père du suppliant qui, très surpris d'entendre une pareille brusquerie de la part du sr de Trivio qu'il affectionnait et dont la famille lui était attachée, depuis longues années, ne put s'empêcher de dire au sr de Trivio qu'il était fol de lui parler ainsi ; à quoi le sr de Trivio ayant répliqué qu'il y avait des rages froides plus dangereuses que la folie, le père du suppliant eut la sagesse et la modération de ne rien témoigner de la dureté et de l'atrocité de cette injure, quoi qu'elle dut lui être très sensible, et sa bonté naturelle lui fit penser qu'aussitôt que ledit sr de Trivio serait revenu de sa mauvaise humeur, il viendrait demander au père du suppliant le pardon qu'exigeait cette injure et qu'il était très diposé de lui accorder. Le jeu ayant fini, et chacun s'étant retiré, le père du suppliant alla se promener à la porte d'Avignon, fit ensuite une visite chez les pères de l'Oratoire, après quoi il se retira chez lui, sur les sept à huit heures du soir, où il soupa avec sa famille et un étranger, homme de condition, sans que le sr de Maugiron père eut rien dit, au suppliant son fils, de tout ce qui s'était passé entre lui et le sr de Trivio. Mais le suppliant se promenant, après le souper, sur la place de Saint-Maurice, il en fut bientôt instruit, et aussitôt, par un mouvement de tendresse et dans le dessein d'une juste vengeance de l'injure faite à son père, dans un âge avancé (65 ans), par le sr de Trivio, il s'arma d'un bâton et, le feu de sa jeunesse ne lui permettant pas de faire beaucoup de réflexions, il suivit les premiers mouvements de sa colère, il chercha ledit sr de Trivio et l'ayant joint, sur les dix heures et demie du soir, dans la rue même où habitait ledit sr de Trivio, le suppliant lui dit : ha ! je te tiens, et lui donna quelques coups d'un bâton qu'il avait, ce qui obligea ledit sr de Trivio de mettre l'épée nue à la main ; le suppliant fut obligé, pour sa défense, de tirer aussi la sienne et, après avoir ferraillé et s'être battu vivement, le sr de Trivio qui avait déjà reçu du suppliant un coup, au dessous de la mamelle gauche, reçut encore dudit suppliant un autre coup d'épée, dans le bas-ventre, dont ledit sr de Trivio tomba par terre, de même que le suppliant qui, dans l'instant, s'étant aperçu que ledit sr de Trivio voulait le percer de son épée qu'il tenait encore à la main, fut obligé pour s'en garantir de se jeter sur ledit sr de Trivio qu'il saisit par le bras et auquel il ôta l'épée et, dans la crainte où il était que ledit sr de Trivio ne se relevât, il lui mit le genoux sur le ventre et se servit de l'épée même dudit sr de Trivio pour le frapper de quelques coups sur la tête et ailleurs, et le suppliant ayant aperçu de la lumière se releva et s'enfuit promptement, sans chapeau, sans perruque et sans épée ; et quoique, dans le fait, le suppliant n'ait eu d'autre vue, en vengeant l'insulte faite à son père, que de la faire sentir audit sr de Trivio par quelques coups de bâton seulement, néanmoins l'obligation où il s'est trouvé de mettre l'épée à la main, parce que ledit s^r de Trivio avait tiré la sienne le premier, a été seule cause de la mort qui lui est arrivée, deux jours après, des blessures qu'il a reçues, au très grand regret et déplaisir du suppliant qui n'a commis cette action, dès le premier moment qu'elle a commencé jusqu'à la fin, que dans un seul et premier mouvement d'une colère justement échauffée, dans le cœur d'un fils, par la vengeance d'un père atrocement insulté ; et que d'ailleurs elle ne puisse être regardée que comme un cas imprévu, néanmoins le suppliant qui s'est absenté a recours à nos lettres de grâce, pardon et rémission, sur ce néces-saires, qu'il nous a très humblement fait supplier lui vouloir accorder. A ces causes... nous avons, audit s^r de Maugiron fils suppliant, ...quitté, remis et pardonné... le fait et cas tel qu'il est ci-dessus exposé... à la charge de se mettre en état de venir présenter ces présentes, dans le temps de trois mois, à peine de nullité... Donné à Paris, au mois de septembre l'an 1716. Par le Roy Dauphin, le duc d'Orléans, Régent, présent. Phélippeaux. »

Suivant le registre de l'écrou de la Conciergerie du palais de Grenoble, Denis-Louis-Timoléon se constitua prisonnier le 9 décembre 1716, pour être admis à présenter au parlement ses lettres de grâce qui furent publiées le même jour et enregistrées conformément à l'arrêt d'entérinement du mois de février 1717, à la charge d'une aumône de 1.000 l. dont : 500 l. à l'hôpital général, 250 l. aux religieuses de Sainte-Claire, 250 l. à l'hôpital de la Provi-dence, à Grenoble, afin de prier Dieu pour l'âme du défunt [13].

Quant à Pierre-Avit de Trivio, il fut enterré, le 20 juin 1714, dans l'église de Saint-André-le-Bas [14], « lequel ayant été assassiné, entre dix et onze heures de la nuit, par des scélérats, auprès de sa maison, et laissé sur le carreau blessé en différents endroits, reçut, de la bonté de Dieu, un intervalle de vingt-huit heures pour se disposer à paraître devant lui ; il en a profité, en véritable chrétien, soit pour la réception des sacrements, soit par le pardon qu'il a généreusement accordé à ses meurtriers. Il a vécu en honnête homme

---

[13] Arch. de l'Isère. B.

[14] Reg. paroiss. Saint-André-le-Bas, à Vienne.

Famille de Trivio. On trouve dans l'inventaire de la chambre des comptes de Dauphiné, le sieur de Trivio, vice-gardier de Vienne, en 1456. — Mathieu de Trivio, Claude de Trivio son fils, avocat à Vienne, en 1563.

I. Honneste François I Detrivio, citoyen de Vienne, consul en 1586, paraît dans un acte concer-nant le collège de Vienne, février 1612 ; il mourut âgé de soixante-six ans, le 21 juillet 1614, et fut enterré, à Saint-Maurice, dans la chapelle de Maguelonne, par les soins de François son fils ; ses en-fants furent : François II qui suit, et Pierre, marchand drapier, mari d'Isabeau de la Tour, d'où : Ignace, baptisé le 12 juillet 1622.

II. François II, avocat, vivant, en 1650, marié à Suzanne Guérin dont la famille fournit plusieurs conseillers à la cour des aides de Vienne, à la cour souveraine de Bourg et au parlement de Metz. Ses enfants furent : 1° Claude qui suit ; 2° François III avocat à Vienne, teste le 8 juillet 1694 et se dit héri-tier de Pierre Pioct, avocat, son neveu, fils, ainsi que Jacques né le 27 juillet 1647 de sa sœur ; 3° Philippe,

aimé et estimé de toute la ville, et est mort regretté de tous. C'est le témoignage que je rends à la vérité. Billard, curé. »

mariée, le 2 août 1646, à Léonard Pioct, avocat, fils de Humbert Pioct bourgeois de Vienne ; elle mourut le 10 février 1674. *(Livre de raison de la famille Pioct* appartenant à M^me Steiner-Pons, née Blanche Pioct); 4° Alexie, une des fondatrices du couvent de la Visitation de Condrieu, 1644 ; 5° Marie, femme d'Humbert de Reylieu.

III. Claude de Trivio, avocat, tient une place honorable dans la pléiade des Viennois distingués par leur éloquence et leur savoir, dont son ami Chorier a conservé les noms dans *la Vie de Boissat* et dans ses *Adversaria*. En excellentes relations avec les Maugiron, il put pénétrer dans leurs archives et établir la *Généalogie manuscrite* de cette maison présentée dans l'introduction à cette étude. Claude de Trivio épousa Anne Chèze ; il mourut le 13 mars 1688, et sa femme le 3 octobre 1683 ; tous deux furent inhumés à Saint-Maurice, dans la chapelle de Maguelonne. De cette union vinrent : 1° François-Ignace qui suit ; 2° Pierre-Avite, baptisé le 6 août 1672, avocat, colonel de la milice bourgeoise de Vienne, mort des suites d'un duel avec Denis-Louis-Timoléon de Maugiron, le 17 juin 1714, ainsi qu'il est dit ci-dessus ; 3° Léonard, bapt. 11 mars 1674 ; 4° Marie-Angélique, bapt. 24 octobre 1676 ; 5° Claudine, bapt. 15 septembre 1679.

IV. François-Ignace de Trivio, baptisé le 6 août 1667, docteur en médecine à Vienne, où il épousa, le 9 janvier 1701, dans l'église de Saint-Ferréol, Angélique fille de feu Pierre Odet, procureur à Vienne, et de feu Andrea Guillot. Il mourut le 6 décembre 1708. Leurs enfants furent : 1° Anne-Claude, bapt. 7 mars 1702 ; 2° Jean-François, bapt. 6 août 1703 ; 3° Grégoire, bapt. 27 avril 1709 ; 4° Pierre, bapt. 30 juin 1708, chanoine de Saint-Maurice, syndic et réfecturier du Chapitre, 1770 ; 5° Claude-Ignace qui suit ;

V. Claude-Ignace I de Trivio, bapt. 4 avril 1706, avocat au parl^t de Paris, nommé conseiller à celui de Grenoble, le 25 novembre 1728, avec dispense d'âge, mourut vers 1773. Il acquit la noblesse par l'exercice de cette charge pendant plus de vingt ans.

VI. Son fils, Claude-Ignace II de Trivio, né à Grenoble le 14 août 1746, avocat en la cour, nommé conseiller, le 30 juillet 1766, avec dispense d'âge et de parenté, sur la résignation de Louis de Leusse, seig^r des Côtes-d'Arcy, fut reçu président en la cour de parlement le 30 août 1787, émigra, à la Révolution, et siégea au Conseil général de l'Isère, 1816-1827. Il avait épousé Louise de Virieu-Faverges, d'où : deux filles mortes sans alliance, une autre mariée au marquis de Chastellier, et Clotilde qui épousa le 6 mars 1803 Jean-Barthélemy d'Exea. — N... de Trivio, frère de Claude-Ignace, chanoine sous-diacre de Saint-Maurice de Vienne, en 1787, mourut dans la première partie du XIX^e s.

# XV *Degré.*

## Timoléon-Guy-François de Maugiron, *comte de Montléans, baron de Pierregourde, seigneur d'Ampuis, Sainte-Colombe, Beauvoir-de-Marc, Plan, le Molard, la Marette, le Bousquet[1].*
*Lieutenant général des armées du roi, dit le marquis de Maugiron.*

Fils de Denis-Louis-Timoléon de Maugiron et de Catherine de Chalus, dame de Saint-Priest, il fut baptisé, à Ampuis, le 20 mai 1722[2], et devint, en 1724, par la mort de son père, unique héritier des biens de sa maison, sous la tutelle de son oncle Guy-Joseph de Maugiron, chanoine-comte de l'église de Lyon, qui ne semble pas avoir géré très prudemment les intérêts de son pupille. Ce dernier se trouvait, en 1731, élève au collège d'Harcourt, à Paris, moyennant une pension de 600 livres[3]. Par lettres de provisions du 30 juillet 1728, il avait été pourvu, encore enfant, de la charge de bailli de Viennois, restée vacante par la mort de son père[4].

Entré au service, comme simple mousquetaire, le 23 juin 1738, à l'âge de seize ans, il fut, par commission du 28 septembre 1740, nommé maître de camp d'un régiment de cavalerie qui prit le nom de Maugiron[5], à la tête duquel il combattit, en Bavière, sous les ordres du comte de Saxe; en Bohême, sous ceux du maréchal de Maillebois, 1742; en Alsace, sous ceux du maréchal de Coigny, 1743; à l'attaque de Weissembourg et au siège de Fribourg, 1744; aux sièges d'Ath et d'Anvers et à la bataille de Rocoux, 1746. Le 20 mars 1747, il était promu brigadier des armées du roi et prenait une part active au siège de Berg-op-Zoom[6].

Les fatigues de la guerre et d'autres accidents l'obligèrent à venir se repo-

---

[1] Hommage du 19 mars 1738. Archives du Rhône. E. familles. — Divers actes.

[2] Registres paroissiaux d'Ampuis (canton de Condrieu, Rhône). On trouve ce même personnage sous les prénoms de : Archibal-Henri-Guy-Timoléon; Louis-François, etc. Il vaut mieux s'en tenir à ceux de Timoléon-Guy-François, inscrits sur son acte de baptême.

[3] Archives du Rhône. E.

[4] Archives de l'Isère. B.

[5] Ce régiment, créé en 1674, fut cédé, en 1740, par Charles-François, marquis de Sassenage, son colonel depuis 1721, au marquis de Maugiron, son gendre.

[6] Pinard, *Chronologie militaire. — Gazette de France.*

ser à Lyon, en son hôtel, rue de l'Hôpital, paroisse d'Ainay, où il fut gravement malade, si l'on s'en rapporte aux honoraires réclamés par son médecin, M. Rast[7], qui, du 27 janvier au 18 avril 1748, s'élevèrent à la somme de 462 livres, sans grand profit pour sa santé, car, le 2 septembre 1749, il faisait son testament par devant Me Perronnet, notaire en cette ville[8] ; il s'y trouvait encore le 7 septembre 1750, à l'époque de la mort de l'abbé Guy-Joseph de Maugiron, son oncle.

Le marquis de Maugiron fut de nouveau occupé au camp de Sarrelouis, 1754, aux affaires d'Allemagne et à la conquête du Hanovre, où il se distingua à la bataille d'Hastenbeck, 1757. Brigadier des armées de Sa Majesté, il fut promu maréchal de camp par brevet du 12 mai 1758, et commanda en cette qualité à la bataille de Crevelt, 1758. A la tête des brigades d'Aquitaine et de Condé, il fut blessé, de deux coups de feu, à l'action du 1er août 1759, près de Minden et, l'année suivante, prit part à la victoire de Corbach, à la défaite de Wartbourg et à la bataille de Rheinberg. Le 25 juillet 1762, ses brillants états de service, au cours de la guerre de Sept-Ans, lui valurent le grade de lieutenant général des armées du roi, avec lequel il se retira à la paix de 1763[9].

Les ardeurs de la jeunesse, qu'une brillante et précoce union n'avait pu tempérer, les plaisirs de la cour et ceux de la ville, la vie et les équipages de guerre, la mauvaise gestion compromirent vite la grande fortune dont il avait connu, trop tôt, toutes les jouissances. Lors de sa maladie, à Lyon, il tomba entre les mains des gens d'affaires qui eurent promptement raison de l'insouciance de ce grand seigneur. Il s'était entendu avec ses créanciers pour liquider sa situation en contractant, par leur entremise, un emprunt fictif sur ses biens substitués ; mais ayant négligé de prendre des contre-lettres, ceux-ci abusèrent de sa confiance et obtinrent, le 15 avril 1755, d'une commission établie à Lyon[10], un jugement déclarant nulles toutes les substitutions de la maison de Maugiron. Le marquis, occupé aux guerres d'Allemagne, n'eut pas le loisir de se défendre et, le 13 septembre 1755, les terres et les châteaux d'Ampuis, de Montlys, de la Parisienne et de la Madinière, sur les paroisses d'Ampuis, Semons ou Tupin et Saint-Cyr, y compris les meubles, furent adjugés à Louis-Hector-Melchior-Marie d'Harenc de la Condamine, au prix de 290.000 livres[11].

---

[7] Jean-Jacques Rast, né à la Voulte, 29 août 1698, docteur de l'école de Montpellier, médecin à l'hôpital de la Charité de Lyon, mort le 3 juin 1773. Son fils Jean-Louis établit, à Lyon, la condition des soies, suivant son mémoire de 1779.

[8] Archives du Rhône. E.

[9] Pinard, *Chronologie militaire.* — *Gazette de France.*

[10] Commission extraordinaire constituée à Lyon, par arrêt du conseil d'État du 20 octobre 1752, pour juger et connaître souverainement de toutes les affaires concernant M. de Maugiron.

[11] Arch. Nation. *Papiers séquestrés.* — Claude-Marie-Magdeleine-Scolastique, marquis de Harenc de

Cette somme servit, en grande partie, à assouvir la voracité des procureurs. Le jugement de la commission de Lyon ayant été cassé par le conseil du roi, l'affaire fut renvoyée au parlement de Grenoble. Les deux filles du marquis de Maugiron obtinrent, après sa mort, gain de cause, et rentrèrent en possession d'une partie des biens substitués [12].

Timoléon-Guy-François de Maugiron épousa, suivant contrat du 8 octobre 1740, signé par Louis XV et en présence du roi, de la reine, du dauphin et de Mesdames de France, Marie-Françoise-Camille, sa cousine, fille de Charles-François de Sassenage, et de Marie-Françoise-Casimire de Sassenage, née le 11 août 1724. Elle reçut en dot 50.000 livres et 10.000 pour ses bagues [13]. Elle avait alors seize ans, et son mari dix-huit ans. La comtesse de Maugiron fut admise aux honneurs de la cour, le 27 octobre 1751. Le marquis d'Argenson dit, à propos de la faveur dont ce jeune ménage jouissait à Versailles : « on vient d'accorder une place surnuméraire de dame du palais de Madame la Dauphine à Mme de Maugiron. Dépenses nouvelles partout, excès de femelles à la cour [14]. » En vertu d'un brevet du 1er septembre 1780, elle était titulaire d'une pension de 4.200 livres, et portée sur l'état de 1790-1791, en qualité de dame pour accompagner Madame la Dauphine [15]. Conformément aux mœurs légères de l'époque, les relations entre les époux, si elles étaient correctes, ne péchaient pas cependant par excès de sympathie, à en croire ce billet de la marquise que le mari philosophe promenait volontiers dans les ruelles : « Je vous écris ne sachant que faire. Je finis n'ayant rien à vous dire. Je suis Sassenage, au désespoir d'être Maugiron [16]. »

Timoléon-Guy-François de Maugiron mourut à Valence, en Dauphiné, le 14 mars 1767, à l'âge de quarante-cinq ans, dans le palais de l'évêché, où il était tombé malade en l'absence de l'évêque [17]. Les excès de sa jeunesse, auxquels les années n'avaient point apporté de répit, lui coûtèrent la vie. Madame sa mère fit prier Dieu pour lui, dans toutes les églises, pour obtenir sa con-

---

la Condamine, mari de Claudine de Veny d'Arbouse, dernier rejeton mâle de sa famille, mort sans enfant, le 29 juin 1866, laissa pour héritière ab intestat sa sœur, Jeanne-Marie-Françoise-Caroline, comtesse de Harenc de la Condamine, chanoinesse de Bavière. Elle décéda le 27 juin 1869, laissant, par testament du 27 avril précédent, le château d'Ampuis à Léonor Chollier, comte de Cibeins, son cousin, qui le vendit, par acte du 28 mars 1895, à M. Fustier, de Saint-Etienne.

[12] Archives du Rhône. E. — Archives nationales. Maugiron.

[13] Archives du Rhône. E.

[14] Marquis d'Argenson, *Mémoires*.

[15] Archives nationales. Maugiron. *Pap. séquest.*

[16] Létourneau, *Miscellanea*, mss., Bibl. de Grenoble.

[17] Alexandre Milon de Mesme, aumônier du roi, évêque de Valence, 1726-1771, d'une famille noble et ancienne de l'Anjou, était alors retiré dans son abbaye de Saint-Benoît-sur-Loire, au diocèse d'Orléans.

version ; il n'en persista pas moins, dit-on, à ne pas vouloir se confesser, employant ses loisirs à écrire une espèce de testament, divisé en trois points, comme un sermon, intitulés : *Mes vices, mes torts, mes malheurs.* Son état devenant grave, le clergé de la cathédrale résolut de lui apporter les derniers sacrements, avec la plus grande solennité. Pendant que l'on faisait les préparatifs de la cérémonie, il dit au médecin qui veillait au chevet de son lit : « Je vais bien les attraper ; ils croient me tenir et je m'en vais. » Quelques heures avant sa mort, ce franc disciple d'Epicure composa les vers suivants ?

> *Tout meurt, je m'en aperçois bien.*
> *Tronchin, tant fêté dans le monde,*
> *Ne saurait prolonger mes jours d'une seconde.*
> *Ni Daumont*[18] *en retrancher rien.*
> *Voici donc mon heure dernière ;*
> *Venez, bergères et bergers,*
> *Venez me fermer la paupière.*
> *Qu'au murmure de vos baisers,*
> *Tout doucement, mon âme soit éteinte.*
> *Finir ainsi, dans les bras de l'Amour,*
> *C'est du trépas ne point sentir l'atteinte,*
> *C'est s'endormir sur la fin d'un beau jour*[19].

« M. de Maugiron est bien honnête, écrit le baron Grimm, de trouver que sa vie ressemblait à un beau jour, et c'est avoir fini ce beau jour mieux qu'à lui n'appartenait. » Son convoi fut des plus pompeux. Les dragons de Beaufremont, en garnison à Valence, y assistèrent, ainsi que la compagnie d'invalides, les pauvres et les orphelins de l'hôpital et tout le chapitre. Les officiers portaient un crêpe au bras gauche, il y en avait un à l'étendard. Les dragons précédaient le corps, deux à deux, les tambours couverts de drap noir, et firent trois décharges de pistolet, tandis que le canon de la citadelle en faisait autant. On avait dressé un catafalque très bien illuminé, ainsi que le chœur et la chapelle de la Sainte-Epine, toute tendue de noir, avec ses armes parsemées de têtes de morts, où il fut enseveli. La dépense fut grande et les cierges, à eux seuls, coûtèrent 720 livres[20].

Le marquis de Maugiron était, du côté des mœurs, un des hommes les

[18] Tronchin, célèbre médecin genevois. — Arnulphe Daumont, professeur de médecine à l'Université de Valence, né en 1721, mort en 1800, l'un des rédacteurs de l'*Encyclopédie.*

[19] A. de Terrebasse. *Vie de Salvaing de Boissieu.*

[20] Michel Forest, bourgeois de Valence, *Annales*, 1736-1784, ms. Bibl. château de Terrebasse.

plus décriés qu'il y eût en France. Sa passion effrénée du plaisir et une faiblesse de caractère incroyable l'avaient jeté, dès sa première jeunesse, dans des débauches excessives et dans la crapule la plus complète. A l'âge de vingt ans, il était rongé par la goutte et par d'autres maux plus déshonnêtes, et perclus de tous ses membres. Il faisait la guerre en cet état, appuyé sur des béquilles, car il aimait à la passion la vie que l'on mène à l'armée. « Je l'y trouvai en 1757 et en 1760, raconte le baron Grimm, et comme il se portait toujours dans le quartier général, parmi la jeune noblesse, pour l'exciter au plaisir et en avoir sa part, je disais quelques fois à cette jeunesse : Voyez-le marcher, Messieurs, c'est un cours de morale ambulante. »

Il joignait, à ces vices, une malpropreté dégoûtante et, malgré tout cela, la facilité de ses manières, sa douceur et sa gaieté le rendaient très aimable dans la société, où il portait un certain piquant que l'on trouve aux gens d'esprit sans caractère. Il était en relations avec un grand nombre de savants, entre autres avec Voltaire, et tournait avec facilité les petits vers, comme le prouvent plusieurs chansons faites contre ses amis, dans lesquelles il introduisait toujours quelques couplets contre lui-même, afin de donner le change sur l'auteur[21]. Au travers des recueils du temps, la recherche et l'attribution de ces médisances anonymes ne sont point aisées. Pourtant, on peut lui prêter les rimes suivantes, servant de légende à une gravure[22] parue vers 1745 et représentant le diable avec une balance, dans les plateaux de laquelle on voit d'un côté le maréchal de Saxe et de l'autre le comte de Lowendal, sous les ordres desquels il avait servi.

> *Tous deux pillards,*
> *Tous deux paillards,*
> *Tous deux bâtards,*
> *Tous deux sans loy,*
> *Tous deux sans foy,*
> *Tous deux à moy.*

Il est également l'auteur d'œuvres plus sérieuses qui font honneur à sa capacité militaire, telles que : *Mémoire sur le Bas-Rhin,* 1758. — *Reconnaissance de la situation de Hamm et de ses environs*[23]. Durant son séjour à Lyon, il fut agrégé à la Société Royale des Arts de cette ville et, dans une assemblée publique tenue le 22 juillet 1750, il donna lecture d'un mémoire traitant de la formation des pierres, des lacs et de celle presque instantanée d'un vallon en

[21] Baron Grimm. *Correspondance.*
[22] Bibl. Nationale. *Estampes.*
[23] Archives Nationales. Maugiron.

Dauphiné, et comprenant, sur les crétins du Valais, certaines considérations qui ne sont point à dédaigner[24]. On trouve quelques livres soigneusement reliés et marqués à ses armes.

Marie-Françoise-Camille de Sassenage, dame de Maugiron, devenue veuve, ne porta pas longtemps le deuil, et épousa, le 23 août 1768, Armand-Sébastien de Bruc, seigneur de Livernieu, gentilhomme breton. Elle était alors âgée de quarante-quatre ans et son mari de trente seulement. Le public s'égaya fort de cette union, et les beaux esprits se plurent à y trouver certaine analogie avec la petite comédie de la *Gageure imprévue*[25].

Avec Timoléon-Guy-François soigneux dépositaire des vaillantes traditions de la race, sinon de sa fortune, s'éteignit la maison de Maugiron, tombée en quenouille avec :

### *A.* Marie - Catherine - Charlotte - Françoise de Maugiron.

Bossue, laide, méchante et ne dédaignant point le vin, elle fut destinée, par son père, à la vie religieuse. Mais, après la mort de celui-ci, ornée d'une grosse fortune, cette aimable personne épousa Jean-Frédéric de Veynes, marquis de Bourg-lez-Valence[26]. Par arrêt du parlement de Grenoble, du 23 août 1774, elle fut appelée, à défaut de mâle, et comme fille aînée du marquis de Maugiron, à succéder aux biens substitués de sa maison. Puis, en vertu d'une transaction intervenue, le 22 mai 1780, entre la sœur aînée et la sœur cadette, les cinq sixièmes de ces biens, comprenant notamment le comté de Montléans, la maison de Vienne, les seigneuries de Pierregourde, de Plan, du Molard, etc., lui furent attribués[27] et firent retour à la maison de Bérenger-Sassenage, aucun enfant n'étant survenu de cette union. A l'époque de la Révolution, le marquis de Veynes fut incarcéré à Vienne, comme suspect, et relâché le 4 novembre 1794[28]. Il mourut vers 1798, et sa fortune revint à sa sœur, M^me du Plan de Sieyès; sa femme mourut le 7 mars 1807, et fut enterrée dans la chapelle du château du Valentin, à Valence.

Françoise de Sassenage-Maugiron, sa mère, avait hérité, en 1755, de son cousin Louis-Charles d'Hostun, duc de Tallard, du château des Dis-

---

[24] Bibl. de l'Académie de Lyon. — La Société royale des Arts fut unie à l'Académie par lettres patentes du mois de juin 1758.

[25] Baron Grimm. *Correspondance*.

[26] *Notes manuscrites*, Bibl. du château de Terrebasse. — Ce Jean-Frédéric fut le dernier représentant mâle de la maison de Veynes, originaire du Gapençais où elle a possédé la seigneurie de ce nom. Falcon de Veynes est témoin au mariage du Dauphin Guigues IX avec Béatrix de Claustral, 1202.

[27] Archives nationales. *Papiers séquestrés*.

[28] *Procès-verbaux de Vienne-la-Patriote*.

guières, paroisse du Glaisil (H^tes^-Alpes), dans la chapelle duquel le maréchal de Lesdiguières qui y avait fait ériger son tombeau, par le sculpteur
Richer, avait été enterré. Devenue propriétaire, la m^ise^ de Veynes céda le
mausolée à la ville de Gap où il fait l'ornement de la salle du Conseil
général. On lit sur un cartouche : Ce monument, accordé par la citoyenne
Maugiron-Veynes, a été transporté, de la chapelle du ci-devant château
de Lesdiguières, à Gap..., en exécution des arrêtés des 27 thermidor et
9 fructidor an 6 de la République Française (14 août-26 août 1797). Le
corps fut transféré, en 1822, dans l'église de Sassenage.

B. **Marie-Catherine-Ferdinande de Maugiron,** née le 19 septembre 1749, épousa, suivant contrat du 26 juillet 1766, Anne-Jean-Baptiste-
Emile Rouault, vicomte de Gamaches[29], et reçut en dot 100.000 livres.
Son mari, brigadier des armées du roi, ayant été tué en duel, dans la rue
du Jour, à Paris, le 13 décembre 1773[30], elle s'unit, en secondes noces,
avec Adolphe-Chrétien-Louis de Bozé, chambellan de S. A. S. l'électeur
de Saxe, vers 1780. Le comte de Bozé, ministre en Saxe, 1807, conseiller d'État, 1809, mourut à Dresde[31]. Les seigneuries de Beauvoir-de-
Marc et de la Marette avaient été octroyées à sa femme, par suite de la
transaction fixant, à un sixième, sa part dans les biens substitués[32].

---

[29] Billet de faire part : « Madame la Marquise de Sassenage, Monsieur le Marquis et Madame la Marquise de Maugiron sont venus pour avoir l'honneur de vous faire part du mariage de Mademoiselle de
Maugiron, leur fille et petite-fille, avec Monsieur le Vicomte de Rouault. »

[30] Note de M. le vicomte Révérend.

[31] *Moniteur universel.*

[32] *Almanach du Viennois*, 1784-1785. — Arch. Nation. *Pap. séquest.*

Reliure aux armes de T.-G.-F. de Maugiron. Bibl. de M. J. Baudrier.

# BRANCHES COLLATÉRALES

# DE LA FAMILLE DE MAUGIRON

## Branche A

### DES CO-SEIGNEURS D'AMPUIS

## VI *Degré.*

## Henri III de Maugiron, *damoiseau,*
*co-seigneur d'Ampuis.*

Henri III, second fils d'Antoine I de Maugiron, et Hugues II, frères et co-seigneurs d'Ampuis, transigèrent au sujet des dettes restées à leur charge, par suite du décès de leur père et de sa femme Clémence de Drenc, veuve de Pierre d'Ampuis, 13 octobre 1397[1]. Il donna, en 1402, cinq florins pour la reconstruction du pont de Vienne[2]. J. de Fernay, notaire à Vienne, établit un compromis, le 10 mai 1408, au sujet du partage et de la délimitation de la seigneurie d'Ampuis, entre Jean du Cros et Henry de Maugiron, tous deux damoiseaux, co-seigneurs d'Ampuis[3].

Suivant Chorier, il aurait épousé, vers 1400, une fille de Foulque d'Ampuis[4]; ses enfants furent :

*A.* **Gillet** qui suit.

---

[1] Arch. Rhône. E.

[2] Chorier, *Antiq. de Vienne.* — « Anno 1402, die II mensis februarii, de mane, in exitu magnæ missæ, ceciderunt tres arcas pontis Rhodani, propter magnum diluvium dicti fluminis ». Ex codice, bibl. Chorier. — Adon, archevêque de Vienne, ixe s., dit dans sa *Chronique* que le pont de Vienne fut établi par Tiberius Sempronius Gracchus se rendant en Espagne, 175 ans, environ, avant J.-C. ; il fut complètement ruiné en 1651.

[3] Arch. Rhône, E. — Arch. de M. le cte de Cibeins. — Voir V. Antoine I. Note sur Ampuis.

[4] Chorier, *Hist. Mais. de Sassenage,* 1669.

B. **Aymonette** fut mariée à noble Jean de Gumin comme l'indiquent une transaction, entre ce dernier et Gillet de Maugiron, au sujet d'un legs fait à Aymonette, par son père, 23 août 1441 et une quittance de la dot d'Aymonette, fille de Henri de Maugiron, passée par Jean de Gumin à Gillet de Maugiron, 1443[5]. Jean de Gumin, écuyer, fils de Jacques de Gumin, chevalier, châtelain de Dolomieu, 1413-1446, fut autorisé à rétablir un étang, en la paroisse de Thoyrin, où cette famille possédait la maison forte de Romanesche, par lettres du Dauphin du 20 janvier 1450[6]. Il était châtelain de Dolomieu, suivant lettres de provisions du 22 août 1457[7].

Jean de Gumin, son fils, épousa Antoinette, fille d'Antoine de Virieu, seign[r] de Faverges, et fut témoin, au contrat de mariage de Sibuet de Virieu, son beau-frère, 4 août 1460. François de Gumin, fils de feu Jean, est légataire de son oncle Sibuet de Virieu qui teste le 28 décembre 1491[8]. Un autre fils d'Aymonette, Antoine, était décédé en 1443. Il résulte, d'une information du 26 mars 1411, que Pierre de Gumin était fils de Jean, petit fils Jacques, et qu'ils vivaient tous noblement, à la Tour-du-Pin. Philippe de Buenc, veuve de noble Jacques de Gumin, rend hommage au Dauphin, avec d'autres nobles du mandement de Bourgoin, 1334[9].

[5] Arch. Rhône. E.

[6] Pilot de Thorey, *Actes du Dauphin Louis*. — Rochetoirin, canton de la Tour-du-Pin. Isère.

[7] Bibl. chât. de Terrebasse. *Regist. Officiariorum*. ms. — La seigneurie de Dolomieu (canton de la Tour-du-Pin, Isère), dépendait de la baronnie de la Tour-du-Pin, et comprenait Thuellin, Saint-Didier et Champagnières.

[8] Le Laboureur, *Mazures*. — D'Hozier, *Registres*.

[9] *Viennois. Inventaire*. ms.

# VII *Degré.*

## Gillet de Maugiron, *co-seigneur d'Ampuis.*

Il fut laissé, par son père décédé jeune, sous la tutelle de son oncle Hugues II de Maugiron, suivant une transaction, du 4 février 1434, entre Gillet, d'une part, et François et Henri de Maugiron, ses cousins, fils dudit Hugues, d'autre part[1], Gillet s'est dit seigneur d'Ampuis, dans divers actes, 1435-1443-1448-1449[2]; il suivit le Dauphin Louis, lors de sa retraite en Dauphiné, comme l'indiquent les lettres d'abolitions accordées, par ce prince, le 1er janvier 1452 (v. st.), au sujet de la mort d'Antoine Giraud, tué par Louis Richard, seigr de Saint-Priest, dans le logis de Gillet de Maugiron, à Loriol, où se trouvait le Dauphin, le 7 et le 8 du mois de juillet précédent, d'un coup donné par derrière, dans le temps que le sr Maugiron parlait audit Giraud[3].

Gillet de Maugiron épousa Marguerite du Cros, dame de la Garde d'Ampuis, fille de Jean du Cros, seigneur de Curraize et co-seigneur d'Ampuis, et de dame Catherine de Rougemont[4]. Un terrier pour Ampuis et la Garde fut établi, 1435, au profit de Gillet de Maugiron[5]. Marguerite du Cros, veuve de noble et puissant seigneur Gillet de Maugiron, dont elle n'eut pas d'enfants, fit une donation aux couvents des Frères-Mineurs de Sainte-Colombe, 27 janvier 1459[6], pour le repos de l'âme de ses prédécesseurs. Elle était remariée, en 1460, à Pierre de la Bastie, et paraît, en cette qualité, dans un acte de 1461[7]; elle est dite Marguerite du Cros, dame de la Garde d'Ampuis, dans un terrier dressé à son profit, 1477[8]. Fort âgée et aveugle, elle testa, 1498, en faveur de son petit neveu Arthaud de Sainte-Colombe auquel elle avait

---

[1] *Généal.* ms. — Arch. Rhône, E.

[2] Arch. Rhône, E.

[3] Louis Richard, seigr de Saint-Priest, épousa Jeanne de Bigny, dame d'honneur de la reine; à cette occasion, Louis XI, dont il était le filleul, par lettres données à Tours, 1461, lui confirma le don des terres de Saint-Symphorien-d'Ozon et de Vaulx. Il était fils de Gillet Richard, seigneur de Saint-Priest, vivant en 1448. — Référence égarée.

[4] *Généal.* m. s. — P. de Varax. *Généal. de la mais. de Sainte-Colombe.* — Voir Antoine I. V. note sur Ampuis. — La famille du Cros, de Croso, originaire de Montbrison, fut anoblie, à la fin du xive s.

[5] Arch. Rhône, E.

[6] *Id.* — Arch. de Mr le cte de Cibeins. (Dessavignes, notaire.)

[7] *Id.* — P. de Varax. *Id.*

[8] Arch. Rhône.

donné le château et la seigneurie de la Garde d'Ampuis, par acte du
13 janvier 1472, et lui substitua Antoine, son frère, qui recueillit la succession de sa grande tante, et celle du dit Arthaud, mort, sans lignée de Françoise d'Albon, au mois de juillet 1503. Quelques années plus tard, messire
Antoine de Sainte-Colombe vendit la Garde d'Ampuis à Guy de Maugiron [9].

Gillet mourut jeune et sans postérité, antérieurement à 1459, au temps
des guerres soutenues, par le roi Charles VII, contre les Anglais, laissant ses
droits personnels sur la seigneurie d'Ampuis, à son cousin germain, Henri IV
de Maugiron, qui les abandonna, à son neveu, Hugues III de Maugiron [10].

[9] P. de Varax. *Id.* — Voir Guy de Maugiron. IX.

[10] Voir Henri IV de Maugiron, branche de la Tivelière, et Hugues III de Maugiron, branche
directe, VIII.

# Branche B

## DES SEIGNEURS DE LA TIVELIÈRE

---

# VII *Degré*.

## Henri IV de Maugiron, *co-seigneur d'Ampuis,* *écuyer, tige de la branche des seigneurs de la Tivelière*[1].

Henri, second fils de Hugues II de Maugiron, transigea, ainsi que François I, son frère aîné, avec Gillet de Maugiron, co-seigneur d'Ampuis, son

---

[1] La Tivelière, maison forte sur la paroisse de Sérézin (canton de Bourgoin), dépendant de la terre domaniale de la Tour-du-Pin, dénommée, à tort, la Tivolière dans l'*Inventaire du Viennois*, dans certains documents et sur le cadastre. *L'État des terres du Dauphiné*, 1757, porte la Tivelière et la *Carte* de Cassini la Thivelière.

Au courant du XIIe s., les surnoms et les noms de famille étant devenus communs dans la province, ce mas prit celui de la famille Tivel, Tivelli, Tivelz, Tivelt. Willelmus de Thiel fait une donation, à Sérézin, en faveur du monastère des Écouges, 1154; Anselmus Tivelli habitait à Sérézin, en 1158, ainsi qu'Agate, sa femme, et leurs enfants Gautier, Milon, Pierre-Eschot, Hugues et Galaubie, religieuse à Saint-Paul d'Izeaux. Guillaume Tivelz, abbé de Saint-Pierre de Vienne, mourut en 1186. Hugues Tivelz, sa femme, Berlion son fils, Marguerite sa fille font une donation au temple de Vaulx, vers 1200-1223.

Il ne faut point confondre la Tivelière de Sérézin, avec la Tivelière de Moras, appartenant également à la famille Tivel. Le jour de la Pentecôte, 1300, Humbert, Dauphin, confirme, en faveur de Hugues Tivel, la donation de la maison forte de la Tivelière sur Moras, faite à Hugues Tivel, son père, par Alleman de Condrieu, en son nom et en celui du Dauphin. Il est qualifié « miles », habitant à Sérézin, ainsi que son fils Pierre, « domicellus », en 1275. Les Tivel ne conservèrent pas longtemps la Tivelière de Moras, car Pons de Chavannes rend hommage au Dauphin, pour cette maison forte, le 3 janvier 1334, et Anne, veuve de Guillaume de Chavannes, en qualité de tutrice de Ponce et Hugues, ses enfants, le 1 novembre 1356.

Hugo Tivelli, de Turre, rend hommage, au Dauphin, de la Tivelière de Sérézin, le 16 mars 1334; Hugonetus Tivelli semblable hommage, le 19 juin 1339. Arthaud, vivant en 1369, « ab hoc seculo decessit », suivant une enquête faite, à Quinsonnas, le 2 juin 1395. (Abbé Auvergne, *Cartulaire des Ecouges*. — R. Delachanal. *Cartulaire du Temple de Vaulx*. — Abbé Chevalier, *Inventaire des Dauphins* — *Notes* de M. Guétat, maire de Sérézin. — Varia).

Aux débuts du XVe siècle, la Tivelière de Sérézin parvint aux Maugiron. La branche des Maugiron, seigneurs de la Tivelière, tomba en quenouille avec Jeanne mariée à son cousin Laurent de Maugiron (X), 1550; leur fille Marie apporta la Tivelière à son mari, Louis de Montlor, d'où Marguerite mariée à

cousin, 4 février 1434[2], hérita des biens de ce dernier, à Ampuis, et les céda, au prix de 100 florins d'or, à Hugues III, son neveu, 27 mars 1461[3]. Il se trouve au nombre des nobles de la Tour-du-Pin, 1435-56-84, et de Vaulserre, 1457-58[4], et comme homme d'armes, à l'arrière-ban du Viennois, 14 décembre 1472[5]. On ne saurait fixer une date précise à l'établissement des Maugiron à la Tivelière, mais la mention, dans les revisions de feux, 1447-1452, des familles nobles de Torchefelon, de Drenc, de Vallin, de Virieu, avec lesquelles ils étaient alliés, laisse supposer qu'Henri de Maugiron vint habiter à Sérézin, par suite d'héritage. Il est dit, en effet, dans une revision des feux du mandement de Chateauvillain, indivis avec celui de Quinsonnas, dont dépendait la paroisse de Sérézin, 13 septembre 1473, « Henricus Malgironis... habet ibidem domicilium et hereditatem in magna quantitate[6]. » Le style uniforme de l'architecture, les corridors voûtés, les armes des Maugiron sculptées sur la clef de voute de la porte d'entrée de la Tivelière, sont la marque d'une construction exécutée au xve s. par lui, ou par ses enfants. Henri IV épousa Allemande de Gumin, dont il eut[7] :

*A.* **Arthaud** qui suit :

*B.* **Antoine II de Maugiron,** écuyer, seigneur de la maison forte la Tivelière, au mandement de Chateauvillain[8], mari de : 1° vers 1482, de Louise, fille de Jacques du Clos et de Marguerite de Corent, dite veuve de François de Torchefelon qu'elle avait épousée le 8 décembre 1461, dans une quittance de 600 florins, monnaie d'Allemagne, passée à Jean de Tor-

---

François d'Ornano; leur fille, Anne d'Ornano, épousa François de Lorraine-Elbeuf et, de concert avec son mari, elle vendit la Tivelière, 21 novembre 1662, à Aymar de Vallin.

Aymar de Vallin ne conserva pas la Tivelière et la revendit, 20 juin 1665, à Gaspard de Gratet qui y habitait en 1666. Son fils Claude de Gratet épousa Marguerite de Luizet dont il eut huit enfants baptisés à Sérézin, 1700-1709. « Le 20 avril 1727, a été enterrée dans la chapelle de N.-D. de Pitié, de l'église de Sérézin, dame Marguerite de Luizet, veuve de noble Claude de Gratet, qui mourut hier dans la maison forte de la Tivelière. Folin, curé. » Jeanne-Marie de Gratet, fille des susdits et héritière de la Tivelière, épousa, le 4 août 1726, Antoine-Gilbert de Seyssel de la Balme; de leur vivant la Tivelière était estimée 130.000 francs. Joseph, leur fils, ancien militaire, mort le 2 avril 1804, au château de la Balme, sans avoir été marié, laissa, par testament du 14 mars 1804, à Euphrosine Le Jeune, sa fille adoptive, la terre de la Tivelière, vendue par elle à M. Jordan, le 13 juillet 1812. (*Notes* de M. Guétat. — Pièces diverses.)

[2] Arch. du Rhône, E.

[3] *Id.* — Voir Hugues III (VIII).

[4] Guy Allard, *Dict. du Dauph.*

[5] Bibl. Lyon, *Fonds Morin-Pons.* Moulinet, *Registres roses.*

[6] Arch. Isère. B.

[7] Guy Allard. *Notes* ms. — La famille de Gumin est connue, dans le Viennois, dès le xiie s.; plusieurs de ses membres sont inscrits au rôle des nobles, à Bourgoin et à la Tour-de-Pin aux xive et xve s.; elle est tombée en quenouille avec Joséphine de Gumin mariée à Jacques de Beylié, le 12 juin 1804. — Voir Antoinette, branche d'Ampuis VI, et branche de Beauvoir-de-Marc, VIII, F.

[8] Guy Allard. *Notes.* ms. Bibl. de Grenoble.

chefelon, le 29 avril 1477[9]; elle était nièce de Claude du Clos, femme de François I de Maugiron ; 2° le 27 octobre 1494, de Bonne, fille de Jacques de Virieu, s[r] de Cuirieu, veuve de Jacques de Brunel, seigneur de la maison forte de la Mure, paroisse de Saint-Didier, au mandement de la Tour-du-Pin, en 1480[10]. De sa première union, vint une fille.

*a.* **Claudine,** mariée, 1° à son cousin Philibert de Maugiron, fils de Jean II, s[r] de la Tivelière[11], dont elle fut séparée, 2° vers 1508, à Humbert de Bérenger, seig[r] de Morges, fils de Guy, seigneur de Morges, et de Jeanne Mareschal de Montfort, qui teste le 10 janvier 1525, d'où : Jean de Bérenger, seig[r] de Morges et de Puygiron, mort sans enfant de son union avec Charlotte d'Urre; et Louise femme : 1° de Jean-Guigues de Rostaing, chevalier, seig[r] de Doissin, coseigneur de Montrevel, fils de Damien, vivant en 1480, et de Marie Rigaud ; 2° de Pierre de Chastelard-Sérézin, écuyer, fils de Robert et de Catherine de Salsac, tous deux vivants en 1540, d'où postérité[12]. On voyait sur la porte de la maison forte de Sérézin bâtie sur une parcelle de la Tivelière, les armes des Chastelard unies à celles des Bérenger, et portant la date de 1531. Claudine de Maugiron et Humbert de Bérenger, mariés, vendirent leur portion de la Tivelière à Falcon de Vallin, 22 octobre 1521 [13].

Après la mort de Jean, fils d'Humbert de Bérenger, Jean, frère puîné dudit Humbert, obtint en adjudication la terre de Morges, contre Guy de Maugiron, par arrêt du parlement du 27 juin 1541 [14]. Ces biens avaient été confisqués, sur Jean de Bérenger s[r] de Morges, fils d'Humbert, pour cause d'homicide, et adjugés au roi qui, par lettre du 13 avril 1534, en avait fait don au s[r] de Maugiron, son lieutenant général en Dauphiné[15].

C. **Jean I** qui a fait la branche D des seigneurs de Lenoncourt, en Lorraine.

D. **Antoinette,** femme de Pierre de Pasturel, seig[r] de Quincieu. Elle est nommée dans un acte du 15 octobre 1480[16].

---

[9] Cte A. de Foras. *Armorial de Savoie.* — Bibl. chât. de Terrebasse. *Inventaire Torchefelon*, ms.

[10] Guy Allard. *Notes* ms. — Le Laboureur, *Mazures de l'Ile-Barbe.* — Jacques était fils de Hugonin de Virieu marié à Bérengette Gerin 29 juillet 1426.

[11] Guy Allard. *Id.*

[12] Chorier. *Hist. Maison de Sassenage.* — Moulinet, *Registres roses.*

[13] *Invent. Viennois.*

[14] Chorier, *Hist. Maison de Sassenage.*

[15] Perret, *Actes de François Ier.*

[16] Arch. Rhône, E. — *Généalogie*, ms.

E. **Marie,** femme d'Alexandre Seyvert, seig' de Salornay [17], d'une famille originaire du Beaujolais, passée en Mâconnais où elle possédait, en 1510, le fief d'Hurigny, non loin de Salornay (Saône-et-Loire). Thomas Seyvert, écuyer, bourgeois de Charlieu, et Jean, son frère, paraissent dans un acte de 1488.

F. **Claudine,** religieuse puis abbesse du monastère de Sainte-Claire, à Sainte-Colombe-lez-Vienne.

G. **Catherine,** religieuse au même couvent [18]. Les deux sœurs firent une donation, à leur neveu Jean II, fils d'Artaud, de tous leurs droits à l'héritage de Henri IV, leur père [19].

[17] *Généalogie,* ms. — H. de Beaune et J. d'Arbaumont, *la Noblesse aux états de Bourgogne.* — A. Arcelin, *Indicateur héraldique du Mâconnais.*

[18] *Généalogie,* ms.

[19] Arch. Rhône, E.

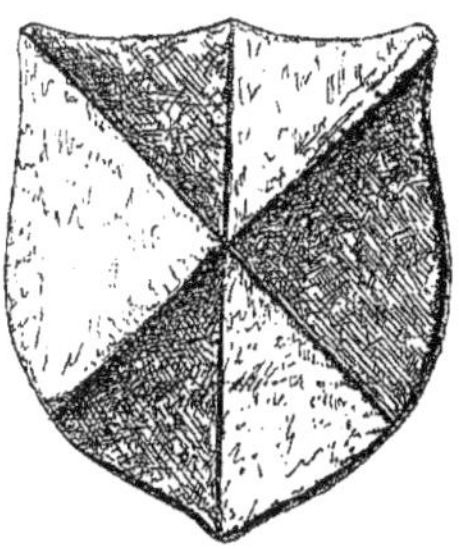

Pierre sculptée sur la porte de la Tivelière. xvie s.

# VIII *Degré.*

## Artaud de Maugiron, *seigneur de la Tivelière.*

Fils aîné et héritier de Henri IV, pour une portion de la Tivelière, est inscrit au nombre des nobles de Demptézieu, 1475[1], où il habitait et possédait des biens considérables, suivant une reconnaissance du 12 mars 1482[2], et est dit seigneur de la maison forte de la Tivelière, dans divers actes 1482-1503[3]. Il possédait une vigne à Condrieu, 1474[4]. Arthaud de Maugiron épousa : 1° en 1476, Catherine, fille de Jean de Pennessin, châtelain de Dolomieu, 1471, et veuve d'Antoine de Paladru, dont il eut deux fils ; elle est dite relaissée d'Antoine de Paladru et femme d'Artaud de Maugiron dans une reconnaissance, à elle passée, le 15 septembre 1479[5] ; 2° Péronnette, fille de Claude d'Oncieu, s<sup>r</sup> de Douvres et d'Eléonore de Chastillon, veuve de noble Albin de Palanin, suivant une transaction, du 21 août 1492, entre Jacques de Grolée et Artaud de Maugiron, mari de Péronnette d'Oncieu, veuve d'Albin de Palanin qu'elle avait épousé en 1466[6], et un terrier de Melchior de la Maladière, 1493, au profit de Pierrette d'Oncieu, femme d'Artaud de Maugiron[7]. Du premier lit vinrent :

[1] G. Allard, ms. — Demptézieu, sur Saint-Savin, canton de Bourgoin. Cette seigneurie appartenait à Antoine de Clermont, 1442, et fut acquise, 20 mai 1484, par Barrachin Alleman.

[2] Arch. Rhône.

[3] *Id.*

[4] *Id.*

[5] G. Allard, ms. — Arch. Rhône, E. — Pennessin, famille établie dans le Viennois et dans la terre de la Tour où l'on trouve Guyonnet de Peneyssin, au nombre des nobles, en 1339. — L'antique race des Paladru, connue dès le xii<sup>e</sup> s., portait pour armes de gueules à l'ombre-chevalier d'or, accolé de sable en souvenir du lac dont elle portait le nom. — Paladru, canton de Saint-Geoire.

[6] Arch. Rhône, E. — Marie de Maugiron, VIII, J, fille de Hugues III, épousa, vers 1520, Jean de Palanin, ou Palagnin.

[7] Paulze d'Ivoy. *Invent. des archives de la Poype-Serrières.* — La famille d'Oncieu, fort ancienne en Bugey, a fourni un bailli de Bresse, Pierre d'Oncieu, vivant, 1267-1285, tige des branches de Chimilin et de Malin, de Diemoz, en Dauphiné, de Douvres, en Bugey. Claude d'Oncieu, co-seigneur de Douvres, épousa Eléonore, fille de Richard de Chatillon-de-Michaille, et eut quatre filles instituées dans son testament du 30 août 1476, dont Péronnette, veuve d'Albin de Palanin, remariée à Artaud de Maugiron. Gilette d'Oncieu, tante de Péronnette, avait épousé Jean de la Maladière de Crésieu. Les deux branches de la famille d'Oncieu, existant actuellement, sont représentées : l'aînée, par Eugène-Marie-Paul-Jean d'Oncieu, marquis de la Bâtie, marié à Marie de Leusse, d'où postérité ; la cadette, par Antoine d'Oncieu, marquis de Chaffardon, marié à Camille d'Outremont, d'où postérité.

*A.* **Jean II** qui suit.

*B.* **Philippe**, seigneur de la maison forte de la Mure[8], du chef de sa femme Catherine, fille et héritière de Jacques de Brunel, seigneur dudit lieu, en 1480, qui figure, comme homme d'armes, à la montre de la compagnie de Jehan Lattier faite à Puicerda, en Catalogne, le 10 février 1487, et de Bonne de Virieu épouse, en deuxièmes noces, d'Antoine de Maugiron, oncle de Philippe. Ce dernier mourut sans enfants, vers 1508, laissant pour héritier son frère Jean II[9]; Catherine de Brunel, sa veuve, se remaria, vers 1517, avec Jean Robe, héritier de Jacques Robe, du lieu de Chirens, son frère, par testament du 2 décembre 1506.

[8] Arch. Rhône. — La Mure, paroisse de Saint-Didier, au mandement de la Tour-du-Pin. On trouve dans la même région : La Mure de Saint-Didier, sur Saint-Didier ; la Mure de Charnier, sur Succieu ; la Mure de Biol, sur Biol. — La famille de Brunel, originaire du Diois où elle possédait la seigneurie de Saint-Maurice, a formé les branches de Gramont, Mayolans, la Mure, etc., dans le Viennois, où elle s'est éteinte, à Diemoz, vers 1850.

[9] Arch. Rhône, Philippe était propriétaire à Demptézieu, 1506-7.

# IX *Degré.*

## Jean II de Maugiron, *seigneur de la Tivelière.*

Est dit fils d'Artaud de Maugiron, s[r] de la Tivelière, dans plusieurs actes, xve-xvi[e] s. ; propriétaire à Sérézin, 1487; seigneur de Sertaux au mandement de Maubec, 1488, seigneur de la Tivelière, 13 avril 1511, et héritier d'Antoine II de Maugiron, son oncle, 9 octobre 1511; héritier de son frère Philippe, dans un acte de vente du 26 janvier 1508. Il vivait encore en 1516[1].

Jean II de Maugiron épousa Peronnette de Polloud, fille de Claude de Polloud, seigneur de Saint-Agnin et de la Murette, qui testa le 26 avril 1493, et de Louise de Brunel[2]. Peronnette de Polloud, relaissée de Jean II de Maugiron, seig[r] de la Tivelière, était tutrice de Gabriel, Charles et Hugues, ses enfants, 3 septembre 1518, 30 août 1519[3].

De cette union vinrent :

*A.* **Philibert,** marié à Claude, fille d'Antoine II de Maugiron, sa cousine, dont il fut séparé, probablement pour cause de parenté, et qui épousa, vers 1508, Humbert de Bérenger, s[r] de Morges[6].!

*B.* **Pierre,** archer sous la charge du maréchal de Chabannes, au camp de Castellas, près de Milan, 10 octobre 1523[5], mort sans avoir été marié. Il est dit fils de Jean, s[r] de la maison forte de Serteau, dans une vente à Artaud de Maugiron, son grand-père[6].

*C.* **Gabriel,** suivra.

*D.* **Charles,** mort jeune.

*E.* **Hugues,** tué aux guerres d'Italie.

---

[1] Arch. Rhône, E. Divers actes.

[2] *Généal.*, ms. — *Armorial du Dauphiné.* — J.-B. Lambert. *Notes sur Saint-Agnin.*
Louis de Polloud suivit en Palestine, Eudes, fils aîné de Hugues IV, duc de Bourgogne, sire de Bourbon, comte de Nevers, d'Auxerre et de Tonnerre, mort à Acre, en 1269. Une portion des dîmes de Saint-Agnin, au mandement de Maubec lui fut inféodée, en récompense de ses services. Cette race de vaillants soldats, seigneurs de Saint-Agnin, de l'Ile d'Abeau, de la Murette et dans le Viennois, s'est éteinte aux abords du xviiie s.

[3] Arch. Rhône, E.

[4] Voir VII, branche de la Tivelière.

[5] Cte H. de Chabannes, *Hist. de la maison de Chabannes.*

[6] Arch. Rhône, E. — Voir Antoine II, VII Tivelière, B et a.

*F.* **Françoise,** religieuse de l'ordre de Saint-Benoît, au monastère de Sainte-Claire, à Sainte-Colombe-les-Vienne.

*G.* **Anne,** religieuse au même lieu[7].

*H.* **Catherine,** dite fille de Jean de Maugiron[8].

[7] D. E. F. G. *Généal.*, ms.
[8] Arch. Rhône, E.

# X *Degré.*

## Gabriel de **Maugiron**, *seigneur de la Tivelière.*

Est dit seigneur de la Tivelière en divers actes, 1526-1531[1]; il rend hommage pour cette maison forte, 12 septembre 1541[2], et est qualifié écuyer et châtelain d'Allevard, suivant les lettres de provisions données par le duc d'Estouteville, gouverneur du Dauphiné, 24 septembre 1536[3]. Il fournit, 7 août 1540, un dénombrement attestant qu'il possédait au mandement de Sérézin, en rentes, 40 chevaux chargés de blés[4].

Gabriel de Maugiron épousa Agnès, fille unique de Guillaume de Gotafrey, seigneur du Molard et de Varacieux, et de Marguerite de la Porte de l'Arthaudière, par contrat du 16 février 1533, passé à Varacieux dans la maison forte de Bois-Rond[5].

**Jeanne,** leur fille unique, restée sous la tutelle de Peronnette de Polloud, sa grand-mère, 1542, et de son grand-père Guillaume de Gotafrey, dont elle fut héritière en 1557[6], fut mariée à son cousin, Laurent de Maugiron, 19 mai 1550[7], auquel elle apporta tous les biens de la branche de la Tivelière unis à ceux du Molard, de Varacieux et de Plan, provenant des Gotafrey[8].

[1] Arch. Rhône, E.

[2] *Inventaire du Viennois.*

[3] Arch. Isère. Il est nommé en remplacement de Pierre de Genton, décédé.

[4] *Invent. Viennois.*

[5] Arch. Rhône, E. — Laurent de Maugiron, X.

[6] Protocol. Chevillon, notaire. Bibl. Terrebasse. — Arch. Rhône, E.

[7] Arch. Rhône, E.

[8] Le Molard, maison forte, dépendant de la terre delphinale de Saint-Marcellin. — La seigneurie de Varacieux, de l'ancien patrimoine des Dauphins, fut inféodée à Aymar de Bressieu par le Dauphin Jean, 6 octobre 1314 (Forêt de Chambarand, *Mémoire.*) — Canton de Vinay Isère). — Plan-les-Saint Marcellin dépendait de la terre domaniale de Saint-Marcellin. — Gotafrey, Gotefrey, Gautefrey, famille connue, dans la terre de Bressieu, dès le xiiie s. Guillaume de Gotafrey, par son testament de 1366, institue héritiers ses fils : Jaucerand, à ses biens de Romans, Peyrins, Pisançon, Valence; Aymar, à ceux de Saint-Marcellin, Varacieux, Chevrière, Chatte. — Damien, fils de Jaucerand, teste en faveur de son cousin Aymar, 1407. — Aymar teste en faveur de Pierre et Guillaume, ses fils, 1414. — Guillaume épouse Jeanne, fille de Guyot d'Arces, 2 décembre 1459. — Gaspard, s^r du Molard, et Guillaume, son frère, vivaient en 1490. — Dispense du vice-légat pour le mariage consommé de Guillaume de Gotafrey avec Marguerite de la Porte de l'Arthaudière (mariés en 1511), parents aux troisième et quatrième degrés, 1513.

# Branche C

## DES SEIGNEURS DE LEYSSINS ET DE BEAUVOIR-DE-MARC

---

## VIII *Degré*.

## François II de Maugiron, *seigneur de Leyssins*.

Il était fils de François I, seigneur d'Ampuis, et de Claude du Clos (VII), et est inscrit comme héritier de son père, sur la liste des nobles de Beauvoir-de-Marc, 1457-1458[1], ; il lui est passé diverses reconnaissances par des particuliers de ce mandement, en mars 1465[2]. Ainsi que son frère Hugues III, il habitait Beauvoir-de-Marc et il figure, comme noble, à la revision des feux de 1475[3]. Il possédait des biens à Vaugris, Reventin et Vienne où on le trouve au nombre des nobles en 1484, tout en étant fixé à Beauvoir-de-Marc en 1490[4].

François II épousa Péronnette Lyatard, fille de Guillaume Lyatard, s^r de de Leyssins, et de Jeanne de Briord, qui lui apporta la seigneurie de Leyssins[5]. Cette famille était fort ancienne dans le Viennois. Lancelot Lyatard chanoine de l'église de Vienne, fonda en 1473, sous le vocable des saints Maurice, Lau-

---

[1] Guy Allard, *ms.*

[2] *Viennois. Invent.*

[3] Arch. Isère. Maugiron.

[4] Bibl. Lyon. *Fonds Morin-Pons.* Moulinet. *Registres.* — Reventin-Vaugris, canton de Vienne-Sud.

[5] La maison forte de Leyssins (hameau de Chimilin, cant. du Pont-de-Beauvoisin), dépendait de la terre d'Aoste et avait appartenu à une famille de Leyssins, ou Leyssin, connue dès le xiii^e s. On appelait maison forte un petit fief mouvant de la seigneurie sur laquelle il était situé. Les gentilshommes avaient seuls le droit, après autorisation, de fortifier les maisons dont ils étaient propriétaires ; elles étaient très nombreuses, en Dauphiné.

Hommage à Sibeud de Virieu, s^r de Faverges, par noble Joffrey Lyatard, pour sa maison forte de Leyssin, 1349. — Hommage, 5 avril 1381, à Sibuet de Virieu, s^r de Faverges, par noble Jean Lyatard, pour sa maison forte de Leyssins. — Convention, du 29 août 1409, entre nobles Pierre et Jean de Leyssino, frères, et Jean Lyatard, seig^r de la maison forte de Leyssin, « salvis quoque juribus quæ habent dicti nobiles fratres in et super domum fortem de Leyssino et appenditias quæ fuerunt prædecessorum suorum. »

rent et Christophe, une chapelle dite des Lyatard, dont plusieurs Maugiron furent les recteurs[6]. François II mourut, dans un âge peu avancé laissant plusieurs enfants de cette union. Dans une transaction, reçue le 11 avril 1493, par Me Pierre Genas, notaire à Vienne, Péronnette Lyatard est dite veuve de François de Maugiron, seigneur de Leyssins, et tutrice de : Anthoine, Guillaume et Pierre ses enfants, en présence de Hugues III de Maugiron leur oncle[7]. De cette union vinrent :

*A.* **Antoine** qui continue la branche.

*B.* **Guillaume IV de Maugiron** se distingua par son courage, en présence du roi, à la bataille de Marignan, où il portait l'enseigne d'une compagnie des gentilshommes de la maison du roi, 13 septembre 1515. Le lendemain, sous les ordres du duc d'Alençon qui commandait l'arrière-garde, à la tête de cent arbalestriers à cheval, il contribua à la défaite des Suisses qui voulaient donner par derrière sur les bagages[8]. Du Bellay le nomme « le légat Maugiron. » Cette qualification est conservée sur les états des officiers de la maison du roi François Ier où « Maugiron le legat » figure comme escuyer d'escuyrie du roi, aux gages de 200 l., en 1523, et à ceux de 400 l. en 1529[9]. Il fut donc attaché, un certain temps, à cette cour brillante.

Guillaume épousa Florette de Bernard, issue d'une famille connue dès le XIIIe siècle, dont une branche possédait des biens considérables dans le Viennois. Il mourut sans laisser d'enfants[10].

*C.* **Pierre** ou **Pyraud de Maugiron,** seigneur de Leyssins et de Beauvoir-de-Marc, embrassa, jeune encore, la carrière militaire ; il était homme d'armes dans la compagnie de Jacques de Lay, s[r] du Chastelart[11], passée en revue le 3 juin 1509, à Peschiera, en Lombardie, puis dans celle de son successeur, Pierre Terrail, seig[r] de Bayart, dont la montre eut lieu à Fontanella, province de Bergame, le 14 juillet suivant, et le 27 février 1510[12]. Un des vaillants compagnons du Bon Chevalier, il se trouve, à ses côtés, aux actions de la guerre de Ferrare, 1510-1511, au siège de Brescia,

---

[6] Lancelot Lyatard, chanoine du chapitre de Saint-Maurice de Vienne, oncle de Guillaume Lyatard, chanoine de la même église, 1499.

[7] Arch. Hôpital de Vienne.

[8] A. du Rivail. *De Allobrogibus.* — M. du Bellay. *Mémoires.*

[9] Arch. Nation. *Section historique.*

[10] G. Allard, *ms.*

[11] La famille de Lay était fort ancienne, à la Tour-du-Pin et dans le Viennois. Jacques de Lay, s[r] du Chastelart, lieutenant de la Cie de Philibert de Chandée, 1501, fut capitaine d'une compagnie d'hommes d'armes, 1505-1509.

[12] J. Roman. *Montres et Revues.*

à la bataille de Ravenne, 1512, et à la journée des Éperons où Bayart, soutenant la retraite avec ses hommes d'armes, fut fait prisonnier, 1513 [13]. Selon Aymar du Rivail, entre autres Dauphinois, Guy, Guillaume et Pierre de Maugiron étaient particulièrement estimés par François Iᵉʳ, à son avénement à la couronne [14]. Il fut un des principaux officiers qui organisèrent l'infanterie nationale et guidèrent ses premiers pas sur les champs de bataille. Le roi, ayant ordonné quatre mille hommes de pied français, pour marcher en Italie, choisit Pyraud de Maugiron pour l'un des huit capitaines ayant, chacun, cinq-cents hommes sous leur charge. A leur tête et contre les Suisses, les rudes et coutumiers fantassins de l'époque, il se distingua, sous les yeux du roi, à la bataille de Marignan, 13 septembre 1515 [15].

Il était écuyer d'écurie du roi et sénéchal du Lyonnais, lors de la guerre contre l'empereur Charles-Quint, marquée par la défense de Mézières par Bayart. François Iᵉʳ choisit six gentilshommes attachés à sa personne, et parmi eux, Pyraud de Maugiron, pour lever chacun mille hommes de pied destinés à renforcer l'armée rassemblée sous les murs de Dijon, 1521 [16]. La peste régnait alors dans cette ville, avec une telle intensité que le parlement dut se réfugier à Arnay-le-Duc. Ce vaillant soldat succomba aux atteintes du fléau et fut enterré dans l'église des Cordeliers de Dijon, où se lisait l'inscription suivante, communiquée à Guy Allard, par l'historien bourguignon P. Palliot :

CI-GIT Mᴵᴿᴱ PIERRE DE MAUGIRON, CHEVALIER,

SEIGNEUR DE LESSINS, ET DE BEAUVOIR,

EN DAUPHINÉ, ÉCUYER DU ROI, SÉNÉCHAL DE LYON

ET CAPITAINE DE MILLE HOMMES DE PIED, LEQUEL

TRÉPASSA LE DIXIÈME JOUR DE JUIN 1521.

ANIMA EJUS REQUIESCAT IN PACE. AMEN [17].

Brantôme en fait un juste éloge dans son livre consacré aux *Grands Capitaines*. « Parmy les rangs de ces grands capitaines fut aussi M. de Maugiron, qu'on nommoit Pyraud de Maugiron, qui fut un très bon capitaine, et bien employé en toutes ces guerres de ces temps, et très bien acquitté, comme despuis luy ont esté ses fils et ses petits-fils, (ses cou-

---

[13] *Le Loyal Serviteur.* — Aymar du Rivail. *De Allobrogibus.* — A. de Terrebasse. *Hist. de P. Terrail, seigneur de Bayart,* Vienne, 1870. In-8.

[14] Aymar du Rivail. *De Allobrogibus.* « Ab initio principatus, apud regem magnam auctoritatem habebant... Guiotus, Guillermus et Petrus Maligironi. »

[15] Du Bellay. *Mémoires.* — Aymar du Rivail. « Cum peditatu suo Petrus Maligironus, et cum vexillo alterius cohortis regiorum patriciorum Guillermus, ejus frater, Delphinates, fortiter et strenue inter alios, testante rege, contra Helvetios pugnaverunt. »

[16] Du Bellay. *Mémoires.*

[17] Guy Allard. *Dictionnaire.*

sins,) et ont esté lieutenans de roy en Dauphiné, en très grand honneur, et bien servy leurs maistres; et mesme le dernier, feu M. de Maugiron (Laurent,) lequel bien qu'il eut sur les bras les huguenots très fortz de son gouvernement il s'en est sceu très gentiment garantir; j'en parle ailleurs.

« C'est une illustre et grande maison en Dauphiné, autant en biens, grandeurs, dignitez, que mérites. Je n'en parle pas pour affection, car nous sommes fort proches parens, mais pour la vérité[18]. » Sa bonne grace apparente célait un naturel grave, à en croire la devise, d'essence royale, *Pleus ryant que joyeus*, inscrite en marge de son portrait.

En considération de ses bons et agréables services, par lettres patentes, de Paris, mars 1519, François Ier donna à Peyraud de Maugiron la terre de Beauvoir-de-Marc. Le parlement de Grenoble ayant fait opposition à cette libéralité, le roi déclara, par une nouvelle lettre, 1519, que cette terre était cédée en payement d'une somme de 8000 livres due par lui à Maugiron. S. M. veut que ledit s[r] de Maugiron jouisse de la terre de Beauvoir-de-Marc, conformément aux lettres particulières qu'il lui a accordées. Cette donation fut enregistrée le 23 mars suivant[19], et un état du chateau et des bois soigneusement dressé.

La terre de Leyssins lui parvint du chef de sa mère, Péronnette Lyatard, et passa à son frère Antoine III de Maugiron. (IX.)

---

[18] Brantôme. *Les Grands Capitaines.* — François I de Montberon eut deux fils : 1° François II, dont l'arrière petite-fille, Jacquette de Montberon, héritière de sa branche, épousa, 27 juin 1558, André de Bourdeille, frère de Pierre de Bourdeille, seigneur de Brantôme; 2° Guichard, père d'Antoine de Montberon, mari de Jeanne l'Hermite, sœur d'Ozanne, femme de Guy de Maugiron, d'où postérité.

[19] *Inventaire du Viennois.* — Arch. Isère. B.

Le domaine delphinal, dont les revenus devaient être attribués aux dépenses du pays qui, jusqu'à François I, ne payait pas d'impôts réels, était inaliénable. En vertu de ce principe, le parlement s'opposait aux libéralités royales et aux infractions aux règles strictes de l'aliénation temporaire. Lorsque les besoins de l'état l'exigeaient, les terres et droits domaniaux étaient cependant aliénés, mais sous réserve de rachat perpétuel, et constituaient, en quelque sorte, une garantie fournie, par l'emprunteur, au prêteur engagiste. Ces engagements étaient consentis, suivant une estimation fixée, par des commissaires, au denier dix ou au denier 30 (10 o/o-30 o/o) de la valeur, suivant les époques, à la charge d'entretenir les fonds, de maintenir les droits, etc. Si la vente de ces biens, au-dessous de leur valeur réelle, en rendait l'acquisition facile et attirait les capitaux, aux jours difficiles, le rachat au même prix, à un moment propice, constituait une conversion avantageuse; car une plus-value établie par les commissaires était réclamée au détenteur qui, d'ordinaire, consentait à cet emprunt forcé, sinon, le capital primitif était remboursé, aux ayant droits, augmenté s'il y avait lieu, du prix des améliorations utiles et rémunératrices dûment constatées, ou diminué au cas contraire, et la terre était mise en vente au prix concordant avec l'accroissement ou la diminution de sa valeur. Certaines terres étaient aliénées pour un temps n'excédant pas 30 ans; d'autres revenaient au domaine, en cas de mort du titulaire, de transmission, etc. Le domaine fut presque entièrement aliéné, en Dauphiné, en conséquence des édits royaux se succédant de 1593 à 1638. Le roi Louis XIV, par celui du mois de mai 1696, réclama aux seigneurs engagistes une somme de 136.000 l. en échange de laquelle ils furent confirmés, pour 30 ans, dans la jouissance et dans la possession de leurs acquisitions, ce qui rend, dit l'intendant Bouchu, à peu près sans retour cette partie du domaine. Il était réduit, en réalité, en 1764, aux droits de contrôle, de lods et de ventes et aux amendes, valant ensemble 32.500 l.

Pyraud de Maugiron mourut sans avoir été marié, laissant pour héritier son frère Antoine III.

D. **Claude,** mort jeune[20].

F. **Antoinette,** religieuse au monastère de Sainte-Claire de Vienne, vend à Pierre et à Claude, ses frères, ses droits à la succession de son père[21].

F. **N...** fille aurait épousé N... de Gumin. Les Maugirons étaient déjà alliés à la famille de Gumin, par Aymonette, fille d'Henri III de Maugiron, tige de la branche d'Ampuis, mariée à Jean de Gumin, vers 1440, et par Henri IV de Maugiron, tige de la branche de la Tivelière, marié à Allemande de Gumin. Les Gumin étaient donc, de ce fait, simplement cousins avec Antoine III de Maugiron. Le qualificatif *neveu* attribué à Antoine de Gumin, par ledit Antoine III de Maugiron (IX), dans son testament reçu en bonne forme par un notaire, étant admis comme réel, on peut conclure à une alliance, restée inconnue, entre un Gumin et une sœur dudit Antoine III, fille de François II de Maugiron et de Péronnette Lyatard. De cette union seraient venus : 1° Antoine de Gumin; 2° Péronnette de Gumin, veuve de Guillaume de Leyssin, en 1529[22]. Ces prénoms : Antoine et Péronnette, sont eux-mêmes, un indice de consanguinité avec les Maugiron. Le susdit Antoine de Gumin, seig[r] de Romanesche, épousa Louise de Rochefort Sénas[23], d'où : 1° Antoine de Gumin, seigneur de Romanesche, inscrit comme légataire, au testament d'Antoine III de Maugiron, son oncle, homme d'armes de la compagnie de Bayart, 1523, puis enseigne de celle de Guy de Maugiron, 1542[24]; 2° Claude, veuve de Guillaume de Vachon, mariée en secondes noces, suivant contrat du 26 mars 1544, à François de Beaumont, baron des Adrets[25].

---

[20] *Généal., ms.*

[21] Arch. Rhône. E.

[22] Brizard. *Hist. Maison de Beaumont.*

[23] Le Laboureur. *Mazures.* — Claudine de Rochefort, sœur de Louise, épousa François Alleman, s[r] de la Levratière, 11 may 1500.

[24] J. Roman. *Montres et Revues.* — La maison forte de Romanesche-sur-Thoyrin relevait de la seigneurie de la Tour-du-Pin.

[25] *Hist. Maison de Beaumont.* — Le baron des Adrets, dans une lettre de 1570, appelle Laurent de Maugiron, son cousin.

# IX *Degré.*

## Antoine III de Maugiron, *seigneur de Leyssins, Beauvoir-de-Marc, Bourgoin, et terre de Ruy, Chamagnieu, etc.*

Antoine III de Maugiron embrassa l'état ecclésiastique ; il est dit prêtre incorporé de l'église de Vienne et recteur de la chapelle des saints Maurice et Laurent, fondée, dans la cathédrale, par Lancelot Lyatard, en ses lettres de provisions du 30 septembre 1514 ; fils de Péronnette Lyatard, veuve de François de Maugiron, et prieur commendataire du prieuré de Saint-Sorlin, en Bugey, dans un acte de 1518[2] ; prieur de Tullins, en 1520[3]. Après le décès de ses frères, Guillaume et Pierre, n'étant pas pourvu des ordres majeurs, il rentra dans la vie civile, acte dont on retrouve un certain nombre d'exemples et qui ne fut pas désapprouvé par l'autorité ecclésiastique, car Antoine de Maugiron, chevalier, seigneur de Beauvoir-de-Marc, est appelé « dilectus filius noster, » dans une bulle pontificale du 5 juillet 1542, relative à des fondations dans l'église de Saint-Maurice[4].

Suivant lettres patentes, données à Argily, 2 juillet 1521, le roi François Ier ordonne de remettre son ami et féal Antoine de Maugiron, frère et successeur de Peyraud, en possession de la terre de Beauvoir-de-Marc, réunie au Domaine après la mort du dit Peyraud, jusqu'au remboursement de 8.000 l. Il fut pourvu de la charge de capitaine chatelain de Quirieu et de la Balme, en Viennois, par lettres de François, duc d'Estouteville, gouverneur du Dauphiné, données à Dijon, 18 novembre 1535 ; par suite de l'opposition du procureur général delphinal, il ne fut reçu que le 23 décembre 1536[5].

---

[1] Arch. Rhône. E.

[2] Arch. Hôp. Vienne. — Guy Allard, *ms.* — Cœnobium s. martyris Saturnini quod est super Rodanum. Prieuré de l'ordre de Saint-Benoît uni à l'abbaye d'Ambronay. — Saint-Sorlin, cant. de Lagnieu, Ain.

[3] Prieuré de l'ordre de Saint-Benoît, dédié à Saint-Laurent, au diocèse de Grenoble, uni à l'archevêché de Vienne. Tullins, arrond[t] de Saint-Marcellin, Isère.

[4] Arch. Hôpital. Vienne.

[5] *Inventaire du Dauph. Viennois.*

[6] La terre domaniale de Quirieu, (cant. de Morestel, Isère,) comprenait Montalieu, Chamboud, Amblagnieu, Marlieu, Tournoud, Torjonas, Saint-Baudille, Brotel, Vertrieu et Saint-Alban. — La terre domaniale de la Balme, (cant. de Crémieu, Isère,) comprenait la Brosse, Parmilieu et les maisons fortes d'Amblérieu et de Canilieu. — Lesdiguières acquit, 1er décembre 1598, les seigneuries de Crémieu, Quirieu et la Balme, au prix de 14.720 écus.

Au mois d'octobre 1537, Antoine de Maugiron, sᵣ de Beauvoir, reçut un mandat de 20 écus, pour être allé, en poste, de Lyon vers le Dauphin, lui porter les lettres du chancelier et du cardinal de Tournon. François I était arrivé à Lyon, le 6 octobre, et le Dauphin en était parti, le 10, pour commander l'armée en Piémont[7].

Antoine III fournit, 6 août 1540, un dénombrement par lequel il déclare posséder la terre, juridiction et seigneurie de Beauvoir-de-Marc, plus la maison forte de Louvres, audit Beauvoir, et diverses rentes, plus au mandement de Faverges, comme héritier de Pernette Lyatard, sa mère, une maison forte et les revenus qui en dépendent[8]. De nouvelles difficultés s'élevèrent entre lui et le Domaine, car il est l'objet d'une lettre de François I, Mâcon 10 septembre 1541, par laquelle le roi notifie au gens des comptes qu'Antoine de Maugiron lui a prêté hommage pour ses terres de Beauvoir, Bourgoin et Chamagnieu (ces deux dernières du chef de sa femme,) et leur enjoint de le faire mettre en possession des dites seigneuries[9].

Antoine de Maugiron, seigneur de Beauvoir-de-Marc, de Leyssins et de Louvres, épousa Marguerite Bohier, fille de Henri Bohier, sénéchal de Lyon, et d e Claudine Picot ; elle était veuve, 1529, de François Dupré, commis à l'aliénation du domaine delphinal, seigneur de Chamagnieu, de Bourgoin et de Ruy. Antoine fut maintenu dans la possession de la seigneurie de Bourgoin, indivise entre lui et Robert et François Dupré, enfants issus du premier mariage de sa femme, moyennant 800 l. et 400 escus soleil, 31 octobre 1532[10].

Par son testament du 2 août 1542, P. Perrin, notaire à Vienne, Antoine de Maugiron désire être inhumé dans l'église de Beauvoir-de-Marc, au tombeau de ses prédécesseurs; lègue à Benoit de Maugiron, prêtre, son fils naturel et donné, 500 esc. or sol.; à Sébastien de Maugiron, son autre fils naturel, 1.000 esc. or sol.; à Antoine de Gumin, sᵣ de la maison forte de Romanesche,

---

[7] Perret. *Act. de François I.* — Du Bellay. *Mémoires.*

[8] *Dauphiné. Inventaire.* — *Etat des terres du Dauphiné.* — La terre domaniale de Beauvoir-de-Marc comprenait Charantonnay, Royas, Mépin, Savas, Moidieu, Estrablin, le Revolet, les maisons fortes de Gerboules et de Louvres. (Cant. de Saint-Jean-de-Bournay, Isère.) — Faverges comprenait, Veyrins, Corbelin et la maison forte du Bourg. (Cant. de la Tour-du-Pin.)La haute seigneurie appartenait aux Virieu. Voir Annet de Maugiron, IX, D.

[9] Arch. Isère. B.

[10] Arch. Isère. B. — A. Prudhomme. *Not. sur Bourgoin,* 1881. — De la terre domaniale de Bourgoin, dépendaient les fiefs de Ruy et de Jallieu et les maisons fortes de la Bâtie-Jallieu et de la Ratary. Les revenus de cette seigneurie s'élevaient alors à 800 l. — Dupré, famille consulaire de Lyon ; François Dupré, fils du premier mariage de Marguerite Bohier, épousa Marie de Jons qui testa le 1ᵉʳ juillet 1571 ; il n'eut qu'une fille naturelle, légitimée, Marguerite Dupré, mariée à Abel de Loras, auquel elle porta les biens de sa famille ; devenue veuve, elle testa le 28 décembre 1640. — De la seigneurie domaniale de Chamagnieu (cant. de Crémieu,) dépendaient la terre de Ville et les maisons fortes de Betenou, Chamagnieu, Mianges et Bellegarde.

son neveu[11], la maison forte de Leyssins, avec substitution en faveur de Guy de Maugiron et de ses fils Guillaume et Annet. Héritier Guy de Maugiron, chevalier, seig[r] d'Ampuis et de Montléans, son cousin, avec substitution[12].

Noble dame Marguerite Boyer, veuve de messire Antoine de Maugiron, s[r] de Beauvoir-de-Marc, et dame dudit Beauvoir et de Bourgoin, donne quittance de 7.000 l. t. à Guy de Maugiron, 5 avril 1548[13].

Sébastien de Maugiron, fils naturel d'Antoine, était homme d'armes dans la compagnie de Guy de Maugiron, passée en revue, au camp devant Perpignan, le 15 septembre 1542[14].

[11] Antoine de Gumin. Voir, à ce même degré VIII, l'art. F, suite des enfants de François II de Maugiron et de Pernette Lyatard.

[12] Arch. Rhône. E. — Arch. du c[te] de Cibeins. *Factum*. — La terre de Leyssins revint à Guy de Maugiron, puis à Annet, son fils.

[13] Arch. Hôpital. Vienne.

[14] J. Roman. *Montres et Revues*, 1888.

# Branche D

## DES SEIGNEURS DE LENONCOURT

---

## VIII *Degré.*

### Jean 1 de Maugiron, *seigneur de Lenoncourt, Choꝛeau, Certeau, écuyer du duc de Lorraine et du roi.*

Jean I, troisième fils de Henri IV de Maugiron, tige de la branche de la Tivelière, et d'Allemande de Gumin, fut attiré à la cour et y obtint la protection de Nicolas, marquis du Pont, duc de Lorraine, 1470, attaché à Paris, par des liens peu dignes de sa grandeur, quoique fiancé à Anne, fille de Louis XI. Le duc nomma Maugiron son grand écuyer et lui fit épouser, pendant un séjour à Nancy, Jeanne, fille de Nicolas de Lenoncourt et d'Ermengarde de Raville; il mena, lui-même, la mariée à l'église, 1472, et constitua aux époux une rente de 200 florins d'or, sur les salines de Château-Salins[1]. Ce prince étant mort, le 24 juillet 1473, soupçonné d'avoir été empoisonné par ses domestiques, Maugiron revint à la cour de Louis XI où il était pourvu de la charge d'écuyer d'écurie du roi, aux gages de 600 l.; suivant les comptes de J. Briçonnet, receveur général des finances, 1474, 1475, et une quittance du 10 juillet 1476, en la même qualité, et qualifié seigneur du Chozel, il donne quittance d'une pension de 600 l. le 24 mai 1478; dans une autre du 14 novembre 1479, il est dit seigneur de Sarteaulx et de Lenoncourt[2]. Noble homme, messire Jean de Maugiron, seigneur de Lenoncourt, fonda un anniversaire

---

[1] D. Calmet. *Hist. de Lorraine.* — La famille de Lenoncourt fort ancienne, en Lorraine, a donné Robert de Lenoncourt, cardinal et archevêque d'Embrun, 1553-1558. — P. Anselme. *Grands officiers.*

[2] Bibl. Nation. *M. S. Français. Pièces originales.* — Le Chozel, le Chozeau, canton de Crémieu, Isère; paroisse sur laquelle était située la maison forte de Poisieu. — Sarteaulx, Certeau, sur Leyrieu, canton de Crémieu. Cette seigneurie appartenait aux Gumin, srs de Romanesche, dont descendait Allemande de Gumin, mère de Jean I de Maugiron, et parvint au baron des Adrets, du chef de sa femme, Isabeau de Gumin.

dans l'église des Dominicains de Nancy, et donna 10 s. de cens annuel, à prendre sur les fours de Saint-Nicolas[3]. Ses enfants furent :

*a.* **Pierre** qui suit;

*b.* **Jeanne,** mariée 1° à Antoine de Landres, seigneur du ban de Landres, d'Arvillers, du Mesey, de Haucourt, de la Brie, de Meurville, de la Prévoté de Briey à Landres, d'où postérité[4] : 2° à Galiot de Lisseras, maître d'hôtel de Renée de Bourbon, duchesse de Lorraine ; elle mourut le 15 mai 1527.

[3] Arch. Meurthe-et-Moselle, s. d.

[4] *Inventaire des titres de Lorraine. — Généal. de la maison de Briey, en Belgique et en Lorraine.* Cette famille est encore représentée par le comte René de Briey, marié à N... d'Aspremont-Linden, et par Mgr M.-A.-E. de Briey, évêque de Meaux.

Sceau de Jean de Maugiron, seigneur de Lenoncourt, xve s.

# IX *Degré.*

## Pierre de Maugiron, *seigneur de Bosserville et de Lenoncourt.*

Pierre de Maugiron, seig^r de Bosserville et de Lenoncourt, pour partie, épousa Yolande de Savigny, fille de Perry de Savigny et de Salomone du Châtelet, et décéda le 11 avril 1511, laissant :

*A.* **Jean** qui suit ;

*B.* **N...** chanoinesse de Remiremont ;

*C.* **Marguerite,** mariée à Philippe des Salles, seig^r de Gombervaux, chambellan du duc Antoine de Lorraine, mourut, sans enfant, le 30 octobre 1530, et fut enterrée dans l'église d'Ugny. Son mari épousa, en secondes noces, Renée d'Haussonville, et mourut en 1560.

# X *Degré.*

## Jean III de Maugiron, *seigneur de Bosserville et de Lenoncourt.*

Jean de Maugiron, seig[r] de Bosserville et de Lenoncourt, pour partie, fut élevé à la cour du duc Antoine de Lorraine, et devint enseigne de la compagnie de Claude de Lorraine, duc de Guise, 1537. Il épousa Marie du Maret et mourut le 3 mai 1542, sans laisser de postérité[1].

[1] Le P. Hugo. *Hist. de la maison des Salles.* Nancy, 1716, in-f°. — F. Vindry. *Dict. de l'État-Major Français au* xvie s. Bergerac, 1901, 2 vol.

BAUME d'HOSTUN, seigneur de la, 176; régiment, 64, 176: HOSTUN.

*BAUME d'HOSTUN, la,* 176n.

BAUX, E., 173.

BAUX, de : Bertrand, 15; Marie, 15: ORANGE.

BAVIÈRE, duc de, Frédéric-Jean-Casimir, 122n; Jean, 163.

*BAVIÈRE,* 222; chanoinesse, 224.

BAYART, 19n, 20n, 24, 33, 98n, 133n, 243, 244, 246; TERRAIL.

BÉARN, prince de, 108.

*BÉARN,* 153.

*BEAUCAIRE,* 184.

BEAUCHASTEL, dame de, 207; POITIERS.

*BEAUCHASTEL,* 207n.

BEAUCROISSANT, seigneur de, 94; BRESSIEU.

BEAUFORT, duchesse de, 163n, 164; d'ESTRÉES.

BEAUFORT, duc de, 171.

BEAUFREMONT, régiment de, 225.

*BEAUJOLAIS,* 94, 97, 98, 147, 183, 236.

BEAULIEU, capitaine de, 68n, 139n, 161, 182.

BEAUMONT, de : Esther, 115n; François, 91, 93n, 106n, 115n, 246, des ADRETS; Jean, 25; sieur de, 178, COMBOURSIER; 143, HARLAY.

BEAUNE, Henri, 236.

BEAUPRÉAU, duc de, 108; BOURBON.

BEAURAIN, seigneur de, 77n; CROY.

*BEAUREGARD,* 63.

BEAUREPAIRE, capitaine, 94n.

*BEAUREPAIRE,* 3, 72, 99, 128n, 160, 176, 180.

BEAUVAIS, Nicolas, 51n.

*BEAUVAIS,* 24, 40, 41, 43, 84, 150.

BEAUVEAU, de : Jean, 196n; Louise, 196.

BEAUVINAY, sieur de, 210. FASSION.

BEAUVOIR, de : Amédée, 3n, 36n; Aymar, 15; Guigue, 3n, 36, 113; Guillaume, 11. Voir aussi à l'*Introduction.*

BEAUVOIR-de-MARC, sieur de, 5; 174, de la BAUME; 16, 24, 38, 40, 49, 194, 200, 202, 205, 211, 217, 222, 242, 243, 247, 248, 249, MAUGIRON.

*BEAUVOIR-de-MARC,* 3, 5n, 7, 13, 17, 35, 36n, 41, 43, 48, 53, 56, 58, 69, 70, 71, 76, 113, 122, 123; 129, en Royans; 150, 173, 174, 194, 198, 199, 201, 206n, 211, 212, 228, 242, 243, 245, 247, 248n, 249.

BEAUVOIR-LA-NOCLE, sieur de, 162n; LA FIN.

BECTOZ, de : Catherine, 173n; Ennemond, 95n; Jean-François, 95; Scholastique, 173.

*BEDFORT,* 200.

*BÉDOIN,* 75.

*BÉGUDE, la,* 186n.

BELCARIUS, 31.

BELLAY, Martin, du, 30, 31, 32, 243, 244, 248; François, 102; Renée, 196n.

BELLEFIN, Jacques de, 94n, 113n, 129n.

BELLEFOREST, F. de, 31, 32, 100.

BELLEGARDE, maréchal de, 124n; duc, 162; Octave, 172; SAINT-LARY.

BELLEGARDE, sieur de, 142n, POISIEU.

*BELLEGARDE,* 142, 248.

*BELLEVILLE,* 49, 97.

*BELLEY,* 95n.

BELLIÈVRE, de : Anne, 143n; Claude, 27n; Jean, 143.

BELMONT, sieur de, 27, 28n; VAREY.

*BELMONT,* 72.

BELVEY, Nicolas de, 51n; BEAUVAIS.

BENOIT, de : Marguerite, 112n; Barthélemy, 112.

BENOIT d'ENTREVAUX, 216.

BÉRARD, Richard, 13.

BÉRAUD, François, 207.

BÉRENGER, de : André, 54n; Aymar, 192n; Charles, 192; Claude, 111n, 178n; Georgette, 54n; Giraud, 54n, 63n, 64, 178; Henri, 192; Isabeau,

ESPINAY, d' : François, 153*n*; Timoléon, 162*n*, 164*n*.

ESPINOI, prince d', 77*n*, MELUN.

EST, d' : Anne, 34*n*, 98,*n*, 118, 183*n*, Hercule, 34.

ESTELAN, comte d', 162, ESPINAY.

ESTOUTEVILLE, duc d', 25*n*, 30, 132, 38, 241; Adrienne, 25; François, 247, BOURBON-VENDÔME-SAINT-POL.

*ESTRABLIN*, 5, 113, 248.

ESTRÉES, d' : Gabrielle, 162, 163*n*, 171; Julienne-Hippolyte, 163*n*.

ESTUER, Paul d', 156*n*, CAUSSADE de SAINT-MAIGRIN.

ETAPES, seigneur d', 9*n*, COMMIERS.

*EURRE*, 62*n*, 63, 138*n*.

EVENES, seigneur d', 125, SIMIANE.

EXEA, Jean-Barthélemy, baron d', 221.

*EXILLES*, 81, 101.

EXPILLY, Claude, 19, 21, 171*n*, 182, 185.

EYDOCHES, sieur d', 93*n*, la PORTE.

*EYZIN*, 3.

*EYZIN-PINET*, 1, 21.


FABRICE, capitaine, 96*n*, 97.

*FALAVIER*, 15.

FARAMANS, sieur de, 143, la CROIX.

FARGES, M., Marie-Anne, 217*n*.

FASSION, famille de, 209-210*n*; Anne, 209; Charles-Antoine, 209; Claude, 209; François, 209; Francoise, 209; Jean-Baptiste, 209; Joseph, 209; Louis, 209; Marguerite, 209; Mathieu, 209; Pierre, 210*n*; sieurs de SAINTE-JAY.

FAU, Charles du, 142; Jean, 40, 41; Jeanne, 40; Lancelot, 41.

FAUCHÉ-PRUNELLE, 58, 114, 141.

FAURE, dit SIGNEL, capitaine, 62*n*.

FAURE, François du, 124.

FAVERGES, baron de, 49, 73, MAUGIRON; sieur de, 230, 242, VIRIEU.

*FAVERGES*, 49, 71, 73*n*, 242, 248*n*.

FAY, de : Antoine, 94*n*, 111; Clauda, 111*n*; Christophe, 127; François, 111*n*; Guillaume, 207; Hector, 111; Jean, 111, 119*n*; Marguerite, 111; Noël, 119; Philippa, 207; Pierre, 111; Raynaud, 127; Ymbert, 111; Gerlande, 127*n*; Changy, 111*n*; Peyraud, 111; Solignac, 94*n*.

FAY, du : Falcos, 72; Jacques, 53*n*, 73; Méraud, 53*n*.

*FAY-d'ALBON*, 74*n*.

FAYET, sieur du, 162, MANIQUET.

*FAYET, le*, 162*n*.

*FÈRE, la*, 135, 153, 162.

FERNAY, Jean de, notaire, 229.

FERRAND, Eléonore, 144.

FERRARE, duc de, 34*n*, 109, princesse, 34*n*; d'EST.

*FERRARE*, 243.

FERRIÈRES, de : Catherine, 78*n*; Françoise, 78; Renée, 78; Jean, 78*n*; Marguerite, 78; baron, 78, d'ARCES.

FERRON, régiment de, 200.

FERRUS, Laurence de, 73.

FÉTAN, Claude de, 181*n*; sieur de, 181, de LEUSSE.

*FEURS*, 188.

FEYZIN, sieur de, 10 *n*, CHAPONAY.

*FEYZIN*, 10*n*, 13, 21, 186.

FIGON, Jean, 112.

FIN, de la, 161; Jean, 162 *n*.

FLACÉ, seigneur de, 44, 47, 84, 175, LUGNY, MAUGIRON.

*FLACÉ*, 47*n*, 48, 150, 191.

*FLANDRES*, 196, 204, 209.

FLÉHARD, Ennemond, 124*n*; François, 55*n*, 57, 123*n*, 124; Gaspard, 55, 115, 125; Jean, 55; Jeanne, 124; Urbain, 124*n*.

*FLEIX*, 130.

FLEURANGE, sieur de, 20, 25, la MARCK.

FLÉVINS, sieur de, 173 *n*, BUFFEVENT.

FLOSSAS, Dalphine de, 37.

FLOTTE, de : Antoine, 58, 149; Antoi-

GASTON, Hugues, 39.

GASSION, Jean de, maréchal, 196.

GAUCOURT, Raoul de, 15, 180.

GAUDUEL, F, 72, 73.

GAULTIER, capitaine, 160.

GAUTERON, Pierre de, 173.

GAUTIER, 59.

*GAVI*, 202.

*GEMENS*, 3, 11, 211.

GENAS, Pierre, notaire, 243.

*GÊNES*, 19, 26, 29, 61.

GENÈVE, comte de, 15.

*GENÈVE*, 35, 39, 51, 61, 115.

GENEVOIS, prince du, 80, 81, 97, 188. SAVOYE.

GÉNOIS, les, 18, 26, 28, 29, 30.

GENTIEN, dame de, 165.

GENTIL, Pierre, 119*n*.

GENTILH, 54.

GENTILLET, Innocent, 51*n*, 112.

GENTON, de : Balthazard, 103*n*; César, François, Gabriel, 103; Pierre, 241.

GERBOULES, sieur de, 142, GRÔLÉE.

*GERBOULES*, 5*n*, 248.

*GÈRE, la*, 1, 36, 104, 117.

GERIN, Bérengette, 9, 235.

GERLANDE, sieur de, 127*n*, FAY.

GES, Jacques de, 152.

*GÉVAUDAN*, 25.

*GEX*, 189.

GEYSSANS, sieur de, 60*n*, 123*n*, 138*n*, 147, CLERMONT.

GILBERT, Guillaume, 125*n*.

GIMEL, baron de, 189*n*.

GIRARD de SAINT-PAUL, François de, 194*n*.

GIRAUD, Antoine, 231.

GIRAUD de SAINT-TRY, Jean-Baptiste, 201.

GIRCOURT, baron de, 164*n*, HARAUCOURT.

*GIVORS*, 136, 177, 184.

GIVRET, sieur de, 218*n*, de LEUSSE.

*GLAISIL, le*, 228.

GLANDAGE, sieur de, 131*n*, de LHÈRE.

GLANDÈVE, évêque de, 36, 41, 49, 74, 76, 78, MAUGIRON.

*GLANDÈVE*, 74 *n*, 75.

*GLANDON, le*, 134*n*.

GLANE, Aymé de, 63*n*; Jean, 63 ; 138*n*.

*GLUIRAS*, 207.

GODET, dame de Reyneville, Claude, 218.

GOIN, sieur de, 166, GOURNAY.

GOLNITZ, A., 99.

GOMBERVAUX, sieur de, 252, des SALLES.

GOMBERVILLE, 151.

GONDI, Albert de, 80, 164 *n*, Hippolyte, 164.

GONDRIN, sieur de la Motte, 89*n*, 162, 189, PARDAILLAN.

GONNOR, sieur de, 86*n*, COSSÉ.

GONZAGUE, Louis de, duc de Nevers, 50*n*, 167*n*. NEVERS.

GORDES, de : 51, 52, 53, 54, 61*n*, 62, 70, 109, 110, 113, 114, 115, 116, 121*n*, 123, 124, 125*n*, 126, 130*n*, SIMIANE.

GORDIN, Barthélemy, 95.

GOTAFREY, de : 241*n*; Agnès, 93, 241; Amblard, 210; Aymar, 210, 241; Damien, 210, 241; Gaspard, 241; Guillaume, 93*n*, 141, 150, 241; Jaucerand, 241; Jeanne, 150; Pierre, 241.

GOULARD, Jean de, 40.

GOUNON, notaire, 218.

GOURDAN, sieur de, 153*n*, MAULÉON.

GOURNAY, Charles de, 166; Françoise, 166.

GOUVERNET, seigneur de, 63*n*, 64*n*, 134, 135, 136, 182*n*, 185, R. de la TOUR.

GRACCHUS, 229*n*.

GRAMONT, sieur de, 238*n*, BRUNEL.

GRAMONT, Antoine de, 162*n*; Philibert, 153*n*; 138*n*.

MAUGIRON, de :
Philibert, 235, **239.**
Philippe, **238**, 239.
Pierre, **239.**
Pierre, ou Pyraud, 25, 76, **243-246,**
247.
Pierre, 251, **252.**
Reynaud, **2.**
Scipion, 38, 71, 149, **160-167,** 181,
182, 193, 194, 199, 205.
Sébastien, 248, **249.**
Thérèse, 73, **216.**
Timoléon, 38, 66, 69, 70, 71, 132,
142, 149, 160, 161, 164, 168, 170,
173, **175-192,** 198, 205.
Timoléon-Guy-François, 38, 213, 217,
218, **222-228.**
Virginie, **166.**
Régiment de Maugiron, 194, 222.
Voir à l'*Introduction.*

MAULÉON, Giraud de, 153 *n.*

MAURIER, du, 196 *n*, AUBERY.

MAXIMI, chanoine, 167 *n.*

MAXIMILIEN, empereur, 31, 48.

*MAYENCE,* 203.

MAYENNE, marquis de, 34 *n* ; duc,
79, 81, 106; Charles, 129 *n*, 130,
131, 135, 142, 143, 144, 156, 161,
162, 169, 175, 178, 184, 185, 203,
LORRAINE.

MAYNE du : Antoine, 80 *n* ; Françoise,
80 ; Jean, 80.

MAYOLANS, sieur de, 238, BRUNEL.

MAZARGUES, sieur de, 171, ORNANO.

MAZARIN, cardinal, 196, 197 *n*, 198,
204.

*MEAUX,* 163, 251.

MECKLEMBOURG, Henri de, 15 *n.*

MÉDICIS, Catherine de, 34 *n*, 50, 52,
88, 90, 91, 96, 98, 101, 102, 104,
105, 106, 108, 109, 120, 121, 122,
123, 125, 126, 127, 128, 143, 145,
163 *n*; Marie, 186, 189.

MELPHES, prince de, 32 *n*, 33.

MELUN, Claude de, 77 ; Hugues, 77 *n.*

MÉLUSINE, 192.

MÉNARD, L., 99.

MÉNIPPÉE, satire, 186.

*MENSIGNAC,* 208.

*MÉPIN,* 5 *n*, 248.

MERCY, François, baron de, 195.

MERMET, 35, 48, 108, 149, 174.

*MÉSAGE, N.-D. de,* 54 *n.*

MESEY, sieur du, 251, LANDRES.

MESSILLAC, sieur de, 162 *n*, CHAPT de
RASTIGNAC.

MESTRAL, capitaine du, 95 *n*, GALLES.

MESTRAL, Timoléon, 166 *n.*

*METZ,* 49, 77, 84, 166 ; *parlement,* 206,
220.

MEUILLON, Aymar-François de, 108,
109, GROLÉE.

MEURVILLE, sieur de, 251, LANDRES.

*MEUSE,* 85.

MÉVOUILLON, Raymond de, 85 *n.*

MEYRES, Marguerite de, 192 *n*; sieur,
192, TOURNON.

*MEYRIÉ,* 37 *n.*

MEYRIEU, sieurs de : POISIEU, 10 ; G. de
SAINT-GERMAIN, 94 *n* ; A. de la BAUME,
174 ; MAUGIRON, 24, 40, 43, 44, 47,
49, 84, 202.

*MEYRIEU,* 40 *n*, 41, 48, 71, 173, 198,
201, 206 *n.*

*MEYSSIEZ,* 3, 4, 5 *n*, 7, 13.

MÉZERAY, 31.

*MÉZIÈRES,* 244.

*MIANGES,* 248.

MICHALON, de, 62.

MILAN, duc de, 164.

*MILAN,* 18, 19, 26, 81, 95, 239.

*MILANAIS,* 19, 193, 194, 195.

MILIEU, sieur de, 191, CHASTELLIER;
144, EMÉ.

*MILLERY,* 104, 182.

MILLES PIGUERRE, 84.

MILLIARD, 55.

MILON de MESME, Alexandre, 224 *n.*

*MINDEN,* 223.

MINKUITZ, Anne de, 155.

MIOLANS, Claudine de, 32; sieur de, 180, MITTE.

MIONS, sieur de, 17*n*, LAMBERT.

MIRABEL, Claude de, 138; sieur de, 130*n*, 182*n*; Françoise, 130, 182: François, 138*n*, FOREST.

*MIRABEL-DE-BLACONS*, 138*n*.

MIRIBEL, sieur de, 95*n*, MARGAILLAN, GRINDE.

*MIRIBEL*, 13*n*.

MITALIER, Claude, 126*n*.

MITTE de CHEVRIÈRES, Claude, 37*n*; Claudine, 172; Jacques, 69, 180*n*, 183; Louis, 37.

MODÈNE, de : Jacqueline, 149; Marguerite, 149; Marie, 149; baron, 52*n*, 169, 172, RAYMOND, MONTLOR.

*MODÈNE*, 29, 172.

*MOIDIÈRE*, 45.

MOIDIEU, sieur de, 174, la BAUME.

*MOIDIEU*, 5, 248.

*MOIRANS*, 51, 92*n*, 128*n*, 160.

MOLARD, sieur du, capitaine, 19*n*, 20, ALLEMAN; 38, 84, 160, 194, 202, 241; baron, 204, 205, 211, 217, 222, MAUGIRON.

*MOLARD le*, 38, 131, 132, 136, 138, 149, 150, 161, 164, 179, 188, 205, 209, 211, 227, 241*n*.

MOLIER, notaire, 217.

*MOLLES*, port des, 120, *Vienne*.

*MONCALIERI*, 29, 45, 46.

MONCEAUX, marquise de, 163*n*, Gabrielle d'ESTRÉE.

*MONCEAUX*, 162, 163.

MONCHA, sieur de, 125*n*, SIMIANE.

*MONCHY*, 78; *Monchy-le-Chatel*, 78*n*, *Mouchy*.

*MONCONTOUR*, 113, 114.

MONDION, sieur de, 40, l'HERMITE.

MONESTIER, sieur du, 81*n*, 94*n*, 137*n*, COMBOURSIER.

*MONESTIER, le*, 137.

*MONESTIER-de-CLERMONT, le*, 62, 64, 69, 128, 130, 139*n*.

MAUGIRON.

*MONS*, 11, 32.

MONLUC, de : Blaise, 45, 46; Jean, 52, 125*n*; 162*n*, MONTESQUIOU.

MONTAFIER, comte de, Louis, 163*n*; Anne, 163*n*.

*MONTAGNES, les*, 50, 60, 114.

MONTAGNY, de : Claude, 72*n*; Gaspard, 72, 73; Gilbert, 72, 81*n*; Jean, 72; Marguerite, 72; Théodore, 72.

MONTAGUT, Catherine de, 207*n*.

MONTAIGU, Claude de, 20*n*; Jeanne, 20.

*MONTAIGUT-EN-COMBRAILLES*, 119.

*MONTALIEU*, 247.

MONTAUBAN, sieur de, 182*n*, R. de la TOUR.

MONTAUBAN, de: Mabille, 170*n*; Philippe, 170; Raymond, 170, ARTAUD.

*MONTAUBAN*, 135.

MONTBALY, de, sieur 144*n*, EMÉ.

MONTBELLET, baron de, 44, 48, 84, 119, 160*n*, 175, 182*n*, 193, 194, 200, 202, 205*n*, LUGNY, MAUGIRON.

*MONTBELLET*, 47*n*, 48, 71, 131*n*, 150, 160*n*, 198, 201.

MONTBERON, de : Antoine, 71, 150*n*, 245*n*; Christophe, 78; François, 245; Guichard, 245; Jacquette, 245; Louise, 77*n*; Marie, 131*n*.

MONTBIVE, sieur de, 78, d'ARCES.

*MONTBONNOD*, 133*n*.

*MONTBRISON*, 15, 188, 231.

MONTBRON, Marguerite de, 12.

MONTBRUN, sieur de, Aymar, 54*n*; 63, du PUY.

MONTCARRA, sieur de, 12, TORCHEFELON; 142, ALLEMAN.

*MONTCARRA*, 9.

*MONT-CENIS*, 31.

*MONTCEAU*, 115.

MONTCEAUX, Marguerite de, 80*n*.

*MONTCLAR*, 138.

*MONTCONTOUR*, 93, 113, 114.

MONTEBOURG, abbé de, 206, POLIGNAC.

RIBIERS, sieur de, 85 *n*, Mévouillon, Grolée.

RICHARD de SAINT-PRIEST, Claudine, 185 *n* ; Gillet, 231 ; Jean, 185 ; Louis, 231 *n*.

RICHEMONT, Pierre de, 19.

RICHELIEU, cardinal de, 150 *n*, 162, 164 *n*, 180 *n*, 194, 195, 203.

RICHER, sculpteur, 228.

RICHIEND de MOUVANS, Paul de, 80, 111 *n*, 208 *n* ; Antoine, 111 *n*.

*RIEZ*, 83.

RIGAUD, Marie, 235.

RINCON, Antoine, 31.

RIVAIL, Aymar du, 19, 20, 21, 25, 26, 243, 244 ; Guillaume, sieur de Blanieu, 53, 58, 80, 81, 129, 152, 159, 176.

RIVIÈRE, Claude de, 94 *n*.

*RIVIÈRE*, 206.

RIVOIRE, de : Antoine, 115 *n* ; Aynard, 8 ; Claude, 115 *n* ; Françoise, 8 ; Emmanuel et Gustave de Rivoire de la Batie, 115 *n*.

*RIVOIRE*, 115.

*ROANNAIS*, 80.

ROAT, marquis de, 186 *n*, Simiane.

ROBE, Amédée, 13, 14 ; Aymar, 13 *n*, 14 ; Catherine, 13 ; Jacques, 13 *n*, 25, 238 ; Jean, 238.

ROBERTET, 90, 91, 106.

ROCHAS, 216.

ROCHE, sieur, baron, comte de la, 58 *n* ; 64 *n* ; 142 *n*, 144, 145, 146, 148, 149, 178, 184 *n*, Flotte.

ROCHE, sieur de la, 16, Jean de Lavieu ; 17, 18, 20, 24, 43, 44, 84, 200, Maugiron, Lambert.

*ROCHE, la*, 17, 21, 24, 38, 40, 41, 47, 114, 150, 206 *n*.

ROCHE-des-ARNAUDS, comte de la, 142 *n*, Flotte.

ROCHE-BAUDIN, sieur de la, 81 *n*, Clermont.

ROCHEBARON, Louise de, 208 *n*.

*ROCHEBRUNE*, 15.

ROCHEFORT, comte de, 194 *n* ; sieur, 94 *n*, la Baume.

ROCHEFORT, Rose de, 36.

ROCHEFORT-d'AILLY, Claude de, 218 *n*.

ROCHEFORT - SÉNAS, Claudine, 246 ; Louise de, 246 *n*.

ROCHEFOUCAULT, François de la, 77 *n* ; Madeleine, 128.

ROCHE-de-GLUN, sieur de la, 56 *n*, d'Arces.

*ROCHELLE, la*, 52, 119, 194.

ROCHE-la-MOLIÈRE, seigneur de, 16 *n*, Lavieu.

ROCHE-MONTOISON, sieur de la, 81 *n*, Clermont.

*ROCHE-PINGOLET, la*, 21 *n* ; a été la propriété de Charles Reynaud, poète dauphinois, mort en 1852.

ROCHETAILLÉ, marquis de, 181.

*ROCHETOIRIN*, 230 *n*.

ROCHETTE, capitaine de la, 95 *n*, Sassenage.

ROCHE-sur-YON, prince de la, 101, 107, 108 *n*, 109, 110, 123, 124 *n*, Bourbon.

*ROCOUX*, 222.

*ROCROY*, 195, 204.

*RODILHAN*, 119.

RODOLPHE, le roi, 23.

RŒUX, comte de, 77 *n*, de Croy.

ROHAN, Catherine de, 163 *n* ; René, vicomte, 163 ; duc, 190.

ROMAGNE, commandeur de la, 80 *n*, de Foissy.

*ROMAGNE, la*, 80.

ROMAGNIEU, sieur de, 115 *n*, Rivoire.

*ROMAGNIEU*, 115.

ROMAN, J., 9, 12, 15, 24, 31, 44, 81, 100, 110, 126, 127, 149, 170, 177, 202, 243, 246, 249.

*ROMANCHE, la*, 54, 64.

ROMANESCHE, sieur de, 42, 193, 246, 248, 250, Gumin.

Lyon. — Imp. A. REY et Cⁱᵉ, rue Gentil, 4. — 34918